KB083558

양한사상사 兩漢思想史

Intellectual History of the Han Dynasties

【권1 중】

양한사상사兩漢思想史 【권1 중】
Intellectual History of the Han Dynasties

—

1판 1쇄 인쇄 2024년 2월 5일
1판 1쇄 발행 2024년 2월 20일

—

저 자 ㅣ 서복관徐復觀
역 자 ㅣ 김선민 · 문정희
발행인 ㅣ 이방원
발행처 ㅣ 세창출판사
　　　　신고번호 · 제1990-000013호
　　　　주소 · 서울 서대문구 경기대로 58 경기빌딩 602호
　　　　전화 · 02-723-8660　팩스 · 02-720-4579
　　　　http://www.sechangpub.co.kr ㅣ e-mail: edit@sechangpub.co.kr

—

ISBN 979-11-6684-090-6 94150
　　　979-11-6684-088-3 (세트)

—

이 번역도서는 2011년 대한민국 교육부와 한국연구재단의 지원을 받아 수행된 연구임.
(NRF-421-2011-1-A00005)

—

이 책은 한국연구재단의 지원으로 세창출판사가 출판, 유통합니다.
잘못 만들어진 책은 구입하신 서점에서 바꾸어 드립니다.

양한사상사兩漢思想史

Intellectual History of the Han Dynasties

【권1 중】

− 주·진·한 정치사회구조 연구 −

서복관徐復觀 저

김선민 · 문정희 역

세창출판사

1. 서복관의 생애

서복관(徐復觀, 1903.1.31.-1982.4.1.)은 호북성 희수현(浠水縣)에서 출생하였다. 본명은 병상(秉常)이고, 자는 처음에 불관(佛觀)이었다가 나중에 웅십력(熊十力)의 권유로 복관(復觀)으로 바꾸었다. 어려서 아버지를 따라 글을 익힌 후 현의 고등학당, 무창(武昌)의 성립(省立)제일사범(무한대학 전신)을 거쳐 국학관(國學館)에서 전통 경전에 대한 훈련을 받았다. 1928년 일본에 유학하여 사회주의를 비롯한 정치·경제·철학 등 새로운 사조를 접하였고 일본육군사관학교에 입교하였으나 1931년 9·18사변(만주사변) 발발로 귀국하여 군에 투신한 후 1937년 산서성 낭자관(娘子關) 전투 및 호북성 무한(武漢) 전투를 지휘하였다. 1943년 항일전쟁기에는 연안(延安)에 머물면서 국민당의 연락 임무를 맡았으며 6개월 후 중경(重慶)으로 돌아가 장개석의 14명 핵심막료의 하나로 기밀에 참어하였다. 1946년 육군 소장을 끝으로 15년간의 군 생활을 마감하였다.

1944년 서복관은 웅십력과의 만남을 계기로 생애에서 중요한 전환기를 맞이한다. "나라를 잃는 자는 항상 그 문화를 먼저 잃는다"라는 스승의 말이 그로 하여금 불혹을 넘긴 나이에 학문 연구를 시작하도록 만들었다. 1949년 홍콩에서 창간한 정치학술이론잡지 『민주평론』은

1950-60년대 대만과 홍콩을 무대로 한 유학의 현대화 운동의 주요 토론장이 되었고 여기서 함께 활동한 당군의(唐君毅), 모종삼(牟宗三) 등과 함께 '현대 신유학(新儒學)'의 대표인물로서 명성을 얻게 된다. 그는 중국의 전통문화, 특히 유가사상과 중국지식인의 성격 및 역사 문제에 관심을 갖고 많은 글을 발표하였다.

1949년 대만으로 이주하여 대중(臺中)에 정착한 서복관은 성립 농학원(農學院)을 거쳐 동해대학(東海大學) 교수로 재직하다가 1968년 동료 교수와의 필전(筆戰) 사건 후 대학 측의 강요로 학교를 퇴직하고 1969년 다시 홍콩으로 거처를 옮기게 된다. 이 때문에『양한사상사』집필에도 큰 타격을 입었다고『양한사상사』제1권 서문에 쓰고 있다. 1982년 4월 위암 투병 끝에 대만에서 서거하였고, 유언에 따라 1987년 고향인 호북성에 유골이 안장되었다.

2.『양한사상사』의 출판 과정

『양한사상사』는 서복관의 만년에 저술되었다. 그의 나이 70세에 제1권 초판을 시작으로 77세 되는 해에 마지막 제3권이 나오기까지 약 8년간에 걸쳐 출판된 대작이다.『양한사상사』가 나오기 이전에 그는 이미『중국인성론사・선진편』(1963)『중국예술정신』(1966)을 비롯한 많은 주요 저술들을 발표하였다. 1965년 8월에 쓴『중국예술정신』서문에서 서복관은 "예술사 방면에서의 연구는 여기서 멈추고 이제부터는『양한학술사상사』저술에 전념하여 건가학파(乾嘉學派)의 '한학(漢學)'에 가리어진 이 중대한 역사단계의 학술문화를 세간에 여실히 천명하기를 바란다"라고 썼다.『양한사상사』제1권 서문에서도 1965년을 발분(發奮)의 해로 기록하고 있다. 그러므로 본서는 늦어도 1965년 이전에 구상되었다고 할 수 있다. 발분으로부터 6년이 지난 1972년 『양한사상사』 제1권이 출간되었고, 그 뒤로 1975년에 제2권, 1979년에 마지막으로 제3권이 출간되었다.

제1권의 초판은 1972년 3월 홍콩 신아연구소(新亞硏究所)에서 간행되었으며 그때의 제목은 『주·진·한 정치사회구조 연구[周秦漢政治社會結構之硏究]』였다. 이 책에 2편의 글을 추가하여 같은 제목으로 1974년 5월 대만학생서국(臺灣學生書局)에서 다시 출판했는데 이것이 이른바 대만판[臺版]이다. 그런데 제2권의 서문에서 앞서 출간한 『주·진·한 정치사회구조 연구』를 『양한사상사』 제1권이라 부를 만한 책이라고 소개하자 제1권의 행방을 묻는 독자들의 문의가 쇄도하였고 그 때문에 1978년 4판(臺3판, 대만학생서국)부터는 책의 제목을 바꾸어 "삼판개명 『양한사상사』 권1(三版改名 『兩漢思想史』 卷一)"로 하고 애초의 제목이었던 『주·진·한 정치사회구조 연구』를 부제로 삼았다. 그 후 1979년 9월 마지막으로 『양한사상사』 제3권이 출간되었다. 1972년 제1권을 시작으로 1979년 제3권을 완간하기까지 8년이 걸렸고 1965년 구상으로부터 계산하면 모두 15년이 걸린 셈이다. 서복관은 이후에도 계속 『양한사상사』 제4권, 제5권을 집필하기를 희망했지만 결국 병마를 이기지 못하고 세상을 떠나고 말았다.

『양한사상사』는 서복관의 나이 63세에 발분하여 77세까지 약 15년에 걸쳐 혼신의 힘을 기울여 완성한 작품이다. 학문의 내공이 쌓일 만큼 쌓인 만년의 나이에 무르익은 사상의 정수를 쏟아부어 빚어낸 일생일대의 역작이 바로 『양한사상사』이다. 사실 그는 중국고대사상 분야에서 많은 저술을 남겼지만 그간의 자료 분석과 저술 활동이 모두『양한사상사』를 위한 기초 작업이었다고 해도 과언이 아닐 정도로 본서는 그의 학문과 사상을 농축한 저술이자 그의 인생을 대변하는 작품이라고 말할 수 있다.

3.『양한사상사』의 구성과 사상적 특징

사상은 그 시대를 떠나서는 이해할 수 없다. 한대 사상의 연구는 당연히 그 사상이 배태되고 성장할 수 있는 토양, 즉 한대의 정치사회구조를 규명하는 작업으로부터 시작한다. 본서의 제1권 전체가 중국고대의 정치사회구조 연구에 할애되고 있는 이유는 그 때문이다. 한(漢)이라는 사회가 탄생하기까지의 전사(前史)로서 서주 종법제도의 역사적 기능, 그에 기초한 봉건제도의 형성과 붕괴, 진(秦) 통일의 기반과 전형적 전제정치의 출현, 진을 계승한 한의 변질된 전제정치, 전제정치와 사회종족세력 간의 갈등관계 등 1권 전체가 고대사회 특히 한대 전제정치의 본질과 구조에 관한 연구로 채워져 있다. 제1권의 초판 제목이『주·진·한 정치사회구조 연구』인 이유도 여기에 있다.

한대 정치사회구조에 대한 이해를 바탕으로 제2권과 제3권에서는 본격적인 사상 해부에 들어간다. 진·한을 대표하는 다양한 사상들의 종합과 조화를 시도한『여씨춘추』,『회남자』등의 대규모 편찬서는 물론이고,『사기』,『한서』등 당대의 역사를 서술한 역사서, 심지어『좌씨전』,『공양전』,『곡량전』과 같이 전승 과정의 불분명 속에 한대인의 가탁이 의심되는 부분까지도 사상 연구의 좋은 재료가 되었다. 구체적 사실과 현상을 객관적 언어로 표현한 문헌뿐만 아니라 상징화된

언어로 사람들에게 영감을 불러일으키는 문학작품 또한 당대인의 정
서와 관념이 투영된 귀중한 사상사 재료이다. 그들이 남긴 수많은 시
부와 산문은 물론이고 한영(韓嬰)의 『한시외전』이나 유향(劉向)의 『설
원』에 반영된 현실 인식도 놓치지 않았다. 이와 함께 육가(陸賈), 가의
(賈誼), 동중서(董仲舒), 양웅(揚雄), 왕충(王充) 등 주요 인물들의 행적과
저작을 면밀히 분석하여 각 사상의 본질을 드러내고 사상사적 통찰을
제시한다.

『양한사상사』 내용과 관련하여 여기서는 세 가지 점만 얘기하겠다.

첫째, 『양한사상사』 전체를 통틀어 그 저변을 관류하는 중심 주제
가 있다면 그것은 당연히 반전제(反專制) 정신이다. 양한의 여러 인물
들 중 서복관이 특히 심혈을 기울인 사상가는 동중서와 사마천이다.
이 두 사람의 주요 공통점의 하나는 중국의 전제정치 역사에서 빼놓을
수 없는 한(漢) 무제(武帝)를 내심 극력 반대하고 비판했다는 점이다.
무제 치하에 몸을 둔 그들로서는 우회적이고 간접적인 방법으로 자신
의 입장을 표현할 수밖에 없었는데, 동중서가 전제군주의 자의적인 권
력행사를 견제하기 위해 천(天) 철학이라는 방대한 이론체계를 수립하
는 철학자의 전략을 취했다면, 사마천은 군주의 치적 기록이라는 명분
하에 무제의 세세한 행적을 저술 곳곳에 교직해 넣음으로써 그의 사치
와 잔혹성을 은연중 폭로하고 후세에 길이 전하는 역사가의 전략을 취
하였다. 두 사람의 반(反)전제와는 달리 후한의 반고(班固) 부자는 사회
혼란의 책임을 모두 '난신적자(亂臣賊子)' 탓으로 돌리고 이들을 제거하
여 전제군주의 지고무상한 지위를 확립하는 것을 지식인의 최우선 과
제로 삼았다. 서복관은 사마천과 반고의 우열을 비교하는 글에서 반고

의 역사 서술을 역사에 대한 모욕이자 왜곡으로까지 폄하하고 있다.

전제정치에 대한 찬성과 반대, 전제정치에 감연히 맞서 그 폐단을 지적하는 비판정신의 유무를 사상의 장단 및 우열을 비교 평가하는 제일의 기준으로 삼은 점은 『양한사상사』의 일대 특징이다. 서복관의 칼날은 반고에서 그치지 않는다. 지식에 대한 왕성한 탐구욕으로 『논어』를 모방한 『법언(法言)』을 저술하고 『주역』을 모방한 『태현경(太玄經)』을 기초하기도 했던 전한 말의 지식인 양웅(揚雄)에 대해 서복관은 그의 순수한 학문적 열정을 높이 사면서도 안정된 생활여건을 위해 현실정치에 시종 냉담한 태도로 일관한 그를 상아탑 지식인의 전형으로 분류하고 있다. 천인감응론(天人感應論)의 허구성을 폭로한 『논형(論衡)』을 저술하여 근래 대륙에서 과학적 사고의 소유자로 추앙받는 왕충(王充)에 대해서도 서복관은 오히려 시골 촌구석을 못 벗어난 견문 좁은 말단관리의 자기과시에 불과하다고 혹평한다. 왕충이 관직 생활의 불우함을 깊이 자각하면서도 이를 전제정치의 폐단이나 국정운영의 불합리로 시야를 확대하지 못하고 어떻게든 이름을 알려 중앙으로 진출해 보려는 욕망에서 조정에 맹목적인 칭송과 아첨 일변도의 태도를 보였다는 것이 그 이유였다. 전제정치에 대한 비판 여부로 평가 기준을 삼는 한 전제정치를 비판하지 않으면 그의 사상 전체가 평가절하될 우려도 없지 않으나 '고거(考據)'에 고거를 거듭하는 투철한 논증과정이 해석과 주장의 객관성과 공정성을 충분히 담보하고 있기 때문에 크게 걱정할 일은 아닌 듯하다.

둘째, 서복관의 연구는 철두철미 고거(考據)에 기반하고 있다. 이것은 그가 불혹을 넘긴 나이에 학문으로 인생항로를 선회하게 만든 동기와도 밀접한 관련이 있다. 그의 학문적 발분(發憤)은 현실의 인생, 사회와는 완전히 단절된 오로지 고전 주석에만 집착하는 청대 고증학의 반(反)사상을 거부하면서도 고증이란 이름 아래 중국 수천 년간의 고대 역사를 말살한 고사변파(古史辨派)에 대한 분개심으로부터 출발한다. 그의 사상사 연구는 따라서 '실천' 관념과 불가분의 관계에 있을 뿐 아니라 철저한 '고거(考據)'를 통한 고대사 회복을 최우선과제로 삼고 있다. 자기 역사를 사랑하는 마음이 없다면 불가능한 일이다. 『양한사상사』를 읽다 보면 그가 자기 문화와 역사에 얼마나 깊은 애정을 갖고 있는지 느끼기 어렵지 않다. 하지만 우리가 서복관의 학문적 견해에 공감하고 동의하는 것은 그의 역사에 대한 애정과는 별개의 문제이다. 독자들을 압도하는 그의 설득력은 어디서 나오는 것일까?

　서복관은 원래 태도가 분명하고 단호한 사람이어서 고대 역사 중에서도 공자와 동중서, 그리고 사마천에 대한 깊은 존경심을 숨기지 않는다. 공자는 『춘추』를 저술하고 동중서는 『춘추공양전』을 연구하고 사마천은 『사기』를 저술하였으니 3자 모두 역사가로서 사실(史實)을 통해 대의(大義)를 전하고자 했던 자들이다. 『춘추』 저술의 목적이 사실(史實)의 포폄(褒貶)을 통해 정치적·도덕적 규범을 세우고 왕도의 대원칙을 밝히는 데 있음은 재언을 요하지 않는다. 동중서는 『춘추번로』「유서(兪序)」에서 이렇게 말한다. "공자께서 말씀하셨다. '나는 지난날의 구체적인 사실을 통해 왕자(王者)의 바른 뜻을 가탁하려는 것이니, 공언(空言, 시비·포폄:『사기색은』)의 제시는 그것을 구체적인 사실을 통하여 보이는 것만큼 적절하고도 분명한 방법은 없는 것 같다.'"
동중서로부터 이 말을 직접 들었다는 사마천도 『사기』「태사공자서」

에서 공자의 말을 반복하고 있다. "공자께서 말씀하셨다. '나는 공언(空言)을 제시하고자 하는데 그것을 구체적인 사실을 통하여 보이는 것만큼 적절하고도 분명한 방법은 없는 것 같다.'" 요컨대 역사적 사건과 인물에 포폄을 가하고 시비를 논단할 때는 정확한 사실적 증거에 의해 뒷받침되어야 하며 그렇지 못할 경우 공허한 이론에 그치고 말 것이다. 그래서 공자는 구체적인 사실에 근거할 때만이 자신의 포폄이 공허한 이론에 그치지 않고 타당성과 견실성을 가질 수 있다고 말했던 것이다. 공자의 이 말은 먼저 동중서가 인용하고 뒤이어 사마천이 「태사공자서」에서 재인용하고 있는 만큼 2인의 저술 태도에 큰 영향을 끼쳤을 뿐만 아니라 서복관 역시 깊은 영감을 받았음에 틀림없다.

그러나 공자와 동중서와 사마천 3인은 모두 당대의 역사를 기록하고 비판하는 위험을 부담하고 있는 이상 사실기록과 시비포폄에서 제약이 따를 수밖에 없고 따라서 3인 모두 '미언대의(微言大義)'에 가탁하는 방법을 취하는 수밖에 없었다. 그에 비하면 서복관은 2천 년 전의 역사를 다룬 점에서 정치권력으로부터 상대적으로 자유로운 몸이었고 학문의 자유를 보장하는 홍콩의 존재도 그에게는 큰 위로처가 되었다. 그 때문인지 역사적 인물 평가에 관한 사마천의 신중함과 조심스러움이 서복관에게는 보이지 않는다. 멀리 양한의 역사 인물로부터 20세기 학술의 대가로 꼽히는 곽말약, 풍우란, 호적, 모종삼 등등에 이르기까지 누구도 그의 무자비한 예봉을 비켜 갈 수는 없었다. 그에게 학계의 권위, 학문과 공생관계에 있는 정치권력의 압력 따위는 전혀 두려움의 대상이 아니었다. 더욱이 서복관은 자료 확보 면에서 사마천보다 훨씬 우위에 있었다. 한대사에 관한 한 무제 후반기부터 후한 말에 이르는 사마천이 살아생전 보지 못한 시대까지, 사마천의 시야가 미치지 못한 역사사건과 사회현상 구석구석까지 서복관은 그때까지 참고할 수 있는 거의 모든 고고·문헌자료들을 입수하고 있다. 고전에 대한 탄탄한 기초와 역사가 특유의 안목으로 자료의 진위와 우열을 가려내는 사료비판에서부터 역사적 사건의 맥락과 의미를 짚어 보고 사상을 재구성하고 인물과 사상을 시비포폄하여 전체 역사 속에 위치시키는 지난한 연구과정이 철두철미 고거(考據)에 입각하여 이루어지고 있다. 그렇게 해야만 비로소 자신의 견해와 입론이 공언(空言)이 되지 않을 수 있다는 것을 잘 알고 있기 때문이다. 근거 없는 억측을 하거나, 단장취의(斷章取義)로 글의 의미를 왜곡하거나, 터무니없는 견강부회(牽强附會)로 허황된 주장을 하는 자를 서복관은 가장 미워하였다. 심지어 자신의 스승인 웅십력에 대해서조차 "공허한 상상을 입론의 근거로 제시하는" 폐단을 보이고 있다고 신랄하게 비판하였다. 그렇게 보면 서복관이야말로 공자의 "구체적 사실에 근거한 시비포폄"을 가장 성공적으로 실현한 역사가로 볼 수 있다. 그의 설득력의 원천은 여기에 있다.

셋째, 서복관이 양한사상을 연구하면서 얻은 결론을 대신하여 동중서와 사마천의 세계관을 간략히 비교해 보고자 한다. 그렇게 하는 이유는 사마천의 『사기』에 찬사를 아끼지 않았던 서복관 자신의 가치관과 역사관이 『사기』에 관한 그의 서술에 고스란히 투영되어 있기 때문이다.

본래 동중서와 사마천 두 사람은 반(反)전제라는 정치적 입장에서는 궤를 같이했지만 그들의 세계관은 본질적으로 큰 차이가 있다. 대체로 동중서 이전의 천(天)은 인간과 상당한 거리를 유지했다. 인간은 도덕의 근원을 천(天)에 두고 있으므로 천과 동질적이고 따라서 천과 평등한 존재라고도 말할 수 있지만, 인간의 형(形)과 기(氣)는 천과 다르기 때문에 형과 기의 구속을 받는 도덕이 천도(天道)에 도달할 가능성은 거의 없었다. 그러나 동중서는 형체와 생리의 관점에서 천(天)과 인간은 완전히 일치한다고 주장하여 일거에 천과 인간 사이의 거리를 없앴을 뿐만 아니라, 『여씨춘추』를 필두로 진·한 초에 성행한 이른바 "물지종동(物之從同)", "유고상소(類固相召)"와 같은 동류(同類) 사물 간의 감응의 논리에 입각하여 천과 인간은 동류이고 따라서 사람의 선악의 행위가 천의 감응을 불러온다고 하는 일대 이론체계를 확립하였다. 이것은 말하자면 화복(禍福)이 발생하는 원인은 모두 인간 자신이 먼저 그것을 일으키고 나서 사물이 동류로써 그에 감응하여 일어나는 것이라고 보는 구조이다. 화복은 자신에게서 먼저 일어난다고 보는 이러한 사고는 바로 화복은 인간 자신에게 책임이 있다는 말이며, 동중서가 "하늘과 인간의 상관관계는 몹시 두려워할 만하다"라고 말한 이유도 여기에 있다. 서복관에 의하면 동중서의 천(天) 철학은 사실상 인간으로부터 하늘을 추론하여 세운 이론체계이다. 인간이 이성적 존재이듯이 하늘도 이성적인 존재이고 하늘이 이성적인 한 인간은 이성을 통해 하늘을 이해하고 해석할 수 있다. 하늘이 보내는 경고에 대해 인간이 자신의 행동을 반성하는 것은 이 때문이다. 동중서의 천인감응론은 바로 이와 같은 인간의 이성으로 해석가능한 천(天)의 이성과 합리성을 전제로 한 이론이었다.

사마천의 하늘[天]은 그와 다르다. "하늘과 사람 간의 관계를 탐구하고[究天人之際]"(「태사공자서」)라는 사마천의 말을 동중서의 천인감응과 같은 것으로 혼동하는 사람들이 있으나 이는 큰 오해이다. 사마천은 오히려 천인감응에 부정적인 시각을 지니고 있었다. 사마천이 볼 때 역사에는 인간의 이성으로 해석할 수 없는 일들이 있는데 예를 들면 진·한의 입국을 들 수 있다. 전통적인 유가 관념에 의하면 인의(仁義)를 가진 자만이 천하의 왕자(王者)가 될 수 있다. 그렇다면 불인(不仁)하고 불의(不義)한 진나라가 천하를 얻을 도리는 없다. 진나라의 6국 병합을 지형과 형세의 유리함에서 찾는 이도 있지만 그것만으로는 천하 획득의 충분한 이유가 되지 못한다. 요컨대 진나라의 천하 통일은 사람의 이성으로는 해석불가능한 일이며 따라서 부득이 신비하고 불가지한 하늘에 그 이유를 돌리는 수밖에 없었다. 그래서 사마천은 진의 천하통일을 "아마도 하늘이 도왔던 것 같다"라고 말한다. 역사에서 인간의 이성으로는 도저히 해석할 수 없는 현상을 그는 하늘[天]이라 불렀다. 그 하늘은 인간의 이성 범위 밖에 존재하며 인간과 감응할 수 있는 통로를 갖고 있지 않다. 한나라의 건국도 마찬가지다. 유방이 도저히 천하를 얻을 이치가 없는데도 그렇게 빨리 천하를 얻은 일을 두고 사마천은 "이 어찌 하늘의 뜻이 아니겠는가! 어찌 하늘의 뜻이 아니겠는가!"라는 말밖에 힐 수가 없었다. 그다음에 이어지는 "위대한 성인이 아니라면 누가 이때를 당하여 천명을 받아 황제가 될 수 있었겠는가?"라는 말은 천하를 얻을 이치가 없는데도 천하를 얻은 유방에 대한 폄하의 뜻을 숨겨 놓은 일종의 눈가림에 불과하다고 서복관은 보았다. 그렇게 보면 인의(仁義)와 천하 획득, 선악의 행위와 화복(禍福) 사이에는 아무런 상관관계도 없지 않은가. 하늘에 대한 사마천의 회의감

내지 불가지론은「백이열전(伯夷列傳)」에서 절정에 달한다.

혹자는 말한다. "천도(天道)는 특별히 친한 자가 없으며 항상 선인(善人)과 함께한다." 백이(伯夷)와 숙제(叔齊) 같은 이는 정말 착한 사람이라고 할 수 있지 않겠는가? 이처럼 인(仁)을 쌓고 깨끗한 행동을 하였는데 굶어 죽고 말다니! … 하늘이 착한 사람에게 보답하여 베푸는 것이 어찌 이럴 수 있는가? 도척(盜跖)은 매일같이 죄 없는 사람을 죽이고 사람의 고기를 먹었으며 흉포한 짓을 제멋대로 하면서 수천의 무리를 모아 천하를 횡행하였지만 결국 천수를 다하였다. 그가 무슨 덕(德)을 따랐기 때문이란 말인가? 이것은 특히 두드러진 명백한 예들이지만, 근세에도 법도에 벗어난 행동을 하고 하지 말아야 할 것만 골라서 하면서도 일생을 편안히 살 뿐 아니라 부귀를 대대로 누리는 자가 있는가 하면, 땅을 가려서 밟고 때가 되어야 말을 하며 샛길로 가지 않고 공정한 일이 아니면 발분하지 않으면서도 재앙을 만나는 사람이 이루 헤아릴 수 없이 많다. 나는 심히 당혹함을 금치 못하겠다. 도대체 이른바 천도(天道)라는 것은 옳은 것인가 그른 것인가?

이것이 어찌 사마천만의 절규이겠는가. 서복관의 마음속을 그대로 표현한 글이 아닌가 한다. 인류 역사의 성패와 화복은 행위의 인과관계로 해석할 수 있는 면도 있고 행위의 인과관계로는 설명할 수 없는 면도 있다. 전자는 "인(人)"에 속하는 영역으로 역사의 필연성이라고 할 수 있는데 이것은 역사학이 성립되는 기본조건이기도 하다. 그러나 역사에는 행위의 인과관계로는 설명되지 않는, 인간의 이성으로는 비추어 볼 수 없는 어두컴컴한 부분도 있다. 이것은 "천(天)"에 속하는 영역이며 역사의 우연성이라고 할 수 있다. 사마천의 이른바 "하늘과 사람 간의 관계를 탐구하고"라는 말은 바로 역사에서 이러한 필연성과 우연성의 경계를 구분 지어 보려는 노력을 가리키며, 이것은 모든 역사가들의 마지막 도착지이기도 하다. 『양한사상사』를 읽다 보면 이것이 사마천의 생각인지 서복관의 생각인지 분간이 안 갈 때가 많은데 그만큼 두 사람은 여러 가지로 의기투합하는 면이 있었다. 다만 거침없고 무자비한 면에서는 『양한사상사』쪽이 『사기』를 훨씬 능가한다. 이는 시대가 다르고 저술의 성격이 다르기 때문일 것이다.

•••

솔직히 『양한사상사』의 자료 이용은 은주 시대 갑골문과 청동기 금문, 죽간, 석경(石經), 묘장(墓葬) 등의 고고학 발굴성과를 비롯하여 고대부터 청대 고증학연구에 이르기까지 현존하는 거의 모든 문헌자료들을 망라하고 있다. 그뿐만 아니다. 그 방대한 사료더미를 샅샅이 뒤져 해명과 논증의 근거로 제시하는 연구자로서의 투철한 정신은 누구도 따라올 수 없는 그만의 품격이다. 역자의 당혹감은 여기서 그치지 않는다. 지금껏 생각지 못한 역사에 대한 참신한 시각과 탁월한 통찰력은 경외감을 느낄 정도이다. 그동안 철학자로만 알고 있었던 서복관에게 중국고대사연구의 자리를 송두리째 빼앗겼다는 자괴감에 한숨마저 나올 지경이다.

본서가 나오기까지 많은 분들의 도움이 있었다. 서복관이 인용한 자료들은 우리나라에서 번역된 문헌들도 적지 않고 국내외 많은 주석서들이 나와 있다. 이들의 연구가 없었다면 아마 『양한사상사』 번역은 엄두를 내지 못했을 것이다. 이 자리를 빌려 역주자들께 깊은 감사의 마음을 전한다. 또한 본서에는 서주부터 20세기에 이르기까지 전후 3천여 년에 걸쳐 활약한 수많은 인물들이 등장한다. 그들의 생존연대와 대략적인 생애를 모르고서는 역사 사건의 맥락을 제대로 이해할 수 없다는 생각에서 각주에 비교적 상세한 인물소개를 달아 놓았다. 본서 출판의 계기를 마련해 주신 한국연구재단의 아낌없는 지원에도 감사드리며, 끝으로 역자들의 원고 검토를 독려하여 마무리 짓도록 하고 세심한 교정으로 단아한 책이 나올 수 있도록 애써 주신 세창출판사 정우경 편집자께도 진심으로 감사의 마음을 전한다.

『양한사상사』번역의 족쇄에서 풀려났다는 홀가분함보다는 걱정이 앞선다. 본서의 번역에 있어 저자의 본의를 오해했든 실수에 의한 오역이든 번역상의 잘못과 부족함은 모두 역자의 책임이다. 아낌없는 질정을 바랄 뿐이다.

2022년 7월
역자 삼가 씀

차 례

양한사상사 · 제1권 중

● 일러두기 / 17

제3장   한대 전제정치하의 봉건 문제

● 원주 / 121

제4장   한대 일인(一人) 전제정치하의 관제(官制) 변천

양한사상사 · 제1권 상

● 역자 서문
● 일러두기

서 장

1. 삼판개명 자서(三版改名自序)

2. 중국 은주(殷周)의 사회 성격 문제에 관한 보충의견―대만판 서문을 대신하여

3. 자서(自序)

양한사상사 · 권1 하

부 록

일러두기

1. 저본으로 제1권은 1972년 초판 이후 1978년에 간행된 "三版改名『兩漢思想史』" 4판 (臺3판, 대만학생서국, 1978)을 사용하였다. 제2권의 초판은 1975년(홍콩중문대학) 에 출간되었으며 본 번역은 1976년 증정(增訂)재판(대만학생서국)을 저본으로 사용 하였다. 제3권의 초판은 1979년(대만학생서국)에 출간되었으며 본 번역에서는 초 판을 저본으로 사용하였다. 아울러 상해 화동사범대학출판사(華東師範大學出版社) 에서 간행한『兩漢思想史』(전3권, 2001년 초판) 2004년 3쇄본, 북경 구주출판사(九 州出版社)에서 간행한『兩漢思想史』(전3권, 2014년 초판) 2018년 3쇄본을 함께 참 고하였다.

2. 번역은 저본의 본문 및 각 장 뒤에 붙인 원주(原注)를 모두 완역하였다.

3. 저자가 인용한 자료의 원문은 각주로 옮기고, 본문에서는 한글 번역만 두었다.

4. 저자가 인용한 금석문(金石文)의 석문(釋文) 혹은 문헌자료의 원문이 다른 판본과 차이가 있을 때 저자의 착오나 실수가 명백한 경우 각주에서 원문을 바로잡았다. 그 러나 이설(異說)이 많은 원문에 대해서는 저자의 표기법과 해석을 존중하고 이를 각 주에서 설명하였다.

5. 저자가 인용한 자료의 원문에 생략이 많아 맥락상 이해하기 어렵다고 판단되는 경 우 때로는 생략된 원문을 필요한 범위에서 보충해 넣었다.

6. 자료 인용문의 표점은 저본을 원칙으로 하되 필요한 경우 다른 판본을 참조하였다.

7. 서본에 ( )로 표시된 서자의 보충 설명은 【 】로 표기하였다. 역자의 보충 설명이나 순조로운 문맥을 위해 덧붙인 말은 ( ) 안에 넣었으며, 겹칠 경우 바깥 괄호는 [ ]로 표기하였다. 본문에서 번역문에 해당하는 저본의 원문을 병기할 필요가 있다고 판 단되는 경우 [ ] 안에 원문을 넣어 이해를 돕도록 하였다.

8. 문헌의 서명은 『 』로, 편명은 「 」로 표시하였다. 중국 인명, 지명의 경우 우리 한자 발음으로 읽되 필요한 경우 원어 발음을 병기하였다.

9. 권말의 '서복관의 참고자료'는 저자가 본서 집필에 직접 이용한 자료들을 정리한 것 이다.

제3장

한대 전제정치하의 봉건 문제

1. 문제의 한정

본 문제의 토론에 들어가기 전에 먼저 설명해야 할 점은, 한대에 계승된 진(秦)의 20등작제 중 열후(列侯)【원주1】는 여기서의 토론 범위에 들지 않는다는 것이다.

20등작 중 마지막 계급인 열후는, 피봉자가 식국(食國) 또는 식읍(食邑)으로부터 일정한 세수(稅收)를 받아 특수한 생활을 영위한다는 점에서, 그리고 이를 통해 고정된 신분적 지위를 나타내고 이러한 신분적 지위는 황제를 중심으로 하는 통치 집단에 들어가 황실과 밀접한 관계를 맺는 것을 의미한다는 점에서【원주2】 충분히 봉건적 성격을 지녔다고 말할 수 있다. 그러나 주나라 봉건의 가장 중요한 의미가 봉건국의 분권 통치에 있다고 한다면 진·한대의 열후는 중앙정부인 조정에 대해 분권 통치의 의미가 전혀 없었다. 그러므로 진대에도 공로로 피봉된 열후가 적지 않았지만 봉건을 폐지하고 군현을 설치하는 데는 아무런 영향을 미치지 못했다. 일반 사가들은 한 초에 반(半)봉건·반(半)군현 제도를 시행했다고 말한다. 이른바 반(半)봉건이라 함은 왕으로 봉해진 "제후왕(諸侯王)"을 말하는 것이지 이러한 열후를 말하는 것이 아니다. 한대의 "제후왕"은 열후와 달리 그 신분이 열후보다 한 등급 높을 뿐만 아니라, 왕으로 봉해진 사람은 명실상부 땅을 나누어 나라를 세우고 봉토의 범위 내에서 주나라 봉건 제후에 버금가는 정치적

통치권을 가진다. 그래서 그를 "제후왕"이라 부르는 것이다. 『사기』에
서는 「고조공신후자연표(高祖功臣侯者年表)」와는 별도로 「한흥이래제
후왕연표(漢興以來諸侯王年表)」를 두어 본래부터 서로 다른 성격의 두
집단을 명확히 구분하고 있다. 그러나 『사기』와 『한서』에서는 열후에
대해서도 종종 고대의 제후를 원용하여 비유하고 있어 혼란을 일으키
기 쉽다.

유방(劉邦)은 천하를 통일하고(B.C.202) 진대 전제정치의 통치기구
를 계승하였다. 그러나 계승 중에 진정(秦政, 진시황)과 이사(李斯)[1] 등
이 폐지한 봉건제도를 다시 부활시켰으니, 즉 위에서 말한 "제후왕"이
출현한 것은 전제정치에서 하나의 변화였다. 한대의 전제정치 계승의
특수성을 이해하기 위해, 그리고 전제정치 자체에 내포된 극복하기 어
려운 모순과 그것이 학술문화에 미치는 질식작용을 이해하기 위해 나
는 먼저 이 문제를 제기하였다.

---

1 이사(李斯, ?-B.C.208): 전국 시대 초(楚)나라 상채(上蔡, 하남 상채현) 사람. 자는 통고(通
   古). 젊을 때 순자(荀子)에게 제왕치세의 법술을 배웠다. 진(秦)나라로 가 승상 여불위(呂不
   韋)에게 발탁되어 사인(舍人)이 되고 진왕(秦王)의 장사(長史), 객경(客卿)을 거쳐 진시황 26
   년 통일 후 정위(廷尉), 승상이 되었다. 군현제도 확립, 도량형 통일, 분서(焚書), 소전(小篆)
   에 의한 문자 통일은 모두 그가 주도한 것이다. 시황제 사후 환관 조고(趙高)와 공모하여 조서
   를 고쳐 막내아들 호해(胡亥)를 2세 황제로 옹립하고 맏아들 부소(扶蘇)와 장군 몽염(蒙恬)을
   자살하게 했다. 이후 조고의 참소로 투옥되어 함양에서 요참형(腰斬刑)에 처해졌고 삼족이
   멸족되었다.

2. 봉건과 초(楚)·한(漢) 흥망의 관계

주나라 초의 봉건은 주공(周公, 周公旦)의 정치적 확장과 동화(同化)에 대한 요구에서 비롯된 것으로 여기에는 정치적 이상이 담겨 있었다. 그래서 봉건은 주나라 왕실 통치의 가장 중요한 부분을 구성한다. 그러나 한나라 초의 봉건은 처음에 이성(異姓)을 봉건했다가 동성(同姓)으로 바뀌게 되는데, 이는 모두 일시적인 형세의 불리함 때문이었다. 그래서 『사기』 「한흥이래제후왕연표」 서문에서는 첫머리에 "주나라의 봉작은 다섯 등급이 있으니" 이는 "친친(親親)의 정신을 드러내고 공덕 있는 자를 표창하기 위함이다"[2]라고 서술한다. 그러나 한나라 초의 봉건에 대해서는, 완전히 일시적 형세에 의해 강요된 것으로 처음부터 당시의 일통적(一統的) 전제정치와 큰 모순이 있었기 때문에 이후 백 년이나 혼란이 지속되었다고 보았다. 그래서 사마천은 맺음말에서 "비록 형세가 강화되었더라도 인의(仁義)로써 치국의 근본을 삼아야 한다"[3]고 했는데, 이것은 한 초의 봉선이 형세에 눌려 봉건을 했다가 다시 형세로써 이를 만회하는 전적으로 "힘"의 통제를 기반으로 하는 봉건이라는 것과, 그 안에는 정치적 이상이라고는 전혀 찾아볼 수 없

---

2 『史記』 권17 「漢興以來諸侯王年表」, "親親之義, 襃有德也."

3 『史記』 권17 「漢興以來諸侯王年表」, "形勢雖彊, 要之以仁義爲本."

다는 것을 설명하고 있다.

한 초 봉건의 변천 대세에 관해 『사기회주고증(史記會注考證)』[4] 권17
에서는 명(明) 진인석(陳仁錫)[5]의 『사기고(史記考)』를 인용하여 다음과
같이 말하고 있다.

한 초의 천하대세로 말하면 예를 들어 고조 5년(B.C.202)에는 한신(韓信)[6]
을 초왕(楚王)으로, 영포(英布)[7]를 회남왕(淮南王)으로, 노관(盧綰)[8]을 연왕

---

4 『사기회주고증(史記會注考證)』: 일본의 한학자 다키가와 스게노부[瀧川資言](1865-1946)가
   편찬, 1934년 간행하였다. 이 책은 삼가주(三家注) 이래 『사기』의 역대 주석들을 종합·정리한
   후 자신의 연구 성과를 덧붙인 최고의 주석서로서 『사기』 연구의 필독서로 애용되고 있다.

5 진인석(陳仁錫, 1581-1636): 명 장주(長洲, 강소 蘇州) 사람. 자는 명경(明卿), 호는 지태(芝
   台). 1622년 진사가 되어 한림원 편수(編修)를 지냈다. 위충현(魏忠賢)의 미움을 받아 삭직
   (削職)되어 평민이 되었으나 숭정(崇禎) 초에 관직이 회복되어 남경 국자좨주(國子祭酒) 등
   을 지냈다. 저서에 『계사(繫辭)』, 『중정고주례(重訂古周禮)』, 『사서비고(四書備考)』, 『육경
   도고(六經圖考)』 등이 있다.

6 한신(韓信, B.C.231-B.C.196): 전한 회음(淮陰, 강소) 사람. 처음에 항량과 항우를 따랐으나
   중용되지 못하고 한왕 유방에게로 가서 소하(蕭何)의 추천으로 대장군에 올랐다. 한왕 4년
   (B.C.203) 상국(相國)에 임명, 다음 해 제왕(齊王)이 되었으며, 유방과 함께 해하(垓下)에서
   항우를 포위해 죽였다. 유방은 등극 후 한신의 병권을 빼앗고 초왕(楚王)으로 옮긴 후, 다시
   모반죄로 체포하여 장안으로 압송하였다, 회음후(淮陰侯)로 격하된 후 다시 여후(呂后)와 승
   상 소하의 반란 공모의 모함을 받아 살해되었다.

7 영포(英布, 黥布, ?-B.C.195): 전한 육현(六縣, 안휘 六安) 사람. 본래 성은 영(英)이나 얼굴에
   먹물 글씨가 새겨지는 경형(黥刑)을 당했기 때문에 경포(黥布)로도 불린다. 여산(麗山)에서
   복역하던 중 탈출하여 항우의 휘하에 들어가 공을 세워 구강왕(九江王)에 봉해졌다. 초한(楚
   漢) 전쟁 중에 한나라로 귀순하여 회남왕(淮南王)에 봉해졌고, 유방을 따라 해하(垓下) 전투
   에서 항우를 격파했다. 고조 11년(B.C.196) 한신(韓信)과 팽월(彭越) 등 개국 공신들이 하나
   씩 피살되자 은밀히 군사를 모으며 경계를 강화했는데, 모반 혐의를 받자 자국의 기밀이 탄로
   된 것으로 여겨 마침내 반란을 일으켰으나 실패하여 주살되었다.

8 노관(盧綰, B.C.265-B.C.193): 전한 패현(沛縣, 강소) 사람. 유방과 같은 마을에 살았고 같은
   날 태어났다. 유방이 패에서 일어나자 빈객으로 들어가 장군이 되어 보좌하였다. 항우를 공
   격하여 장안후(長安侯)에 봉해졌고, 유방을 따라 연왕(燕王) 장도(臧茶)를 격파한 후 연왕에

(燕王)으로, 장오(張敖)⁹를 조왕(趙王)으로【생각건대 '조왕 이(趙王耳)'는 '조왕 오(趙王敖)'가 되어야 한다】, 팽월(彭越)¹⁰을 양왕(梁王)으로, 오예(吳芮)¹¹를 장사왕(長沙王)으로, 한왕 신(韓信)¹²을 한왕(韓王)으로 봉하였으

봉해졌다. 고조 12년(B.C.195) 진희(陳豨)의 반란 때 흉노로 망명, 흉노가 동호노왕(東胡盧王)으로 삼았으나 그해 말 흉노에서 죽었다.

9 장오(張敖, B.C.241-B.C.182): 전한 외황(外黃, 하남 民權縣) 사람. 조왕(趙王) 장이(張耳)의 아들. 장오의 딸 장언(張嫣)은 한나라 혜제의 황후이다. 고조 5년(B.C.202) 장이가 죽고 조왕의 작위를 계승하였으며 한고조의 딸 노원공주(魯元公主)를 처로 맞았다. 고조 7년(B.C.200) 고조가 외황(外黃)을 지나갈 때 장오가 고조를 극진히 모셨음에도 무시하는 말을 듣자, 조나라 상(相) 관고(貫高) 등이 분개하여 고조를 죽이려 모의했으나 미수에 그쳤다. 고조 9년(B.C.198) 이 사건이 발각되어 체포되었으나 사면을 받고 제후왕에서 선평후(宣平侯)로 강등되었다.

10 팽월(彭越, ?-B.C.196): 전한 창읍(昌邑, 산동 曹州) 사람. 진나라 말 거병하여 항우 휘하로 들어갔으나 뒤에 유방에게 투항, 초나라를 공격하여 여러 차례 초나라의 식량 보급로를 끊었다. 해하(垓下)에서 항우를 격멸하고 양왕(梁王)에 봉해졌다. 고조 10년(B.C.197) 진희(陳豨)의 반란 때 고조가 친히 출정하면서 양나라의 출병을 명령했는데 팽월이 병을 이유로 휘하 장수를 대신 보낸 일로 고조의 분노를 샀다. 주변에서 반란을 권유했으나 따르지 않았다. 양나라 태복(太僕)이 달아나 이를 고발하자 체포되어 낙양으로 호송되었고, 고조가 사면하여 서인(庶人)이 된 후 촉(蜀)으로 옮겨지던 중 여후(呂后)의 모함으로 고조 11년 3월, 삼족이 멸족되었다.

11 오예(吳芮, B.C.241-B.C.201): 원래 백월(百越) 부락의 영수로서 진(秦) 파양현(鄱陽縣)의 현령이었다. 2세황제 원년(B.C.209), 진승·오광을 비롯한 반란이 각지에서 일어나자 월인(越人)들을 지휘하여 진나라 군대와 싸웠으며, B.C.206년, 항우가 진(秦)을 멸망시키고 각지에 제후들을 새로 봉건할 때 백월을 거느리고 싸운 공로로 형산왕(衡山王)에 봉해졌다. 이후의 행적은 불명확하나, 한왕(漢王) 5년(B.C.202) 다른 이성(異姓) 제후왕과 함께 고조를 황제로 추대하였고, 진(秦) 멸망의 공적을 인정받아 장사왕(長沙王)에 봉해졌다.

12 한신(韓信, ?-B.C.196): 동명의 회음후(淮陰侯) 한신(韓信)과 구별하기 위해 '한왕 신(韓王信)'으로 칭해진다. 유방은 처음에 한신을 태위로 삼아 옛 한(韓)나라 땅을 평정하게 한 후 한왕에 봉하였다. B.C.201년 해하(垓下)에서 항우를 격멸한 후 영천(潁川) 일대를 봉지로 내렸으나, 그곳이 전략 요충지여서 반란을 일으킬 것을 우려해 봉지를 태원(太原) 이북으로 옮기고 진양(晉陽)을 도읍으로 삼게 했는데, 한신은 다시 도읍을 마읍(馬邑)으로 옮겼다. 그해 가을 흉노가 대군을 이끌고 마읍을 포위하자 한신은 흉노 진영으로 사신을 보내 강화를 청했는데 유방은 한신이 흉노와 결탁해 반역을 꾀한다고 의심하였고, 생명의 위험을 느낀 한신은 흉

니, 천하의 형세는 이성(異姓)이 강하고 동성은 아직 왕으로 봉해진 자가 없었다. 고조 6년(B.C.201)에는 동성왕으로 초왕 유교(劉交), 제왕(齊王) 유비(劉肥), 대왕(代王) 유희(劉喜)를 봉하였고 이성왕으로는 회남왕, 연왕, 조왕, 양왕, 장사왕 등이 있어 이성과 동성의 세력이 대략 비슷하였다. 고조 12년(B.C.195)에 가면 오왕(吳王) 유비(劉濞),[13] 회남왕 유장(劉長), 연왕 유건(劉建), 조왕 유여의(劉如意), 양왕(梁王) 유회(劉恢), 회양왕(淮陽王) 유우(劉友), 대왕(代王) 유항(劉恒), 그리고 제왕, 초왕, 장사왕 등 천하의 형세는 동성이 강하고 이성은 전혀 없거나 극소수가 있을 뿐이었다.[14]

유방이 이성(異姓)을 제후왕으로 봉한 이유를 이해하려면 먼저 진나라를 멸망시킨 것은 물론 억압받는 인민들이지만 인민들을 이끄는 자는 두 집단으로 나눌 수 있다는 것을 이해해야 한다. 그 하나는 평민 중의 야심가들이고, 또 하나는 6국의 잔여귀족들이다. 진승(陳勝)[15] ·

노와 연합해 반란을 일으켜 태원을 공격하였다. B.C.200년 유방의 군대에 패퇴당한 후 흉노 땅으로 도망쳤으나 B.C.196년 한나라 군대에 패하여 참수되었다.

13 유비(劉濞, B.C.215-B.C.154): 전한 패현(沛縣) 사람. 유방의 작은형 유중(劉仲)의 아들이다. 영포의 반란 때 공을 세워 고조 12년(B.C.195) 오왕(吳王)에 봉해졌다. 봉국에 망명자들을 불러 모아 동전을 주조하고 소금을 구워 막대한 부를 축적하면서 봉국 내 인민들의 부역을 경감하는 등 세력을 확대하였다. 문제 때 황태자가 실수로 오(吳)의 태자를 죽였는데, 이에 앙심을 품고 병을 핑계로 조회에도 나가지 않았다. 경제 때 조조(晁錯)가 제후왕의 봉토를 삭감할 것을 건의하자, 조조 주륙을 명분으로 초(楚), 조(趙) 등 7개국과 연합하여 반란을 일으켰다(吳楚七國의 난). 동월(東越)로 달아났다가 그곳에서 살해되었다.

14 瀧川資言, 『史記會注考證』 권17 「漢興以來諸侯王年表」, "陳仁錫曰, 以(漢初)天下大勢言之, 如高五年(紀前二〇二年)楚王信 · 淮南王布 · 燕王縮 · 趙王耳(按當爲趙王敖) · 梁王越 · 長沙王芮 · 韓王信, 則天下之勢, 異姓強而同姓未封也. 如高六年(紀前二〇一年)楚王交 · 齊王肥 · 代王喜 · 淮南 · 燕 · 趙 · 梁 · 長沙, 則天下之勢, 異姓同姓, 強弱略相當也. 如高十二年(紀前一九五年), 吳王濞 · 淮南王長 · 燕王建 · 趙王如意 · 梁王恢 · 淮陽王友 · 代王恒 · 齊 · 楚 · 長沙, 則天下之勢, 同姓強, 異姓絕無而僅有."

15 진승(陳勝, ?-B.C.208): 진(秦) 양성(陽城, 하남 등封) 사람. 자는 섭(涉)이다. 고농(雇農) 출신

제3장 한대 전제정치하의 봉건 문제

오광(吳廣)[16] · 진영(陳嬰)[17] · 장이(張耳) · 진여(陳餘) · 유방 등은 평민의 야심가를 대표하는 자들이었다. 항우 · 범증(范增)[18] 등은 잔여귀족을 대표하는 자들이었다. 항우가 공신들에게 그 인장이 닳아 망가질 때까지 봉작을 내주지 않은 것은[19] 과거의 귀족들에만 초점을 맞추고

으로 B.C.209년 장성 건설에 징발되어 둔장(屯長)으로 일행과 함께 어양(漁陽, 북경)으로 출발했으나 폭우로 인해 기일 내 도착이 불가능해지자 동료 오광(吳廣)과 함께 900명의 무리를 이끌고 반란을 일으켰다. 진승은 초(楚) 말기의 도읍이었던 진성(陳城, 하남 淮陽)을 점령한 뒤 국호를 '장초(張楚)'라 하고 왕을 자처하였으나 6개월 만에 진군(秦軍)에 의해 궤멸되었다.

16 오광(吳廣, ?-B.C.208): 진(秦) 양하(陽夏, 하남 太康) 사람. 자는 숙(叔)이다. 빈농 출신으로 장성 건설에 징발되어 가던 중 진승(陳勝)과 함께 무리를 이끌고 반란을 일으켰다. '장초(張楚)'를 세운 후 진승은 왕이 되고, 오광은 왕을 대리하는 가왕(假王)이 되어 장수들을 감독하였다. B.C.208년, 오광은 전장(田臧) · 이귀(李歸) 등과 함께 형양(滎陽) 공격에 나섰으나 내부 갈등으로 전장은 오광을 죽인 후 그 수급을 진승에게 보냈다. 오광의 죽음으로 농민군은 크게 동요하였고 얼마 후 궤멸되었다.

17 진영(陳嬰, ?-B.C.184): 진(秦) 동양현(東陽縣, 강소 盱眙縣)의 영사(令史)로서 신망이 높았다. 동양현의 젊은이들이 그 현령을 죽이고 수령으로 마땅한 사람을 찾다가 진영을 받든 후 다시 왕으로 추대하였으나, 모친의 반대로 진영은 사람들을 설득하여 명망가인 항량(項梁)에게 귀속토록 하였다. 고조 6년(B.C.201), 항우가 죽자 한나라로 들어가 장식(壯息)을 평정한 공으로 당읍(堂邑) 땅을 받아 열후가 되었다.

18 범증(范增, B.C.277-B.C.204): 진(秦) 거소(居鄛, 안휘 巢縣) 사람. 진나라 말 항량(項梁) 휘하에 들어가 초(楚)나라 왕의 후손을 옹립하여 민심에 널리 호소할 것을 권하였다. 항량 사후 항우의 책사로서 계책을 많이 제안했는데 특히 항우에게 여러 번 유방을 죽일 것을 충고했으나 끝내 받아들여지지 않았으며 도리어 유방의 반간계(反間計)로 항우의 의심을 사 직책을 잃고 떠나는 중 울분을 못 이겨 병사하였다.

19 그 인장이 닳아 … 내주지 않은 것은: 한왕 유방으로부터 대장(大將)을 제수받은 한신(韓信)이 계책을 올리면서 항우의 세력과 인물됨을 평가하는 말 중에 나온다. 『사기』 「회음후열전(淮陰侯列傳)」, "(항왕은) 누가 병에 걸리면 눈물을 흘리며 음식을 나누어 줍니다. 그러나 자기가 부리는 사람이 공을 이루어 마땅히 봉작해야 할 때에 이르러서는 그 인장(印章, 관작명을 새긴 도장)이 닳아 망가질 때까지 만지작거리다가 차마 내주지를 못합니다. 이것은 이른바 아녀자의 인(仁)일 뿐입니다[人有疾病, 涕泣分食飮, 至使人有功當封爵者, 印刓敝, 忍不能予, 此所謂婦人之仁也]."

새로 일어난 평민 야심가들을 무시했기 때문이었다. 그가 관중의 희(戲)에 있을 때는 크게 제후왕을 봉하지 않았던가?[20] 그러나 이후로 그는 더 이상 평민 야심가들의 소망을 고려하지 않았다. 유방은 처음에는 둘 사이에서 망설였으나 한신(韓信)이 먼저 그를 일깨웠고 장량(張良)이 계속 다그친 결과 그는 새로 일어난 평민 야심가들의 소원을 들어주어야만 천하를 얻을 수 있다는 것을 알았다. 이러한 형세의 강요 때문에 그는 처음 봉건을 할 때부터 살육의 의지를 품고 있었다. 전제와 대일통은 불가분의 관계이며 살육으로의 발전은 필연적이었다.

유방이 어떻게 천하를 얻을 수 있었는지, 유방 스스로 과장했을 뿐만 아니라 후세 사람들도 여기에 농락당하였다. 유방이 신하들을 향해 "내가 천하를 얻을 수 있었던 까닭은 무엇인가? 항우가 천하를 잃은 까닭은 무엇인가?"라고 물었을 때 오직 왕릉(王陵)[21]만이 가장 주요한 원인을 말했을 뿐이다.

폐하는 오만하여 다른 사람을 업신여기고, 항우는 인자하여 다른 사람을 아낄 줄 압니다. 그러나 폐하는 사람을 보내어 성을 공격하고 땅을 빼앗으면 점령한 땅을 전공에 따라 사여하여 천하 사람들과 이익을 함께하셨습니다.

---

20 『史記』권7「項羽本紀」, "又聞沛公已破咸陽, 項羽大怒, 使當陽君等擊關. 項羽遂入, 至于戲西. …."

21 왕릉(王陵, ?-B.C.181): 전한 패현(沛縣) 사람. 유방이 패(沛)에서 일어나 함양에 들어갈 때 왕릉도 무리 수천 명을 모아 남양(南陽)에서 독자적 세력을 형성하였고, 유방이 항우를 칠 무렵 군사를 한나라에 소속시켰다. 고조 6년(B.C.201) 안국후(安國侯)에 봉해지고 혜제 6년(B.C.190) 우승상(右丞相)이 되었다. 사람됨이 우직하고 직언을 잘했다. 여후(呂后)가 여러 여씨들을 왕으로 삼으려는 데 반대하다 우승상에서 해직되었으며 집으로 돌아가 두문불출하다 10년 후에 죽었다.

반면 항우는 현명하고 재능 있는 자를 시기하고, 공로가 있는 자는 질투하고 지혜로운 자는 의심하며, 전쟁에 승리하여도 장령들에게 그 공을 돌리지 않고 땅을 얻어도 사람들에게 그 이익을 나누어 주지 않았으니, 이것이 바로 항우가 천하를 잃은 까닭입니다.(『사기』권8 「고조본기」)[22]【원주3】

아래의 자료를 통해 왕릉의 말이 진실하고 믿을 만하다는 것을 증명할 수 있다. 『사기』권89 「장이진여열전(張耳陳餘列傳)」에서는 그들이 바라는 것은 "천하의 힘에 의지해 무도한 군주를 공격하여 부형의 원수를 갚고, 땅을 나누어 토지를 차지하는 일"[23]이라고 하였다. 이것은 평민 야심가들이 위험을 무릅쓰고 행동에 나서는 동기를 설명한다. 『사기』권92 「회음후열전」에서는 한신(韓信)이 한중(漢中)에서 유방의 질문에 대답하며 다음과 같이 말하고 있다. "이제 대왕께서 진실로 그【항우】와 방도를 달리하여 천하의 굳세고 용감한 자에게 맡기신다면 주벌하지 못할 자들이 어디 있겠습니까? 천하의 성읍(城邑)으로 공로 있는 신하들을 봉하신다면 복종하지 않을 신하가 어디 있겠습니까?"[24] 한신의 이 몇 마디는 당시 평민 야심가들의 심리를 드러낸 말로 유방을 크게 일깨워 준 계기가 되었다. 장량은 6국의 후예들을 다시 제후로 봉하려는 유방을 저지하면서 이렇게 말하였다. "천하의 유세하는

---

22 『史記』권8 「高祖本紀」, "陛下慢而侮人, 項羽仁而愛人. 然陛下使人攻城略地, 所降下者, 因以與之, 與天下同利也. 項羽妬賢嫉能, 有功者害之, 賢者疑之, 戰勝而不與人功, 得地而不與人利, 此所以失天下也."

23 『史記』권89 「張耳陳餘列傳」, "因天下之力, 而攻無道之君, 報父兄之怨, 而成割地有土之業."

24 『史記』권92 「淮陰侯列傳」, "今大王誠能反其(項羽)道, 任天下武勇, 何所不誅? 以天下城邑封功臣, 何所不服?"

선비들이 자신의 친척과 이별하고, 조상의 분묘를 버려두고, 옛 친구들과 헤어져 폐하를 따라다니는 것은 한갓 밤낮으로 작은 땅덩어리라도 떼어 주기를 기대하기 때문입니다."25【원주4】 이로써 유방의 정략적인 전략의 큰 방향이 확고해지고 더 이상 잔여귀족들에 대한 환상을 갖지 않게 되었으니 이는 유방의 천하 취득에 결정적인 의미가 있다고 하겠다. 또 진평(陳平)26은 초·한 전쟁 중 유방이 난국에 대처할 방법을 묻자 다음과 같이 답하고 있다. "항왕(項王)의 사람됨이 공경하고 사람을 아끼는지라 선비들 중 청렴하고 절조 있고 예를 좋아하는 자들은 대부분 그에게로 돌아갔습니다. 그러나 논공행상에 작위와 봉토를 내리는 것을 아깝게 여기니 선비들도 이 때문에 그에게 귀부하지 않고 있습니다. 그런데 지금 대왕께서는 오만하고 예의를 가볍게 여기므로 선비들 중 청렴하고 절개 있는 자들은 오지 않으나, 대왕께서 작위와 봉토를 아낌없이 내리시니 절개를 아랑곳하지 않고 이익을 탐하기를 부끄러워하지 않는 선비들 대부분이 한나라로 돌아왔습니다."27【원주5】 또 역이기(酈食其)28는 제왕(齊王) 전광(田廣)에게 유세하면서 이렇게

---

25 『史記』 권55 「留侯世家」, "且天下遊士, 離其親戚, 棄墳墓, 去故舊, 從陛下遊者, 徒欲日夜望
   咫尺之地."

26 진평(陳平, ?-B.C.178): 전한 양무(陽武, 하남 原陽) 사람. 처음에 항우를 섬겼으나, 이후 유방
   의 진영으로 옮겨 가 한나라 통일에 공을 세웠다. 계략에 뛰어나 항우의 책사 범증(范增)이 축
   출되도록 모략을 꾸몄고, 항우 휘하의 대장군 종리매(鍾離眜)가 신임을 잃도록 만들었다. 호
   유후(戶牖侯)를 거쳐 곡역후(曲逆侯)가 되었고, 상국(相國) 조참(曹參)이 죽은 후 좌승상이
   되어 주발(周勃)과 함께 여씨(呂氏)의 난을 평정한 후 유방의 아들 문제(文帝)를 옹립하였다.

27 『史記』 권56 「陳丞相世家」, "項王爲人, 恭敬愛人, 士之廉節好禮者多歸之. 至於行功爵邑重
   之, 士亦以此不附. 今大王慢而少禮, 士廉節者不來. 然大王能饒人以爵邑, 士之頑鈍嗜利無聊
   者多歸漢."

　　　　　　　　　　　제3장 한대 전제정치하의 봉건 문제

말하고 있다. 유방은 "천하의 병마를 재편성하고 제후의 후예들을 봉하였습니다. 투항한 성은 그 장령들을 후(侯)로 봉하고, 노획한 재물은 그 병사들에게 나누어 주어, 천하 사람들과 그 이익을 함께하였습니다."29【원주6】 모두 유방의 이러한 정략적인 전략 운용을 반영하고 있다. 『사기』 권7 「항우본기(項羽本紀)」에서는 다음과 같이 말한다.

한(漢) 5년(B.C.202), 한왕(漢王)은 양하(陽夏)의 남쪽까지 항왕(項王)을 추격한 후 일단 진군을 멈추고, 회음후(淮陰侯)[5년 당시는 제왕(齊王)] 한신(韓信), 건성후(建成侯) 팽월(彭越)과 함께 공격할 일시를 약속하고 초군을 공격하기로 하였다. 그러나 한왕이 고릉(固陵)으로 진군하였으나 한신과 팽월은 나타나지 않았다. 초군은 한군을 공격해 대파하였다. 한왕은 다시 진지로 돌아가 참호를 깊이 파고 수비하면서 장량(張良)30에게 계책을 물었다. "제후들이 약속을 지키지 않으니 어떻게 하면 좋은가?" 장량은 다음과 같이 대답하였다. "초나라 군사가 곧 격파당하려는 마당에 한신과 팽월은 아직 봉토를 받지 못하였습니다. 그들이 오지 않는 것도 당연합니다. 군왕께서 천하를 그들과 함께 나눈다면 그들은 당장 달려올 것입니다. 그러나 그

---

28 역이기(酈食其, ?-B.C.204): 전한 진류(陳留, 하남 개봉시) 사람. 한왕의 세객(說客)으로 제(齊)나라에 가서 70여 성의 항복을 받아 내고, 제왕 전광(田廣)을 설득해 한나라에 귀순토록 했는데, 공을 탐한 한신(韓信)의 군사가 바로 제나라를 침공하여 대노한 전광에게 팽형(烹刑)을 당했나. 통일 후 그의 아들 역개(酈疥)를 고량후(高梁侯)에 봉하였다.

29 『史記』 권97 「酈生列傳」, "收天下之兵, 立諸侯之後. 降城即以侯其將, 得略即以分其士, 與天下共其利."

30 장량(張良, ?-B.C.186): 일설에는 패군(沛郡) 사람이라 한다. 자는 자방(子房). 조부와 부친이 모두 한(韓)나라 재상을 지냈다. 진(秦)이 한(韓)을 멸망시키자 자객을 시켜 진시황을 암살하려 했지만 실패한 후 숨어 살다가 나중에 유방에게 귀순하여 모신(謀臣)이 되었다. 유방이 함양에 진군했을 때 번쾌(樊噲)와 함께 유방에게 진(秦) 궁실의 부고(府庫)를 봉쇄하고 패상(覇上)으로 철군하도록 권하였고, 또 항우를 공격해 완전히 궤멸시킬 것을 건의했는데 모두 채택되었다.

럴 수 없다면 상황이 어떻게 전개될지 알 수 없습니다." … 한왕은 "좋은 생각이다"라고 하며 즉시 사자를 한신과 팽월에게 보내 통고하였다. "힘을 합쳐 초군을 공격합시다. 초군이 패하면 진(陳)에서 동쪽 해안까지의 땅을 제왕【한신】에게, 휴양(睢陽)에서 북으로 곡성(穀城)까지의 땅을 팽 상국(相国)에게 각각 주겠소." 사자가 이르자 한신과 팽월은 모두 "청컨대 지금 군사를 내어 진격하고자 합니다"라고 대답하였다.[31]

이렇게 하여 해하(垓下) 대전투의 승리를 완수하고 유방은 마침내 천하를 얻을 수 있었다. 그래서 제후들과 장상(將相)들은 유방이 한왕(漢王)에서 황제로 오를 것을 함께 청하면서 이렇게 말하고 있다. "대왕께서는 미천한 평민에서 일어나 … 공로가 있는 자에게 봉지를 나누어 주어 왕후(王侯)에 봉하셨습니다."[32]【원주7】 이것이 바로 유방을 추대한 가장 큰 이유였다.

유방은 즉위한 뒤 "모반(謀叛)"의 이유를 날조하여 이들 이성(異姓) 제후왕을 제거하기 시작했는데, 특히 한신에 대해서는 마음이 불안하여 하루도 견딜 수가 없었다. 유방은 해하의 전투에 승리하자마자 한신의 진지에 들어가 그 군사를 빼앗았다. 바로 이어서 한신이 3년 동안 있었던 제왕(齊王)의 봉작을 초왕(楚王)으로 개봉(改封)하였다. 다음

---

31 『史記』권7「項羽本紀」, "漢五年(B.C.202), 漢王乃追項羽至陽夏南, 止軍. 與淮陰侯韓信·建成侯彭越期會而擊楚軍. 至固陵, 而信·越之兵不會. 楚擊漢軍, 大破之. 漢王復入壁, 深塹而自守. 謂張子房曰, '諸侯不從約, 爲之奈何?' 對曰, '楚兵且破, 信·越未有分地, 其不至固宜. 君王能與其分天下, 今可立致也. 即不能, 事未可知也'… 漢王曰'善.' 於是乃發使者告韓信·彭越曰, '幷力擊楚. 楚破, 自陳以東傅海, 與齊王(韓信). 睢陽以北至穀城, 與彭相國.' 使者至, 韓信彭越皆報曰, '請今進兵.'"

32 『史記』권8「高祖本紀」, "大王起微細 … 有功者輒裂地而封爲王侯."

해(6년) 유방은 운몽(雲夢)에 유람을 가는 것처럼 꾸며 한신을 구금하고[33] 형구를 채워 낙양으로 압송한 후 작위를 회음후(淮陰侯)로 강등하였다. 마침내 15년에 여치(呂雉)[34]의 손을 빌려 한신을 미앙궁(未央宮)에서 참수하고 "한신의 3족을 멸하였다."[35] 피살된 공신들은 모두 먼저 다섯 가지 형(刑)을 가한 다음 사지를 찢어 죽인 후 시신으로 젓갈을 담갔다. 이 모든 것은 다른 정치적 이유가 있어서가 아니라, 오로지 유방이 천하를 그 한 사람의 산업으로 삼은 이상【원주8】 그 산업을 빼앗을 가능성이 있는 사람은 모두 극악무도한 죄인이기 때문이었다. 이것이 전제자의 가장 기본적인 심리상태이다. 이들 이성(異姓) 제후왕은 처음부터 대일통의 전제정치와 양립할 수 없었다. 그들이 발 돌릴 틈도 없이 파멸로 마감한 것은 한대 대일통의 전제정치가 한 단계 큰 진전을 이루었음을 설명한다. 『사기』 권17 「한흥이래제후왕연표서」에서는 다음과 같이 말한다. "고조 말년 유씨(劉氏)가 아니면서 왕이 되거나 혹은 공로가 없어 천자가 봉하지 않았는데도 후(侯)가 된 자는 천하 사람이 모두 그를 주벌하기로 맹약하였다."[36]【원주9】 이것이 바로 가천하(家天下)의 법제화이다.

---

33 『史記』 권8 「高祖本紀」, "十二月, 人有上變事, 告楚王信謀反. 上問左右, 左右爭欲擊之, 用陳平計, 乃僞遊雲夢, 會諸侯於陳. 楚王信迎, 即因執之."

34 여치(呂雉): 여후(呂后, B.C.241-B.C.180)의 본명이다.

35 『史記』 권92 「淮陰侯列傳」, "遂夷信三族."

36 『史記』 권17 「漢興以來諸侯王年表敍」, "高祖末年, 非劉氏而王者, 若無功, 上所不置而侯者, 天下共誅之."

3. 한대 봉건의 3대 변천

유방의 이성(異姓) 제후왕에 대한 제거 작업은 별로 중시할 것이 못되는 장사왕(長沙王)을 제외하고 12년(B.C.195)에 완성되었다. 초기 동성 제후왕의 봉건도 여기서 일단락되었다. 이들 봉국은 유방이 정권의 현실적 필요에 따라 계획적으로 건립한 것이었다. 유방의 직접적인 병력이 미치는 범위는 대략 지금의 농해(隴海) 철도[37] 하남 구간 좌측 근방을 벗어나지 못했기 때문에 관중을 제외한 광대한 지역이 모두 처음부터 이성 제후왕의 손에서 직접 통제되었다. 유방은 일단 "황제"의 정치적인 절대적 우월성을 내세워 속임수를 써서 신속하게 이성 제후왕들을 잘라내었다. 한 곳의 제후왕을 제거할 때마다 통치상의 공백지대가 형성되었다. 유방에게는 믿고 맡길 만한 이성의 신하가 없었고, 소하(蕭何)[38]·번쾌(樊噲)[39]등 그와 개인적 친분이 깊은 사람들조차

---

37 농해(隴海) 철도: 중국의 강소성 연운항(連雲港)에서 낙양, 서안을 거쳐 감숙성 난주(蘭州)까지 이어지는 철도.

38 소하(蕭何, ?-B.C.193): 전한 패현(沛縣) 사람. 하급 관리로 있다가 유방을 따라 함양에 입성, 가장 먼저 진(秦) 상부(相府)의 도적(圖籍) 문서를 입수해 전국 산천의 요새와 군현의 호구를 소상히 파악하여 왕조 경영의 기초를 마련하였다. 유방이 한중(漢中)에서 왕이 되자 승상에 올랐다. 초·한이 서로 대치할 때 관중(關中)을 지키면서 군대와 식량을 확보하여 제공하는 등의 공로로 유방 즉위 후 찬후(酇侯)에 봉해지고 식읍 7천 호를 하사받았으며, 일족 수십 명도 각각 식읍을 받았다. 고조와 함께 진희(陳豨)와 한신, 경포(黥布) 등을 제거한 뒤 상국(相國)에 제수되었다. 진나라의 법률을 정리하여 『구장률(九章律)』을 편찬했다.

거의 이를 면하지 못하였다. 또한 군현의 지방제도는 유지되고 있었지만 그 수장들의 통치적 위상은 아직 확립되지 않았다. 다시 말해 조정의 신경 중추가 아직 그 신경의 말단을 전국으로 뻗치지 못하였으니, 이는 유방으로 하여금 내심 통치상의 공백을 우려하지 않을 수 없게 만들었다. 그가 동성(同姓)을 봉건할 때 봉토의 범위가 매우 크고 또 조정과 대등한 규모의 제도를 두게 한 것도 이러한 광대한 정치 공백 지역을 메우기 위해서였다. 『사기』 권17 「한흥이래제후왕연표(漢興以來諸侯王年表)」에서는 다음과 같이 말한다. "천하가 막 평정되었을 때에는 왕이나 후(侯)로 삼을 만한 가까운 혈육의 동성이 얼마 없었기 때문에 널리 종실의 여러 자손들을 강화하여 사해를 진무하고 천자를 받들어 지키도록 하였다."[40] 태사공의 말은, 유방이 동성을 크게 봉건한 진실한 내용을 알림으로써 유방의 봉건의 의도가 "주나라에서 오등작을 두어" "친친(親親)의 정신을 드러내고 공덕 있는 자를 표창한"[41] 의도와 크게 다르다는 것을 보이려 하였다. 『사기』 권51 「형연세가(荊燕世家)」 논찬에서 유가(劉賈, 혈통 불명)를 형왕(荊王)으로 봉한 것은 "양자강과 회수 지역을 평정하고 안정시키기" 위해서라고 설명한 점, 또

---

39 번쾌(樊噲, ?-B.C.189): 전한 패현(沛縣, 강소) 사람. 원래 미천한 신분이었으나 유방을 따라 진(秦)나라를 공격하여 여러 차례 전공을 올렸다. 함양(咸陽)에 들어갔을 때 홍문(鴻門)의 모임에서 유방을 위기에서 구해 탈출하게 했고, 유방이 즉위한 뒤 연왕(燕王) 장도(臧荼)와 공신 진희(陳豨)의 반란을 평정하여 상국(相國)이 되었다. 그 뒤에도 여러 반란을 평정하여 무양후(舞陽侯)에 봉해졌다.

40 『史記』 권17 「漢興以來諸侯王年表」, "天下初定, 骨肉同姓少; 故廣疆庶孽, 以鎭撫四海, 用承衛天子也."

41 『史記』 권17 「漢興以來諸侯王年表」, "周封五等, … 親親之義, 褒有德也."

권106 「오왕비열전(吳王濞列傳)」에서 "고제는 오(吳)와 회계(會稽) 사람들이 날쌔고 사나워 이를 평정할 만한 힘 있는 왕이 없음을 근심하였다. 고제의 아들들은 아직 어렸으므로 유비(劉濞, 유방의 형의 아들)를 패(沛)에서 세워 오왕으로 삼았다"[42]라고 말한 것이 그 명확한 증거다. 내가 이 점을 특별히 설명하려는 이유는 다음을 지적하기 위해서다. (1) 유방의 동성 봉건은 여전히 당시의 현실 정치 정세에 의해 강요된 것으로서 유가적 정치사상과는 아무런 관계가 없다. (2) 이러한 현실 상황에서만 망진(亡秦)의 교훈을 받아들일 것이다. 『한서』 권13 「이성 제후왕표서(異姓諸侯王表序)」와 권14 「제후왕표서(諸侯王表序)」는 모두 진나라가 봉건을 폐지하여 2대 만에 망했다는 점을 강조하여 유방이 봉건을 실행한 근거로 삼고 있는데, 이는 후대에 특별히 부각된 관점이다. 태사공은 단지 「제도혜왕세가(齊悼惠王世家)」 논찬에서만 "천하가 처음 평정되었을 때는 유씨의 자제들이 적었는데, 진(秦)이 혈연에게는 한 척의 땅도 봉토로 주지 않은 점에 자극받아 고조는 동성을 크게 봉하여 천하 백성의 마음을 안정시키고자 하였다"[43]라고 했을 뿐 「한흥이래제후왕연표서」와 「고조공신후자연표서(高祖功臣侯者年表敍)」에서는 모두 이러한 관점을 언급하지 않았는데, 이것은 유방의 마음에서

---

42 『史記』 권106 「吳王濞列傳」, "上(劉邦)患吳會稽輕悍, 無壯王以塡之, 諸子少, 乃立濞於沛爲吳王." 고조 11년 회남왕 영포가 반란을 일으켜 형(荊)을 병합하고 서쪽으로 회수를 건너 초(楚)를 공격하였다. 유방은 군사를 거느리고 주벌에 나섰고 당시 패현을 지나던 중이었으므로 당시 패후(沛侯)로 있던 "비(濞)를 패(沛)에서 세워 오왕으로 삼았다"라고 한 것이다.

43 『史記』 권52 「齊悼惠王世家」, "以海內初定, 子弟少, 激秦之無尺土封, 故大封同姓, 以塡撫萬民之心."

이 관점이 차지하는 비중이 그리 크지 않았음을 태사공이 알고 있었다는 말이다. 유방에 관한 직접적인 자료에서는 이 관점이 발견되지 않는다. 이러한 관점의 출현은 내가 보기에 여(呂)씨들의 난에 영향을 받은 것으로 생각된다. 내가 특별히 이 점을 지적하는 이유는 다음을 설명하기 위해서이다. (3) 유방이 동성을 크게 봉건한 것은 대일통 전제를 완성하기 위한 일종의 수단이며, 주공처럼 "종주(宗周)"에서 천하대종(大宗)【共主】의 지위를 차지하고 있는 것만으로는 만족하지 않았다. 이것은 한 초의 봉건을 근본적으로 뿌리내리지 못하게 만들었다. 이러한 봉건으로 인해 발생한 문제를 모두 과도한 봉지(封地) 규모 탓으로 돌리는 것은 당시의 책사들이나 후세의 사가들만큼 온당치 않다.

유방의 대대적인 동성 봉건은 주대의 봉건을 이상화한 유자(儒者)들의 사상적 영향을 받지 않았을 뿐만 아니라 유방 자신도 근본적으로 주나라 초의 봉건적 조건을 결여하고 있었다. 주 왕실은 오랜 씨족사회의 축적과 태왕(太王)·왕계(王季)·문왕(文王) 3대에 걸친 경영 교양을 거치면서 스스로 강력한 종족집단 및 국인(國人)계급을 형성하였는데 이는 주공이 봉건을 실행하는 밑천이었다. 유방의 상황은 완전히 달랐다. "고조의 아들은 아직 어렸고, 형제는 많지 않았으며 또 현명하지도 않았다."44【원주10】 형제도 많지 않았을 뿐만 아니라 일족의 봉성들도 많지 않았다.【원주11】 그래서 황제로 즉위한 이듬해【6년】(B.C.201) "초왕 한신을 폐위시키고 그를 감금하였으며 그의 영지를 두 나라로 나누었다. … 고조는 동성을 왕으로 봉하여 천하를 안정시키고자"45

---

44 『史記』권51「荊燕世家」, "高祖子幼, 昆弟少, 又不賢."

하였으나 "어디 혈통인지도 모르는"[46] 유가(劉賈)를 먼저 봉할 수밖에 없었다.【원주12】 이렇게 하여 한대의 봉건은 주대 봉건의 의미 있는 일면, 예컨대 친친(親親) 정신에서 만들어진 예(禮)가 군신 간의 엄중한 관계를 완화시킨다든지 공주분치(共主分治)의 법리화로 각 지방의 개별적 발전 가능성을 증대시킨다든지 하는 긍정적 측면은 전혀 계승하지 못하였다. 단지 신분제도, 억압과 착취, 분쟁 등과 같은 봉건제도의 추악한 일면만을 계승하여 전제정치의 죄악을 강화하였다.

　한 문제(文帝)는 4명의 아들을 낳았는데 두(竇)황후가 경제(景帝)를 낳았고 나머지는 모두 왕으로 봉하였다. 경제는 14명의 아들을 두었는데 왕(王)황후가 무제(武帝)를 낳았고 나머지는 모두 왕으로 봉하였다. 무제는 6명의 아들을 두었는데 위(衛)황후가 여(戾)태자 거(據)를 낳았으나 무고(巫蠱) 사건[47] 때 죽었고, 조첩여(趙婕妤)는 소제(昭帝)를 낳았다. 무제 원수(元狩) 6년(B.C.117) 아들 굉(閎)·단(旦)·서(胥)를 동시에 왕으로 책봉하였다.【원주13】 이 3대에 걸친 봉건은 모두 "제후왕"의 성격을 띤다. 그러나 고조 때와 다른 점은 (1) 한의 지방정치는 이미 점차 기반이 마련되어 중앙에서 직접 통제할 수 있었기 때문에 이

45 『史記』 권51 「荊燕世家」, "廢楚王信, 囚之, 分其地爲二國 … 欲王同姓以鎭天下."

46 『史記』 권51 「荊燕世家」에는 "荊王劉賈者, 諸劉, 不知其何屬"이라 하였다. 그에 대해 『集解』에서는 "漢書, 賈, 高帝從父兄"이라 되어 있다.

47 무고(巫蠱) 사건: 무고는 사람을 저주하여 죽이는 일종의 무축(巫祝)의 주법(呪法)이다. 무제 말년, 자신의 병이 무고에 의한 것이라 믿은 무제는 강충(江充)에게 명하여 많은 사람을 옥사하게 하였다. 당시 강충과 반목하고 있던 여태자(戾太子) 유거(劉據)는 화가 자신에게 미칠 것을 두려워하여 이듬해(B.C.91) 7월 먼저 난을 일으켰으나 실패하여 자살하였다. 이때 황후 위씨(衛氏)도 함께 자살하였고 황손(皇孫) 2명이 살해되었다. 이듬해 차천추(車千秋)의 상소에 의해 무제는 태자에게 잘못이 없음을 알고 강충 일족을 참형에 처하였다.

　　　　　　　　　　　　　　　제3장 한대 전제정치하의 봉건 문제

들 왕의 봉건에 "천하를 진무(鎭撫)한다"는 의미는 없었다. (2) 왕으로 봉해진 자가 모두 왕자라는 점은 이후 천자의 아들을 모두 왕으로 봉하는 국면을 열었다. 이러한 변천의 의의는 무엇일까?『한서』권14「제후왕표서(諸侯王表敍)」에서는 다음과 같이 말한다.

봉국 가운데 큰 것은 주(州)에 걸쳐 있고 여러 군(郡)을 아우르며 수십 개의 성이 연접해 있었다. 궁실 및 관직의 제도는 경사(京師)의 제도와 같았으니, 이는 잘못을 고치려다 지나쳐서 오히려 더 그르친 격이었다. 그렇기는 해도 고조는 창업의 기반을 다지느라 날마다 눈코 뜰 새 없이 바빴고, 혜제는 또 재위기간이 짧았다. 고조의 황후가 여주(女主)로서 섭정을 했지만 나라 안은 미처 날뛰는 무리들(반란) 없이 태평하였다. 마침내 여(呂)씨들의 난을 겪고 태종【문제(文帝)】이 제업을 이룰 수 있었던 것도 제후들의 도움 덕분이었다. 그러나 제후들은 원래 나라도 크고 힘도 강했으며, 말류들도 사방에 넘쳐났다. 작은 나라는 방탕하여 법도를 어기고 큰 나라는 제멋대로 무도하게 행동함으로써 자신의 몸을 해치고 나라를 잃는 일이 많았다. 그리하여 문제는 가의(賈誼)[48]의 건의를 채용하여 제(齊)나라와 조(趙)나라를 나누었고, 경제는 조조(晁錯)[49]의 모책을 채용하여 오(吳)나라와 초(楚)나라 등을 약화

---

48 가의(賈誼, B.C.200-B.C.168): 전한 낙양 사람. 가태부(賈太傅) 또는 가장사(賈長史), 가생(賈生)으로도 불린다. 타고난 재능으로 약관의 나이에 박사가 되고, 1년 만에 태중대부(太中大夫)가 되었으나, 주발(周勃)과 관영(灌嬰) 등 고관들의 시기를 받아 장사왕(長沙王)의 태부(太傅)로 좌천되었다. 재주를 지니고도 불우한 자신의 운명을 굴원(屈原)에 빗대어「복조부(鵩鳥賦)」와「조굴원부(弔屈原賦)」를 지었다. 4년 뒤 문제의 막내아들 양회왕(梁懷王)의 태부가 되었으나 왕이 낙마하여 급서하자 상심한 나머지 이듬해 33살로 죽었다. 저서에『신서(新書)』10권과『가장사집(賈長沙集)』이 있다.

49 조조(晁錯, 鼂錯, B.C.200-B.C.154): 전한 영천(潁川, 하남 禹縣) 사람. 신불해(申不害)와 상앙(商鞅)의 형명학(刑名學)을 익혔다. 문제 때 태상장고(太常掌故), 태자가령(太子家令)을 거쳐 어사대부가 되었다. 흉노 대책으로 백성들의 변경 이주와 둔전책(屯田策)을 주장했고, 재정적 뒷받침으로 곡물 납입자에게 관직을 내리는 매작령(賣爵令)을 주장하여 채용되었다.

시켰으며, 무제는 주보언(主父偃)[50]의 계책을 시행하여 추은령(推恩令)을 내렸다. … 그 이후 제나라는 7개 나라로 분할되었고, 조나라는 6개 나라로 분할되었으며, 양(梁)나라는 5개 나라로, 회남(淮南)나라는 3개 나라로 각각 분할되었다. 그리하여 황자가 처음 왕으로 봉해지면 큰 나라라도 그 봉토가 10여 개 성을 영유하는 데 불과했다. 장사(長沙) · 연(燕) · 대(代) 세 나라는 이름은 그대로 유지되었지만 모두 남쪽과 북쪽의 기존 경계가 사라져 없어졌다.[51]

위의 개략적인 서술에서, 문제와 경제는 전임 황제가 봉한 봉토를 없애고 자기 아들들의 봉토로 삼았다는 것, 이는 친속관계가 비교적 소원한 왕의 권한을 약화시킬 수 있을 뿐만 아니라 자기 세력을 확장시킬 수도 있다는 것을 이해하기 어렵지 않다.

제후의 영지를 삭감하여 강력한 중앙집권체제를 구축할 것을 주장했는데 경제에 의해 채용되었다. 이 때문에 오초칠국(吳楚七國)의 난이 일어나자 정적 원앙(袁鉤) 등의 회유책에 따라 장안에서 관복(官服)을 입은 채 참형되었다. 저서에 『조조(晁錯)』가 있으나 산일되었다.

50 주보언(主父偃, ?-B.C.126): 전한 임치(臨淄) 사람. 처음에 종횡술을 배우다가 나중에 『역(易)』과 『춘추』 등 백가(百家)의 사상을 배웠다. 무제에게 추은(推恩)의 법령을 헌책하였는데, 이것은 제후왕이 적자(嫡子) 이외의 자제에게도 '친친(親親)의 은(恩)'을 베풀어 봉국(封國)을 분할 상속하여 후(侯)로 삼는 것을 허락한다는 명분을 내세우고 있지만 실제로는 제후왕의 봉국을 세분화하여 그 세력을 약화시키는 효과를 가져왔다. 무제가 그의 헌책을 받아들여 낭중(郎中)에 오르고, 같은 해 중대부(中大夫)까지 올랐다. 남의 비밀을 폭로하기 좋아하여 원삭 2년(B.C.128) 제왕(齊王)의 상(相)이 되었을 때 제왕이 그 누이와 간음한 일을 알려 제왕을 자살하게 하였고 그 역시 족멸되었다.

51 『漢書』 권14 「諸侯王表敍」, "藩國大者夸州兼郡, 連城數十. 宮室百官, 同制京師, 可謂矯枉過其正矣. 雖然, 高祖創業, 日不暇給. 孝惠享國又淺. 高后女主攝位, 而海內晏如, 亡狂狡之憂, 卒折諸呂之難, 成太宗(文帝)之業者, 亦賴之於諸侯也. 然諸侯原本以大, 末流濫以致溢, 小者淫荒越法, 大者脲孤橫逆, 以害身喪國. 故文帝採賈生之議, 分齊 · 趙, 景帝用鼂錯之計, 削吳 · 楚. 武帝施主父之策, 下推恩之令. … 自此以來, 齊分爲七, 趙分爲六, 梁分爲五, 淮南分爲三. 皇子始立者, 大國不過十餘城. 長沙 · 燕 · 代, 雖有舊名, 皆亡南北邊矣."

제3장 한대 전제정치하의 봉건 문제

여기서 주목할 점은, 문제와 경제가 자기의 아들들을 왕으로 봉할 때는 언제든지 봉하고 싶으면 바로 봉하였고 어떤 복잡한 절차도 없었다는 점이다. 그러나 무제가 자기 세 아들을 왕으로 봉할 때는 『사기』 권60 「삼왕세가(三王世家)」에 의하면 대사마(大司馬) 곽거병(霍去病)[52]이 먼저 상소를 올려 청원하는 절차를 거쳐야 했다. 무제 또한 바로 윤허하지 않고 곽거병의 상소를 "어사(御使)에게 내려 보내" 처리하도록 한다. 먼저 "승상 신(臣) 청적(青翟)" 등 6인이 곽거병의 의견에 동의를 표명하는 동시에 "새로 봉건할 나라의 이름"을 정해 주기를 무제에게 주청한다. 그러나 무제는 다시 제조(制詔)를 내려 겸양의 뜻을 보이며 "황자들을 (왕보다 낮은) 열후에 봉하여 가(家)의 식읍(食邑)을 주는 것으로 하도록 다시 논의하라"라고 내려보낸다.[53] 그 후 다시 "승상 신 청적" 등 더 많은 일단의 신하들이 세 아들을 왕으로 세우지 않으면 안 된다고 주청하지만 무제는 또 한 번 겸양한다. "승상 신 청적" 등이 또 다시 간절히 주청하자 무제는 그들의 주청을 "궁중에 그대로 두고 내려보내지 않았다." 그래서 "승상 신 청적" 등이 다시 "죽을죄를 무릅쓰고[昧死]" 상소를 올리면, 비로소 "조서를 내려 허락한다[制曰可]"라는 황제의 재가가 떨어진다. 태사공【혹은 저 선생(褚先生)일 수도 있다】이 기록

---

52 곽거병(霍去病, B.C.140-B.C.117): 곽중유(霍仲孺)가 위소아(衛少兒, 무제 위황후의 언니, 대장군 衛青의 손위 누이)와 밀통하여 낳은 아들로, 무예에 뛰어나고 용감하였다고 한다. 18세 때 시중(侍中)이 되어 위청(衛青)을 따라 흉노토벌에 나서 공을 세워 관군후(冠軍侯)로 봉해졌다. 3년 후인 B.C.120년 표기장군(驃騎將軍)이 되어 감숙(甘肅) 등 6차례에 걸쳐 흉노토벌에 출정하여 한(漢)제국의 영토 확대에 지대한 공을 세웠다. 위청과 함께 대사마(大司馬)가 되었으나 불과 24세로 죽어 무제가 크게 슬퍼했다고 한다.

53 『史記』 권60 「三王世家」, "其更議以列侯家之."

한 이러한 복잡한 절차는 과거 한(漢) 왕조 초기에는 없었던 일일 뿐만 아니라 주나라의 봉건 때도 없었던 일이다. 도대체 무엇을 위해서일까? 원래 원삭(元朔) 2년(B.C.127) 봄 이미 무제는 주보언(主父偃)의 건의를 받아들여 제후왕이 자기 국읍(國邑)을 나누어 자제들을 열후(列侯)로 봉할 수 있도록 허락하는 조서를 내림으로써 고제·문제·경제 세 황제가 봉했던 제후왕들을 철저히 약화시키기 시작하였다. 한가(漢家)의 기존 제도에 의하면 제후왕의 체제는 조정의 체제에 준하는 규모를 갖추고 있었다. 비록 경제 때부터 "제후국의 관직을 삭감하기"【원주14】 시작하지만 제후왕의 모친을 태후(太后)라 칭하고, 제후왕의 처를 왕후(王后)라 칭하고, 아들을 태자(太子)라 칭함에 있어서는 조정과 다를 바가 없었다. 원삭 2년 제후의 자제를 열후로 분봉하기 시작한 때부터 자기의 세 아들을 동시에 왕으로 봉한 원수(元狩) 6년(B.C.117)에 이르기까지 10년 사이에 무제는 회남왕(淮南王) 유안(劉安)[54]과 형산왕(衡山王) 유사(劉賜)[55]를 모반(謀反)의 죄명을 씌워 죽였고【원수 원년】 이

---

54 유안(劉安, B.C.179-B.C.122): 한 고조의 손자로 회남왕 유장(劉長)의 아들. 문제 16년 (B.C.164) 부친을 계승, 수춘(壽春)에 도읍했다. 오초7국이 반란을 일으키자 가담하려 했지만 국상(國相)이 반대해 이루지 못했다. 무제 즉위 후 몰래 무비(武備)를 정비한 일로 모반 음모의 혐의를 받아 자살하고 봉지는 몰수되었다. 이때 연루되어 죽은 빈객(賓客)과 대신이 수천 명에 이르렀다고 한다. 문학애호가였던 유안은 많은 문사(文士)와 방사(方士)를 초빙해 그 수가 수천에 이르렀고, 빈객들과 함께 저술한『회남자』는「내편(內篇)」8권과「외편(外篇)」19권,「중편(中篇)」8권 중 현재 내편 일부만 전한다.

55 유사(劉賜, ?-B.C.122): 회남왕 유장(劉長)의 셋째 아들로 형산왕(衡山王)을 지냈다. 태자로 유상(劉爽)을 세웠으나, 무제 원삭(元朔) 6년(B.C.123) 유사의 총희 서래(徐來)가 유상을 폐위하고 동생 유효(劉孝)를 태자로 세우려고 했다. 유상은 이에 사람을 장안에 보내 아버지 유사(劉賜)와 동생 유효가 역모를 꾀한다고 고발하였고, 유사 또한 유상을 탄핵하는 글을 올렸다. 원수 원년(B.C.122) 11월 형 회남왕 유안(劉安)과 함께 모반죄로 주살되었다. 유상 역시

로써 주보언의 정책은 완전히 실현되었다. 이처럼 문제 · 경제가 봉건한 제후왕에게는 국읍을 나누어 그 자제들을 열후로 삼도록 핍박하다가 정작 자기 자식들을 왕으로 봉하려 하니 무제로서도 짐짓 사양하는 척 가식을 떨지 않을 수 없었을 것이다.

무제의 가식을 기점으로 전한의 봉건은 세 번째 대변천을 겪게 된다. 앞에서 설명한 바와 같이 고조의 동성(同姓) 제후왕의 봉건은 이성(異姓) 제후왕이 제거된 후의 정치 공백을 메우기 위한 것으로, 이것은 이성 제후왕의 봉건에 대해 말하자면 첫 번째 변천이다. 문제 · 경제의 아들들의 봉건은 이전 황제가 세운 봉국을 배제하고 약화시켜 자신의 지위를 공고히 하기 위한 것으로, 이것은 두 번째 변천이라고 할 수 있다. 이 두 차례의 변천은 모두 객관적인 형세에 밀려 이루어진 것이라 할 수 있기 때문에 태사공은 「한흥이래제후왕연표서(漢興以來諸侯王年表敍)」에서 특별히 "형세(形勢)"라는 두 글자로 전체 문장을 관통하고 있다. 그러나 무제에 이르면 아들들을 왕으로 봉해야 할 객관적 형세는 더 이상 존재하지 않았다. 그럼에도 그가 여전히 아들들을 왕으로 봉해야 했던 것은 황제의 절대적인 숭고한 신분과 지위를 유지하기 위해서였다. 이것이 세 번째 대변천이다. 이 대변천은 이후 전제정치 프로그램에서 영원히 없어서는 안 될 부분을 구성하게 된다.

『한서』 권15상 「왕자후연표서(王子侯年表序)」에서는 다음과 같이 말한다. "무제에 이르러 제후왕들은 봉토가 제도를 벗어나거나 참람하여 법도에 어긋나기도 하였고, 자제들은 필부가 되어 그 경중에 평형

불효죄로 기시(棄市)되었다.

을 잃게 되었다. 이에 어사에게 제조(制詔)를 내리기를 '제후왕 중에 사사로운 은혜[私恩]를 추급하여 자제들에게 봉읍을 나누어 주고자 하는 자는 각각 조목을 갖추어 보고하고, 짐 또한 장차 친히 그 칭호와 명칭을 확정하도록 하겠다'라고 하였다."[56] 이것은 원삭(元朔) 2년의 일이다. 무제가 은혜를 추급하여 분봉하는 것을 허락한[추은령(推恩令)] 근본적인 동기는 당연히 제후왕의 "봉토가 제도를 벗어난[疆土過制]" 데 있었고, 이른바 "자제들은 필부가 되어 그 경중에 평형을 잃게 되었다"라는 것은 핑계에 불과했다. 그러나 이로부터 그의 마음속에 "필부"의 신분이 제후왕의 신분과 함께 뒤섞여서는 안 된다는 생각도 있었음을 엿볼 수 있다. 그래서 무제의 세 아들을 왕으로 세우는 문제를 논의할 때 군신들은 세 아들을 열후로 세우는 데 반대하고 반드시 왕으로 세워야 하는 이유로 다음 세 가지를 들었다. 첫째, "황자에게 가(家)의 식읍을 주어 열후가 되게 한다면 이는 신분의 존비관계가 흐트러지고 지위의 서열관계가 뒤바뀌는 것이니 자손만대에 물려줄 전통이 될 수 없다"라고 하였다. 둘째, "지금 제후의 지자(支子)는 심지어 제후왕으로 봉해지기도 하는데, 황제의 아들에게 가(家)의 식읍을 주어 열후로 삼는다면 … 모두 존비귀천의 질서를 잃게 되는 것으로 천하 사람들을 실망케 할 것이니 불가한 일이다"라고 하였다. 셋째, "… 죽을죄를 무릅쓰고 황자인 신 굉(閎) 등을 제후왕으로 삼을 것을 청하였던 바, … 폐하께서 굳이 사양하시며 허락하지 않으셨습니다. 황자에게 식읍을

---

56 『漢書』 권15上 「王子侯年表序」, "至於孝武, 以諸侯王疆土過制, 或僭差失軌, 而子弟爲匹夫, 輕重不相准. 於是制詔御史, 諸侯王或欲推私恩分子弟邑者, 令各條上, 朕且臨定其號名."

주어 열후로 삼는 일에 대해 신 청적(靑翟) … 등 27인이 의론한 결과 모두가 그것은 존비귀천의 질서를 잃는 것이라고 보았습니다. 고황제(고제)께서는 천하를 세우시고 한(漢) 왕조의 태조가 되셨습니다. 자손들을 왕으로 봉하여 널리 지족(支族)들이 황실을 보필하도록 하셨습니다. 선제(先帝)가 세운 원칙을 바꾸지 않아야 폐하의 지존(至尊)이 널리 드러나게 됩니다"[57]라는 이유를 들었다. 그들은 완전히 "신분"적 관점에서 논리를 세우고 있다. 즉 황제의 자제가 만약 다른 제후왕의 자제와 똑같이 열후가 된다면 모르는 사이에 황제의 "지존"의 지위에 영향을 미쳐 천하 사람들로 하여금 황제와 제후왕의 지위가 별반 다르지 않다고 느끼게 만들고, 결국 황제의 "지존"한 신분이 드러나지 않게 된다는 것이었다. 황제의 신분은 "지존"이라고 하는 이 관념은 전제정치에서 매우 중요한 기본 요건이다. 황제의 "지존" 신분을 지키기 위해서는 황제의 자제를 제후왕으로 봉하지 않으면 안 되고, 이 관념을 위로 고조의 봉건에까지 추급하여 마침내 이후 황자의 봉왕(封王)은 전제정치에서 황제의 신분을 절대화하기 위한 필수불가결한 요건 중의 하나가 되었다. 황제의 자제들은 반드시 왕으로 봉해야 하고, 황후의 부형(父兄)은 후(侯)로 봉해야 하며, 황제나 황후를 시봉하는 환관 역시 후(侯)에 봉해질 수 있었다. 그리하여 한대 정치 구조에서 대량의 "은택후(恩澤侯)"가 출현하게 되는데【원주15】 이는 모두 "신분" 관념에서 발

---

57 『史記』 권60 「三王世家」, "而家皇子爲列侯, 則尊卑相踰, 列位失序, 不可以垂統於萬世." "今諸侯支子, 封至諸侯王. 而家皇子爲列侯 … 皆以爲尊卑失序, 使天下失望, 不可." "… 昧死請立皇子臣閎等爲諸侯王 … 陛下固辭弗許. 家皇子爲列侯, 臣青翟 … 等二十七人議, 皆曰以爲尊卑失序. 高皇帝建天下, 爲漢太祖. 王子孫, 廣支輔. 先帝法則弗改, 所以宣至尊也."

전된 것이다. 반고는 「제후왕표(諸侯王表)」 '서론(敍論)'에서 진시황을 비난하기를 "자기 스스로는 황제라 부르면서 그 자제들은 필부로 만들 었다"[58]라고 하였는데, 반고가 비난한 그 점이야말로 진시황 정치의 매우 바람직한 부분이었다고 말할 수 있다. 한 무제가 봉건을 전제적 절대 신분을 유지하기 위한 역할로 전환한 이후부터 전제정치의 착 취 · 억압 집단이 확대되었고 전제정치 내부의 끊임없는 혼란이 가중 되었으며, 진시황과 이사 등이 이 정치 체제에 담았던 일말의 이상성 (理想性)도 완전히 파괴되었다.

---

58 『漢書』 권14 「諸侯王表」, "竊自號爲皇帝, 而子弟爲匹夫."

4. 봉건에 대한 전제의 억제 과정

한 왕실의 봉건은 먼저 대일통의 전제를 완성하기 위한 실제적인 필요에서, 마지막으로는 대일통의 전제적 황제 신분을 유지하기 위한 필요에서 시행되었다. 그러므로 한편으로는 변화를 겪으면서도 다른 한편으로는 시종 일관된 형식을 유지하였다. 그러나 그럼에도 불구하고 봉건적 존재, 특히 제후왕이라는 계통에 속하는 존재는 언제나 전제정치 자체에 가장 큰 모순이 되어 왔는데 왜냐하면 전제의 최고 권력은 황제 한 사람에게만 속하기 때문이다. 누가 그 최고의 권력을 얻을 것인가? 한대에는 제왕이 총애하는 여자로 인해 황후의 지위가 공고하지 못했기 때문에 처음부터 종법상의 적장자 계승원칙이 잘 지켜지지 않았다. 고조는 원래 조왕(趙王) 유여의(劉如意)[59]를 후계로 세우려 했지만 여후(呂后)는 (혜제가 죽은 후) 출신을 알 수 없는 소제(少帝)[60]를 황

---

59 유여의(劉如意, B.C.207-B.C.195): 고조의 아들은 모두 8명으로 맏이는 서출, 둘째는 여후(呂后) 소생 혜제 유영(劉盈), 셋째는 척부인(戚夫人) 소생 조왕(趙王) 유여의, 넷째는 대왕(代王) 유항(劉恒)으로 박태후(薄太后) 소생이자 훗날 문제(文帝)로 즉위한 자이다. 고조는 태자 유영을 폐하고 유여의를 세우려 했으나 여후와 대신들의 반대로 폐위를 면하였다. 고조가 죽은 후 유여의는 여후에게 독살당하였다.

60 소제(少帝, ?-B.C.184): 혜제를 계승한 전한의 3대 황제. 『사기』 권9 「여태후본기」에 따르면, 혜제의 정비(正妃)인 황후 장씨(張氏)는 아들을 얻지 못하자 임신한 척하며 후궁 미인(美人)이 낳은 아이를 데려다 자신이 낳은 아들이라고 속여 생모를 죽이고 그 아이를 태자로 삼았다고 한다. 소제는 즉위하고 얼마 후 여후에 의해 폐위되었다. 4대 황제 유홍(劉弘)도 역시 소제

제로 세웠다. 문제가 뒤를 이어 제위에 오를 수 있었던 것은 당시 열후와 대신들이 여후의 잔당들 아래서는 "자신들의 목숨을 보장할 수 없다는"[61] 교훈과 함께 문제의 "(모후인) 태후 박(薄)씨의 집안이 신중하고 선량하여"[62] 그에 대한 대신들의 반감이 비교적 덜했기 때문이었다.[원주16] 경제와 무제는 모두 장자가 아닌 "중자(中子)"로서 제위에 올랐다. 다음의 소제(昭帝)는 어린 나이에 황제가 되었다. 따라서 한대는 황위계승에 있어서 황제의 애증(愛憎)이 무상(無常)하고 또 아직 객관적인 제도가 건립되지 못한 관계로 황제의 한순간의 애증이나 황제 사망 당시의 형세에 따라 후계자가 결정되었다. 그러므로 황자(皇子)로서 제후왕에 피봉된 자는 모두 대통을 계승할 가능성이 있었고, 모두 황제의 의심의 대상이 되었다. 이러한 권력 근원지에서의 모순은 당시에 "강간약지(強幹弱枝)"라는 구호를 불러내었다.[원주17] 줄기가 있으면 반드시 가지도 있는 법이다. 상식적으로 줄기와 가지는 본래 일체이므로 줄기가 튼튼하면 가지도 무성하고 가지가 무성하면 줄기도 더 튼튼해진다고 말하는 것은 주나라 초 봉건의 신념이었다. 제 환공(桓公)이나 진(晉) 문공(文公)의 패업도 이를 증명하고 있다. 한나라의 경우는 줄기가 튼튼하기[強幹] 위해서는 반드시 가지가 약해야[弱枝] 한다고 보았다. 튼튼하고 약함을 측정하는 기준은 전적으로 권력의 근원

로 불렸으며 혜제의 서자 출신이다.

61 『史記』권9「呂太后本紀」. 전후 문맥은 다음과 같다. "當是時, 濟川王太·淮陽王武·常山王朝名爲少帝弟, 及魯元王呂后外孫, 皆年少未之國, 居長安. 趙王祿·梁王産各將兵居南北軍, 皆呂氏之人. 列侯群臣莫自堅其命."

62 『史記』권9「呂太后本紀」, "太后家薄氏謹良."

지, 즉 황제와 그 측근들의 한순간의 생각에 달려 있었으니, 이것이 바로 가지[枝]로 살아가기가 어려운 이유이다. 문제(文帝)로부터 시작된 일련의 강간약지의 진행 과정이 『한서』 권14 「제후왕표서(諸侯王表敍)」에 간략하게 서술되어 있다.

그리하여 문제는 가생(賈生)의 건의를 채용하여 제(齊)나라와 조(趙)나라를 나누었고, 경제는 조조(晁錯)의 모책을 받아들여 오(吳)나라와 초(楚)나라의 봉국을 삭감하였다. 무제는 주보언(主父偃)의 계책을 채용하여 추은령(推恩令)을 내려 제후왕으로 하여금 봉국의 호(戶)와 성읍을 나누어 자제들을 열후로 봉할 수 있게 함으로써 번국(藩國)을 폐출하거나 옮기지 않고도 번국이 스스로 분할되도록 하였다. … 경제 때 오초칠국의 난이 평정된 후 제후의 세력은 억제되고 약화되었으며 제후국의 관리들은 감축되거나 해임되었다. 무제 때 형산왕(衡山王)·회남왕(淮南王)의 모반 사건이 발생하자 제후국의 관리에 관한 법[左官律]63을 만들고 제후왕이 별도의 조세를 걷는 것을 엄단하는 법[附益法]64을 신설하였다. 제후들은 오로지 의식(衣食)을 위한 조세를 거둘 수 있을 뿐 정사에는 참여할 수 없었다. 애제(哀帝)와 평제(平帝) 시기 제후들은 모두 선대의 제후왕을 계승한 후손들이어서 황제와의 친속관계도 소원하고, 궁중 안에서 태어나 사민(士民)들의 존경도 받지 못하

---

63 좌관율(左官律): 한에서는 오른쪽을 존중한 옛 법에 따라 중앙의 관리를 우관(右官)이라 하고 제후의 관리는 그보다 낮다는 의미에서 좌관(左官)이라 하였다. 좌관율은 제후국의 관리가 사사로이 제후왕과 군신관계를 맺지 못하도록 한 법이다. 『漢書』 권14 「諸侯王表」, "武有衡山淮南之謀, 作左官之律." 안사고 주에 "服虔曰: '仕於諸侯爲左官, 絶不得使仕於王侯也.' 應劭曰: '人道尚右, 舍天子而仕諸侯, 故謂之左官也.' 左官, 猶言左道也, 皆僻左不正, 應說是也. 漢時依上古法·朝廷之列以右爲尊, 故謂降秩爲左遷, 仕諸侯爲左官也"라 하였다.

64 부익법(附益法): 제후왕이 의식(衣食)을 위한 조세 외에 별도의 조세를 신설하거나 임의로 세액을 올리는 것을 금지하는 법. 『漢書』 권14 「諸侯王表」, 안사고 주, "張晏曰, 律鄭氏說, 封諸侯過限曰附益. 或曰阿媚王侯有重法也."; 권38 「高五王傳」, "自吳楚誅後, 稍奪諸侯權, 左官附益阿黨之法設. 其後諸侯唯得衣食租稅, 貧者或乘牛車."

였으며, 그 세력이 부유한 집과 다를 바가 없었다. 성제, 애제, 평제는 모두 단명하였고 후사도 세 황제 동안 끊어졌다. 이런 까닭에 왕망(王莽)은 한 왕조가 안팎으로 쇠미해지고 본말이 모두 약해졌음을 알고 아무 거리낌 없이 간사한 마음을 드러내어 … 황제가 서는 계단에서 내려오지 않고 천하를 자기 계획대로 움직여 갔다. …[65]

한 무제에 이르면 제후왕은 이미 열후들과 다름이 없었다. 그러나 그들의 처지는 열후들을 따라가지 못했다. 애제·평제 시기에 이르면 그들은 이미 부잣집과 다름이 없었지만, 부잣집 또한 따라가지 못했다. 왜냐하면 그들은 열후가 누릴 수 있는 생활의 자유도 없었고, 일반 부잣집이 누릴 수 있는 생활의 자유는 더욱더 없었기 때문이다.

역사의 정치적 표면은 종종 통치자가 날조한 자료들에 의해 교묘하게 구성된다. 특히 최고 권력투쟁의 미묘한 시점에 관해서는 패자에게 불리한 자료는 반드시 과장되고 승자에게 불리한 자료는 반드시 은몰된다. 역사를 저술하거나 역사를 읽는 사람이 이러한 정세에 기만당하지 않을 수 있는 경우는 사실상 매우 드물다. 양한의 조정과 제후왕의 중요한 관계에 관한 자료들은 나로 하여금 이 점을 통절하게 느끼게 만든다.

우선 정치는 인민을 위주로 한다는 기본 관점에서 볼 때, 만약 고조

---

65 『漢書』 권14 「諸侯王表」, "故文帝採賈生之議, 分齊趙. 景帝用鼂錯之計, 削吳楚. 武帝施主父之策, 下推恩之令, 使諸侯王得分戶邑以封子弟, 不行黜陟而藩國自析 … 景遭七國之難, 抑損諸侯, 減黜其官. 武有衡山淮南之謀, 作左官之律, 設附益之法. 諸侯惟得衣食稅租, 不與政事. 至於哀平之際, 皆繼體苗裔, 親屬疏遠, 生於帷牆之中, 不爲士民所尊, 勢與富室亡異. 而本朝短世, 國統三絶. 是故王莽知漢中外殫微, 本末俱弱, 亡所忌憚, 生其奸心 … 不降階序而運天下. …"

가 이성 제후왕의 봉건에 만족했다면, 한 걸음 더 물러나 문제(文帝)는 고조의 제후왕 봉건에 만족하고 경제(景帝)는 문제의 제후왕 봉건에 만족하며 조정은 오로지 기강을 유지하고 치적의 책임을 묻는 역할만을 담당했다면, 서로 견제하고 서로 경쟁하는 가운데 정치는 손바닥만한 조정에 권력을 집중하거나 현자보다 불초자가 절대다수를 차지하는 군주 일인에게 권력을 집중하는 것보다 더욱 유리하게 전개될 수 있었을 것이란 점을 분명히 지적하고자 한다. 이른바 반역의 문제는 전적으로 황제의 시기심에 핍박받아 일어났거나 심지어 조작된 것이다. 『사기』 권106 「오왕비열전(吳王濞列傳)」에서는 "혜제(惠帝), 고후(高后, 여후) 때에 이르러 천하가 비로소 안정되었다. 군국(郡國)의 제후들은 각자 자기 백성들을 위무하는 데 힘썼다"[66]라고 되어 있다. 이 몇 마디 말이 시사하는 바는 내가 위에 말한 가설의 근거가 될 수 있다. 오초칠국 반란의 주모자 오왕 유비(劉濞)는 "천하의 망명자들을 불러모아 동전 주조를 늘렸고, 바닷물을 끓여 소금을 만들었다. 그래서 백성들에게 세금을 걷지 않아도 번국의 재정은 풍부하였다." "그러나 그는 구리와 소금으로 나라를 다스렸기 때문에 백성들에게 따로 세금을 걷지 않았고, 백성들 중 타인을 대신하여 병역을 수행하는 천경(踐更)에게는 그때마다 공평한 값을 주었으며,[67] 해마다 세시(歲時)에는 나라

---

66 『史記』 권106 「吳王濞列傳」, "會孝惠高后時, 天下初定, 郡國諸侯, 各務自拊循其民."

67 저본의 『사기』 인용문에는 "卒·踐·一更, 輒與平賈"라 하였는데, 중화서국본에는 "卒踐更, 輒與平賈"라 되어 있다. 천경(踐更)이란 병역 의무자가 관청에 돈을 납입하면 이 돈으로 백성을 고용하여 병역을 대신하도록 했는데 이 대역자를 천경이라 한다고 보는 설도 있다.(『史記正義』)

안의 재덕(才德)이 뛰어난 사람들에게 안부를 묻고 백성들에게 하사품을 내렸다."[68] 이것은 정치적으로 큰 성과를 거둔 것이 아닌가? 이곳『사기』에서 말하는 "동전 주조를 늘렸고[益鑄錢]"가『한서』에서는 "몰래 동전을 주조하였고[盜鑄錢]"[69]로 바뀌어져 있는데 이것은 뒤에 고의로 덧붙인 죄목이다. 왜냐하면 당시에는 이른바 도주(盜鑄)[70]라는 죄가 없었기 때문이다.【원주18】또 문장 중에 "천하의 망명자들을 불러 모아"라는 말이 있는데, 한대에는 망명자를 불러 모으는 행위를 큰 범죄로 여겼다고 후세 사람들이 오해하도록 만드는 구절이다. 이른바 "망명(亡命)"이란 말은 호적이 없는 인민을 가리킨다는 것을 모르고 있다. 당시에는 인두세(人頭稅) 징수와 의무병역제 시행으로 곤궁한 인민들이 세역을 피해 떠돌아다니다 호적에서 누락되는 경우가 헤아릴 수 없이 많았다. 더욱이 조정에 예속된 군현의 경우,『한서』권48「가의전(賈誼傳)」에 기재된 가의의 말에 의하면 그곳의 관리와 백성들 중 요역을 위해 장안을 오가야 하는 사람들은 그 고통이 이루 말할 수 없이 심해 "도망하여 제후에게 돌아간 자들이 이미 적지 않았다."[71] 정상적인 상

---

68 『史記』권106「吳王濞列傳」, "招致天下亡命者, 益鑄錢, 煮海水爲鹽, 以故無賦, 國用富饒." "然其居國以銅鹽故, 百姓無賦. 卒踐更, 輒與平賈. 歲時存問茂材, 賞賜閭里."

69 『漢書』권35「荊燕吳傳」, "吳有豫章郡銅山, 即招致天下亡命者盜鑄錢, 東賣海水爲鹽, 以故無賦, 國用饒足."

70 도주(盜鑄): 원래 고조 말 민간인들의 사주(私鑄)를 금지하는 명령을 내렸으나, 문제 5년(B.C.175)에 금주령(禁鑄令)을 해제하고 민간인들도 동전을 주조할 수 있도록 허용하였다(『史記』「平準書」). 그러나 경제 6년(B.C.151) 동전의 도주와 황금(黃金)의 위조를 기시율(棄市律)로 정하여 재차 사주를 금지시켰다(『漢書』「景帝紀」). 오왕 유비의 동전 주조가 문제 5년부터 오초칠국의 난이 일어난 B.C.154년까지 계속되었다고 본다면 그동안은 동전 사주가 허용되었던 시기이므로 '도주'라는 죄명 자체가 없었다고 할 수 있다.

황에서는 군수(태수)와 현령의 정치가 투명하고 공정하여 유민(流民) 【망명(亡命)】들이 많이 돌아오게 되면 훌륭한 치적으로 분류될 수 있다. 그러나 제후왕의 나라에서 그랬을 경우 인구가 늘어날 것을 염려하여 반역을 꾀했다는 증거로 간주되었다. 여씨(呂氏)의 난이 일어났을 때는 제후왕이 모반을 일으킬 수 있는 절호의 기회였다. 당시 제위계승에 가장 자격을 갖춘 사람으로는 제왕(齊王) 유양(劉襄, 유방의 손자)을 능가할 자가 없었다. 더욱이 그는 이미 군사를 출동시켜 (계략을 써서 낭야왕의 군대를 탈취한 후) "양쪽 군사를 병합하여 서쪽으로 진격하고 있던"[72] 중이었다. 그러나 대신들은 결국 대왕(代王) 유항(劉恒, 유방의 넷째 아들)—문제(文帝)를 황제로 옹립하였고 제나라 군대는 마침내 해산하였다. 오왕 유비[劉濞, 유방의 형 유중(劉仲)의 아들]와 조정 사이에 틈이 벌어진 것은 "황태자【뒤에 경제가 된다】가 오나라 태자와 함께 쌍륙(雙六)을 두며 놀다가 쌍륙판을 오나라 태자에게 집어던져 죽게 만든" 사건이 발단이 되었다. 문제는 자신의 황태자를 책망하지 않았을 뿐만 아니라 계속 오나라 사자(使者)들을 잡아 두고 문책하였다. 나중에 문제가 "오나라 사자들을 사면하여 돌려보내고 오왕에게 궤장(几杖)을 하사하면서 연로하니 입조하지 않아도 된다고 말함으로써 오나라는 죄를 용서받을 수 있었고 모반의 생각도 점차 누그러졌다."[73] 이

---

71 『漢書』권48「賈誼傳」, "今淮南地遠者或數千里, 越兩諸侯, 而縣屬於漢. 其吏民繇役往來長安者, 自悉而補, 中道衣敝, 錢用諸費稱此, 其苦屬漢而欲得王至甚, 逋逃而歸諸侯者已不少矣."

72 『史記』권9「呂太后本紀」, "遂發兵東, 詐奪琅邪王兵, 并將之而西."

73 『史記』권106「吳王濞列傳」, "孝文時, 吳太子入見, 得侍皇太子飲博. … 皇太子(後爲景帝)引博局提吳太子, 殺之. 於是遣其喪歸葬. 至吳, 吳王慍曰, 天下同宗, 死長安卽葬長安, 何必來葬

것은 오왕 비(濞)가 원래 반역의 뜻이 없었음을 말해 준다. 그러나 경제가 오나라 2개 군(郡)을 삭감하는 명령을 내리자, "오왕 비는 영토의 삭감이 계속될 것을 두려워했고 이 때문에 난을 일으키려는 생각을 했다."[74] 만약 영토를 삭감하면서 나머지 영토를 보장한다는 분명한 조령을 내렸더라면 7국의 변란도 없었을 것임을 알 수 있다. 한 왕실의 군신(君臣)이 가령 황제 한 사람에 대한 권력 집중을 정치 추진의 선행 조건으로 삼지 않고 단지 통일하의 합리적인 지방분권만을 허용했다면, 한나라 초 백 년 동안의 시끄러운 정치문제는 발생하지 않았을 것이고, 진(秦)이 건립한 전제 정체(政體) 및 이 정체로 인해 필연적으로 발생하는 해독이 다소나마 완화되고 사회의 활력도 배양할 수 있었을 것이다. 그러나 그들은 완전히 일인전제의 입장에서 이 문제를 처리하고 있으며, 온갖 방법을 다하여 달성하고자 한 목적은 단지 대일통의 전제정치일 뿐이었다.

우선 그들은 관제와 관련하여 많은 공을 들였다.

제후의 관제는, 『사기』권59 「오종세가(五宗世家)」에 의하면 다음과 같다. "태사공은 말한다. 고조 때 제후들은 봉국에서 나오는 소출을 모두 자신의 소유로 하였고, 스스로 내사(內史) 이하의 관리를 임명하였다. 조정에서는 다만 승상만을 파견하였고, 승상은 황금인(黃金印)을 패용하였다. 제후는 직접 어사(御史)·정위(廷尉)·종정(宗正)·박사(博

為! 復遣丞之長安葬. 吳王由此稍失藩臣之禮, 稱病不朝. … 於是天子乃赦吳使者歸之, 而賜吳王几杖, 老不朝, 吳得釋其罪, 謀亦益解."

74 『史記』권106 「吳王濞列傳」, "漢廷臣方議削吳. 吳王濞恐削地無已, 因此發謀, 欲擧事."

제3장 한대 전제정치하의 봉건 문제

土) 등의 관직을 임명하였으니 황제와 비견될 만하다. 오초(吳楚) 7국의 반란 이후로는 오종(五宗, 경제의 13명 아들의 다섯 모친)의 왕실에 대해 한(漢) 조정은 2천석의 관리를 파견하였고, 승상을 없애고 상(相)이라 칭했으며 상은 은인(銀印)을 패용하였다. 제후는 오로지 조세만 거둘 수 있었고 정치 권한은 박탈되었다. 그 후 제후 가운데 빈한한 자는 소가 끄는 수레를 타는 경우도 있었다."[75] 『한서』 권19 「백관공경표(百官公卿表)」에서는 다음과 같이 말하고 있다. "제후왕은 고조 때 처음으로 두었고, 금으로 된 인장[金璽]과 녹색의 인끈[綠綬]을 패용하였으며, 그 나라를 다스리는 일을 맡았다. 태부(太傅)는 왕을 보필하였고, 내사는 그 나라 백성을 다스렸으며, 중위(中尉)는 무직(武職)을 담당하였고, 승상은 관리 전체를 통괄하였다. 여러 경대부를 두었는데 모두한(漢) 조정의 관제와 같았다. 경제 중5년(B.C.153), 제후왕으로 하여금다시는 나라를 다스릴 수 없도록 하고 천자가 관리를 파견하였으며, 승상을 상(相)으로 고치고 어사대부(御史大夫)·정위(廷尉)·소부(少府)·종정(宗正)·박사(博士) 등의 관직을 없앴다. 대부(大夫)·알자(謁者)·낭(郎)과 여러 관의 장(長)·승(丞)은 모두 그 정원을 줄였다. 무제는 한나라의 내사를 경조윤(京兆尹)으로, 중위를 집금오(執金吾)로, 낭중령(郎中令)을 광록훈(光祿勳)으로 각각 개칭하였다. 제후왕 나라의 관직은 이전대로 하되, 낭중령은 질(秩) 1천 석으로 줄이고, 태복(太僕)은

75 『史記』 권59 「五宗世家」, "太史公曰, 高祖時, 諸侯皆賦, 得自除內史以下. 漢獨爲置丞相, 黃金印. 諸侯自除御史·廷尉·宗正·博士, 擬於天子. 自吳楚反後, 五宗王室, 漢爲置二千石, 去丞相曰相, 銀印. 諸侯獨得食租稅, 奪之權. 其後諸侯貧者或乘牛車也."

복(僕)으로 고치고 질 또한 1천 석으로 하였다. 성제(成帝) 수화(綏和) 원년(B.C.8) 내사를 없앴고, 다시 상(相)으로 하여금 백성을 다스리게 하였으니 군(郡)의 태수(太守)와도 같았다. 중위는 군(郡)의 도위(都尉)와도 같았다."76 『한서』 권9 「원제기(元帝紀)」에는 "초원(初元) 3년 (B.C.46) 봄, 제후국의 상(相)의 지위를 군 태수의 아래에 두도록 하였다"77라고 하였으니 제후를 군 태수와 동등시한 것이다.

관제상의 방제(防制)78 외에도 인사상의 방제를 더하였다. 한나라 초 제후왕의 승상은 조정에 들어가 승상이 될 수도 있었는데 예를 들어 조참(曹參)은 제(齊)나라 승상으로 있다가 소하(蕭何)의 뒤를 이어 상국 (相國)이 되었다. 그러나 나중에는, 제후왕의 관리가 되는 것은 어떤 죄악을 범하는 것과 같이 여겨졌다. 『한서』 권72 「왕길전(王吉傳)」79 에서는 "왕길은 창읍왕(昌邑王)의 일에 연좌되어 형벌을 받은 이후로

---

76 『漢書』 권19上 「百官公卿表」上, "諸侯王, 高帝初置, 金璽盭綬, 掌治其國. 有太傅輔王, 內史 治國民, 中尉掌武職, 丞相統衆官. 群卿大夫都官如朝則. 景帝中五年, 令諸侯王不復治國, 天子 爲置吏. 改丞相曰相, 省御史大夫·廷尉·少府·宗正·博士官. 大夫·謁者·郎諸官長丞, 皆 損其員. 武帝改漢內史爲京兆尹, 中尉爲執金吾, 郎中令爲光祿勳, 故王國如故. 損其郎中令秩 千石. 改太僕曰僕, 秩亦千石. 成帝綏和元年省內史, 更令相治民, 如郡太守. 中尉如郡都尉."

77 『漢書』 권9 「元帝紀」, "初元三年春, 令諸侯相位在郡守下."

78 방제(防制): 방제는 방지, 통제, 억제, 제어, 예방, 방비(防備), 절제 등의 의미를 포함하고 있 다. 여기서는 저본의 "방제(防制)"를 그대로 번역어로 사용하였다.

79 왕길(王吉, ?-B.C.48): 전한 낭야(琅邪) 고우(皐虞, 산동 諸城) 사람. 자는 자양(子陽)이다. 효 렴(孝廉)으로 낭관(郎官)이 되고, 다시 현량(賢良)으로 천거받아 창읍왕(昌邑王)의 중위(中 尉)가 되어 간언하고 보필하였다. 선제(宣帝) 때 익주자사(益州刺史), 박사, 간대부(諫大夫) 를 지냈으며 글을 올려 시정의 득실을 논했지만 채택되지 않았다. 병으로 귀향했다가 원제가 즉위하자 다시 간대부로 불렀으나 도중에 죽었다. 춘추추씨학(春秋騶氏學)과 양씨역학(梁氏易 學)에 정통했고, 『시경』과 『논어』를 가르쳤다. 그의 학문은 아들 왕준(王駿)에게 계승되었다.

자손들에게 왕국의 관리가 되지 말라고 경계시켰다"[80]라고 하였다. 같은 곳 「공승(龔勝)·공사(龔舍)전」에 의하면 공사(龔舍)[81]는 일찍이 초왕(楚王)에 의해 상시(常侍)로 초빙되었으나 벼슬을 고사하고 떠나갔다.[82] 한편 공승(龔勝)[83]은 뒤에 "세 번이나 효렴(孝廉)에 천거되었는데 왕국 사람이었기 때문에 장안의 궁궐을 숙위할 수 없었다"[84]라고 하였다. 『한서』권71 「팽선전(彭宣傳)」에 의하면 팽선[85]은 박사로서 "동평(東平)왕국의 태부(太傅)가 되었고", 후에 장우(張禹)의 추천으로 "조정에 들어가 우부풍(右扶風)이 되었으며 정위(廷尉)로 자리를 옮겼다. 그러나 왕국 사람이었기 때문에 태원(太原)태수로 나가게 되었다."【안사

---

80 『漢書』권72 「王吉傳」, "吉坐昌邑王被刑後, 戒子孫毋爲王國吏."

81 공사(龔舍, ?): 전한 초국(楚國) 무원(武原) 사람으로 자는 군천(君倩)이다. 공승(龔勝)과 함께 명절(名節)로 이름나 세간에서 초양공(楚兩龔)으로 불렸다. 공승의 천거로 간대부(諫大夫)가 되었으나 병을 핑계로 사직하였다. 애제 때 태산(太山)태수에 제수되었으나 몇 달 뒤에 사직했으며 그 뒤에도 출사하지 않았다.

82 『漢書』권72 「兩龔傳」, "楚王入朝, 聞舍高名, 聘舍爲常侍, 不得已隨王, 歸國固辭, 願卒學, 復至長安."

83 공승(龔勝, B.C.68-11): 전한 초국(楚國) 팽성(彭城) 사람. 자는 군빈(君賓). 공사(龔舍)와 함께 명절(名節)로 유명했다. 처음에 군리(郡吏)가 되었는데 수재(秀才)로 천거받아 중천령(重泉令)에 올랐다. 애제 때 간대부(諫大夫), 광록대부(光祿大夫)를 지냈다. 그 후 애제가 동현(董賢)을 총애하는 데 불만을 품었다가 발해(渤海)태수로 나가게 되었는데 병을 핑계로 사직하였다. 왕망 시건국(始建國) 원년(9) 좨주(祭酒)로 불렸지만 끝내 거절하고 굶어 죽었다.

84 『漢書』권72 「兩龔傳」, "而勝爲郡吏, 三擧孝廉, 以王國人不得宿衛補吏."

85 팽선(彭宣, ?-3): 후한 회양(淮陽) 양하(陽夏) 사람. 자는 자패(子佩)다. 장우(張禹)에게 『주역(周易)』을 배웠고, 그의 천거로 박사가 되고 우부풍(右扶風), 정위(廷尉), 대사농(大司農)을 역임하였다. 애제 때 좌장군이 되었으나 왕국과 혼인관계를 맺었다는 이유로 파직되었고, 수년 후 다시 어사대부(御史大夫), 대사공(大司空), 광록대부(光祿大夫) 등을 지냈으며 장평후(長平侯)에 봉해졌다. 애제가 죽고 왕망이 정권을 장악하자 사직하고 귀향했다. 저서에 『역전(易傳)』이 있으나 산일되었다.

고 주에서는 이기(李奇)의 말을 인용하여 "처음에 한나라의 제도는 왕국 사람은 경사에서 벼슬을 못 하게 되어 있었다"라고 하였다.]86 "수년 만에 다시 조정에 들어와 대사농(大司農), 광록훈(光祿勳), 우장군(右將軍) 등을 맡았다. 애제(哀帝)가 즉위하고 좌장군(左將軍)으로 옮겼다. [일 년여가 지나 애제는 외척인 정(丁)씨와 부(傅)씨에게 숙위 업무를 맡도록 하려고] 팽선에게 책서(策書)를 내려 말하기를 '담당 관리가 여러 차례 상주하기를 제후국 사람은 숙위를 담당할 수 없다고 하므로 장군은 군대를 맡아 지휘하거나 높은 자리에 있어서는 안 된다. 짐의 생각에, 장군은 한나라 조정에서 장군이라는 중책을 맡고 있는데 자식이 이전에 회양왕(淮陽王)의 딸과 혼인한 적이 있으니 (너희 집안과 왕국 간에) 혼인 관계가 있는데도 (경사에서 관직을 맡는 것은) 국가의 제도가 아니다. … 좌장군의 인수(印綬)를 반납하고 (관내후의 신분으로 고향으로 돌아가도록 하라)'라고 하였다."87 사실 무제 만기에 제후왕은 이미 열후와 비슷한 처지로 전락하였고, 애제 때의 제후왕은 이미 부잣집이나 다름없는 유명무실한 존재가 되어 있었다. 관제상 있어야 할 관리도 오히려 죄인으로 간주되는 마당에 그들이 빈객과 교류하는 것을 허용하지 않는 것은 당연한 일이었다. 또 『한서』 권80 「선원육왕전(宣元六王傳)」의 기록에 의하면 원제의 명을 받은 간대부(諫大夫) 왕준(王駿)88은 회양왕(淮陽王) 유흠(劉

---

86 『漢書』 권71 「彭宣傳」, "遷東平太傅. … 入爲右扶風, 遷廷尉. 以王國人出爲太原太守[註引李奇曰, 初漢制, 王國人不得入(仕)京師.]"

87 『漢書』 권71 「彭宣傳」, "數年復入爲大司農 · 光祿勳 · 右將軍. 哀帝卽位, 徙爲左將軍 … 乃策宣曰, '有司數奏言, 諸侯國人不得宿衛, 將軍不宜典兵馬, 處大位. 朕唯將軍任漢將之重, 而子又前取淮陽王女, 婚姻不絕, 非國之制. … 其上左將軍印綬, 以關內侯歸家.'"

欽)[89]에게 찾아가 원제의 새서(璽書)를 전하며 이렇게 타일렀다고 한다. "왕께서는 다행히 조책(詔策)을 받으셨고 경술(經術)에도 밝은지라 제후의 명예가 자기 봉토를 벗어나서는 안 된다는 것을 알고 있습니다."[90] 이러한 상식을 벗어난 조치들은 제후왕을 철저히 고립시켜 그들이 어떠한 사회관계도 갖지 못하고 "철창 속의 부호[監獄中的豪富]"가 되도록 만들겠다는 것밖에는 없다.

당시 관동(함곡관 이동)의 제후들을 방비하고 통제하는 것은 사실상 흉노를 방비하고 통제하는 것과 다름이 없었다. 『한서』권7「소제기(昭帝紀)」시원(始元) 5년(B.C.82)에 "여름, 전국의 정(亭)에서 모마(母馬)를 기르는 것을 그만두도록 하라. 장성한 말과 10석 이상의 쇠뇌[弩]는 관문 밖으로 반출할 수 없다는 금령을 혁파한다"라 하였고 이에 대한 맹강(孟康)[91]의 주석에서는 "이전에 키가 5척 6촌 이상이고 연령이 10세 이

---

88 왕준(王駿, ?-B.C.15): 전한 낭야(琅邪) 고우(皐虞) 사람. 왕길(王吉)의 아들. 양구하(梁丘賀)에게 『주역』을 배웠다. 효렴(孝廉)으로 낭(郎)이 되고, 간대부(諫大夫)와 조(趙)나라 내사(內史)를 지냈다. 아버지가 창읍왕(昌邑王)의 일에 연좌되어 형벌을 받은 후 병을 핑계로 사직하고 귀향했다. 그 후 다시 유주자사(幽州刺史), 사예교위(司隷校尉), 소부(少府)를 역임하였으며, 성제 때는 경조윤(京兆尹)을 맡아 유능하다는 평을 들었다. 홍가 원년(B.C.20) 어사대부(御史大夫) 재직 중에 죽었다.

89 회양왕 유흠(劉欽, ?-B.C.28): 선제(宣帝)의 3자로 장첩여 소생이다. 회양헌왕(淮陽憲王). 선제의 총애를 받아 태자로 삼을까도 고려했으나 그만두었다. 원제가 즉위하자 봉국에 부임하였다. 3인의 외숙 중 장박(張博)이 입조해서 원제를 보좌할 것을 제안했고, 장박은 당대 『역(易)』해석으로 이름난 경방(京房)을 사위로 두고 있어 그와 함께 회양왕의 입조를 위한 계획을 세웠다. 그러나 이 계획이 석현(石顯) 일당의 귀에 들어가 경방과 장박은 투옥되고 회양왕에 대해서는 간대부 왕준을 회양으로 보내 타이르도록 하였다. 회양헌왕은 사죄하는 것으로 끝났으나 경방과 장박 3형제는 기시(棄市)되고 처자들은 유배되었다(B.C.37).

90 『漢書』권80「宣元六王傳」, "王幸受詔策, 通經術, 知諸侯名譽, 不當出竟(境)."

91 맹강(孟康, ?-?): 삼국 위(魏) 안평(安平) 광종(廣宗, 하북 邢台) 사람으로 자는 공휴(公休)이

하인 말[92]과 10석(石) 이상 되는 쇠뇌[弩]는 모두 관문 밖으로 반출할 수 없었다. 지금은 이를 금지하지 않는다"[93]라 하고 있다. 『한서보주(漢書補注)』에서는 다음을 인용하고 있다. "심흠한(沈欽韓)[94]이 말하였다.: 『신서(新書)』「일통(壹通)」에 이르기를 '사람들이 제후에게 벼슬하는 것을 막고 말이 관문(關門) 밖으로 나가지 못하게 하는 것은 어찌 제후국에 수레와 기병이 많아지면 세력이 더욱 강해진다는 말이 아니겠는가'라고 하였다. … 소여(蘇興)[95]가 말하였다.: 말을 관문 밖으로 반출하지 못하도록 금지한 조치는 경제(景帝) 중원(中元) 4년의 일이다."[96] 【B.C.146,「경제기」참조】 이와 같은 방제(防制)는 심리적 요인이 사실상의 요구보다 훨씬 크게 작용하고 있다. 이러한 심리적 요인으로 인해

며 맹자의 18세손, 문덕(文德)황후의 언니의 아들이다. 산기시랑(散騎侍郎), 홍농(弘農)태수, 발해(渤海)태수, 중서령(中書令) 등을 역임하였고, 지리·천문에 정통하였다. 저서에 『한서음의(漢書音義)』와 『노자주(老子注)』 등이 있다.

92 이전의 금령(禁令)은 『漢書』 권5 「景帝紀」, 中元 4년, "御史大夫綰奏禁馬高五尺九寸以上, 齒未平, 不得出關"에 보인다. 안사고 주, "服虔曰, 綰衞綰也. 馬十歲齒下平."

93 『漢書』 권7 「昭帝紀」, "夏, 罷天下亭母馬及馬弩關." 안사고 주 전문은 다음과 같다. "應劭曰, 武帝數伐匈奴, 再擊大宛, 馬死略盡, 乃令天下諸亭養母馬, 欲令其繁孳, 又作馬上弩機關, 今悉罷之. 孟康曰, 舊馬高五尺六寸齒未平, 弩十石以上, 皆不得出關, 今不禁也. 師古曰, 亭母馬, 應說也; 馬弩關, 孟說是也."

94 심흠한(沈欽韓, 1775-1832): 청 강소 오현(吳縣) 사람. 자는 문기(文起)다. 가경 12년(1807) 거인(擧人), 영국현(寧國縣) 훈도(訓導)를 지냈다. 훈고와 고증에 뛰어났다. 저서에 『좌전보주(左傳補注)』, 『좌전지리보주(左傳地理補注)』, 『삼국지보주(三國志補注)』, 『양한서소증(兩漢書疏證)』, 『수경주소증(水經注疏證)』 등이 있다.

95 소여(蘇興, 1873-1914): 청 평강(平江, 호남 평강) 사람. 자는 가단(嘉瑞). 광서 30년(1904) 진사가 되고, 우전부낭중(郵傳部郎中)을 지냈다. 무술변법(戊戌變法)에 반대하고 금문경학을 비판했다. 저서에 『안자춘추교본(晏子春秋校本)』, 『춘추번로의증(春秋繁露義證)』 등이 있다.

96 王先謙, 『漢書補注』, "沈欽韓曰: 『新書-壹通篇』, 禁遊宦諸侯, 及無得出馬關者, 豈不曰諸侯國衆車騎, 則力益多. … 蘇興曰, 禁馬無出關, 在孝景中四年."

당시 제후왕에 대한 가장 큰 정신적 학대가 발생하였다. 이제 두 가지 사례를 들어 나머지를 개괄하고자 한다.

『사기』 권118 「회남형산열전(淮南衡山列傳)」에 의하면 회남 여왕(厲王) 유장(劉長)[97]은 문제와 형제지간으로 결국 "반역을 꾀하려고"[98] 했다는 죄목으로 사죄(死罪)를 받은 후 사면을 받고 촉(蜀)으로 옮기던 중에 음식을 거부하고 죽었다. "반역을 꾀하려고[欲以有爲]" 했다는 죄명은 그야말로 "날조된" 죄명이다. 『한서』 권44 「회남여왕장전(淮南厲王長傳)」에는 문제의 외삼촌 박소(薄昭)가 회남왕 유장(劉長)에게 보낸 글이 실려 있는데 다음과 같다. "한나라 법령에 의하면 (왕국에) 2천석 관리의 결원이 생기면 즉시 보고하여 조정에서 이를 보임하도록 되어 있습니다. 대왕은 조정에서 파견한 사람을 내쫓고 승상과 2천석 관리를 스스로 세우기를 청구하였습니다. … 대왕은 나라를 버리고 서인이 되어 진정(眞定, 하북 석가장)에서 무덤을 지키며 살고자 했으나【살펴보건대 유장의 모친을 진정에 장사 지냄】 황제께서 허락지 않으셨습니다. … 또한 나라와 땅을 사양한다는 미명을 탐내어 선제의 위업을 가벼이 버

---

97 유장(劉長, B.C.198-B.C.174): 전한 고조 유방의 막내아들이다. 유장의 모친은 조왕(趙王) 장오(張敖)의 애첩이었다. 한(漢) 8년, 고조가 동원현(東垣縣)으로부터 돌아오는 길에 조(趙)나라를 지날 때, 장오(張敖)가 그 애첩을 바쳤다. 장오가 반란을 일으키자 함께 감옥에 수감되어 옥중에서 아기를 낳고 죽었다. 후에 고조에게 아들로 인정되어 여후의 손에 길러졌고 B.C.196년에 회남왕에 봉해졌다. 문제 때 흉노, 민월(閩越)과 연락하여 반란을 도모했다가 발각되어 체포, 촉군(蜀郡)으로 유배되어 가는 도중에 죽었다. 시호는 여왕(厲王)이다. 슬하에 아들이 4명이 있었는데, 문제 8년 유장(劉長)을 불쌍히 여겨 7-8세 된 유장의 아들 4명을 후(侯)에 봉하였으니 그중 장남 유안(劉安)이 『회남자』로 유명한 회남왕(문제 16년 수봉)이다.

98 『史記』 권118 「淮南衡山列傳」, 전문은 다음과 같다. "淮南王長廢先帝法, 不聽天子詔, 居處無度, … 及所置吏, 以其郎中春爲丞相, … 爵或至關內侯, 奉以二千石, 所不當得, 欲以有爲."

리는 것은 효라 할 수 없습니다. 부친【고조를 가리킴】께서 닦아 놓은 나라의 기반을 능히 지키지 못한다면 현명하지 못한 일이고 … 절행(節行)을 내세우며 형【문제를 가리킴】에게 오만방자하게 군다면 예의를 모르는 일입니다. 왕후(王侯)의 지위를 낮추어 보았다면 이는 지혜롭지 못한 일이니 … 이 여덟 가지는 위망(危亡)으로 치닫는 길이 될 것입니다."[99] 문제 시기에는 제후왕의 승상을 조정에서 임명하는 것을 제외하고 나머지 2천석 관리는 본래 제후왕이 직접 임명하도록 되어 있었다. 그러나 한나라 조정은 자주 이것을 죄의 명목으로 삼았다. 회남왕 유장은 차라리 왕위를 버리고 서인이 되어 진정(眞定)에서 어머니 무덤을 지키며 살기를 바랐다고 하니, 이로부터 문제가 그에게 얼마나 참을 수 없는 압박을 가했는지 짐작하기 어렵지 않다.

『한서』권47 「양회왕읍전(梁懷王揖傳)」에 의하면 애제 건평(建平) 연간(B.C.6-B.C.4)에 양왕(梁王) 유립(劉立)이 살인을 하여 천자가 정위(廷尉)와 대홍려(大鴻臚)로 하여금 절을 지니고[持節] 가서 신문하도록 했는데 유립은 다음과 같이 회답하였다. "(제후국 안의) 대신들 모두 까다롭고 각박하며 내 비밀을 캐내기를 좋아합니다. 그중에는 참소하는 신하도 있고 고의로 이간질하여 시비를 일으키는 자도 있어 마침내 상하가 화합하지 못하고 서로 몰래 염탐하는 데 이르니 궁전 안에 털끝만한 과실만 있어도 모두 외부에 폭로되지 않음이 없습니다. …"[100] 이를

---

99 『漢書』권44 「淮南厲王長傳」, "漢法, 二千石缺, 輒言漢補. 大王逐漢所置, 而請自置相二千石 … 大王欲屬國爲布衣, 守塚眞定(按長母死葬眞定), 皇帝不許. … 且夫貪讓國土之名, 輕廢先帝之業, 不可以言孝. 父(指高祖)爲之基, 而不能守, 不賢 … 言節行以高兄(按指文帝), 無禮, … 賤王侯之位, 不知 … 此八者危亡之路也."

통해 제후왕 좌우의 직관(職官)들이 모두 조정의 비밀 요원이 되었음을 알 수 있다. 이때의 제후왕은 이미 실권이 전무했는데도 비밀 요원들의 빈틈없는 통제 아래 있었고 심지어 사생활까지도 철저하게 감시당하였다. 따라서 다음 한 가지 문제를 이해할 수 있을 것이다: 양한 제후왕의 "금수와 같은 행위"가 특별히 뚜렷하게 부각되는 것은 무엇 때문인가?[원주19] 그 이유는 다음과 같다. (1) "철창에 갇힌 부호[監獄中的豪富]"들은 자연히 이런 길을 걸어가기가 쉽기 때문이다. (2) 후술하는 바와 같이 제후왕의 좋은 행위가 불러들인 죄는 "금수와 같은 행실"이 불러들인 죄악보다 훨씬 크기 때문이다. (3) 제후왕의 은밀한 비밀은 전부 조정에 의해 장악되고, 과장되고, 떠벌려졌다. 사실 황제의 "금수 같은 행위"는 제후왕보다 더했으면 더했지 못하지는 않았다. 그러나 그들의 금수 같은 행위는 항상 엄형준벌로 이루어진 철의 장막 속에 보호되고 있었다. 『한서』 권53 「경십삼왕전(景十三王傳)」에는 중산정왕(中山靖王) 유승(劉勝)[101]이 (무제에게 내조하러 갔을 때 연회에서) 음악을 듣다가 (눈물을 흘리자, 무제가 그 까닭을 물어 와) 이렇게 대답했다고 한다.

---

100 『漢書』 권47 「梁懷王揖傳」, "大臣皆尙苛刻, 刺求微術, 讒臣在其間, 左右弄口, 積使上下不和, 更相眄伺. 宮殿之裏, 毫釐過失, 亡不暴陳. …."

101 유승(劉勝, ?-B.C.113): 경제의 아들이자 무제의 이복형. 오초칠국의 난 수습 후 중산국의 왕으로 봉해졌다. 무제는 오초칠국의 난을 교훈삼아 봉국의 관리로 하여금 제후왕의 작은 과실도 상주하게 하는 등 적극적인 탄압 정책을 시행하였다. 건원(建元) 3년(B.C.138), 제후왕들이 입조하여 무제가 주연을 베풀었는데 유승이 그 자리에서 눈물을 흘리자 무제가 그 이유를 물었고, 이 기회를 이용하여 유승은 제후왕에 대한 탄압 정책을 중단해 줄 것을 요청하였다. 무제는 이를 받아들였으나, 나중에 주보언(主父偃)의 제안에 따라 추은령(推恩令)을 시행하여 제후왕의 봉지를 잘게 나누고 세력을 약화시켰다.

… 지금 신의 마음에 웅어리가 쌓인 지 오래되어 미묘한 곡절의 음악소리를 들을 때마다 저도 모르게 눈물이 흘러내립니다. 무릇 여러 사람이 함께 입김을 불면 산도 떠내려가고, 모기들이 떼 지어 날면 우레 소리도 낸다고 합니다. … 지금 여러 신하들은 폐하와는 갈대청만큼 얇은 혈연관계도 없고 기러기 털만큼 가벼운 신의도 없는 자들인데 서로 무리지어 비판을 가하고 붕당을 지어 헛소문을 퍼뜨리고 있습니다. 이 때문에 종실들이 버려지고 골육들이 흩어지니, 이것이 백기(伯奇)[102]가 쫓겨나 떠돌아야 했던 이유이고 비간(比干)[103]이 잔인하게 죽임을 당했던 이유입니다. ….[104]

위의 말은 기회를 틈타 그들의 일반적인 비참한 심경을 털어놓은 것이다.

---

102 백기(伯奇): 주나라 선왕(宣王) 때의 재상 윤길보(尹吉甫)의 아들. 효성이 지극하여 후모(後母)를 잘 섬겼다. 그러나 후모가 백기를 모함하여 죽이기 위해 벌을 잡아 독침을 뽑고 자기 치마에 달아 놓고는 백기가 이를 보고 다가가 떨어 버리려 하자 백기가 내 옷을 벗기려 한다고 모함하였고, 길보가 노하여 백기를 쫓아냈다. 나중에 길보가 진상을 깨닫고 마침내 백기를 구하고 후처를 사살(射殺)했다고 한다.

103 비간(比干): 은나라 28대 제정(帝丁)의 차남으로 마지막 왕인 주왕(紂王)의 숙부이다. 주왕의 폭정을 바로잡기 위해 간언하다가 잔인하게 살해되었다.

104 『漢書』권53「景十三王傳」, "… 今臣心結日久, 每聞幼眇之聲, 不知涕泣之橫集也. 夫衆煦漂山, 聚蟁成靁 … 今羣臣非有葭莩之親, 鴻毛之重, 羣居黨議, 朋友相爲. 使夫宗室擯卻, 骨肉冰釋, 斯伯奇所以流離, 比干所以橫分也. …" 안사고 주에 "伯奇, 周尹吉甫之子也, 事後母至孝, 而後母譖之於吉甫. 吉甫欲殺之, 伯奇乃亡走山林. 比干諫紂, 紂怒, 殺而剖其心, 故云橫分也" 라 되어 있다.

5. 억제 과정에서 학술발전에 미친 중대한 영향

전제하에서의 제후왕에 대한 유별난 의심과 금제(禁制)는 전제군주가 일인전제의 목적을 달성하기 위해서는 그 자제들과 종실의 자손들을 희생시키더라도 마다하지 않는 심리상태를 반영하기에 충분할 뿐만 아니라, 지식인과 학술발전에 대해서도 막대한 질식작용을 불러일으켰다. 이것이야말로 중국사상사를 연구하는 사람이 주의하지 않으면 안 되는 문제이다.

양한 시대는 선진의 유풍을 이어받아 유사(遊士)의 기풍이 아직 성행하고 있었다. 이들은 바로 제후왕과 부귀자 문하의 빈객들이었다. 빈객에는 여러 부류가 있고 대개는 주인의 취향에 따라 유형별로 모인다. 그러나 그들은 모두 사회에서 비교적 역동적인 집단이라는 공통된 특징을 갖는다. 제후왕 중에 학문을 좋아하여 스스로 학문을 익히는 사람이 있다면 그 주변에 모이는 자들도 학문적으로 어떤 성취를 이룬 사람이 많다. 그래서 빈객들이 모이는 곳은 항상 어떤 학문의 활동 중심지이자 명예가 널리 퍼지는 중심지이기도 하다. 이것은 종종 지식인과 학문의 발전에 큰 격려가 될 수 있다. 그러나 그것은 전제자의 금기를 건드렸다. 경제(景帝) 시기 조정의 의심과 방비의 중점은 제후왕이 가진 영토와 직권(職權)에 두어졌다. 무제에 이르면 제후의 영토와 직권은 더 이상 문제가 되지 않았기 때문에 의심과 방비의 중점은 제후왕의 빈객, 특히 학문적 중요성을 지닌 빈객에게로 옮겨 갔다. 그런데 재능과 지혜를 가졌거나 학술적 업적을 가진 인사를 초치할 수 있는 제후왕이라면 그 자신도 상당한 재능과 지혜의 소유자이자 학술적으로도 높은 수준의 교양을 갖추고 있음에 틀림없고, 생활과 행동 면에서도 분발하여 향상할 수 있고 명예를 감당할 만한 사람임에 틀림없을 것이다. 이것은 더욱더 전제자의 금기를 건드렸다. 바꾸어 말하면, 전제황제는 부패하고 타락한 제후왕만을 허용할 뿐, 분발하고 향상하는 제후왕은 절대 허용하지 않는다. 전제황제의 주위에 빌붙어 전제황제의 신성(神聖)한 신분을 반영하는 제후왕은 그 나쁜 것만을 허락하고 좋은 것은 허락하지 않았다. "금수와 같은 행동"을 저지름으로써 받게 되는 죄악의 무게는 자중자애하여 사람들에게 칭송을 들음으로써 받게 되는 죄악의 무게보다 절대적으로 가벼웠으니, 이는 전제정체의 일대 특징이라 하겠다.

『사기』 권111 「위장군표기열전(衛將軍驃騎列傳)」의 논찬에는 이런 말이 있다.

태사공은 말한다. 소건(蘇建)[105]은 나에게 이렇게 말하였다. "나는 일찍이 대장군[衛靑]께 간언하기를, '장군께서는 지극히 존귀한 지위에 있으면서도 천하의 현명한 사대부들 중에 장군을 칭송하는 자가 없으니, 원컨대 장군께

---

105 소건(蘇建, ?): 전한 경조(京兆) 두릉(杜陵) 사람. 소무(蘇武)의 아버지다. 교위(校尉)로 위청(衛靑)을 따라 흉노와 싸워 공을 세워 무제 원삭 2년(B.C.127) 평릉후(平陵候)에 봉해졌다. 원삭 6년에 우장군(右將軍)이 되어 정양(定襄)으로 출병하였으나 실패하여 참수형에 처해지게 되자 속죄금을 내고 서인이 되었다. 뒤에 다시 대군(代郡)태수가 되었고 재직 중에 죽었다.

서는 옛날의 명장들이 사람들을 초치하여 현명한 인사를 골라 썼던 전례를 본받아 그 일에 힘쓰실 것'을 말씀드린 적이 있습니다. 그러자 대장군께서 이를 사절하며 말씀하시기를 '위기후(魏其侯, 竇嬰)와 무안후(武安侯, 田蚡)가 빈객들을 후대하자 천자께서는 항상 이를 갈았소. 사대부를 친근히 우대하고 현명한 자를 초치하고 불초한 자들을 물리치는 것은 군주의 권한이오. 신하된 자는 국법을 받들고 직책을 준수하면 될 뿐이니, 어찌 선비들을 초빙하는 일에 관여한단 말이오?'라고 하셨습니다." 표기장군 곽거병(霍去病)도 이러한 뜻을 본받았으니, 장군으로서의 처신이 이와 같았다.[106]

생각건대 위청[107]과 곽거병은 아첨으로 총애를 얻어 대장군이 된 자들로 용병은 그들의 장기가 아니었으며, 흉노를 정벌한 전공으로 말하면 사실 얻은 것보다 잃은 것이 더 많았다. 그러나 그들 자신은 무제의 시기질투를 받지 않을 수 있었고 또한 무제의 시기 심리를 잘 헤아려 부귀를 쟁취할 수 있었다. 이러한 비밀은 사마천만이 분명하게 간파할 수 있기 때문에 『사기』 안에 "미언(微言)"의 방식으로 반복해서 설명해 두었던 것이다. 후세에 식견이 부족한 사학자들은 그래서 항상 역사의 겉모습에 기만당한다. 여기에 기록한 논찬도 아마 당시 군신 간의 내

---

106 『史記』 권111 「衛將軍驃騎列傳」, "太史公曰, 蘇建語余曰, 吾嘗責大將軍(衛青)至尊重, 而天下之賢大夫無稱焉. 願將軍觀古名將所招選擇賢者, 勉之哉. 大將軍謝曰, 自魏其·武安之厚賓客, 天子常切齒. 彼親附士大夫, 招賢絀不肖者, 人主之柄也. 人臣奉法遵職而已, 何與招士? 驃騎亦放此意, 其爲將如此."

107 위청(衛青, ?-B.C.106): 전한 평양(平陽, 산서) 사람으로 자는 중경(仲卿)이고, 본성은 정(鄭)씨다. 아버지 정계(鄭季)가 평양후(平陽侯)의 가첩(家妾) 위온(衛媼)과 통정하여 낳았으며 어머니의 성을 따랐다. 누이 위자부(衛子夫, 衛皇后)가 무제의 총애를 받은 덕분으로 관직에 진출하여 태중대부(太中大夫), 거기(車騎)장군이 되었다. 원광 6년(B.C.129)부터 흉노 정벌에 나서 전후 7회에 걸친 정벌에서 전공을 세워 장평후(長平侯)에 봉해지고, B.C.124년 대장군이 되었으며, 그 후 표기장군 곽거병(霍去病)과 함께 대사마(大司馬)에 임명되었다.

막을 폭로하기 위해 적어 놓은 글일 것이다. 위기후와 무안후는 모두 열후이고 외척 관계로 잇달아 정사를 담당한 자들로서 그 권세는 결코 당시의 제후왕에 건줄 바가 못 된다. 그러나 제후왕은 혈연 관계였기 때문에 황제 자리를 엿볼 가능성이 있었고, 따라서 제후왕이 명성을 불러오기에 충분한 생활방식이나 그러한 생활방식과 관련된 빈객들을 전제자는 더욱 크게 꺼려했던 것이다.

한나라 초의 제후왕들은 대부분 빈객이 있었는데 가장 주의를 끄는 사람은 경제(景帝)의 동모제(同母弟) 양(梁) 효왕(孝王) 유무(劉武)[108]였다. 양 효왕 유무는 오초칠국의 반란 때 큰 공을 세웠고 또 그의 모친 두태후(竇太后)의 총애도 받고 있었으므로 그 교만한 태도와 존귀한 신분은 상식을 벗어날 정도였다. 『사기』권58 「양효왕세가(梁孝王世家)」에서는 "그때 양 효왕은 동원(東苑)을 짓고 있었는데 한 변이 3백여 리나 되었다. … 사방의 호걸들을 불러들여 산동(효산 이동)의 유세객들이 모두 이르지 않은 자가 없었다"라고 하였다. 이에 대해 『사기색은(史記索隱)』에서는 한 변의 폭이 3백여 리나 된다는 것은 "대개 그의 사치스러움을 말하고자 함이지 실제의 크기는 아니다"라고 하였고, 『사기정의(正義)』에서는 『괄지지(括地志)』를 인용하여 "토원(兔園)은 송주

---

108 유무(劉武, ?-B.C.144): 전한 양국(梁國)의 제후왕. 문제의 적차자(嫡次子), 경제의 동모제이다. B.C.178년(문제 2) 대왕(代王)으로 수봉, 회양왕(淮陽王)으로 개봉되고, B.C.168년 양(梁) 회왕(懷王) 유읍(劉揖)이 후사 없이 죽자 유무가 이를 계승하였다. 오초칠국의 난 때 군사를 이끌고 오·초 연합군과 맞서 싸워 양나라 수도 휴양(睢陽, 하남 商丘)을 사수하고 국도 장안을 호위하는 등 지대한 공로를 세웠다. 나중에 모친 두태후의 총애와 양나라의 광대한 영토 및 강성한 병력에 의지하여 경제의 뒤를 이으려 했으나 병사하고 말았다. 시호는 효왕(孝王)이다. 유무 사후 양나라는 다섯으로 쪼개져 다섯 아들에게 분봉되었다.

(宋州) 송성현(宋城縣, 하남 商丘市)의 동남쪽 10리에 있다"[109]라고 하였으니 아마도 이른바 동원(東苑)을 말하는 듯하다. 『한서』 권51 「가추매로전(賈鄒枚路傳)」에는 "당시 경제의 동생 양 효왕은 존귀함이 드높았고 또한 선비들을 우대하였다. 이에 추양(鄒陽)[110]·매승(枚乘)[111]과 엄기(嚴忌)[112]는 오나라 왕이 간언을 받아들이지 않으리라는 것을 알고 모두 오나라를 떠나 양(梁)나라로 가서 효왕을 따르며 유세하였다"[113]라고 되어 있다. 그 외에 양승(羊勝)[114]·공손궤(公孫詭)도 문학적 재능

---

109 『史記』 권58 「梁孝王世家」, "於是孝王築東苑. 方三百餘里. … 招延四方豪傑, 自山以東遊說之士, 莫不畢至." 索隱, "蓋言其奢, 非實辭." 正義, "括地志云, 兎園在宋州宋城縣東南十里."

110 추양(鄒陽, B.C.206-B.C.129): 전한 제군(齊郡) 임치(臨淄) 사람. 경제 때 오왕(吳王) 유비(劉濞) 문하에서 활동하면서 오왕에게 한나라에 모반하지 말 것을 상소했으나 받아들여지지 않자 매승(枚乘), 엄기(嚴忌) 등과 함께 오를 떠나 양 효왕(梁孝王)의 문객이 되었다. 양승(羊勝) 등의 참소로 투옥되었을 때 「옥중상양왕서(獄中上梁王書)」로 회자되는 간곡한 상소문을 올려 석방되었다.

111 매승(枚乘, ?-B.C.140): 전한 임회(臨淮) 회음(淮陰, 강소) 사람. 자는 숙(叔)이다. 경제 때 낭중(郎中)으로 오왕 유비(劉濞)를 섬기던 중 왕의 반란 계획을 알고 간언했으나 받아들여지지 않자 양 효왕 유무(劉武)에게로 가서 문객이 되었다. 뒤에 경제가 불러 홍농도위(弘農都尉)에 임명했으나 병으로 사직했다. 만년에는 향리에서 은둔생활을 하던 중 그의 문명(文名)을 안 무제에게 징소되어 가는 도중에 죽었다.

112 엄기(嚴忌, B.C.188경-B.C.105경): 전한 회계(會稽) 오현(吳縣) 사람. 본성은 장(莊)씨인데, 후한 명제 유장(劉莊)의 이름을 피해 엄이라 하였다. 추양(鄒陽), 매승(枚乘) 등과 함께 오(吳)에서 벼슬하면서 문장과 논변으로 명성을 얻었다. 오왕 유비(劉濞)의 반란 계획을 알고 만류했지만 실패하고 오를 떠나 양 효왕 유무(劉武)에게로 가서 후대를 받았다. 「애시명(哀時命)」 한 편이 전한다.

113 『漢書』 권51 「賈鄒枚路傳」, "是時景帝少弟梁孝王貴盛, 亦待士. 於是鄒陽·枚乘, 嚴忌, 知吳不可說, 皆去之梁, 從孝王遊."

114 양승(羊勝, ?-B.C.148): 전한 제(齊, 산동) 사람. 오초칠국의 난 후 양 효왕(梁孝王)이 사방의 호걸들을 불러 모으자 공손궤(公孫詭), 추양(鄒陽) 등과 함께 효왕의 문객으로 들어갔다. 원앙(袁盎)이 경제에게 제위를 이을 후사로 양 효왕을 세워서는 안 된다고 간언하자 양 효왕은 양승, 공손궤와 모의하여 자객을 시켜 원앙을 죽이고 이들을 은닉했는데, 체포 명령이 떨어지

이 있었다. 사마상여(司馬相如) 또한 일찍이 조정의 낭관 벼슬을 버리고 양나라 동원(東苑)의 빈객이 되었다. 이곳 동원은 당시 문학 활동의 중심이었고 그 문학적 분위기는 멀리 조정이 따라갈 수 없을 정도였다. 경제가 양 효왕을 먼저 이용했다가 나중에 의심하여 결국 효왕이 모호한 죽음을 맞이하게 되면서 이 문학 활동의 중심도 마침내 소멸하고 말았다. 훗날 무제는 문학 지사들을 널리 초빙하였는데 나는 이것이 양 효왕의 영향을 받았다고 생각한다.

한대 제후왕에게는 학술과 밀접한 관련이 있는 2대 원옥(冤獄, 억울하게 입은 죄)이 있는데, 하나는 회남왕(淮南王) 유안(劉安) 사건이고 또 하나는 후한 시기 초왕(楚王) 유영(劉英) 사건이다. 그들의 죽음은 모두 빈객과 학술, 명예 삼자가 결합되어 빚어졌다.

『한서』 권44 「회남왕전(淮南王傳)」에서는 다음과 같이 말한다.

회남왕 유안(劉安)은 사람됨이 독서와 거문고 타기를 좋아하였고, 사냥을 하거나 말 타고 달리는 것을 좋아하지 않았다. 또한 음덕(陰德)을 베풀어 백성들을 어루만져 주고자 했으므로 명성이 멀리까지 퍼졌다. 천하의 빈객들과 방술(方術)가 수천 명을 불러 모아 『내서(內書)』 21편을 지었고, 『외서(外書)』는 더욱 많았다. 또 『중편(中篇)』 8권이 있으며, 신선과 연단술[黃白術]에 관한 책도 20여만 자나 되었다. … 처음에, 유안이 입조할 때 자신이 지은 『내편』을 헌상하였는데 황제는 새로 나온 책이라 애호하여 비장(秘藏)하였다.[115]

자 부득이 2인에게 자살할 것을 명하였다.

115 『漢書』 권44 「淮南王劉安傳」, "淮南王安爲人好書, 鼓琴, 不喜弋獵狗馬馳騁. 亦欲以行陰德拊循百姓, 流名譽. 招致賓客方術之士數千人, 作爲內書二十一篇, 外書甚衆. 又有中篇八卷, 言神

살펴보건대 이른바 "『내서』 21편을 지었고"라는 것은 지금의 통행본 『회남자』를 말한다. 『회남자』 자서(自敍) 격으로 지은 「요략(要略)」편에는 다음과 같이 되어 있다.

유씨(劉氏)의 책(『회남자』)으로 말하면 천문과 지리를 관찰하고 고금의 사적(事迹)을 서술하였다. 사물에 따라 체계를 세우고, 형세를 헤아려 적절히 내용을 배치하였다. 도(道)와 덕(德)의 근원을 밝히고 삼왕(三王)의 기풍에 부합하며 … 그 가운데 더러운 것은 버리고 깨끗한 것만 담아 놓음으로써 천하를 하나로 합하고 만물을 다스리며, 변화에 대응하고 각기 다른 부류들을 하나로 꿰어 놓았다. 한 가지 길만을 따르거나 한 귀퉁이의 뜻만을 지키거나 사물에 구속되거나 얽혀 들지 않고, 세상의 흐름에 휩쓸려 입장을 바꾸거나 하지 않았다. 그러므로 이 책은 일상적인 공간 속에 두어도 막힘이 없고, 천하에 펼쳐 놓아도 남음이 없다.[116]

회남왕 유안은 그의 문객들에게 『내편』 21편을 편찬하게 했는데, 아마도 『여씨춘추』의 영향을 받아 한 왕실의 대일통(大一統) 정권을 위해 만물을 망라하는 정치 보전(寶典)을 제시하고자 했던 듯하다. 책의 내용에 대해서는 별도의 연구로 미루고 여기서는 다만 이를 통해 당시의 회남은 유가와 도가, 방술(方術)을 아우르는 일대 학문의 중심지였음을 알 수 있다는 것만 지적해 둔다. 그런데 그중에서 가장 중요한 성과를 황제에게 헌상했던 점으로 미루어 그 저술의 뜻이 학문적

仙黃白之術, 亦二十餘萬言 … 初, 安入朝, 獻所作內篇, 新出, 上愛秘之."

116 『淮南子』「要略」, "若劉氏之書, 觀天地之象, 道古今之事. 權事而立制, 度形而施宜. 原道德之心, 合三王之風 … 棄其畛挈, 斟其淑靜, 以統天下, 理萬物; 應變化, 通殊類. 非循一迹之路, 守一隅之指, 拘繫牽連之(於)物, 而不與世推移也. 故置之尋常而不塞, 布之天下而不窕."

연구에만 있으며, 그 연구로 한가(漢家)의 제업(帝業)을 충실히 하고자 했다는 것을 알 수 있다. 그러나 무제는 비록 표면상으로는 이 재능 많고 학문을 좋아하는 숙부를 "깊이 존경하는" 척했지만 속으로는 특별히 그를 의심하여 모함할 생각을 품고 있었다. 무제의 측근들이 그의 의중을 받들어 일대 원옥(冤獄) 사건을 날조하였다. 『사기』와 『한서』 두 열전에는 당시에 날조된 "관문서(官文書)"들이 가득하다.

옥사의 발단은 회남왕 유안의 태자 유천(劉遷)이 그의 낭중 뇌피(雷被)와 "검술을 겨루다 뇌피가 잘못하여 태자를 찌르는" 사건에서 비롯되었다. 뇌피는 태자가 이 일로 오해를 할까 두려워 장안으로 가서 종군하여 흉노를 분격(奮擊)하기를 원했지만 유안은 뇌피의 낭중을 면직하였으며 이것은 매우 일반적인 조치였다. 그러나 원삭(元朔) 5년(B.C.125) 뇌피는 (도망하여) 장안에 도착하자 "글을 올려 자신의 입장을 해명하였고" 이에 무제는 "이 사안을 정위(廷尉)와 하남(河南)에게 내려보냈다. 하남에서는 이 사건을 조사하며 회남국 태자를 체포하려 하였다."[117] 이런 사소한 일로 회남국의 태자를 체포하는 것은 조금이라도 핑계거리가 있으면 오랫동안 품어 온 사전 모의를 실현하는 기회로 삼겠다는 뜻이 분명하다. 『사기』와 『한서』의 서술 중간에는 회남왕의 문객 오피(伍被)[118][원주20]의 자백이 삽입되어 있으며, 유안이 모

117 『漢書』권44「淮南衡山濟北王傳」, "被壹再辭讓, 誤中太子. 太子怒, 被恐. 此時有欲從軍者輒詣長安, 被卽願奮擊匈奴. 太子數惡被, 王使郎中令斥免, 欲以禁後. 元朔五年, 被遂亡之長安, 上書自明. 事下廷尉·河南. 河南治, 逮淮南太子."

118 오피(伍被, -B.C.122): 초나라 사람. 회남왕 유안(劉安)이 인재를 널리 초빙하면서 오피를 중랑(中郎)에 임명하였다. 유안이 모반을 계획할 때 오피에게 자문을 청하자 극력 만류하였으

반을 꾸미기까지의 과정을 진술하면서 유안을 세상 물정도 모르는 우둔하고 어리석은 무리로 묘사하고 있는데, 이것이 고문으로 자백을 강요하고 그럴듯한 장식을 덧입혀 꾸며 낸 문장이라는 것은 너무도 명백한 일이다. 최후로 교서왕(膠西王) 유단(劉端)[119]은 다음과 같이 의론하였다. "회남왕 안(安)은 법도를 폐하고 악행을 저지르며, 거짓된 마음을 품고 천하를 어지럽히며, 백성들을 미혹하고, 조종(祖宗)을 배반하고, 함부로 요사스런 말을 지어냈습니다. 『춘추』에 이르기를 '신하된 자는 군주를 시해할 마음을 먹어서는 안 된다. 마음만 먹었더라도 반드시 주살한다'[120]라고 하였습니다. 안(安)의 죄는 마음을 먹은 것[將]보다 무거우며 모반의 형태는 이미 정해졌습니다. 신 단(端)이 보기에 그 문서와 인장과 지도와 그 밖의 대역무도한 일의 증거가 분명하니 마땅히 그를 법에 따라 죽여야 합니다"[121]라고 하였다. 이것은 정말이지 전

나 유안은 듣지 않았다. 유안의 모반이 사전에 발각된 뒤에 오피는 조정에 나가 자수하여 모반 전모를 보고했는데, 무제는 그의 재주를 아깝게 여겨 사면하려 했다. 하지만 정위(廷尉) 장탕(張湯)은 오피가 유안의 모반을 기획했다고 하여 사면 불가를 상주하였고 오피는 결국 처형되었다.

119 교서왕(膠西王) 유단(劉端, ?-B.C.107): 경제의 아들. 오초칠국의 난이 평정된 후 교서왕에 봉해졌다. 유단은 사람이 잔인하고 포악했으며, 자주 법을 어기고 작위를 팔아먹는 비리를 저질러 봉국의 절반 이상을 삭감했는데, 불만을 품고 나라를 방치하여 부고(府庫)가 무너지고 많은 재물이 훼손되었다. 조정에서 파견한 교서국의 상(相)과 이천석 관리와의 갈등으로 교서는 작은 나라임에도 죽거나 다친 이천석 관리들이 아주 많았다. 동중서와 사이가 나쁜 공손홍이 교서왕의 손을 빌려 동중서를 죽이려고 교서국의 상(相)으로 삼은 적이 있었다. 47년간 재위하다 죽었고, 아들이 없어 봉국은 폐지되었다.

120 『春秋公羊傳』「莊公 32年」, "君親無將, 將而誅焉."

121 『漢書』권44「淮南衡山濟北王傳」, "安廢法度・行邪辟, 有詐僞心, 以亂天下, 營惑百姓, 背畔宗廟, 妄作妖言. 春秋曰, '臣無將, 將而誅.' 安罪重於將・謀反形已定. 臣端所見其書印圖, 及它逆亡道, 事驗明白, 當伏法."

혀 사실적 근거가 없는 판결이었다. 이른바 "천하를 어지럽히고", "함부로 요사스런 말을 지어내고" 등은 분명 그 빈객들의 학술활동을 모함하여 고소하는 말이다. 그러나 이러한 원옥(冤獄)은 회남왕 유안의 자살 외에도 마침내 "그 일에 연루되어 처형된 자가 수만 명이나 되었다."【원주21】『사기』「평준서(平准書)」에서는 "그 이듬해【원수(元狩) 원년, B.C.122】 회남왕·형산왕(衡山王)·강도왕(江都王)의 모반 음모가 드러나자 공경들이 그 단서를 찾아 관련자를 철저히 조사하니 연루되어 처형된 자가 수만 명에 달하였다"[122]라고 하였다. "그 단서를 찾아 관련자를 철저히 조사하니[尋端治之, 竟其黨與]" 여덟 글자로부터 당시의 조정 관리들이 전제자의 음험한 이기심에 순종하여 결국 수만 명을 모살하는 대 음모집단이 되기를 마다하지 않았음을 알 수 있는데, 그 근원은 바로 회남 빈객의 학술활동에서 비롯되었다. 수만 명의 대학살은 비단 이 학술의 중심을 파괴했을 뿐만 아니라 지식인들이 사상이나 생활에서 조금이라도 선택의 자유를 가질 수 있는 모든 가능성을 저지하고 제거하였다.

당시 또 하나의 학술중심은 하간헌왕(河間獻王) 유덕(劉德)[123]을 중심

---

122 『史記』 권30 「平準書」, "其明年, 淮南·衡山·江都王, 謀反迹見, 而公卿尋端治之, 竟其黨與, 而坐死者數萬人."

123 유덕(劉德, ?-B.C.130): 경제의 3남. 경제 전2년(B.C.155) 하간왕(河間王)에 봉해졌고, 시호는 헌왕(獻王)이다. 유학을 좋아했으며, 민간으로부터 좋은 책을 헌납받으면 필사한 뒤 원본은 보관하고 사본과 상금을 주어 돌려보냈다. 이 때문에 사방의 많은 사람들이 그에게 책을 진상하였다. 그가 얻은 선진 이전의 고서로는 『주관(周官)』, 『상서』, 『예(禮)』, 『예기』, 『맹자』, 『노자』 등이 있다. 또한 『모씨시(毛氏詩)』와 『좌씨춘추(左氏春秋)』의 박사를 세웠다. 저서에 『하간주지(河間周志)』와 『대상하삼옹궁(對上下三雍宮)』이 있으나 전하지 않는다.

으로 전개되었는데,『한서』권53「경십삼왕전(景十三王傳)」에서는 다음과 같이 말한다.【원주22】

하간헌왕 유덕(劉德)은 경제 전(前)2년(B.C.155)에 왕으로 책봉되었다. 학문을 닦고 옛것을 좋아하였으며, 사실에 근거하여 진리를 탐구하였다. 민간에서 좋은 책을 얻으면 반드시 그 사본을 잘 베껴서 책 주인에게 주고 진본(眞本)을 남겨 두었으며, 금백(金帛)을 더 많이 내려 좋은 책을 구하도록 하였다. 그리하여 사방에서 도술(道術)을 갖춘 사람들이 천 리를 멀다 하지 않고 찾아왔으니, 그중에는 조상들이 소장한 옛 책을 가지고 와서 헌왕에게 바치는 자도 많았다. 그렇게 헌왕이 얻은 책은 많기가 한나라 조정과 맞먹을 정도였다. 당시 회남왕 유안 역시 책을 좋아하였으나 그가 수집한 책들은 대체로 허황된 내용들이 많았다. 헌왕이 얻은 책들은 고문(古文)으로 된 선진의 옛 책으로『주관(周官)』,【원주23】『상서(尙書)』,『예(禮)』(『의례』),『예기(禮記)』,『맹자』,『노자』등은 모두 경(經) · 전(傳) · 설(說) · 기(記)로서 공자의 70제자가 논한 것이었다. 헌왕은 6경을 연구하고 선별하여 학관에『모씨시(毛氏詩)』와『좌씨춘추(左氏春秋)』박사를 설립하였다. 예악을 닦아 유술(儒術)이 몸에 배어 있으며, 아무리 급박할 때에도 유자(儒者)의 근본을 잃지 않았다. 산동(함곡관 이동)의 많은 유자들이 찾아와 그와 교류하였다. 무제 때 헌왕은 내조하여 아악(雅樂)을 바쳤으며, 삼옹궁(三雍宮, 辟雍 · 明堂 · 靈臺)의 제도와[124] 조서에 의한 책문[詔策] 30여 가지 일에 대해 대답했는데, 도술(道術)에 의거하여 대답을 했기 때문에 일의 실상에 들어맞았다. 문장은 간약(簡約)하나 가리키는 뜻은 명확하였다. 왕으로 봉해진 지 26년 만에 훙(薨)하였다.[125]【원주24】

---

124 삼옹궁(三雍宮):『한서』안사고 주에 "應劭曰, 辟雍·明堂·靈臺也"라 하였다. 원문의 "對三雍宮"에 대해서는『자치통감』권18「漢紀」10, 무제 원광 4년(B.C.131) 호삼성(胡三省) 주의 "余謂對三雍宮者, 對三雍之制度, 非召對於三雍宮"에 따랐다.

이곳은 유술(儒術)을 위주로 하는 학술활동의 중심지로, 회남왕 유안의 학술 중심과는 그 성격이 크게 다르다. 유덕은 생활 태도가 매우 근엄하였으며 이 또한 유안의 재자형(才子型) 인격과는 스타일이 달랐다. 그래서 유덕은 학문적으로나 생활에 있어서나 한나라 조정의 구미에 딱 들어맞는 인물이었고 그에게 위험을 느낄 이유는 없었다. 그러나 배인(裴駰)[126]의 『사기집해(史記集解)』에서는 다음과 같이 말한다.

『한명신주(漢名臣奏)』[127]에 의하면, 두업(杜業)은 (성제에게) 다음과 같이 상주하였다.[128] "하간헌왕은 경술(經術)에 두루 통하고 덕행을 닦고 행실을 쌓아 천하의 준걸들과 뭇 유자(儒者)들이 모두 그에게로 돌아갔습니다. 무제 때 하간헌왕이 내조(來朝)하였는데, 유술(儒術)이 몸에 배어 있고 아무리

---

125 『漢書』권53 「景十三王傳」, "河間獻王德, 以孝景前二年(紀前一五五年)立. 修學好古, 實事求是. 從民得善書, 必爲好寫與之, 留其眞, 加金帛賜, 以招之. 繇是四方道術之人, 不遠千里, 或有先祖舊書, 多奉以奏獻王者, 故得書多與漢朝等. 是時, 淮南王安亦好書, 所招致率多浮辯. 獻王所得書, 皆古文先秦舊書, 周官·尙書·禮·禮記·孟子·老子之屬, 皆經·傳·說·記, 七十子之徒所論. 其學擧六藝, 立毛氏詩·左氏春秋博士. 修禮樂, 被服儒術, 造次必於儒者. 山東諸儒者(多)從而游. 武帝時, 獻王來朝, 獻雅樂, 對三雍宮, 及詔策所問, 三十餘事. 其對, 推道術而言, 立二十六年薨."

126 배인(裴駰, ?-?): 전한 문희(聞喜, 산서 문희) 사람으로 자는 용구(龍駒)다. 남조시대 "사학삼배(史學三裴)"의 하나로 삼배는 배송지(裴松之), 아들 배인, 배인의 손자 배자야(裴子野)를 말한다. 배인은 가학(家學)을 계승하여 전적을 두루 섭렵하고 학식이 매우 높았다. 그가 지은 『사기집해』는 현존 최고(最古)의 『사기』주석본이다.

127 『한명신주(漢名臣奏)』: 삼국시대 진수(陳壽, 233-297)가 편찬한 책으로 모두 30권이다. 『隋書』권33 「經籍志」2, "漢名臣奏事三十卷 … 陳壽撰."

128 명(明) 매정조(梅鼎祚)가 편찬한 『서한문기(西漢文紀)』권20에는 본 글의 제목을 "論河間獻王奏"라 하였다. 두업은 원제·성제·애제 때 생존한 사람이므로 위에 언급한 무제와 하간헌왕 사이에 있었던 비화는 아마도 자신의 조부나 부친에게 들었을 가능성이 높다. 또 두업이 이 글을 상주한 시기는 그가 태상(太常)으로 임명된 성제 홍가(鴻嘉) 원년(B.C.20)부터 7년간, 재차 태상으로 임명된 애제 건평(建平) 4년(B.C.3)부터 3년간 동안이다.

급박할 때에도 반드시 인의(仁義)를 근본으로 삼았습니다. 무제가 다섯 가지를 책문(策問)하자 헌왕은 그때마다 대답하기를 멈추지 않았습니다. 무제가 발끈하여 난색을 표하며 헌왕에게 말하기를 '탕왕(湯王)은 70리, 문왕(文王)은 1백 리의 작은 나라로써 왕자(王者)가 되었다고 하니, 왕(헌왕)께서도 힘써 그렇게 하면 되겠군요'[129]라고 하였습니다. 헌왕은 무제의 말의 의도를 알아차리고, 번국에 돌아가자마자 술에 탐닉하고 음악을 들으면서 남은 생을 마쳤습니다."[130]

『한서』권60 「두주전(杜周傳)」에 의하면 두주[131]는 무제 때의 혹리(酷吏)로 관직이 어사대부(御史大夫)에 이르렀다. 두업(杜業)은 두주의 증손자이다. 두주의 셋째 아들 두연년(杜延年)[132]은 곽광(霍光)[133]이 상

---

129 『孟子』「公孫丑」下에 나오는 말이다. "孟子曰, 以力假仁者霸. 霸必有大國. 以德行仁者王. 王不待大. 湯以七十里, 文王以百里."

130 『史記』권59 「五宗世家」集解, "漢名臣奏, 杜業奏曰, 河間獻王經術通明, 積德累行, 天下雄俊衆儒皆歸之. 孝武帝時, 獻王朝, 被服造次, 必於仁義. 問以五策, 獻王輒對無窮. 孝武帝艴然難之, 謂獻王曰, 湯以七十里, 文王百里, 王其勉之. 王知其意, 歸即縱酒聽樂, 因以終."

131 두주(杜周, ?-B.C.95): 전한 남양(南陽) 두연(杜衍, 하남 남양시) 사람. 자는 장유(長孺)이다. 두주는 소리(小吏) 출신으로, 남양태수 의종(義縱)이 그를 정위사(廷尉史, 정위의 속곽)로 천거하여 장탕(張湯)을 위해 일했는데 능력을 인정받아 어사(御史)로 승진하였다. 10여 년간 어사중승(御史中丞)을 지내고 정위(廷尉)가 된 다음 황제의 의중을 잘 살펴 황제가 내쫓고 싶어 하는 사람은 모함을 하고 황제가 석방시키고자 하는 자는 주도면밀하게 석방시킬 이유를 찾았나. 중도에 파면되었디기 다시 집금오(執金吾)가 되었고, 황제는 두주가 전심전력을 다해 사심 없이 직무를 처리한다고 여겨 그를 어사대부(御史大夫)로 승진시켰다. 두주의 두 아들 두연수(杜延壽)와 두연고(杜延考) 역시 혹리(酷吏)로 이름을 떨쳤다.

132 두연년(杜延年, ?-B.C.52): 자는 유공(幼公), 두주(杜周)의 3남으로 법률에 밝았다. 소제(昭帝) 초에 군사공(軍司空), 간대부(諫大夫)를 역임하였고, 연왕단(燕王旦)과 상관걸(上官傑) 등의 반란 음모를 고발하여 태복우조급사중(太僕右曹給事中)에 발탁되었다. 곽광(霍光)에게 수 차례 시정(時政)을 잘 다스리려면 검약하고 관대한 모습을 보여야 한다고 건의하여 곽광이 이를 받아들였다. 선제(宣帝) 옹립의 공으로 태복(太僕)이 된 후 10여 년간 9경의 자리에 있으면서 신임을 얻었다. 곽광 사후 그의 아들이 모반을 일으키자 면직된 후 다시 북지(北

관걸(上官桀)¹³⁴ 등을 치는 일을 도와 건평후(建平侯)에 봉해졌고 또 곽광에게 선제(宣帝)를 황제로 세우도록 권유하여 그 공훈이 주허후(朱虛侯) 유장(劉章)¹³⁵에 비견되기도 하였다. 두연년의 아들 두완(杜緩)이 열후의 지위를 계승하였으며 관직은 태상(太常)에까지 이르렀다. 두완이

地)·서하(西河) 태수를 지냈다. 오봉 3년(B.C.55) 입조하여 어사대부(御史大夫)가 되었다.

133 곽광(霍光, B.C.130경-B.C.68): 하동 평양(平陽, 산서 臨汾縣) 출신으로 자는 자맹(子孟)이다. 소제(昭帝) 상관(上官)황후의 외조부이자 선제(宣帝) 곽황후의 부친이며 표기장군 곽거병(霍去病)과 이복형제이다. 무제 후원 2년(B.C.87) 대사마대장군(大司馬大將軍)이 되었고, 김일제(金日磾)·상관걸(上官桀)·상홍양(桑弘羊)과 함께 무제의 유조(遺詔)를 받들어 8세로 즉위한 소제(昭帝)를 보필하였다. B.C.80년 소제의 형인 연왕(燕王) 단(旦)의 반란을 기회로 상관걸·상홍양 등을 거세하여(김일제는 이미 병사) 조정을 장악했으며, 소제가 죽은 후에는 그를 계승하여 즉위한 창읍왕(昌邑王)을 폐립하고 무제 여태자(戾太子)의 손자를 옹립하여 선제(宣帝)로 즉위하게 하는 등 권력을 독점하였다. 또한 선제의 황후 허씨(許氏)를 독살하고 자신의 딸을 황후로 들여 일족의 권세를 강화하였다. 선제 지절(地節) 2년(B.C.68) 곽광이 죽자 선제는 그의 일족을 반역죄로 몰아 모두 죽임으로써 일세를 풍미했던 곽씨 집안도 멸족되었다.

134 상관걸(上官桀, ?-B.C.80): 전한 상규(上邽, 감숙 淸水) 사람으로 자는 소숙(少叔)이다. 괴력을 가진 역사(力士)로서 항상 무제의 신변을 보호했다. 시중(侍中), 태복(太僕), 소부(少府)를 역임하고, 무제가 죽을 무렵 좌장군(左將軍)에 임명되어 유조(遺詔)에 따라 곽광(霍光)과 함께 소제(昭帝)를 보필하였다. 상관걸은 아들 상관안(上官安)의 딸을 소제의 황후로 책립하는 과정에서 곽광의 반대로 서로 대립하게 되었다. 상관걸은 곽광과 사이가 좋지 않았던 외조(外朝)의 실력자 상홍양(桑弘羊)을 끌어들여 곽광을 제거하기 위해 그를 모함하는 상소문을 올렸으나 황제가 곽광을 가까이하고 자신을 멀리하자 연왕(燕王) 유단(劉旦), 갑장공주(蓋長公主)와 함께 곽광을 살해하고 황제를 폐위하려는 음모를 꾸몄는데 발각되어 멸족되었다.

135 유장(劉章, ?-B.C.177): 한 고조 유방의 손자, 제도혜왕(齊悼惠王) 유비(劉肥)의 아들이다. 여태후의 조카인 여록(呂祿)의 딸을 아내로 맞았다. 혜제 사후 여태후는 어린 소제(少帝)의 섭정으로 여씨 세력을 확대하고 정치를 독점하였다. 이에 위기를 느낀 유장(劉章)은 B.C.180년 여후가 죽자 그의 형인 제왕(齊王) 유양(劉襄)과 태위(太尉) 주발(周勃), 승상 진평(陳平) 등과 함께 군사를 일으켜 양왕(梁王) 여산(呂産), 조왕(趙王) 여록(呂祿), 연왕(燕王) 여통(呂通)을 비롯하여 여씨 일족을 모두 주살하고, 소제(少帝)를 폐한 뒤 대왕(代王) 유항(劉恒, 文帝)을 추대하였다.

제3장 한대 전제정치하의 봉건 문제

죽고 아들 두업(杜業)이 지위를 계승하였고, 성제(成帝) 초 황제의 누이 동생 영읍공주(潁邑公主)와 혼인하였다. 왕망이 정권을 잡게 되자 근심과 두려움으로 병이 나서 죽었다.[136] 내가 여기서 두업의 가계를 약술하는 이유는 두업이 한나라 조정의 내막을 알 만한 처지에 있었고, 그런 이유로 그가 말하는 하간헌왕 유덕(劉德)에 관한 고사는 신빙성이 있다는 것을 설명하기 위해서이다. 그러나 『사기회주고증(史記會注考證)』에서는 다음과 같은 하작(何焯)[137]의 말을 인용하고 있다. "『한서』에 의하면 하간헌왕이 훙거(薨去)하자 중위(中尉) 상려(常麗)가 소식을 전하며 아뢰기를 '헌왕은 몸가짐이 바르고 행동을 조심하였고, 온화하고 인자하고 삼가고 검약하였으며, 말과 행실이 도탑고 공손하며 아랫사람을 아껴 주었고, 사리에 밝고 깊이 통찰하며, 은혜가 홀아비와 과부들에게까지 미쳤습니다'라고 하였다. 또 대행령(大行令)은 그의 시호(諡號)를 정할 때 상주하기를 '총명하고 지혜가 뛰어남을 헌(獻)이라 하니 시호는 헌왕(獻王)으로 해야 합니다'라고 하였다. (헌왕을) 기리고 높

---

136 두업(杜業, ?-1): 자는 군도(君都)이며 어사대부 두연년의 손자이다. 성제 홍가 원년(B.C.20), 태상에 임명되었으나 7년 후 면직되었다. 애제 즉위 후 두업은 애제의 사친(私親)인 정도공왕(定陶共王)을 공황(共皇)으로 추존하고 생모인 정후(丁后)를 태후로 높일 것을 상서하였다. 또 공황을 위해 경사(京師)에 묘(廟)를 세웠는데 당시 좌장군(左將軍) 사단(師丹)과 대사마(大司馬) 왕망(王莽)이 이를 비례(非禮)라 하여 극력 반대하였다. 애제가 죽고 평제가 즉위하자 영상서사(領尙書事)가 된 왕망은 공황묘(共皇廟)를 없애고 존호와 입묘(立廟)를 건의한 자들을 모두 파면, 유배하였다. 두업이 근심과 두려움으로 병이 나서 죽었다는 것은 이를 두고 한 말이다.

137 하작(何焯, 1661-1722): 청 장주(長洲, 강소) 사람으로 자는 윤천(潤千), 기첨(屺瞻), 다선(茶仙), 의문선생(義門先生)으로 불렸다. 순치 4년(1647)에 진사가 된 후 서길사(庶吉士), 무영전편수(武英殿編修), 시독(侍讀) 등을 역임했다. 염약거(閻若璩)와 교류하면서 고증학에 매료되어 저서로 『의문독서기(義門讀書記)』를 남겼다.

임이 이와 같으니 두업의 말이 터무니없음을 알겠다.”[138] 생각건대 하간헌왕 유덕은 죄를 지어 죽은 것이 아니라 무제의 의심과 시기질투로 울분을 품고 죽은 것이다. 죽고 난 다음에는 의심이 사라지고 의심의 흔적이 지워지기도 한다. 사후에 시호를 내리는 것은 당시의 관행이었다. 정치에서 겉과 속이 다른 것은 실로 옛날이나 지금이나 마찬가지이다. 의심하는 것은 그 ‘속’이고, 사후에 기리고 높이는 것은 그 ‘겉’이다. 이것은 지금도 도처에서 예를 들 수 있다. 하작(何焯)은 정치에 대해 전혀 알지 못하는 소유(小儒)로 그의 말은 가소롭기 짝이 없다. 『한서』 권63에서는 창읍왕(昌邑王) 유하(劉賀)[139]의 폐위에 관해 기록하기를, 선제(宣帝)는 마음속으로 유하를 꺼려하여 [산양(山陽)태수 장창(張敞)[140]으로 하여금 비밀리에 유하의 주변을 살피도록 했는데] 장창이 보

---

138 瀧川資言, 『史記會注考證』 권59 「五宗世家」, “何焯曰, 漢書云, 獻王薨, 中尉常麗以聞, 曰, ‘王身端行治, 溫仁恭儉, 篤敬愛下, 明知深察, 惠於鰥寡.’ 大行令奏, ‘謚法曰, 聰明睿知曰獻, 宜謚曰獻王.’ 襃崇若此, 知杜業語爲無稽.”

139 창읍왕(昌邑王) 유하(劉賀, B.C.92-B.C.59): 유하는 무제의 손자이며, 무제의 서자 창읍애왕(昌邑哀王) 유박(劉髆)의 아들이다. 제위에 오른 지 27일 만에 폐위되었기 때문에 폐제(廢帝)라고 불리며 즉위하기 전의 봉작인 창읍왕(昌邑王), 또는 폐위된 뒤에 봉해진 해혼후(海昏侯)로 불리기도 한다. 유하는 B.C.74년(소제 13) 숙부인 소제(昭帝)가 후사 없이 갑자기 죽자 소제의 황후인 상관씨(上官氏)의 명으로 제위에 올랐다. 당시 대신들은 소제의 이복형제인 광릉왕(廣陵王) 유서(劉胥)를 추대했으나, 곽광(霍光)이 자신의 외손녀인 황후의 조서를 받아 창읍왕 유하를 불러들였다고 한다. 7월 즉위한 유하는 창읍의 관속을 장안으로 불러들여 높은 관직을 주는가 하면, 상중인데도 술을 마시며 사냥과 유희를 즐겼으므로 곽광은 전연년(田延年), 장안세(張安世) 등과 공모하여 유하를 폐위시키고 그해 9월 무제의 태자였던 유거(劉據)의 손자 유병이(劉病已)를 불러들여 선제(宣帝)로 세웠다. 유하의 폐위 후 황태후는 창읍국을 없애고 그곳에 산양군(山陽郡)을 설치했으며 유하를 잘못 보필했다는 이유로 창읍의 신하 200여 명을 죽였다. 선제 원강 3년(B.C.63) 유하를 해혼후(海昏侯)로 봉하였다.

140 장창(張敞, ?-B.C.47): 전한 경조(京兆) 두릉(杜陵) 사람. 자는 자고(子高)다. 태복승(太僕丞)을 거쳐 선제 때 태중대부(太中大夫)가 되었으나 대장군 곽광의 뜻을 거슬러 함곡관도위(函

고하기를 유하가 "끝내 인의(仁義)를 보이지 않는다"고 상주하여 마침내 유하는 목숨을 보전할 수 있었다고 하였다.[141] 이것이 그 반증이 될 수 있을 것이다. 다시 하나의 예를 인용하여 두업의 말이 당시의 사실을 그대로 전하고 있을 가능성을 증명하고자 한다.

『후한서』 권14 「종실사왕삼후열전(宗室四王三侯列傳)」에서는 북해왕(北海王) 유흥(劉興)이 죽은 후의 상황을 다음과 같이 적고 있다.

아들 경왕(敬王) 유목(劉睦)[142]이 지위를 계승하였다. 유목은 어려서부터 학문을 좋아하고 경전(書傳)에 널리 통하여 광무제가 그를 아껴 자주 궁중에 맞아들였다. 현종(顯宗)【명제(明帝)】이 동궁에 있을 때 특히 총애를 받아 궁중에 들어와서는 옆에서 모시며 글을 읽거나 시를 읊었고, 나가서는 황제의 말고삐를 잡고 길을 인도하였다. 중흥 초에는 법망(法網)이 느슨하였고, 또 유목의 품성이 겸손하고 선비들을 좋아했으므로 천 리 밖으로 사람들과 교분을 맺었다. 저명한 유자(儒者)와 덕망 높은 자를 비롯하여 그의 문에 이르지 않는 자가 없었으니 이로부터 명성이 더욱 널리 퍼졌다. 영평 연간(58-75)에 법이 자못 준엄하여 유목은 이에 빈객들을 사절하고 음악에만 마

谷關都尉)로 나갔다가, 산양(山陽)태수를 거쳐 교동상(膠東相)을 지낸 뒤 다시 경조윤(京兆尹)으로 부임하였다. 직언을 잘하고 상벌이 엄격했다. 가깝게 지내던 양운(楊惲)이 대역죄로 죽임을 당하자 면직되어 귀향했다가 몇 개월 뒤 기주자사(冀州刺史)에 임명되었다. 원제가 좌풍익(左馮翊)에 기용하려 했으나 병사하였다.

141 『漢書』 권63 「武五子傳」, "卽位, 心內忌賀, 元康二年遣使者賜山陽太守張敞璽書曰 … 敞於是條奏賀居處, 著其亡之效 … 其天資喜由亂亡, 終不見仁義, 如此. 後丞相御史以臣敞書聞, 奏可, 皆以遣. 上由此知賀不足忌."

142 유목(劉睦, ?-74): 후한 남양(南陽, 하남) 사람으로 시호는 경(敬)이다. 후한 광무제의 형 유연(劉縯)의 손자이며, 북해왕(北海王) 유흥(劉興)의 아들이다. 학문을 좋아하고 선비들과 교분이 넓어 천리 밖에서도 찾아올 정도로 명성이 높았다. 명제 영평(永平) 연간에 법이 엄격하고 준엄하게 시행되자 빈객(賓客)들을 사절하고 음악과 서적에 몰두하였다. 저서에 『춘추지의(春秋旨義)』, 『종시론(終始論)』과 송(頌)·부(賦) 수십 편이 있다.

음을 두었다. 그러나 성품이 독서를 좋아하여 항상 책을 아끼고 가까이 두었
다. 그해 말에 중대부(中大夫)로 하여금 옥벽(玉璧)을 받들고 조정에 가서
조하(朝賀)하도록 하였는데, 유목이 그를 불러서 말하기를 "조정에서 과인
에 대해 묻는다면 대부는 무슨 말로 대답하려는가?"라고 하자 사자(使者)가
말하기를 "대왕께서는 충성스럽고 효성스러우며 자애롭고 어질며 현자를
존경하고 선비를 좋아하신다고 대답할 것입니다. 신이 비록 미천하고 보잘
것없지만 감히 사실대로 말하지 않을 수 있겠습니까?"라고 하였다. 유목은
"아! 네가 나를 위험에 빠뜨리려고 하느냐? 이는 의지할 데 없는 어린 시절
에 추구했던 길이다. 대부는 가서 이렇게 대답하라. (유목은) 외로운 처지로
봉작을 계승한 이래 뜻과 의지가 쇠퇴하고 나태해져 음악과 여색만을 즐거
워하고 이 한 몸만을 좋아할 뿐이라고." 사자는 명을 받고 떠나갔다. 그는
이처럼 굽힐 때와 펼 때를 알아 잘 처신할 수 있었다.[143]

후한의 여러 왕들은 지방정치에 전혀 관여할 수가 없었다. 유목(劉
睦)은 명제의 조카이자 일찍부터 황제의 총애를 받은 자임에도 개인의
명성을 높일 수 있는 품행과 도의가 화(禍)를 불러오는 근원이 되었다.
하간헌왕 유덕(劉德)의 하간국(河間國)은 당시 학문의 중심지였고 유
덕 본인이 그 지도적 인물로서 그 명성과 위세는 멀리 유목을 능가하
였으니 무제의 의심과 핍박은 자연스러운 일이었다는 점, 여기에 무슨

---

143 『後漢書』 권14 「宗室四王三侯列傳」, "子敬王睦嗣. 睦少好學, 博通書傳, 光武愛之, 數被延納.
顯宗(明帝)之在東宮, 尤見幸待, 入侍諷誦, 出則執轡. 中興初, 禁網尚闊, 而睦性謙恭好士, 千
里交結; 自名儒宿德, 莫不造門, 由是聲價益廣. 永平中(58-75), 法憲頗峻, 睦乃謝絕賓客, 放心
音樂. 然性好讀書, 常爲愛翫. 歲終, 遣中大夫奉璧朝賀, 召而問之曰, 朝廷設問寡人, 大夫將何
辭以對? 使者曰, 大王忠孝慈仁, 敬賢樂士. 臣雖螻蟻, 敢不以實. 睦曰, 吁! 子危我哉! 此乃孤幼
時進趣之行也. 大夫其對以孤襲爵以來, 志意衰惰, 聲色是娛, 犬馬是好. 使者受命以行. 其能
屈申若此."

의문이 있겠는가?

이러한 의심과 핍박이 학술에 영향을 미치는 또 하나의 큰 문제는
바로 경학에서의 고문(古文)경학에 대한 억압 문제이다.

무제 때까지만 해도 경학에는 금고문(今古文)의 다툼이 없었다. 공
안국(孔安國)[144]이 노나라 신공(申公)[145]을 사사하여 노시(魯詩)를 연구
할 때의 자료는 금문학이었고, 노의 주패(周霸)[146]와 낙양의 가가(賈
嘉)[147] 등과 함께 『상서(尙書)』를 연구할 때도 금문상서를 가지고 하였
다. 그러나 "공씨(孔氏) 집안에는 고문으로 된 『상서』가 있어서 공안국

---

144 공안국(孔安國, ?-?): 전한 노(魯, 산동 곡부) 사람으로 자는 자국(子國), 공자의 11대손이며,
   공충(孔忠)의 아들이다. 『상서(尙書)』 고문학의 시조다. 무제 때 박사를 지냈고 간대부(諫大
   夫)와 임회태수(臨淮太守)를 역임했다. 『시』는 신공(申公)에게 배우고, 『상서』는 복생(伏生)
   에게서 전수받았다. 노(魯) 공왕(恭王, ?-B.C.129)이 공자의 옛 집을 헐자 과두문자(蝌蚪文
   字)로 된 『고문상서』와 『예기』, 『논어』, 『효경』이 나왔는데 이것을 금문(今文)과 대조하여
   석독하고 주석을 붙인 『상서공씨전(尙書孔氏傳)』을 지었다.

145 신공(申公, ?-?): 노(魯) 사람. 신배공(申培公)이라고도 한다. 여태후 때 장안으로 유학한 신공
   은 유영(劉郢, 고조의 동생)과 함께 부구백(浮丘伯)의 문하에서 수업을 받았다. 뒤에 유영이
   초왕(楚王, 楚元王)이 되어 신공에게 자신의 태자 유무(劉戊)를 가르치게 했는데 유무는 학문
   을 좋아하지 않아 신공을 증오했다. 유영이 죽고 유무가 초왕이 되자 신공을 감금하고 활동하
   지 못하게 만들었다. 신공은 이를 치욕스럽게 여겨 곧바로 노나라로 되돌아와 집에서 은거하
   며 제자들을 양성하였다. 모든 빈객의 방문을 사절했으며 오직 노 공왕(恭王, 劉餘)의 요청이
   있을 때만 외출하였다. 그의 명성을 듣고 먼 지방에서 배우러 오는 제자들이 백여 명이나 되
   었다. 신공은 오로지 『시경』만을 해설하고 가르쳤으며 자신의 저술을 남기지 않았고 의심스
   러운 것은 빼 버리고 전하지 않았다고 한다. 노시학(魯詩學)의 개창자로 전한다.

146 주패(周霸, ?-?): 전한 노(魯) 사람. 신공(申公, 申培公)의 제자이다. 교서국(膠西國) 내사(內
   史)를 지냈다. 『사기』 권121 「유림열전(儒林列傳)」에 "(申公의) 제자로서 박사가 된 자가 십
   여 명이었다. 공안국은 임회태수에 이르렀고 주패는 교서국 내사에 이르렀다[弟子爲博士者
   十餘人, 孔安國至臨淮太守, 周霸至膠西內史]"라고 하였다.

147 가가(賈嘉, ?-?): 전한 낙양 사람. 가의(賈誼)의 손자다. 무제가 처음 즉위하여 가의의 손자 두
   사람을 임용했을 때 군 태수가 되었다. 학문을 좋아해 가업(家業)을 이었다. 소제(昭帝) 때 지
   위가 구경(九卿)에 이르렀다.

이 이것을 금문(今文)[148]으로 석독(釋讀)하여 그 학풍을 일으켰다."[149]

【원주25】 공안국의 이러한 학문 편력이 그가 박사가 되는 데 전혀 해를 끼치지 않았다는 것은 그(금고문의 다툼이 없었다는) 분명한 증거이다. 육가(陸賈)[150]의 『신어(新語)』, 한영(韓嬰)[151]의 『한시외전(韓詩外傳)』, 사마천의 『사기』, 유향(劉向)[152]의 『신서(新序)』 및 『설원(說苑)』은 모두 『춘추좌씨전』(고문)을 널리 채용하고 있다. 그리고 『사기』에서 "춘추(春秋)"라 함은 때로는 경문(經文)을 가리키기도 하고, 때로는 『공양전』·『곡량전』 2전(傳)을 가리키기도 하지만, 훨씬 많은 경우 『좌씨전』

---

148 금문(今文): 한 대의 예서체(隸書體)로 쓰인 글.

149 『史記』 권121 「儒林列傳」, "孔氏有古文尚書, 而安國以今文讀之, 因以起其家."

150 육가(陸賈, B.C.240?-B.C.170?): 전한 초기 초(楚) 사람으로 변설에 능했다. 고조 유방을 따라 천하 평정에 크게 공헌했다. 남월(南越)에 사신으로 가서 남월왕 조타(趙佗)를 설득하여 칭신(稱臣)하도록 만든 공으로 태중대부(太中大夫)에 임명되었다. 또한 여태후 사후에 진평(陳平)과 주발(周勃)을 설득하여 조정에서 여씨(呂氏) 일가를 몰아내기도 했다. 고조 유방을 위해 진(秦)이 망한 까닭과 한이 천하를 통일할 수 있었던 이유, 그리고 역사적으로 성공하고 실패한 나라들에 관해 저술한 정치이론서 『신어(新語)』가 현재 남아 있다.

151 한영(韓嬰, ?-?): 한생(韓生)이라고 한다. 전한 연(燕)나라 사람으로 문제 때 박사, 경제 때 상산왕(常山王) 유순(劉舜)의 태부(太傅)를 지냈다. 시(詩)와 역(易)에 정통했다. 무제 때 동중서와 황제 앞에서 논쟁을 벌였는데 동중서가 당해 내지 못했다. 저서에 『한시내전(韓詩內傳)』과 『한시외전(韓詩外傳)』이 있으나 남송 이후 『한시외전』만 전한다. 그 밖에 『한시고(韓詩故)』, 『한시설(韓詩說)』, 『주역한씨전(周易韓氏傳)』 등이 있으나 산일되었다.

152 유향(劉向, B.C.77-B.C.6): 전한 말기 패현(沛縣, 강소 徐州) 사람. 본명은 갱생(更生), 자는 자정(子政)이다. 초원왕(楚元王) 유교(劉交)의 4세손이자 유흠(劉歆)의 아버지다. 『춘추곡량』에 정통하였다. 산기간대부급사중(散騎諫大夫給事中), 산기종정급사중(散騎宗正給事中)을 역임했으며, 이후 환관 홍공(弘恭)과 석현(石顯)의 전횡에 반대하여 퇴진시키려 하다가 참언을 받아 투옥되었다. 성제 때 이름을 향(向)으로 바꾸었고, 광록대부(光祿大夫)를 거쳐 중루교위(中壘校尉)에 이르렀다. 궁중 도서를 교감하여 해제서 『별록(別錄)』을 지었는데 목록학의 비조로 간주된다. 그 밖에 『신서(新序)』, 『설원(說苑)』, 『열녀전(列女傳)』, 『홍범오행전(洪範五行傳)』 등이 있다.

을 가리킨다. 3가(家)의 『시(詩)』153는 대부분 시사(時事)에 부회하고 있지만 『모시(毛詩)』는 대부분 고의(古義)를 반영하고 있다. 그런데 어째서 오경박사를 두면서 『좌씨전』과 『모시』는 빼놓는 것인가? 『곡량전』에 대해서는 강공(江公)154과 동중서(董仲舒)가 조정에서 변론까지 벌이는데, 어째서 『좌씨전』과 『모시』를 언급하는 사람은 하나도 없는가? 스승에게서 학문을 전수받지 못해서 그렇다고 한다면 하간헌왕 유덕(劉德)이 세웠다는 박사는 어디에서 왔는가? 내 추측으로는, 하간헌왕이 수집하여 얻은 책들이 대부분 고문이고, 특히 하간헌왕이 학관에 『모시』와 『좌씨전』 박사를 세운 일 때문에 고문경학이 당시 크게 금기시되었으며, 그 후 마침내 비루한 유자들이 이를 학술상의 특권을 유지하기 위한 구실로 삼아 이록(利祿)의 길을 독점했던 것이 아닌가 생각된다. 『한서』 권30 「예문지(藝文志)」에서는 다음과 같이 말한다. "한나라가 건국된 후 노(魯)나라의 신공(申公)이 『시』를 훈고(訓詁)하였고, 제(齊)나라의 원고(轅固)155와 연(燕)나라의 한생(韓生, 韓嬰) 모두 『시』

---

153 3가(家)의 『시(詩)』: 전한 초 학관에는 제시(齊詩), 노시(魯詩), 한시(韓詩) 삼가만 있고 모시(毛詩)는 없었다. 평제 원시(元始) 5년 처음으로 학관에 모시박사가 설치되었다. 위진(魏晉) 이후로 삼가의 시는 모두 없어지고, 『모시』만 남아 성행하였다.

154 강공(江公, ?-?): 이름은 실진(失傳)되었다. 전한 산음(山陰) 하구(瑕丘, 산동 兗州) 사람으로 신배공(申培公, 申公)에게 노시(魯詩)와 『춘추곡량전』을 전수받았다. 무제 때 경학박사로서 동중서와 함께 명성을 떨쳤다. 공양의 설을 종지로 삼은 동중서와 달리 강공은 곡량의 설을 종지로 삼았다. 어눌해서 언변은 동중서만 못했다고 한다. 무제의 아들 여태자(戾太子)에게 『곡량전』을 가르쳤다. 강공이 고향인 하구에 돌아가 장막을 치고 가르친 덕분에 『곡량전』이 지금까지 유전될 수 있었다. 제자 중 위현(韋賢)은 추로대유(鄒魯大儒)로 칭해지고 뒤에 재상이 되었으며, 또다른 제자 영광(榮廣)은 공양학의 대가 휴맹(眭孟)과 여러 차례 논변을 펼쳐 곤란에 빠뜨리곤 하였다. 강공의 손자도 박사가 되었는데 역시 강공(江公)으로 칭해졌다.

155 원고(轅固, B.C.229?-B.C.139?): 원고생(轅固生)으로도 불린다. 전한 제(齊, 산동) 사람으로

의 전(傳)을 지었다. 때로는 『춘추』【생각건대 『좌씨전』을 가리키는 것으로 보임】에서 취하기도 하고 잡설(雜說)에서 채택하기도 했으나 3가 모두 그 본의를 밝히지는 못했다. 어쩔 수 없이 하나를 택하라고 한다면 노나라 신공(申公)의 전이 가장 본의에 가깝다고 하겠다. 신공·원고·한생 3가의 시는 모두 학관에 설치되었다. 그리고 또 모공(毛公)의 학문이 있었는데 스스로 말하기를 자하(子夏)에게서 전수받았다고 하였다. 하간헌왕이 그것을 좋아했으나 학관에 설치되지는 못했다."156 3가의 『시』는 "모두 그 본의를 밝히지는 못했으며" 비교적 본의를 얻은 것은 오직 『모시(毛詩)』뿐이었다. 『한시(韓詩)』는 후한에서 가장 성행하였는데, 정강성(鄭康成, 鄭玄)이 먼저 『한시』를 연구하다가 그 후 『한시』로부터 『모시』 중심으로 옮겨 간 이유는 여기에 있다. 전한 초기 학관에 『모시』가 세워질 수 없었던 이유는, 유향(劉向) 부자가 이미 살짝 비밀을 드러내긴 했지만, 단지 "하간헌왕이 그것을 좋아했기" 때문이었다. 『후한서』 권36 「범승열전(范升列傳)」157에 의하면, 건무(建武) 4년(28) 광무제가 운대(雲臺)에서 군신들을 불러 『비씨역(費氏易)』과 『좌씨춘추』의 박사를 세우는 일에 대해 의논하도록 했을 때 박사 범승은

제시학(齊詩學)의 개창자이다. 경제 때 박사를 지냈고, 제자로 하후시창(夏侯始昌) 등이 있다.

156 『漢書』 권30 「藝文志」, "漢興, 魯申公爲詩訓故, 而齊轅固, 燕韓生, 皆爲之傳. 或取春秋(按指『左氏傳』而言), 采雜說, 咸非其本義. 與不得已, 魯最爲近之. 三家皆列於學官. 又有毛公之學, 自謂子夏所傳, 而河間獻王好之, 未得立."

157 범승(范升, ?-66?): 후한 대군(代郡, 산서) 사람으로 자는 변경(辯卿)이다. 젊어서 『양구역(梁丘易)』과 『노자』를 익혔고, 왕망 때 의조사(議曹史), 광무제 때 의랑(議郎)을 거쳐 경학박사가 되었다. 명제 영평(永平) 연간중에 요성령(聊城令)에 올랐지만 일에 연루되어 면직되었다. 금문학인 양구역(梁丘易)과 맹씨역(孟氏易)을 전공했으며, 고문경학자 한흠(韓歆)과 논쟁하면서 고문경학인 『비씨역(費氏易)』과 『좌씨춘추』의 학관 건립에 반대하였다.

『좌씨춘추』를 세우는 데 반대하는 첫 번째 이유로 "선제(先帝) 때부터 학관을 두지 않았기"[158] 때문이라는 점을 들었다. 이것은 완전히 정치적인 이유이다. 한대의 경학에서 각 가(家)의 박사를 세울 것인가 말 것인가의 여부는 당시 일반적인 학술 상황 외에 정치적 요인에 의해 결정되는 경우가 상당히 많았다. 경방(京房)[159]의 『경씨역(京氏易)』이 학관에 세워질 수 있었던 것은 재수명(再受命)에 관한 그의 예언이 선제(宣帝)가 민간에서 일어나 제위에 오른 일과 우연히 맞아떨어졌기 때문이었다. 『춘추곡량전』이 학관에 세워질 수 있었던 것은 무제의 여태자(戾太子)가 『곡량전』을 익혔고, 선제는 여태자의 손자이므로 민간에 있을 때부터 『곡량전』을 익혔기 때문이었다. 무제 때 학관에 『공양전』을 세우고 『곡량전』을 세우지 않았던 것은 동중서와 강공(江公)의 논쟁으로 결정된 것이 아니라, 『공양전』 중의 "신하된 자는 반역의 마음을 품어서는 안 된다[人臣無將]"라는 네 글자가 대신을 살육할 수 있는 구실을 제공했기 때문이었다. 무릇 이에 대해서는 별도의 전

---

158 『後漢書』 권36 「范升列傳」, "時尙書令韓歆上疏, 欲爲費氏易·左氏春秋立博士, 詔下其議. 四年正月, 朝公卿·大夫·博士, 見於雲臺. 帝曰, 范博士可前平說. 升起對曰, 左氏不祖孔子, 而出於丘明, 師徒相傳, 又無其人, 且非先帝所存, 無因得立. 遂與韓歆及太中大夫許淑等互相辯難, 日中乃罷."

159 경방(京房, B.C.77-B.C.37): 전한 동군(東郡) 돈구(頓丘, 하남 淸豊) 사람. 본성은 이씨(李氏), 자는 군명(君明)이다. 양(梁)나라 사람 초연수(焦延壽)에게 역학을 배웠으며, 금문경씨역학(今文京氏易學)의 개창자다. 원제 때 효렴으로 천거되어 낭(郎)이 되고 박사가 되었다. 재이(災異)에 밝아 원제의 총애를 받았다. 중서령 석현(石顯) 등의 권력농단을 탄핵했다가 석현과 오록충종(五鹿充宗)의 미움을 받아 기시(棄市)형을 당했다. 나중에 제자인 동해의 단가(殷嘉)와 하동의 요평(姚平), 하동의 승홍(乘弘)이 모두 경학박사가 되었는데, 이로부터 경씨역학이 있게 되었다. 저서에 『경씨역전(京氏易傳)』과 『주역장구(周易章句)』, 『주역요점(周易妖占)』, 『주역점사(周易占事)』, 『주역역자점재이(周易逆刺占災異)』 등이 있다.

론에서 토론할 예정이다. 중국학술사를 논하면서 이 거대한 정치적 그림자의 역할을 망각한다면 학술 발전의 실상을 파악하기 어렵다. 후세의 비루한 유자들은 맹목적으로 이 정치적 함정에 빠져 용감하게 금문과 고문을 구별하고 심지어 누명을 씌워 나온 말도 사양하지 않았으니, 이는 곧 학술에서 2천 년 동안 전제의 음험함과 악랄함을 겪고도 끝내 이를 자각하지 못한 하나의 예라 하겠다.

제후왕의 학술활동에 대한 무제의 의심과 모함은 자신의 친아들에 대해서도 예외가 아니었다. 무제에게는 5명의 아들이 있었는데 장자인 여태자(戾太子)는 무고(巫蠱)의 화를 입었고 둘째인 제(齊)의 회왕(懷王)은 일찍 죽었으므로 서열로 보면 태자는 셋째 아들인 연왕(燕王) 유단(劉旦)을 세워야 한다. 그러나 "유단은 사람됨이 지략이 있고 경서와 여러 학파의 설을 널리 배웠으며 성상(星象)과 역법(曆法), 수술(數術), 광대놀이와 활쏘기·사냥을 좋아하였고 유사(遊士)들을 초치하였다. … 유단은 스스로 순서상 다음 태자는 자신이라고 여기고 무제에게 글을 올려 경사로 가서 궁중 숙위를 하겠다고 하였다. 상(무제)이 노하여 유단이 보낸 사자(使者)를 감옥에 가두어 버렸다. 나중에 망명자를 은닉한 사건에 연루되어 낭향(良鄕)·안차(安次)·문안(文安) 3개 현의 봉지가 삭감되었다. 무제는 이 일로 유단을 미워하였고, 뒤에 결국 막내아들을 태자로 세웠다."160【원주26】 천문역법과 수술(數術)은 양한 시기

---

160 『漢書』 권63「武五子傳」, "旦爲人辯略, 博學經書雜說, 好星曆數術·倡優射獵之事, 招致遊士 … 旦自以次第當立, 上書, 求入宿衛. 上怒, 下其使獄. 後坐藏匿亡命, 削良鄕·安次·文安三縣. 武帝由是惡旦. 後遂立少子爲太子."

"전과학적(前科學的)" 단계의 학술계통으로 학문을 좋아하고 깊이 생각하는 사람이 아니면 배울 수 없다. "광대놀이, 활쏘기와 사냥"은 한대 사람들이 평상시 즐기는 여가생활로 이연년(李延年)[161] 남매도 모두 광대 출신이었으니 내세울 만한 것이 못 된다. 무고(巫蠱)의 화는 경사에서 처형된 자만 수만 명이었고 조정이 동요할 정도였으니 유단이 "글을 올려 궁중에 들어가 숙위를 하겠다"라고 한 것은 자식된 자로서의 마땅한 도리로 볼 수 있다. 유단이 태자로 세워질 수 없었던 가장 근본적인 원인은 바로 그가 경서와 여러 학파의 설을 널리 배우고 유사(遊士)들을 초치한 데 있을 뿐이다.

전제정치에 의해 형성된 전제심리가 그들의 전제적 지위를 보호하기 위해 학술 전파에 감행한 행위의 잔혹함과 악랄함은 사이코패스적인 수준에 이르렀다고 할 수 있다. 『한서』권80 「선원육왕전(宣元六王傳)」에는 동평왕(東平王)[162]이 내조하여 제자서(諸子書)와 『태사공서(太史公書)』【즉 『사기』를 말함】를 사여해 주기를 청구하는 상소를 올렸다는 기록이 있다. 성제(成帝)가 이 일을 대장군 왕봉(王鳳)[163]에게 물어보자

---

161 이연년(李延年, ?-B.C.87): 전한 중산(中山, 하북 定州) 사람. 무제 이부인(李夫人)의 오빠로 본래 악공(樂工)이었는네 죄를 빔해 궁형(宮刑)을 당했다. 노래를 잘 불렀고, 새로운 곡조를 잘 만들었다. 협률도위(協律都尉)가 되어 황제와 함께 기거하였으나 이부인이 죽자 점차 총애에서 멀어졌고 나중에 죄에 연루되어 일족이 죽임을 당했다. 「한교사가(漢郊祀歌)」19장을 지어 악부(樂府) 발전에 기여했다.

162 동평왕(東平王, ?-B.C.20): 동평사왕(東平思王) 유우(劉宇). 선제의 4남으로 공손첩여 소생이다. 원제의 이복동생이자 성제의 숙부이다. 원제가 죽고 성제가 즉위하여 내조했을 때 글을 올려 제자서와 태사공의 글을 하사해 줄 것을 청하였다. 당시 성제의 큰외삼촌인 대사마대장군 왕봉(王鳳)이 이러한 서책이 제후왕에게 있는 것은 마땅하지 않다고 하며 반대하였다.

163 왕봉(王鳳, ?-B.C.22): 전한 제남(濟南) 동평릉(東平陵, 산동 章丘) 사람. 자는 효경(孝卿). 원

왕봉은 다음과 같이 대답했다. "제자서에는 경술(經術)과 상반되는 내용이나 성인을 비난하는 내용도 들어 있고, 귀신의 일을 밝히고 괴이한 것들을 신봉하는 내용도 있습니다. 『태사공서』에는 전국 시대 종횡가의 권모술수와 한나라 건국 초의 모신(謀臣)의 기책(奇策), 천문(天文)과 재이(災異), 지형과 요새 등에 관한 내용이 들어 있습니다. 모두 제후왕이 지녀서는 안 되는 서책들로서 동평왕에게 이를 주어서는 안 됩니다. …."[164] 이 말이 성제의 마음에 꼭 들었는지 성제는 마침내 서책을 주지 않았다. 그런데 이 당시 제후왕의 위상으로 말하면 반고가 말했듯이 사회의 부자들과 별반 다를 바가 없었다. 이를 통해 전제자는 어떤 지식이 전제의 암흑을 간파할 가능성이 있다고 느끼는 순간 신경과민적으로 이를 차단해 버린다는 것을 알 수 있다.

전제정치와 전제정치 사상을 가진 사람들은 본질적으로 지식, 인격과 서로 양립할 수 없다. 사마천은 『사기』에서 당시 조정의 유술(儒術) 제창에 대해 언급할 때마다 항상 "식(飾)"이란 단어를 사용했는데, 이것은 바로 유술을 전제정치의 장식용으로 사용한 데 불과하다는 의미로, 이는 학술에 대한 무제의 기본적인 의도를 폭로하는 동시에 동서

제의 황후 왕정군(王政君)의 오빠다. 위위시중(衛尉侍中)을 거쳐 성제 때 대사마대장군(大司馬大將軍) 영상서사(領尙書事)가 되어 정치를 전단하였고, 그의 동생 5인이 같은 날 동시에 후(侯)에 봉해지기도 했다. 왕씨의 자제들이 두루 요직을 차지하자 평소 강직한 경조윤(京兆尹) 왕장(王章)이 왕봉을 탄핵하는 간언을 올렸고, 이에 왕봉이 사직을 주청했으나 태후가 이를 듣고 식음을 폐하자 곧 복귀하여 상서(尙書)를 시켜 왕장을 탄핵하였다. 왕장은 옥중에서 죽었다. 정권을 보좌한 11년 동안 왕씨들이 조정을 장악한 것은 왕봉으로부터 시작되었고, 뒤에 조카 왕망(王莽)이 신(新) 왕조를 건립하였다.

164 『漢書』 권80 「宣元六王傳」, "諸子書或反經術, 非聖人, 或明鬼神, 信物怪. 太史公書, 有戰國縱橫權謀之謀, 漢興之初, 謀臣奇策, 天官災異, 地形阨塞, 皆不宜在諸侯王, 不可予. …."

고금의 모든 전제자들의 학술에 대한 의도를 폭로하는 것이기도 하다. 장식에서 한 걸음 더 나아가 왜곡하여 이용하는 것은 자연의 추세이자 본연의 의미이다. 전제정치 아래서는 지식인이 독립적 인격을 갖는 것이 허용되지 않고, 지식인이 자유로운 학술활동을 하는 것도 허용되지 않으며, 학술이 자유롭게 발전하도록 놔두지도 않는다. 설령 전제자의 혈통이라 할지라도 전제자의 고정된 통치 집단 안에서 잔혹하게 없애지 않으면 안 되었었으니, 사회에 독립적이고 자유로운 세력이 존재하는 것을 허용할 수 있겠는가? 양한 시기 민간에서 학생을 가르치는 교수들은 제자들이 항상 많게는 수천 수백 명에 이르렀는데, 이는 전제자들이 보기에 그들이 사회적으로 적극적인 저항성을 일으킬 가능성이 전혀 없다고 판단될 때만 그들의 존재를 소극적으로 인정할 수 있었다는 것을 말해 준다.

6. 학술사에서 동중서(董仲舒)가 뒤집어쓴 억울한 죄

나는 여기서 내친김에 우리나라 학술사를 위해 하나의 원옥(冤獄) 사건을 폭로하려 한다.

『한서』 권56 「동중서전」에서는 다음과 같이 말한다. "무제가 제위에 오른 후 위기후(魏其侯)[165]와 무안후(武安侯)[166]가 전후로 승상이 되어 유자(儒者)들을 존대하였다. 동중서는 대책(對策)을 올려 공자를 미루어 밝히고 백가(百家)를 억제하고 내칠 것을 건의하였다. 학교에 관리를 두고, 주군(州郡)에서 무재(茂才)와 효렴(孝廉)을 천거하게 한 일은 모두 동중서로부터 비롯되었다."[167] 지난 백 년 동안 일반 사람들은 우

---

[165] 위기후(魏其侯, ?-B.C.131): 두영(竇嬰). 전한 신도(信都) 관진(觀津, 하북 衡水) 사람. 자는 왕손(王孫)이고, 문제 두(竇)황후의 5촌 조카다. 문제 때 오(吳)국의 상(相)이 되었으나 병으로 사직했다. 경제 즉위 후 첨사(詹事)가 되었다. 오초칠국의 난 때 대장군이 되어 형양(滎陽)을 지키면서 제(齊)와 조(趙)의 병사들을 감독하였고, 평정 후 위기후에 봉해졌다. 사람됨이 교만하고 진중하지 못하다고 하여 경제가 재상으로 쓰지 않았는데, 무제 초에 승상에 임명되었고, 두태후의 뜻을 거슬러 파직되었다. 뒤에 승상 전분(田蚡)과 사이가 틀어져 탄핵을 받아 기시형을 당했다.

[166] 무안후(武安侯, ?-B.C.131): 전분(田蚡). 전한 내사(內史) 장릉(長陵, 섬서 咸陽) 사람. 경제 왕(王)황후(무제의 모친)의 의붓동생이다. 두영이 대장군일 때 전분은 제조랑(諸曹郎)이었고, 경제 말년에 중대부(中大夫)가 되었다. 무제 때 외척의 신분으로 무안후에 봉해진 뒤 태위를 거쳐 승상이 되었고 막강한 권력을 누렸다. 미천할 때 두영을 섬겼는데, 두영이 세력을 잃자 탄핵하여 두영과 관부(灌夫)를 처형당하게 했다. 두영과 전분 모두 유술(儒術)을 좋아하였다.

[167] 『漢書』 권56 「董仲舒傳」, "自武帝初立, 魏其武安侯爲相, 而隆儒矣. 及仲舒對策, 推明孔氏,

제3장 한대 전제정치하의 봉건 문제

리나라 학술이 발달하지 못한 것은 모두 동중서가 학술에서 최고 권위자를 유일한 기준으로 삼았기 때문이라고 믿었으며 동중서에게 그 전적인 책임이 있다고 보았다. 사실 동중서가 대책(對策)에서 "육예(六藝, 六經)에 들지 않는 과목과 공자의 학문에 들지 않는 것은 모두 그 길을 끊어 함께 나란히 나아가지 못하도록 해야 한다"[168]라고 한 말은 당시 유행한 종횡가와 법가의 정술(政術)을 가리키는 것이었다. 그가 종횡가에 반대한 이유는 정치적 안정을 찾기 위한 것이었다. 그가 법가에 반대한 이유는 당시의 가혹한 형벌에 의존하는 통치에 반대하기 위해서였다. 그가 공자를 미루어 밝히려는 이유는 당시의 형치(刑治)를 덕치(德治)로 바꾸고 정치를 위한 공명정대한 원리와 법칙을 세우고자 함이었다. 그리고 이른바 "공자의 학문에 들지 않는 것은 모두 그 길을 끊어 함께 나란히 나아가지 못하도록 해야 한다"라는 말은 육예 이외의 학설로 박사를 세우지 않는다는 의미이다. 한나라 초에는 진(秦)의 기존 제도를 계승하여 박사를 두기는 했으나 박사 설립에 관한 기준이 없었다. 한 문제 때는 박사 70여 명을 두었고 그중에는 방사(方士)도 있었으나 육예에는 『시경』 박사만이 있었다. 동중서의 의견은 결코 제자백가의 사회적 유통을 금지하려는 것이 아니었다. 동중서의 이 건의는 당시의 정치적인 문제만을 고려한 것이어서 입론이 통치자에게 이용당하기 쉬워 심각한 유폐가 발생한 것도 사실이다. 그러나 양한의 경학이 한창일 때에도 지식인들의 학문적 태도에 영향을 미친 적은 없

抑黜百家, 立學校之官, 州郡舉茂才孝廉, 皆自仲舒發之."

168 『漢書』 권56 「董仲舒傳」, "臣愚以爲諸不在六藝之科, 孔子之術者, 皆絶其道, 勿使並進."

었다. 대책을 올린 일로 2천 년간 학술이 발달하지 못한 죄를 모두 동 중서에게 덮어씌우려 한다면 이는 일개 서생(書生)이 미칠 수 있는 영 향력을 너무 높게 평가한 것이다. 약간 신화에 가깝다.

양한 학술의 대세와 당시 학문에 대한 지식인의 태도를 엿보려면『한 서』「예문지」를 주의 깊게 봐야 한다. 「예문지」는 유흠(劉歆)[169]의『칠 략(七略)』에 기초하고 있다. 유흠의『칠략』은 유향(劉向)을 필두로 한 교수(校讐) 작업과 유향이 "하나의 책에 대한 교수를 끝낼 때마다 그 편목을 정리하고 그 대의(大意)를 개괄하여 적어서 상주한"[170] 문장들 을 자료로 엮은 서책이다.【원주27】 따라서 「예문지」는 유씨(劉氏) 부자 의 손에서 나와서 반씨(班氏) 부자의 승인을 받았다고도 할 수 있으며 이것은 오랜 정설로 전해 내려왔다. 유향의 사상은 보수적 경향을 띠 고 있으나 유흠은 비교적 세상 물정에 밝았다. 그러나 부자 모두 동중 서를 높이 받들었던 사람들이다.『한서』「동중서전」의 찬(贊)에서 반 고는 유씨 부자 2인의 말을 인용하여 다음과 같이 동중서에 대한 평가 를 내리고 있다.

---

169 유흠(劉歆, B.C.53경-B.C.23): 전한 말기 패현(沛縣, 강소 徐州) 사람. 유향(劉向)의 아들. 자 는 자준(子駿), 뒤에 이름을 수(秀), 자를 영숙(穎叔)으로 고쳤다. 성제 때 황문랑(黃門郎)이 되어 부친과 함께 궁중의 장서를 정리하고 육예(六藝)의 군서(群書)를 7종으로 분류한『칠략 (七略)』을 지었는데 그 상당 부분이『한서』「예문지」에 편입되었다.『고문상서』·『좌씨춘 추』·『모시(毛詩)』·『일례(逸禮)』를 존숭하여 학관에 전문박사를 두기 위해 학관 박사들과 논쟁을 벌였지만 이루지 못하고 하내태수(河內太守)로 전출되었다. 왕망의 칭제 후에는 국사 (國師)가 되어 가신공(嘉新公)에 봉해졌으며, 나중에 왕망에 반대하는 모반을 기도하였으나 실패하여 자살하였다.『칠략(七略)』외에『삼통역보(三統曆譜)』를 지었다.

170『漢書』권30「藝文志」, "每一書已, 輒條其篇目, 撮其指意, 錄而奏之."

논찬하여 말한다. 유향은 동중서를 칭찬하기를 "동중서는 제왕을 보좌할 만한 재능을 가졌으니 비록 이윤(伊尹)과 여상(呂尙)이라 해도 그보다 더할 수는 없다. 관중(管仲)[171]과 안영(晏嬰)[172] 따위는 패자를 보좌했으므로 아마 동중서에는 미치지 못할 것이다"라고 하였다. 유향의 아들 유흠에 이르러서는 이렇게 말한다. "이윤과 여상은 성인에 짝할 만한 사람이니 제왕도 이들을 얻지 못했다면 흥성하지 못했을 것이다. 따라서 안연(顔淵)[173]이 죽자 공자가 '슬프도다! 하늘이 나를 버리시는구나!'라고 탄식했던 것이다. 오직 안연 한 사람만이 공자의 상대가 될 만했기 때문이다. 재아(宰我)·자공(子貢)[174]·자유(子游)·자하(子夏) 정도로는 그런 반열에 오를 수 없었다. 동중서는 학문을 멸절시킨 진나라를 계승한 한나라에서 육경(六經)이 지리멸렬해진 시기에 태어났다. 휘장을 내리고 발분하여 공부에 전념하였으며, 큰 사업[大業]에 마음을 두고 후대 학자들로 하여금 통일된 길을 걷게 하여 모

171 관중(管仲, B.C.719-B.C.645): 춘추 시대 제(齊)나라 영상(潁上, 안휘) 사람. 이름은 이오(夷吾), 자는 중(仲)이다. 처음에 공자규(公子糾)를 섬겨 노(魯)나라로 달아났는데 제나라 양공(襄公)이 피살당한 후 공자규와 공자소백(公子小伯, 桓公)이 자리를 두고 다툴 때 패배함으로써 공자규는 살해당하고 자신은 투옥되었다. 환공이 지난날의 원한을 잊고 발탁하여 노장공(魯莊公) 9년 경(卿)에 오른 후 환공을 도와 부국강병을 꾀하였고, 대외적으로는 제후들과 아홉 번 회맹(會盟)하여 제환공에 대한 제후들의 신뢰도를 높여 춘추 오패(五霸)의 한 사람이 되게 하였다.

172 안영(晏嬰, ?-B.C.500): 춘추 시대 제나라의 정치가로 자는 평중(平仲)이다. 영공(靈公)·장공(莊公)·경공(景公)의 3대를 섬기면서 재상을 지냈다. 『안자춘추』는 그의 언행을 후세의 사람이 기록한 것이다.

173 안연(顔淵, 顔回, B.C.521-B.C.490): 춘추 말기 노(魯)나라 사람. 이름은 회(回), 자는 자연(子淵)이다. 공자가 가장 신임했던 제자로, 공자보다 30살 어렸지만 공자보다 먼저 죽었다. 학문과 덕이 높아서 공자도 그를 가리켜 학문을 좋아하는 사람이라고 칭찬했고, 또 가난한 생활을 이겨 내고 도를 즐긴 점을 높이 평가하였다. 안회가 죽었을 때 공자가 통곡을 해 제자들의 빈축을 샀다고 전해진다.

174 자공(子貢, B.C.520?-B.C.456?): 춘추 시대 위(衛)나라 사람, 성은 단목(端木), 이름은 사(賜)이며, 자가 자공이다. 공문십철(孔門十哲)의 한 사람으로 언어와 정치적 수완이 뛰어났으며 이재(理財)에도 밝아 수천 금(金)의 재산을 모았다. 공자가 죽은 뒤 노나라를 떠나 위(衛)나라에 가서 벼슬했다.

든 유자들의 우두머리가 되었다. 그러나 사우(師友)의 연원(淵源)에 영향을 받은 것으로 보면 오히려 자유·자하에도 미치지 못한다. 관중과 안영이 그에게 미치지 못하고 이윤과 여망도 그보다 더하지 않다고 한 (부친 유향의) 말씀은 지나치다고 생각한다." 유향의 증손자 유공(劉龔)[175]은 정확한 비평으로 알려진 군자인데 그는 유흠의 말이 옳다고 여겼다.[176]

유흠은 동중서에 대한 부친의 추앙과 칭송이 너무 과분하다고 생각했지만 동중서가 "모든 유자들의 우두머리가 되었다"는 점은 여전히 인정하고 있다. 반고는 유흠의 말을 인용하여 마침내 이를 한대 동중서에 대한 정론(定論)으로 삼았다. 『한서』「예문지」에서는 백가(百家)를 통틀어 기록하고 그 장단점을 비교하고 있다. 그중 '제자략(諸子略)'을 보면 유가를 제가(諸家)와 병렬해 놓고 있을 뿐만 아니라 총서(總敘)에서는 다음과 같이 말한다.

제자(諸子) 10가(家) 중에 볼 만한 것은 9가뿐이다【소설가를 제외함】. 이들은 모두 왕도가 쇠미해지고 제후들이 무력으로 정벌하던 시대에 일어났다. 세상의 군주들은 좋아하고 싫어하는 방향이 달랐으므로 9가의 학설이 벌떼처럼 한꺼번에 일어났다. 그들은 각각 한 끝을 끌어당겨 그 훌륭한 점을 숭

---

175 유공(劉龔): 전한 경조(京兆) 장안 사람으로 자는 맹공(孟公)이다. 유흠의 조카, 혹은 질손(姪孫)이라고도 한다. 비평을 잘하여 마원(馬援)과 반표(班彪) 모두 그를 중시하였다. 후한 초 등중황(鄧仲況)이 남양(南陽) 음현(陰縣)에 할거할 때 유공을 모주(謀主)로 삼았다. 소경(蘇竟)이 서신을 보내어 등중황과 유공을 투항하게 만들었다.

176 『漢書』 권56 「董仲舒傳」, "贊曰, 劉向稱董仲舒有王佐之材, 雖伊·呂無以加. 管·晏之屬, 伯者之佐, 殆不及也. 至向子歆, 以爲伊·呂乃聖人之耦, 王者不得則不興, 故顏淵死, 孔子曰, '噫天喪予.' 唯此一人爲能當之. 自宰我·子貢·子游·子夏不與焉. 仲舒遭漢承秦滅學之後, 六經離析, 下帷發憤, 潛心大業, 令後學者有所統一, 爲羣儒首. 然考其師友淵源所漸, 猶未及乎游·夏, 而曰管·晏弗及, 伊·呂不加, 過矣. 至向曾孫龔, 篤論君子也, 以歆之言爲然."

상하였으며, 이것으로 여기저기 유세하며 제후에게 인정받기를 구하였다. 그들의 말은 비록 다르지만 마치 물과 불이 서로를 소멸시키지만 상생하기도 하고, 인(仁)과 의(義) 또는 경(敬)과 화(和)가 상반되면서도 서로를 이루어 주는 것과 같다. 『역(易)』에 이르기를 "천하가 돌아가는 곳은 같지만 가는 길은 각각 다르다. 이르는 곳은 하나지만 생각은 백 가지이다"[177]라고 하였다. 지금 각 학파들은 자신의 장점을 내세우며 지혜와 방략을 다해 주장을 설파한다. 비록 그들 각자의 폐단은 있겠지만 요지를 종합해 보면 모두 6경의 지류이고 끝자락이다. 만약 그들이 성명한 군주를 만나 그 절충(折衷)한 바를 얻는다면 모두 군주의 고굉(股肱, 재상)이 될 수 있는 재목이다. 공자는 말하기를 "예(禮)를 잃었거든 들(민간)에서 찾을 일이다"라고 하였다. 지금은 성인의 시대와 너무 멀리 떨어져 있고, 나라를 다스리는 도리와 방도 또한 사라지거나 폐기되어 다시 찾아볼 곳이 없다. 저 9가에서 찾는 것이 오히려 들(민간)에서 찾는 것보다 낫지 않겠는가? 만약 육예(六藝, 6경)의 학술을 닦고 이 9가의 설을 살펴서 단점은 버리고 장점을 취할 수 있다면 만가지 방략에 다 통할 수 있을 것이다.[178]

위에서 본 제자백가에 대한 개명된 태도는 사마담(司馬談)이 논한 육가요지(六家要指)의 정신과 일치한다. 앞서 인용한 왕봉(王鳳)의 제자(諸子)에 대한 관점과는 극명한 대조를 이루며, 이는 통치자와 학자 사이의 관점의 차이일 수도 있다. 설령 이러한 개명된 태도가 직접 동중

---

177 『易』「繫辭」下, "子曰, 天下何思何慮. 天下同歸而殊途, 一致而百慮, 天下何思何慮."

178 『漢書』권30「藝文志」, "諸子十家, 其可觀者九家而已(按除小說家). 皆起於王道既微, 諸侯力政. 時君世主, 好惡殊方. 是以九家之說, 蠭出竝作. 各引一端, 崇其所善. 以此馳說, 取合諸侯. 其言雖殊, 譬猶水火, 相滅亦相生也; 仁之與義, 敬之與和, 相反而皆相成也. 易曰, '天下同歸而殊途, 一致而百慮.' 今異家者, 各推所長, 窮知究慮, 以明其指; 雖有蔽短, 合其要歸, 亦六經之支與流裔. 使其人遭明王聖主, 得其所折中, 皆股肱之材已. 仲尼有言, '禮失而求諸野.' 方今去聖久遠, 道術缺廢, 無所更索. 彼九家者不猶瘉於野乎. 若能修六藝之術而觀此九家之言, 舍短取長, 則可以通萬方之略矣."

서에서 비롯되었다고 추정할 수는 없지만, 최소한 유씨 부자와 반고 등은 동중서의 "(유가를 제외한) 모든 학술은 그 길을 끊어야 한다"라는 말에 추호도 오해를 하지 않았고 그것이 그들의 전반적인 학문 태도에 영향을 미치지도 않았다. 동중서의 말은 한대에 그를 가장 숭배했던 사람들에게조차 영향을 끼친 적이 없는데도, 그가 이후 2천 년 학술발전의 추세를 결정할 수 있는 힘이 있다고 하니, 어찌 황당무계한 일이 아니겠는가? 학술의 발전을 저해하는 것은 전제정치이고, 학술 발전의 방향을 결정하는 것은 전제정치 아래의 사회적 동태와 요구이다. 지난 백 년 동안 학자들은 우리나라 학술 발전이 장기적으로 침체된 근본 원인을 깊이 파헤치려 하지 않고 단순히 동중서 한 사람에게 죄를 돌리고 있으니, 이는 동중서 한 사람의 역량을 지나치게 높이 평가하고 학술상의 큰 문제를 지나치게 가볍게 설명하는 것이 아닐 수 없다. 위진(魏晉)의 사상은 현학(玄學)을 위주로 하고 남북조와 수당(隋唐)의 사상은 불학(佛學)을 위주로 한다. 동중서의 영향은 어디로 갔는가? 학술의 폐해는 경의팔고(經義八股)[179]에서 극도에 달했는데, 이것은 전제자의 요구 때문인가, 아니면 동중서의 공자 추앙의 영향 때문인가?

---

179 경의팔고(經義八股): 명청 시대 과거시험에 사용된 문체. 일명 경의문(經義文), 제의(制義), 시문(時文)이라고도 했다. 경서의 구(句) · 절(節) · 단(段)을 뽑아 주제로 하고, 그 뜻을 부연하여 팔고(八股)의 형식으로 한 편의 문장을 짓는 시험으로 문체에 고정된 격식이 있다. 그 구성은 파제(破題, 제목의 뜻이나 대의를 개괄적으로 설명), 승제(承題, 제목의 부연 설명), 기강[起講, 일편(一篇)의 대강의 강론을 개시], 입제(入題, 본론으로 들어가는 부분), 기고(起股, 본론의 근거 제시), 중고(中股, 본론의 핵심 서술), 후고(後股, 미진한 부분 보충), 속고(束股, 결론 부분) 등 8개 부분으로 이루어졌다. 고(股)란 대구(對句)를 의미하며, 기고에서 속고까지 각각의 고가 모두 두 단락으로 대구를 이루기 때문에 팔고라고 한다.

7. 후한 전제정치의 계속되는 압박

광무제(光武帝)【유수(劉秀)】는 영리하면서도 음흉한 인물이었다. 그는 천하를 평정하는 과정에서 과거 유방(劉邦)이 이성(異姓)을 크게 봉건하여 발생한 문제를 감계삼아 처음부터 지방정권의 기반을 태수와 현령에게 두었다. 공신(功臣)에 대해서는 후(侯)를 대량으로 봉하였는데, 처음에는 허봉(虛封)을 했다가 나중에 다시 상황을 참작하여 실봉(實封)하였다. 설령 실봉이라 하더라도 사실상 후의 지위는 태수에 미치지 못했다. 후로 봉해진 자가 태수가 될 수 있었던 것은 일시적인 편의에 따른 조치일 뿐, 결코 자기 공신이 지방정권과 관계를 맺도록 놔두지는 않았다. 황자에 대해서는 왕으로 봉하여 특별히 후한 봉급을 지급하였다. 명제 때에 이르러 봉급을 2천만으로 줄였지만【원주28】 여전히 사치스럽고 안일한 삶을 살았다고 하지 않을 수 없다. 그러나 실제 정치에는 관여하지 못했을 뿐만 아니라 실제로 아무런 정치적 지위도 갖지 못했다. 『후한서』 권14 「종실사왕삼후열전(宗室四王三侯列傳)」에 의하면 광무제 건무(建武) 2년(26)에 자신의 형인 백승(伯升)[180]의 장자 유

---

180 백승(伯升, ?-23): 본명은 유인(劉縯)이며, 백승은 자이다. 광무제의 형으로 왕망의 신(新)과의 싸움에서 활약하였으나 갱시제(更始帝)와 그 측근의 질투로 갱시제에게 사로잡혀 죽임을 당하였다. 후한 성립 후 아들 유장(劉章)이 제왕(齊王)으로 봉해지면서 제무왕(齊武王)으로 추존되었다.

장(劉章)을 태원왕(太原王)으로, 차남 유흥(劉興)을 노왕(魯王)으로 삼았다. "장(章)은 어려서 홀로되었는데 광무제는 백승이 공업(功業)을 성취하지 못한 일이 마음에 걸려 조카 장을 끔찍이 보살피고 사랑하였다. 그의 신분이 조금 높아지자 관리의 일을 직접 맡기려고 시험삼아 평음(平陰)현의 현령직을 수행하도록 하였다."[181] 이는 당시에 봉해진 왕들은 모두 허울뿐인 빈 직함이며 전한 말기의 왕들과도 위상이 크게 달랐음을 반영하기에 충분하다.

전한 말기에는 "빈객"이라는 사회의 특수한 계층이 사회 전체에 퍼져 있었고, 왕망(王莽)의 난에 이르러 지방 호걸 중에 빈객에 의지하여 군사를 일으키는 자들이 많았는데, 이에 대해서는 별도로 연구를 진행할 것이다. 여기서 지적해야 할 것은, 빈객을 기르는 것은 후한 초기의 사회 풍조이기도 하거니와 당시 생활이 부유했던 왕들이 현실정치와 상관이 없다면 인정상 시대 풍조에 따라 빈객을 길러 생활의 적막함을 타파하는 것쯤이야 아무 문제도 안 되었을 것이라는 점이다. 『후한서』 권42 「광무십왕열전(光武十王列傳)」에서 "당시에는 법망이 느슨하여 제왕(諸王)들은 모두 경사에 있으면서 경쟁적으로 명성을 추구하고 사방의 빈객들에게 다투어 예를 갖추었다"[182]라고 한 것이 바로 그런 경우이다. 그러나 마원(馬援)[183]은 그 안에 감추어진 위기를 가장 먼저 간

---

181 『後漢書』 권14 「宗室四王三侯列傳」, "章少孤, 光武感伯升功業不就, 撫育恩愛甚篤. 以其少貴, 欲令親吏事, 故使試守平陰令."

182 『後漢書』 권42 「光武十王列傳」, "時禁網尙疏, 諸王皆在京師, 競修名譽, 爭禮四方賓客."

183 마원(馬援, B.C.14-49): 후한 우부풍(右扶風, 섬서 寶鷄市) 사람. 자는 문연(文淵). 군(郡) 독우(督郵)를 지냈으며, 나중에 광무제에게 귀부하여 태중대부(太中大夫), 농서태수(隴西太守)

　　　　　　　　　　제3장 한대 전제정치하의 봉건 문제

파하였다. 『후한서』 권24 「마원열전」에는 아래와 같은 기록이 있다.

마원이 행군사마(行軍司馬) 여충(呂种)에게 말하였다. "건무(建武)의 개원
은 천하를 새롭게 여는 것을 명분으로 삼았으니 지금 이후로는 해내(海內)
가 날로 편안해질 것이오. 다만 나라의 여러 아들들(제후와 왕자들)이 모두
건장한데 (이들이 빈객과 교통하는 것을 금지하는) 예전의 금령[舊防]¹⁸⁴이
아직 확립되지 못하였으니, 만약 이들이 빈객들과 자주 왕래한다면 큰 옥사
가 일어날까 걱정이오. 경들은 부디 경계하고 조심하시오." 패(沛)태후 곽씨
(郭氏)가 훙거하자¹⁸⁵ 어떤 이가 광무제에게 상서하기를, 왕숙(王肅)¹⁸⁶ 등
은 주류를 당한 집안의 사람인데 (제왕의 빈객이 되어 드나들고 있으니) 이
로 인하여 혼란이 일어나면 관고(貫高)와 임장(任章)의 변고¹⁸⁷와 같은 일이

───

를 역임하였다. 건무 17년(41) 이후로는 복파장군(伏波將軍)에 임명되어 교지(交阯, 북베트
남)에서 봉기한 징칙(徵側)・징이(徵貳) 자매의 반란을 토벌하여 19년(43) 신식후(新息侯)에
봉해졌다. 노령의 나이에 남방의 무릉만(武陵蠻)을 토벌하러 출정했다가 열병환자가 속출하
여 고전 중에 병사하였다.

184 예전의 법:『후한서』이현(李賢) 주에 "예전 금령에는 제후왕과 그 아들들이 빈객들과 교통하
는 것을 허락하지 않았다[舊防, 諸侯王子不許交通賓客]"라고 되어 있다.

185 패(沛)태후 곽씨(郭氏): 광무제의 황후. 건무 17년에 폐위되어 중산왕(中山王)태후가 되었다.
20년에 유보(劉輔)를 패(沛)로 전봉(轉封)하면서 패(沛)태후가 되었다.

186 왕숙(王肅): 왕숙의 부친 왕반(王磐, ?-47)은 왕망의 5촌조카이며 마원의 조카사위다. 왕망이
패망하자 왕반은 재물을 가지고 강회(江淮) 지역에 가서 살았는데, 그 후 경사에 가서 제왕
(齊王) 등 권귀(權貴)들과 가까이 지냈다. 마원이 걱정하기를 왕씨는 폐성(廢姓)이니 왕반은
은거하며 자중해야 하거늘 오히려 경사의 권귀들과 교유하며 가까이 지내니 반드시 재앙이
닥칠 것이라고 하였다. 1년여 후 왕반은 사건에 연루되어 낙양 감옥에서 죽었다. 그런데 그의
아들 왕숙이 다시 왕후의 저택을 드나들어 이에 마원이 여충에게 경계시킨 것이다.

187 관고(貫高)와 임장(任章)의 변고: 관고는 전한 초 조왕(趙王) 장오(張敖)의 재상이었는데 고
조가 조왕에게 무례하게 대하는 것을 보고 이를 치욕으로 여겨 고조가 지나는 곳의 숙소에 이
중벽을 설치하여 사람을 숨겨 놓고 고조를 해치려다 발각되었다. 또 임장은 선제 때 사람으
로, 아버지 임선(任宣, 霍光의 外孫)이 모반죄에 걸려 처형되자, 선제가 소제묘(昭帝廟)에 제
사 지내기 위해 출행한 때에 맞추어 현복(玄服)을 입고 묘(廟) 안에 숨어 있다가 선제를 범하

벌어질까 우려된다고 하였다. 광무제가 노하여 곧 군현에 조서를 내려 제왕 (諸王)들의 빈객을 체포하도록 하자 서로를 끌어들여 연루되어 처형된 자가 천 명에 이르렀다. 여충 또한 그 화를 입었는데 처형에 임해 탄식하며 말하기를 "마장군은 정말 귀신같은 사람이다"라고 하였다.[188]

마원의 이른바 "예전의 금령이 아직 확립되지 못하였으니[舊防未立]"라고 했을 때의 "예전의 금령[舊防]"은 광무제 건무 24년(48) "유사에게 조서를 내려 '번왕(蕃王)의 아곡(阿曲), 부익(附益)을 금하는 예전의 법'을 거듭 천명하도록"[189] 함으로써 마침내 그 법을 회복했을 뿐만 아니라 한층 더 가혹하게 실행하였다.

『후한서』권1하「광무제기」에 의하면 건무 28년(52) "여름 6월 정묘일에 패(沛)태후 곽씨(郭氏)가 훙거하자 군현에 조서를 내려 왕후(王侯)의 빈객들을 체포하도록 했는데 연루되어 처형된 자가 수천 명이었다."[190]『후한서집해』에서는 다음과 같이 말한다. "「광릉사왕전(廣陵

려 하였으나 발각되어 처형되었다.

188 『後漢書』권24「馬援列傳」, "援謂司馬呂种曰, '建武之元, 名爲天下重開. 自今以往, 海內日當安耳. 但憂國家諸子並壯, 而舊防未立. 若多通賓客, 則大獄起矣. 卿曹戒愼之.' 及郭后薨, 有上書者, 以爲肅等受誅之家, 客因事生亂, 慮致貫高・任章之變. 帝(光武)怒, 乃下郡縣收捕諸王賓客, 更相牽引, 死者以千數. 呂种亦與其禍. 臨命嘆曰, '馬將軍誠神人也.'"

189 『後漢書』권1下「光武帝紀」, "詔有司申明舊制阿附蕃王法." 이현 주에 다음과 같이 되어 있다. "武帝時有淮南・衡山之謀, 作左官之律, 設附益之法. 前書音義曰, '人道尙右, 言捨天子, 仕諸侯爲左官. 左, 僻也.' 阿曲附益王侯者, 將有重法. 是爲舊制, 今更申明之." 본문의 아곡(阿曲)법은 좌관율(左官律) 즉 제후국의 관리가 사사로이 제후왕과 군신관계를 맺지 못하도록 한 법을 말하고, 부익(附益)법은 제후왕이 의식을 위한 조세 외에 별도의 조세를 신설하거나 임의로 세액을 올리는 것을 금지하는 법이다.

190 『後漢書』권1下「光武帝紀」, "夏六月, 丁卯, 沛太后郭氏薨, 因詔郡縣捕王侯賓客, 坐死者數千人."

思王傳)」을 살펴보니 광릉왕(광무제의 8남)이 동해왕 유강(劉彊)[191]에게 보낸 편지에 이렇게 되어 있다. '태후[192]의 영구(靈柩)가 아직 당(堂) 위에 있는데, 낙양의 관리들이 차례로 빈객들을 체포하여 목을 베어 죽이고 심지어 한 집안 세 사람이 당 위에서 죽임을 당하기도 하였으니, 너무도 비통한 일입니다.'"[193] 이들 영문도 모르고 죽은 빈객들은 그야말로 천고의 억울한 죽음이라 할 수 있다.

제왕들에 대한 시기심으로 인해 후한에서는 왕후(王侯)를 "요악(妖惡)"과 똑같이 취급하였다. 『한관의(漢官儀)』에는 박사를 천거하는 추천서가 기록되어 있는데 그 요건 중에는 "대대로 6속(屬)[오복(五服) 내의 친속과 단문친(袒免親)]이 요악(妖惡)과 왕래하거나 왕후로부터 상사(賞賜)를 받지 않은 자라야 한다"[194]는 항목도 있다. 가족이 왕후의 상사를 받으면 그 즉시 박사 후보의 자격을 잃게 된다. 왜냐하면 "왕후로부터 상사를 받는" 행위는 "요악(妖惡)과 교통하는" 것과 동일한 죄과이기 때문이다. 이것은 정말 심각한 일이다.

---

191 동해왕 유강(劉彊, 25-58): 동해공왕(東海恭王). 후한 광무제의 장남이자 명제의 이복형이다. 처음에 태자로 책봉되었으나 건무 17년(41) 모친 곽황후(郭皇后)가 광무제에게 소외당하면서 황후에서 폐해진 후 명제의 모친 음귀인(陰貴人)이 황후가 되었고, 이에 유강은 태자 자리에서 물러나고 싶다고 말하여 건무 19년(43) 유강은 동해왕이 되고, 음귀인 소생 유장(劉莊, 28-75, 명제)이 태자가 되었다.

192 태후: 동해왕 유강(劉彊)의 모친 폐황후 곽씨(?-52)를 말한다. 건무 원년(25) 유강을 낳아 황후에 올랐으나 총애가 시들자 폐위되어 중산왕태후(中山王太后)가 되었다. 20년(44) 중산왕이 패왕(沛王)으로 옮긴 후 패태후(沛太后)가 되었다.

193 王先謙, 『後漢書集解』, "案廣陵思王傳, 與東海王彊書曰, '太后尸柩在堂, 洛陽吏以次捕斬賓客, 至有一家三尸伏堂矣, 痛甚矣.'" 『後漢書』 권42 「光武十王列傳」, "廣陵思王荊傳."

194 『漢官儀』, "世六屬, 不與妖惡交通, 王侯賞賜."

이 같은 시기심 속에서 초왕(楚王) 유영(劉英)의 대 원옥(冤獄)사건이 등장한다. 『후한서』 권42 「광무십왕열전(光武十王列傳)」에서는 다음과 같이 말한다.

초왕 유영(광무제의 3남, 명제의 이복형)은 건무 15년에 초공(楚公)으로 봉해졌다가 17년에 작위가 높아져 초왕이 되었다. … 명제(明帝)가 태자로 있을 때 유영은 항상 혼자서 태자에게 귀부하였고 태자도 특별히 그를 친애하였다. 명제가 즉위하고 나서 여러 차례 상사(賞賜)를 받았다. … 유영은 젊을 때부터 유협(遊俠)을 좋아하고 빈객들과 교류하였다. 만년에는 황로학(黃老學)을 더욱 좋아하여 불교의 재계와 제사에 관한 일을 배웠다. 명제 영평(永平) 8년(65) 조서를 내려 천하의 사죄(死罪)인들은 모두 비단을 바치고 속죄할 수 있게 하였다. 유영은 낭중령(郎中令)으로 하여금 황겸(黃縑)과 백환(白紈) 비단 30필을 받들고 봉국의 국상(國相)에게 가서 황제에게 이렇게 말씀드리라고 말하며 보냈다. "번국의 보신(輔臣)으로 있으면서 허물과 악덕을 쌓아 온 터에 큰 은혜를 받고 기쁜 마음으로 비단을 받들어 보내오니 사죄인들의 죄과를 속죄하여 주시옵소서." 국상이 명제에게 이를 보고하자 명제는 조서를 내려 다음과 같이 회보하였다. "초왕은 황제(黃帝)와 노자(老子)의 미언(微言)을 독송하고 불교의 제사를 숭상하여 석 달간 재계하고 신에게 맹세한 자이다. 무슨 혐의가 있어서 이와 같이 후회할 것이 있겠는가? 속죄금으로 보낸 비단을 초왕에게 돌려보내 우바새[195]와 승려들의 성찬을 마련하는 데 보태도록 하라"고 하였다. … 유영은 그 후에 방사(方士)들과 널리 교류하였고 금으로 된 거북과 옥으로 된 학을 만들고 문자를 새겨 부서(符瑞)로 삼았다. 영평 13년, 연(燕)이란 남자가 유영이 어양(漁陽)의 왕평(王平)·안충(顏忠)과 더불어 도서(圖書)를 만들고 역모를 꾀한다고 고발해

---

195 우바새: 오계(五戒)를 받은 재가(在家) 남자 신도. 『후한서』 권42 「광무십왕열전(光武十王列傳)」, 이현 주에 "伊蒲塞即優婆塞也"라 하였다.

옴에 따라 사건을 담당 부서에 내려보내 조사하게 하였다. 유사(有司)가 상주하기를 유영은 불법과 악행을 일삼는 자들을 불러 모아 도참(圖讖)을 만들고, 제멋대로 관직을 설치하여 제후 · 왕공 · 장군 · 2천석을 두는 등 대역부도(大逆不道)의 죄를 범하였으므로 그를 주벌할 것을 청하였다. 황제는 가까운 혈연을 친애하는 마음에서 차마 그렇게 하지는 못하고 유영을 폐위하여 단양(丹陽) 경현(涇縣, 안휘성)으로 유배하였다. … 이듬해 유영은 단양에 이르러 스스로 목숨을 끊었다.[196]

초왕 유영이 자기 봉국의 국상에게 속죄(贖罪)를 고한 사실로부터 국상은 바로 평소에 그를 감독하던 비밀 요원이었음을 알 수 있다. 그가 불러 모은 "불법과 악행을 일삼는[姦猾]" 자들은 당시 불교와 도교가 혼합된 "신도(信徒)"들이며, "도참을 만드는[造作圖書]" 행위는 종교에서의 의례였다고 한다. "제멋대로 관직을 설치하여[擅相官秩]"라는 것은 유영에게는 단 한 명의 병졸도 없는데 무슨 어린애 장난 같은 소리인가? 이것은 모두 무고하는 말이다. 그러나 초왕 유영이 자살한 후 마침내 잔혹한 대옥사가 일어났다. 같은 「광무십왕열전」에서는 이렇게 적고 있다. "초왕의 옥사가 일어난 후 여러 해 동안 자백이 이어지면서

---

196 『後漢書』 권42 「光武十王列傳」, "楚王英以建武十五年封爲楚公, 十七年進爵爲王. … 自顯宗(明帝)爲太子時, 英常獨歸附太子, 太子特親愛之. 及即位, 數受賞賜. … 英少時好游俠, 交通賓客; 晚節更喜黃老學, 爲浮屠齋戒祭祀. 八年(永平八年, 西紀六十五年), 詔令天下死罪皆入縑贖. 英遣郎中令奉黃縑白紈三十匹, 詣國相曰, '託在蕃輔, 過惡累積; 歡喜大恩, 奉送縑帛, 以贖愆辜.' 國相以聞. 詔報曰, '楚王誦黃老之微言, 尙浮屠之仁祠; 潔齋三月, 與神爲誓. 何嫌何疑, 當有悔吝? 其還贖以助伊蒲塞桑門之盛饌.' … 英後遂大交通方士, 作金龜玉鶴, 刻文字以爲符瑞. 十三年, 男子燕廣告英與漁陽王平 · 顔忠等, 造作圖書, 有逆謀, 事下案驗. 有司奏英招集姦猾, 造作圖讖, 擅相官秩, 置諸侯王公將軍二千石, 大逆不道, 請誅之. 帝以親親不忍, 乃廢英, 徒丹陽涇縣. … 明年, 英至丹陽自殺."

경사의 친척, 제후들과 주군(州郡)의 호걸들로부터 사건을 담당한 관리들에 이르기까지 많은 사람들이 연루되었다. 이들은 권력에 아부하고 서로를 모함하여 이 사건에 연루되어 처형되거나 유배된 자가 수천 명에 이르렀다."[197] 『후한서』 권45 「원장한주열전(袁張韓周列傳)」에서는 다음과 같이 말한다. "영평 13년(70) 초왕 유영이 역모를 꾀하여 사건을 군(郡)에 내려보내 조사하도록 했다. 다음해 삼부(三府)[198]에서 복잡하고 어려운 사건을 잘 처리할 수 있는 자로 원안(袁安)[199]을 추천함에 따라 원안은 초군(楚郡)태수를 배수받아 임지로 내려갔다. 당시 유영의 사건에 연루되어 구속된 자가 수천 명이었다. 명제의 분노가 심해 연루된 오군(吳郡) 관리들에 대한 취조를 엄하게 하자 고통에 못 이겨 스스로 거짓 자백을 하고 죽은 자가 매우 많았다. 원안은 초군에 이르자 군부(郡府)에 들어가지 않고 먼저 옥사를 살펴본 다음 분명한 증거가 없는 자들을 조사해서 이들을 방면할 것을 조목을 들어 상서하였다. 그러자 부(府)의 승(丞)과 연사(掾史)들 모두 머리를 땅에 찧으며 다투어 말하기를 반역을 꾀한 자에게 아부하는 것은 법에서 동일한 (반

---

197 『後漢書』 권42 「光武十王列傳」, "楚獄遂至累年, 其辭語相連, 自京師親戚諸侯州郡豪傑, 及考案吏, 阿附相陷, 坐死徒者以千數."

198 삼부(三府): 사도(司徒), 사공(司空), 태위(太尉) 삼부를 말한다.

199 원안(袁安, ?-92): 후한 여남(汝南) 여양(汝陽, 하남 尚水) 사람. 자는 소공(邵公)이다. 효렴으로 추거된 후 명제 영평(永平) 14년(71) 초군(楚郡)태수가 되었다. 당시 초왕 유영(劉英)의 모반 사건으로 연루된 자가 수천 명에 이르렀는데, 확실한 증거가 없는 사람들의 무죄를 상주하여 석방된 자가 수백 가(家)에 이르렀다. 하남윤(河南尹)으로 옮긴 후 다스림을 엄명하게 하자 경사가 숙연해졌다. 장제 건초(建初) 8년(83) 태복(太僕)을 거쳐 사도(司徒)가 되었다. 화제(和帝) 즉위 후 외척 두씨(竇氏)가 권력을 전횡했지만 원칙을 지키며 흔들리지 않았다. 자손들이 대대로 공경(公卿)의 지위에 오른 후한의 대표적인 대족(大族)이다.

역)죄로 다스리니 그들을 풀어 주어서는 안 됩니다'라고 하였다. 원안은 '만약 이것이 합당하지 않다면 태수인 나 자신이 그 죄를 받을 것이고 너희들에게 미치게 하지는 않겠다'라고 하면서 마침내 이들을 따로 나누어 자세히 상주하였다. 황제는 깊이 깨닫고 즉시 방면을 허락한다는 통보를 보냈고 이에 풀려난 자가 4백여 가(家)였다."[200] 그러나 명제와 당시의 신하들은 이것이 억울한 옥사[冤獄]라는 것을 모르지 않았다. 명제는 사회에서 조금이라도 활력 있는 사람들, 앞에서 말한 "주군(州郡)의 호걸들"을 오히려 이 기회를 빌려 깨끗이 제거하기를 바랐으므로 신하들은 감히 간쟁할 수가 없었다. 『후한서』권29「신도강포영질운열전(申屠剛鮑永邳惲列傳)」에서는 다음과 같이 말한다. "건초(建初) 원년(76), 가뭄이 크게 들어 곡물값이 폭등하자 숙종(肅宗)【장제(章帝)】은 포욱(鮑昱)[201]을 불러 물었다. … 포욱이 대답하기를 '… 신이 전에 여남(汝南)태수로 있을 때 초왕(楚王) 유영(劉英)의 옥사 사건을 맡아 처리한 적이 있는데 사건에 연루된 자가 1천여 명이나 되지만 아마도 그 죄목에 완전히 부합하는 자들은 없을 것입니다. 선제【명제(明帝)】께서 조서를 내리시기를 큰 옥사가 한번 일어나면 억울하게 죄를 뒤집어쓴

---

200 『後漢書』권45「袁張韓周列傳」, "永平十三年(西紀七十年), 楚王英謀爲逆, 事下郡覆考. 明年, 三府擧安(袁安)能理劇, 拜楚郡太守. 是時英辭所連及繫者數千人, 顯宗(明帝)怒甚, 吏案之急, 追痛自誣死者甚衆. 安到郡, 不入府, 先往案獄, 理其無明驗者, 條上出之. 府丞掾史皆叩頭爭, 以爲阿附反虜, 法與同罪, 不可. 安曰, 如有不合, 太守自當坐之, 不以相及也. 遂分別具奏. 帝感悟, 卽報許, 得出者四百餘家."

201 포욱(鮑昱, ?-81): 후한 병주(幷州) 둔류현(屯留縣, 산서 長治) 사람으로 자는 문연(文淵)이다. 사례교위(司隷校尉) 포영(鮑永)의 아들로 그 역시 사례교위를 지냈으며 여남(汝南)태수를 역임하는 등 지방관으로서의 치적을 쌓았다. 영평 17년(74) 사도(司徒)에 임명되고, 건초 4년(79) 태위(太尉)에 임명되었다. 건초 6년(81) 태위 재직 중 70여 세로 죽었다.

자가 반을 넘는다고 하였습니다. 또한 유배를 가는 사람들은 골육이 서로 헤어지게 되고 의지할 데 없는 외로운 혼령은 제사를 받아먹지도 못합니다. 한 사람이라도 억울함을 호소하는 자가 있으면 제왕의 정치에 부족함이 있는 것입니다. 마땅히 유배지의 가속들을 전부 돌려보내고, 금고(禁錮) 처분을 면제하고, 소멸된 가문을 일으켜 끊어진 혈통을 잇게 하고, 죽은 자와 산 자가 각기 마땅한 곳을 얻도록 하신다면, 화기(和氣)가 이를 수 있습니다'라고 하였다. 황제가 그의 말을 받아들였다."[202] 장제(章帝)는 양한의 여러 황제 가운데 가장 천성이 돈후한 사람으로 초왕의 옥사는 6년을 경과하여 이때에 와서야 마침내 일단락을 고하게 된다. 대옥사의 진행은 완전히 고문과 협박으로 자백을 강요하는 방법으로 운영되었다. 『후한서』 권81 「독행열전(獨行列傳)」에서는 다음과 같이 말한다. "이때에 초왕 유영의 모반사건이 있었는데 유영은 천하의 훌륭한 인물들과 은밀히 교유하였다. 초국 사건이 발각된 후 명제가 그 기록(유영이 교유한 명사들의 명단)을 얻었는데 그 안에 윤흥(尹興)【당시에 회계(會稽) 태수였다】의 이름이 있어 곧 윤흥을 불러들여 정위(廷尉)에게 보내어 취조를 받게 하였다. 회계군 호조사(戶曹史) 육속(陸續),[203] 주부(主簿) 양굉(梁宏), 공조사(功曹史) 사훈(駟勳)과 연사

---

202 『後漢書』 권29 「申屠剛鮑永郅惲列傳」, "建初元年(西紀七十六年), 大旱, 穀貴. 肅宗(章帝)召昱(鮑昱)問曰 … 對曰 … 臣前在汝南, 典理楚事(楚獄之事), 繫者千餘人, 恐未能盡當其罪. 先帝(明帝)詔言, 大獄一起, 冤者過半. 又諸徒者骨肉離分, 孤魂不祀. 一人呼冤, 王政爲虧. 宜一切還諸徒家屬, 蠲除禁錮, 興滅繼絶, 死生獲所; 如此, 和氣可致. 帝納其言."

203 육속(陸續, ?-?): 후한 회계(會稽) 오현(吳縣, 강소 蘇州) 사람으로 자는 지초(智初), 육굉(陸閎)의 손자다. 군 호조사(戶曹史)를 거쳐 문하연(門下掾)을 지냈다. 명제 영평 13년(70) 초왕(楚王) 유영(劉英)의 일에 연루되어 낙양의 옥에 갇혔다. 나중에 사면을 받아 귀향했지만 종

(掾史) 5백여 명은 수도 낙양으로 보내어 황제의 조서를 받아 죄를 신문하였다. 여러 관리들이 고통을 이기지 못하고 죽은 자가 태반이었다. 오직 육속, 양굉, 사훈만이 다섯 가지 혹독한 고문을 받아 피부와 살이 다 문드러졌지만 끝내 사실과 다른 말은 하지 않았다."[204] 이로부터 일반적인 상황을 미루어 알 수 있다.

그러나 초왕 유영과 배다른 형제인 제남(濟南)의 안왕(安王) 유강(劉康)[205]은 초왕 유영과 같은 죄명으로 고발당했지만 전혀 다른 결과를 얻었다. 『후한서』 권42 「광무십왕열전(光武十王列傳)」에서는 다음과 같이 적고 있다.

제남(濟南)의 안왕(安王) 유강(劉康)은 … 봉국에서 법도를 따르지 않고 빈객들과 친교를 맺었다. 그 후 어떤 사람이 상서하여 고발하기를, 유강이 주군(州郡)의 간사하고 교활한 어양(漁陽) 사람 안충(顔忠)과 유자산(劉子産) 등을 불러 모아 그들에게 많은 비단을 주었으며, 도참서적을 만들어 반역을 모의한 정황이 보인다고 하였다. 사건을 내려보내 조사하게 했는데 유사가 모두 사실임을 상주하였다. 명제는 가까운 혈연을 친애하는 친친(親親)의 마음으로 차마 그 사건을 끝까지 추궁하지는 못했다.[206]

신 금고(禁錮)를 받았다.

204 『後漢書』 권81 「獨行列傳」, "是時楚王英謀反, 陰疏(通)天下善士. 及楚事覺, 顯宗(明帝)得其錄, 有尹興(時爲會稽太守)名, 乃徵興詣廷尉獄. 續(陸續)與主簿梁宏 · 功曹史駟勳, 及掾史五百餘人, 詣洛陽詔獄就考. 諸吏不堪痛楚, 死者太半. 唯續 · 宏 · 勳掠考五毒, 肌肉消爛, 終無異辭."

205 안왕(安王) 유강(劉康): 광무제와 폐황후 곽씨(郭氏) 사이에서 난 광무제의 5남.

206 『後漢書』 권42 「光武十王列傳」, "濟南安王康 … 在國不循法度, 交通賓客. 其後, 人上書告康招來州郡姦猾漁陽顔忠 · 劉子産等, 又多遺其繒帛, 案圖書, 謀議不軌. 事下考, 有司擧奏之. 顯宗以親親故, 不忍窮竟其事."

제남안왕 유강은 동일한 죄명을 범했는데도 오히려 몸을 보전할 수 있었으니, 정리상 미루어 보건대 아마도 그 인물됨이 초왕 유영보다 범용하여 명제의 시기심을 불러일으키기에 부족했던 것이 아닌가 한다. 아울러 유강은 뒤에 "많은 재화를 모으고 크게 궁실을 지었으며, 노비가 1천 4백 명에 이르고 마굿간의 말이 1천 2백 필, 사전(私田)이 8백 경(頃)이었으며, 제멋대로 사치하고 구경하며 돌아다니는 데 절제가 없었다." 그의 봉국의 국부(國傅) 하창(何敞)[207]이 상소를 올려 그에게 "공경과 검소를 행하고 고제(古制)를 따르며 … 예(禮)로써 행동"하기를 극력 간언했지만 유강은 아랑곳하지 않았다. 결국 유강은 "왕으로 세워진 지 59년 만에 훙거하였다."[208] 그의 방탕하고 타락한 생활이 바로 그가 "왕으로 세워진 지 59년 만에 훙거"할 수 있었던 중요한 조건이었던 것이다.

전제정치의 봉건적 상황에 대한 분석을 통해 전제정치의 기본 성격과 이러한 성격 아래 형성된 전제군주의 심리 상태를 이해할 수 있어야 한다. 그 심리 상태는 첫째, 전제군주로 하여금 압력을 느끼게 하는 어떤 힘도 사회적으로 존재하게 허용해서는 안 되며, 둘째, 이러한 압

---

207 하창(何敞, ?-105?): 후한 부풍(扶風, 섬서 寶鷄市) 사람. 자는 문고(文高)다. 화제(和帝) 때 시어사(侍御史)가 되고 상서(尙書)로 옮겨졌다. 여러 차례 간언을 올렸는데 대부분 두헌(竇憲)의 죄과에 관한 것이어서 그의 원망을 샀다. 제남왕(濟南王)의 태부(太傅)와 여남태수(汝南太守)를 역임하고 오관중랑장(五官中郎將)으로 옮겼으나 원흥 원년(105) 일에 연루되어 죄를 받았다.

208 『後漢書』 권42 「光武十王列傳」, "康遂多殖財貨, 大修宮室, 奴婢至千四百人, 廐馬千二百匹, 私田八百頃, 奢侈恣欲, 游觀無節. 永元初, 國傅何敞上疏諫康曰, … 願大王修恭儉, 遵古制, 省奴婢之口, 減乘馬之數, 斥私田之富, 節游觀之宴, 以禮起居 … 然終不能改. 立五十九年薨, 子簡王錯嗣."

력의 절대다수가 전제군주의 심리적 존재일 뿐 사실상의 존재가 아닐지라도 반드시 이를 잔혹하게 파괴시켜야만 한다는 것이다. 그들과 혈육의 관계에 있는, 그들 자신의 필요에 의해 건립한 "제후왕(諸侯王)"이나 "제왕(諸王)"에 대해서도 전혀 예외를 두지 않았으니, 하물며 일반적인 사회세력이야 더 말할 필요가 있겠는가. 전제정치는 결코 그와 양립할 수 없는 진보세력의 출현을 용납하지 않을 것이며 역사적으로도 전제정치와 상충되지 않고 병행할 수 있는 진보세력이 있을 수 없기 때문에 중국 역사에서의 학술문화는 오랫동안 이 막다른 골목에서 뒤엉켜 발버둥칠 뿐 학술문화의 자율성에 순응하는 넓고 평탄한 대로를 열기가 어려웠고, 따라서 줄곧 울퉁불퉁하고 굴곡진 험난한 오솔길을 걸어왔다. 중국 역사 속의 지식인들은 항상 삶과 죽음의 선택 속에서 자신의 양심을 시험하고 자신의 학술활동을 수행하곤 했다. 그러므로 2천 년 동안의 중국의 학술 상황은 극소수의 특출한 인물을 제외하고는 사상의 협잡성(夾雜性, 혼재성), 언행의 유리성(遊離性)이 가장 큰 특징이 되었다. 논리가 발달하지 못한 것도 중요 원인의 하나이다.〔원주29〕 지식인 자신들은 선진·양한 시기의 자유분방하고 죽음을 두려워하지 않는 호방한 성격으로부터, 오랜 전제정치의 학대에 시달리면서 점차 나약하고 비겁한 성격으로 변해 갔다. 현대에 이르기까지 외국에서 과학을 배워 큰 성공을 거둔 사람이라도 국내에 살게 되면 절대다수는 행위상 반(反)과학적인 향원(鄕愿)[209] 인물로 변한다. 이러한

---

209 향원(鄕愿): 신조와 주견 없이 그때그때 시속에 영합하여 고을 사람들로부터 점잖고 덕이 있다는 칭송을 받지만, 실은 사람들로 하여금 진위를 판단하는 기준을 흐리게 하여 바른 도리를

역사 배경을 이해하지 못하면 중국의 문화학술과 문화학술을 담당한 지식인들이 어떻게 이렇게 독특한 형태를 띠게 되었는지 이해하기 어렵다.

알지 못하게 하므로 공자와 맹자 모두 이런 종류의 사람을 '덕(德)을 해치는 무리'라고 하였다 (『論語』「陽貨」, 『孟子』「盡心下」).

제3장 한대 전제정치하의 봉건 문제

一
원
주
一

【원주1】 원래는 철후(徹侯)라 칭하였다. 무제의 이름 유철(劉徹)을 피휘하여 열후(列侯) 또는 통후(通侯)로 개칭하였다.

【원주2】 열후는 원래 덕과 공로에 보답하는 성질을 갖는다. 그러나 외척 은택후(恩澤侯)의 출현이 모두 황실과의 관계라는 특별한 신분을 매개로 하고 있기 때문에 봉후(封侯)는 황실과 관계있는 특별한 신분의 의미를 띠게 되었고 이러한 의미는 갈수록 현저해졌다. 그러므로 공손홍(公孫弘)이 평민으로서 상(相)의 지위에 올랐을 때 먼저 후(侯)에 봉하여 그 신분을 변경하였고, 선제(宣帝)가 서인(庶人)으로서 대통을 계승했을 때도 먼저 후(侯)에 봉하여 그 신분을 변경하였던 것이다.

【원주3】 『사기』 권8 「고조본기(高祖本紀)」, 유방은 스스로 이렇게 말했다. "이 세 사람(장량, 소하, 한신)은 모두 걸출한 인재로서 내가 그들을 임용할 수 있었기에 내가 천하를 얻을 수 있었소."[210] 후대 사람이 여기에 "사람됨이 어질어서 다른 사람을 사랑하고", "언제나 넓은 도량을 지녔으며",[211] "약법삼장(約法三章)" 등을 추가한 것이다.

【원주4】 『사기』 권55 「유후세가(留侯世家)」.

【원주5】 『사기』 권56 「진승상세가(陳丞相世家)」.

【원주6】 『사기』 권97 「역생육가열전(酈生陸賈列傳)」.

【원주7】 『사기』 권8 「고조본기(高祖本紀)」.

---

210 『史記』 권8 「高祖本紀」, "此三人者(張良·蕭何·韓信)皆人傑也, 吾能用之, 此吾所以取天下也."

211 『史記』 권8 「高祖本紀」, "仁而愛人 … 常有大度."; 『漢書』 권1 「高祖紀」1, "寬仁愛人 … 常有大道."

【원주8】『사기』권8「고조본기(高祖本紀)」, "고조는 … 일어나서 태상황(太上皇, 고조 아버지)에게 축수하며 말하기를 '처음에 대인(大人)께서는 항상 저를 부랑배처럼 생계도 꾸리지 못하고 둘째형 중(仲)처럼 노력하지도 않는다고 여기셨습니다. 지금 제가 이룬 업적을 중(仲)과 비교하면 누가 더 많겠습니까?'라고 하였다."212

【원주9】또『사기』권9「여후본기(呂后本紀)」에서 왕릉(王陵)은 이렇게 말하였다. "고제께서는 백마를 죽이며 맹약하기를 '앞으로 유(劉)씨가 아니면서 왕이 되는 자는 천하 사람이 함께 그를 죽일 것이다'라고 하셨습니다."213

【원주10】『사기』권51「형연세가(荊燕世家)」.

【원주11】『사기』권17「한흥이래제후왕연표서(漢興以來諸侯王年表敍)」.

【원주12】이상 모두『사기』권51「형연세가(荊燕世家)」.

【원주13】『한서』권47「문삼왕전(文三王傳)」, 권53「경십삼왕전(景十三王傳)」, 권63「무오자전(武五子傳)」에 자세하다.

【원주14】『한서』권14「제후왕표서(諸侯王表敍)」.

【원주15】『한서』권18「외척은택후표(外戚恩澤侯表)」를 참조할 것.

【원주16】모두『사기』권9「여후본기(呂后本紀)」에 보인다.

【원주17】이 생각은 가의(賈誼)의「진정사소(陳政事疏)」에서 처음 발의되어 이후 고정된 정책으로 자리 잡았다.『사기』권17「한흥이래제후왕연표서」, "근본(중앙)은 강하게 하고 지엽(제후)은 약하게 하여" 및 권18「고조공신후자연표서(高祖功臣侯者年表敍)」, "처음에는 그 근본을 튼튼히 하고자 함이 아니었다고 할 수는 없으나, 후대로 가면서 지엽은 점차 쇠퇴하고 말았다"214 등은 당시의 그와 같은 정책을 지적한 말이다.

【원주18】『한서』에서는 이것이 "도주전(盜鑄錢)"으로 바뀌어 있는데 "익(益)" 자를 "도

---

212 『史記』권8「高祖本紀」, "高祖 … 起爲太上皇壽曰, '始大人常以臣無賴, 不能治産業, 不如仲力. 今某之業所就, 孰與仲多?'"

213 『史記』권9「呂太后本紀」, "高帝刑白馬盟曰, 非劉氏而王, 天下共擊之."

214 『史記』권17「漢興以來諸侯王年表敍」, "彊本幹, 弱枝葉之勢也."; 권18「高祖功臣侯者年表敍」, "始未嘗不欲固其根本, 而枝葉稍陵夷衰微也."

(盜)" 자로 고친 것이다. 『한서』 권24하 「식화지(食貨志)」하에는 효문제 5년 "백성으로 하여금 전(錢)을 자유롭게 사주(私鑄)할 수 있게 하였다[使民放鑄]"라고 하였고 가의가 사주의 폐단을 들어 간언하여도 듣지 않았다는 기사가 실려 있다. 그러므로 등통(鄧通)은 중대부(中大夫)의 지위로서 주전(鑄錢)을 할 수가 있었다. 그렇다면 오(吳)나라의 주전은 당시 법령에서도 허용하고 있던 바로, 어찌 도주(盜鑄)하는 일이 있었겠는가? 이는 곧 당시 조정이 고의로 죄를 덮어씌우려 했던 것으로 반씨(班氏, 반고)도 거기에 속아 넘어간 한 예다.

【원주19】『이십이사차기(二十二史劄記)』권3 '한제왕황란(漢諸王荒亂)'조를 참조. "금수 같은 짓[禽獸行]"은 제왕(諸王)의 방탕한 생활[荒淫]을 칭하는 전용 명사이다.

【원주20】오피(伍被)의 진술은 『사기』에서는 모두 「회남왕열전(淮南王列傳)」에 들어 있으며 『한서』에서는 따로 「오피전(伍被傳)」을 입전하였다.

【원주21】『사기』권30 「평준서(平准書)」및 『한서』권27하 「오행지(五行志)」하.

【원주22】『사기』권59 「오종세가(五宗世家)」에 있는데 지나치게 간략하다.

【원주23】이 기록에는 문제가 있으며 별도로 전론한 연구가 있다.

【원주24】『한서』권6 「무제기(武帝紀)」에 의하면 유덕(劉德)은 무제 원광(元光) 5년 (B.C.130) 정월에 죽었다.

【원주25】이상은 모두 『사기』권121 「유림열전(儒林列傳)」에 보인다.

【원주26】『한서』권63 「무오자전(武五子傳)」.

【원주27】이상은 모두 『한서』권30 「예문지(藝文志)」에 보인다.

【원주28】『후한서』권10상 「황후기(皇后紀)」, "명제가 말하기를 '내 자식들을 어찌 선제(先帝, 광무제)의 자식과 똑같이 할 수 있겠소? 한 해에 조세 2천만을 주면 충분할 것이오'라고 하였다." 그런데 권50 「효명팔왕열전(孝明八王列傳)」에는 "명제 영평(永平) 4년(61) 전국 강역도를 살펴본 다음 각 봉국의 호구를 균등하게 하고 조세수입을 각각 8천만씩 지급하도록 조령을 내렸다"라고 되어 있다.[215] 이에 따르면 명

---

215 『後漢書』권10上 「皇后紀」, "帝(明帝)曰, '我子豈宜與先帝(光武)子等乎? 歲給二千萬足矣!'"; 권50 「孝明八王列傳」, "明年(永平四年, 61) 按輿地圖, 令諸國戶口皆等; 租入歲各八千萬."

제의 이른바 "이천만(二千萬)"은 모두 실행되지 않았다. 광무제가 봉한 봉토의 조세 수입은 이보다 더 많아야 한다.

【원주29】대만대학 교수 은해광(殷海光) 선생은 1969년 여름 위암이 재발하여 이미 가망이 없는데도 지식에 대한 탐구욕은 더욱 강해졌다. 하루는 내가 그를 문안 갔는데 병상에서 우연히 이 얘기를 꺼내자 크게 웃으며 일찍이 없었던 탁견이라 하면서 좋아하며 내가 그에 관한 전론을 쓰기를 바랐지만, 지금까지도 집필하지 못한 채 은군의 유골이 이미 창해에 뿌려졌다는 소식을 들었다. 회상해 보니 한때 학문을 논하던 즐거움이 아득히 멀어져 다시 얻기 어렵게 되었다. 슬프고 애통하다.

제4장

한대 일인(一人) 전제정치하의 관제(官制) 변천

1. 관제는 재상(宰相)제도를 골간으로 한다

관제는 정치 운영에 사용되는 기계 세트이다. 또 다른 관점에서 그
것은 지식인이 정치적 능력을 발휘할 수 있는 기본 조건이기도 하다.
관제의 형성은 이론상으로는 천하를 다스리는 객관적 정세상의 필요
에 부응하는 것이며, 따라서 그 변화 발전은 객관적인 정세 변화에 따
른 요구 사항을 기반으로 해야 한다. 그러므로 관제 자체는 반드시 객
관적이고 독립적인 성격을 가져야 한다. 그러나 일인전제정치의 특질
은 우선 황제 개인의 신분적 지위를 절대화하고 신성화하는 데 있다.
이 점은 진시황이 황제 의례를 통해 실현하고, 숙손통(叔孫通)이 한가
(漢家)를 위한 조정 의례를 만들어 그 뒤를 잇는 외에도, 후술하는 바와
같이 관제를 통해 실현될 필요가 있었다. 둘째, 일인전제정치는 진(秦)
나라가 오랫동안 법가사상을 배양하면서 형성된 것이다. 법가사상의
특징 중 하나는 군주와 신하 사이의 긴장관계로, 이것은 심리적으로
매우 첨예한 의심과 방비[猜防] 작용을 일으킨다. 일인전제자인 황제의
지위는, 내가 2장 「봉건정치사회의 붕괴와 전형적 전제정치의 성립」
에서 기술한 바와 같이, 신권(神權)의 힘을 빌리는 대신 주로 법술(法
術)에 의한 억압과 위협을 사용하였으며, 이는 법가가 제기한 군신 간
의 긴장관계와 의심과 방비의 심리를 더욱더 조장하였다. 『사기』 권
53 「소상국세가(蕭相國世家)」에 의하면 "이에 고조는 소하(蕭何)[216]에게

칼과 신발을 그대로 착용하고 전(殿)에 오르게 하였다"²¹⁷라는 구절이 있다. 『사기회주고증(史記會注考證)』에서는 주금수(朱錦綬, 淸人)를 인용하여 다음과 같이 말하고 있다. "『가자(賈子)』²¹⁸를 살펴보니 옛날에 천자는 20세가 되어야 관(冠)을 쓰고 칼을 찼고, 제후는 30세가 되어야 관을 쓰고 칼을 찼으며, 대부는 40세가 되어야 관을 쓰고 칼을 찼다고 하므로, 일이 있을 때 칼을 차는 것은 고례(古禮)에서의 관행임을 알 수 있다. 신하가 군주의 전(殿)에 오르는 행위는 그 일이 특히 중대하므로 반드시 칼을 차는 것으로 예(禮)를 삼는다. … 군주를 알현하는 예(禮)는 선 채로 행하고 자리에 앉지 않기 때문에 반드시 신발을 벗는 것이 공경을 표한다고 볼 수는 없을 것이다. 진(秦) 이후의 법에서는 신하 중에 전상(殿上)에서 황제를 가까이 모시는 자들은 하찮은 칼이나 병기도 지니지 못하도록 금하고 있는데 이는 고제(古制)와는 상반되는 일이다. 한(漢)은 그 법을 답습했으므로 특별히 소하에게만 이를 허락하여 총애를 보인 것이다. 사실 칼을 차고 신발을 신고 전에 오르는 것은 진한(秦漢) 이전에는 이상한 일이 아니었으니 경전(經傳)에서 간략히 증거를 들어 보기로 한다. …."²¹⁹ 이것은 의심과 방비의 심리가 군

---

216 소하(蕭何, ?-B.C.193): 전한 패현(沛縣) 사람. 진(秦)의 하급 관리로 있다가 유방을 따라 함양에 입성, 가장 먼저 진(秦) 상부(相府)의 도적(圖籍) 문서를 입수해 전국 산천의 요새와 군현의 호구를 소상히 파악하여 왕조 경영의 기초를 마련하였다. 유방이 한중(漢中)에서 왕이 되자 승상에 올랐다. 초·한이 서로 대치할 때 관중(關中)을 지키며 군대와 식량을 보급하는 등의 공로로 유방 즉위 후 찬후(酇侯)에 봉해지고 식읍 7천 호를 하사받았으며, 일족 수십 명도 각각 식읍을 받았다. 고조와 함께 진희(陳豨)와 한신, 경포(黥布) 등을 제거한 뒤 상국(相國)에 제수되었다.

217 『史記』 권53 「蕭相國世家」, "於是乃令蕭何, 賜帶劍履上殿."

218 『가자(賈子)』: 전한 가의(賈誼)가 지은 『신서(新書)』.

신관계에 어떤 변화를 가져왔는지 보여 주는 하나의 예다. 이러한 상황은 관제에서도 필연적으로 중대한 작용을 하게 된다.

일인전제하의 관제는 진정(秦政, 진시황)과 이사(李斯)[220]들에 의해 수립되었다. 그들은 전국의 과도기적 개방시대를 바로 뒤잇고 있었다. 전국 시대의 제자백가 특히 그중에서 유가(儒家)들이 제시한 정치적 이상이 정치제도 구상에 스며들기도 하고, 심지어 고대 관제의 이름에 가탁하여 이상을 실현하려고도 했는데, 이는 점차 일종의 "관념의 힘"을 형성하지 않을 수 없었다. 이러한 관념의 힘은 여불위(呂不韋)[221]의 문객들을 통해 진(秦)나라 군신(君臣)들에게도 영향을 미쳤을

---

219 瀧川資言,『史記會注考證』, "案賈子, 古者天子二十而冠帶劍, 諸侯三十而冠帶劍, 大夫四十而冠帶劍, 可見有事帶劍, 古禮之常. 臣上君殿, 其事尤大, 當以以帶劍爲禮矣. … 見君之禮, 立而不坐, 恐必不以不履爲敬也. 自秦法群臣侍殿上者, 不得持尺寸之兵, 適與古制相反. 漢沿其法, 故特賜蕭何以寵之. 其實劍履上殿, 秦漢以前, 不以爲異, 請約擧經傳以證之. …"

220 이사(李斯, ?-B.C.208): 전국 시대 초(楚)나라 상채(上蔡, 하남 상채현) 사람. 자는 통고(通古). 젊을 때 순자(荀子)에게 제왕치세의 법술을 배웠다. 진(秦)나라로 가 승상 여불위(呂不韋)의 사인(舍人)이 되고, 진왕(秦王)의 장사(長史)와 객경(客卿)을 거쳐 진시황 26년 통일 후 정위(廷尉), 승상이 되었다. 시황제 사후 환관 조고(趙高)와 공모하여 조서를 고쳐 막내아들 호해(胡亥)를 2세 황제로 옹립하고 맏아들 부소(扶蘇)와 장군 몽염(蒙恬)을 자살하게 했다. 이후 조고의 참소로 투옥되어 함양에서 요참형(腰斬刑)에 처해졌고 삼족이 멸족되었다.

221 여불위(呂不韋, ?-B.C.235): 전국 말기 위(衛)나라 복양(濮陽, 하남) 사람. 원래는 대상이이었는데, 조(趙)나라에 인질로 잡혀 와 있던 진(秦)나라 공자 자초(子楚)에게 많은 돈을 투자하여 그의 환심을 산 뒤 진나라의 태자인 안국군(安國君)과 자식이 없는 안국군의 부인인 화양부인(華陽夫人)을 설득하여 서자인 자초를 양자로 삼게 했다. 그 뒤 임신한 애첩을 자초에게 바쳐 아내로 삼게 한 다음, 자초가 장양왕(莊襄王)이 되자 막후 권력자로 진나라의 정치를 좌우했다. 장양왕의 아들 진시황 영정(嬴政)이 즉위하자 상국(相國)을 지내면서 중부(仲父)로 존중받았다. 집안에 식객이 3천 명에 이르렀고, 가동(家僮)만 만여 명에 달했다. 진왕 10년 진시황이 친정을 시작하자 면직되어 촉(蜀)으로 쫓겨났으나 도중에 자살하였다. 일찍이 빈객(賓客)을 모아『여씨춘추(呂氏春秋)』를 편찬했다.

것이다. 더욱이 이사는 본래 순자(荀子)의 학생이었으니 유가의 학술에도 정통했을 것이다. 그러므로 그들은 이 대일통의 통치를 위한 대기계를 만들 때 기본적으로는 일인전제의 요구에 순응하는 것 외에도일부 산동(山東, 함곡관 이동) 제국의 사실적, 관념적 영향을 받지 않을수 없었다. 따라서 우리는 그들의 관제 안에 실제로 약간의 합리적인요소가 포함되어 있음을 인정해야 하며 그중에서도 가장 두드러진 것은 재상제도의 확립이다.【원주1】 춘추 시대 각국의 정치의 좋고 나쁨은대개 "위정(爲政)", "당정(當政)", "당국(當國)"하는 자에게 달려 있지만그들은 모두 각국 봉건체제 내의 귀족들이었다. 공자의 경우는 평민신분이면서도 "내 그 나라를 동주(東周)로 만들겠다"[222]라는【원주2】 뜻을품었는데, 이는 실제로 그가 군주를 대신하여 직권을 행사하는 관위를얻을 수 있다고 가정했을 때의 일이다. 이 관위는 한편으로는 사실의요구에 의해 전국 시대 승상으로 변화 발전하였으며, 동시에 정치적이상을 품은 지식인들이 관제의 구상에 기탁한 이상이기도 했다. 『순자』 「왕패(王霸)」편에서는 다음과 같이 말한다. "재상이란, 백관들의우두머리를 가려 뽑아 여러 직위에 배치하고, 모든 정사 처리의 잘잘못을 총괄하여 조정의 대신과 각급 관리들의 직분을 바로잡으며, 그들의 공로를 헤아리고 그들에게 내릴 포상을 평가하며, 한 해의 말에 그들이 이루어 놓은 공적을 정리하여 군주에게 아뢴다. 직무를 제대로수행했으면 그대로 유임시키고, 직무를 제대로 수행하지 못했으면 폐출시킨다."[223] 『여씨춘추』 「거난(去難)」편에서는 "재상이란 모든 관직

---

222 『論語』 「陽貨」, "如有用我者, 吾其爲東周乎."

의 우두머리이다"[224]라고 하였다. 『관자(管子)』「군신(君臣)」상편에서
는 "그러므로 군주가 계획하면 재상이 이를 지키고, 재상이 계획하면
관리들이 이를 지킨다"[원주3]라고 하였다.[225] 이러한 말 속에는 재상권
에 대한 현실적인 묘사뿐만 아니라 재상권에 대한 이상적인 기대도 담
겨 있다. 재상의 등장은 전국 시대 치열한 투쟁을 배경으로 현실 정치
의 요구 속에서 점차 이루어진 것이다. 그러나 그것은 현실의 요구 속
에서 정치적 이상을 용인할 수 있었다. 군주 모두 반드시 현명해야 하
는 것은 아니지만 재상은 천하의 대현(大賢)을 선택할 수 있고, 군주는
영원히 대업을 계승하여 후세에 전할 수 있지만 재상은 그 현명함의
여부와 성과의 유무에 따라 다른 사람으로 바뀔 수 있다. 어사대부(御
史大夫)는 감찰 업무를 맡아 재상의 일을 도왔다. 태위(太尉)는 군정(軍
政)을 주관했는데 현위(縣尉)와 현령 및 군(郡) 도위(都尉)와 태수(太守)
의 관계로부터 미루어 태위도 재상에 속했음을 알 수 있다. 재상제도
는 전체 관제의 영수이자 골간이다. 재상의 지위가 합리화되면 재상
이하 백관들도 모두 합리화될 수 있고, 전체 정치 기구를 합리적인 방
향으로 밀고 나갈 수 있다. 이것은 천하를 자신의 집안으로 여기는 가
천하(家天下)와 천하를 자신의 사유물로 여기는 사천하(私天下) 속에 포
함된 약간의 공천하(公天下) 성분이다. 그래서 재상제도는 현실과 이상
을 하나로 묶는 제도라 할 수 있다. 재상제도 아래에서 지식인의 정치

---

223 『荀子』「王霸」, "相者論列百官之長, 要百事之聽, 以飾朝廷臣下百吏之分, 度其功勞, 論其賞
　　慶, 歲終奉其成功, 以效於君. 當則可, 不當則廢."
224 『呂氏春秋』「去難」, "相也者, 百官之長也."
225 『管子』「君臣」, "是故主畫之, 相守之. 相畫之, 官守之."

적 포부는 합리적인 기회를 얻을 수 있고 합리적으로 발휘될 수 있어야 하며, 종국에는 그 자신이 재상의 지위에 올라 천하 통치의 결실을 얻을 수 있어야 한다. 물론 이것은 재상을 기용하는 권한이 군주의 수중에 있고, 재상의 좋고 나쁨 또한 군주의 좋고 나쁨에 의해 결정된다고 하는 인적 요인은 고려하지 않았다. 그렇기 때문에 재상제도는 한편으로는 대일통의 전제정치에 필수적이면서도 다른 한편으로는 일인전제하에서 용납되지 않는 제도였다. 따라서 전제정치 발전에 있어서 관제상 가장 중요한 변천은 아무래도 재상제도의 파괴로 보아야 할 것이다. 그 밖의 관제상 변천은 주로 이 변천을 둘러싸고 파생된 것들이다. 재상제도의 변천 중 파괴로 인해 한 무제 이후 중국 역사상 명실상부한 재상은 존재하지 않았고, 변칙적인 재상을 맡은 사람들도 가장 큰 좌절과 굴욕을 겪었다. 이는 바로 지식인 전체의 운명에 영향을 미치는 동시에 학술의 정상적인 발전을 좌절시켰다.

진(秦)은 존속기간이 짧았기 때문에 진이 설립한 관제의 효용성을 분명하게 알 수는 없다. 이세(二世) 호해(胡亥)가 조고(趙高)²²⁶를 '중승상(中丞相)'【원주4】에 임명한 것은 재상제도 파괴의 시작이었다. 그러나

---

226 조고(趙高, ?-B.C.207): 선조는 조(趙)나라 귀족이었는데 부모가 죄를 지어 진나라 환관으로 있다가 중거부령(中車府令) 겸 행부새령사(行符璽令事)로 승진하였다. 시황제의 순행을 따라갔다가 시황제가 평대(平臺, 하북 鉅鹿縣)에서 병사하자, 승상 이사(李斯)와 짜고 조서를 위조하여 맏아들 부소(扶蘇)와 장군 몽염(蒙恬)을 자결하게 만들고 막내아들 호해(胡亥)를 2세 황제로 세웠다. B.C.208년 참소로 이사를 처형시킨 뒤 승상이 되어 국정의 대소사를 제멋대로 처리하였다. 각지에서 군웅이 일어나 진나라의 형세가 위태롭게 되자, B.C.209년 2세 황제마저 모살(謀殺)하고 부소의 아들 자영(子嬰)을 옹립하여 진왕(秦王)으로 삼았으나 곧 자영에게 죽임을 당하고 삼족이 멸족되었다. 자영 역시 재위 46일 만에 유방에게 항복함으로써 진나라는 3대 15년 만에 멸망하였다.

파괴의 정황이 그리 뚜렷하지는 않다. 대일통의 일인전제 국면은 한 (漢)에 의해 계승되고 안정되었다. 한대 관제의 변천을 통해 일인전제 의 성격과 그것이 한대의 정치사회와 학술에 미친 영향을 이해하는 것 은 한 가지 중요한 접근 방법임에 틀림없다.

2. 역사상 관제에서의 삼공(三公)·구경(九卿)에 대한 해명

본 문제로 들어가기에 앞서 나는 먼저 한나라 사람들 사이에 유행한 삼공·구경의 관제라는 표현법에 대해 그것은 당우(唐虞)와 삼대(三代)의 정치사에 존재했던 관제도 아니고 진(秦)과 전한 초에 시행되었던 관제도 아니라는 점을 지적하고자 한다. 이 점을 먼저 명확히 해야 2천 년 동안 뒤엉켜 있던 관제상의 문제를 해명할 수 있을 것이다.

복사(卜辭)에는 "삼공(三公)"이라는 말이 있는데 이는 작위 명칭이 아닌 선왕(先王) 선공(先公)을 가리키는 말이다.〔원주5〕전통적인 설에 의하면 삼공이라는 말이 처음으로 등장하는 것은 『상서』「주관(周官)」편의 다음 구절이다.: "태사(太師)와 태부(太傅)와 태보(太保)를 세우니 이들이 삼공이다. 도(道)를 논하고 나라를 경영하며 음양을 조화시킨다[燮理陰陽]."227 현행본 『상서』의 「주관」편이 위고문(僞古文)이라는 것은 오늘날 이미 정설이 되었다. 그리고 "음양을 조화시킨다"라는 관념은 결코 전국시대 말 이전에는 없었던 관념으로 더 이상 논할 필요도 없다. 그러므로 「주관」편의 이 구절은 주나라 초에 이미 삼공제도가

---

227 『尚書』「周官」, "立太師太傅太保, 茲惟三公, 論道經邦, 燮理陰陽."

존재했다는 증거로 삼기에 부족하다. 다만『정지(鄭志)』228에서는 "조상(趙商, 정현의 제자)이 물었다. 살펴보건대 성왕(成王)은 「주관」편에서 '태사와 태부와 태보를 세우니 이들이 삼공이다'라고 하였습니다"229 운운하고 있는데, 이로부터 마침내『정지』에 인용된 구절을 진고문(眞古文) 「주관」편의 문장으로 보는 설이 나왔다.【원주6】 그렇게 본다면 태사·태부·태보를 삼공이라 한 것은 주나라 초부터 본래 있었던 일이 된다. 그러나 피석서(皮錫瑞)230는 다음과 같이 말한다. "정군(鄭君, 정현)이 기술한 고문(古文) 일서(逸書) 24편의 편목이 공충원(孔沖遠, 공영달)231의『상서정의』소(疏)에 들어 있는데 그 안에 「주관」은 없다. 그

---

228 『정지(鄭志)』: 정현의 제자들이 정현과 제자들의 문답을 엮어 펴낸 책.『후한서』권35「정현전」에는 "문인들이 서로 도와 정현이 제자들의 오경에 관한 질문에 대답한 내용을 엮어서『논어』의 체례에 따라『정지』8편을 지었다[門人相與撰玄答諸弟子問五經, 依論語作鄭志八篇]"라 하였고,『수서(隋書)』「경적지(經籍志)」에는 "『정지』11권, 위 시중 정소동이 편찬[鄭志十一卷, 魏侍中鄭小同撰]"에 이어 "『정기』6권, 정현 제자들이 편찬[鄭記六卷, 鄭玄弟子撰]"이라 되어 있다.

229 『鄭志』, "趙商問曰, 按成王周官立大師大傅大保, 玆惟三公."

230 피석서(皮錫瑞, 1850-1908): 청 말기 선화(善化, 長沙) 사람. 자는 녹문(鹿門) 또는 녹운(麓雲)이다. 전한 때의 금문학자 복승(伏勝)을 숭상하여 사복(師伏)으로 불렸다. 1882년 거인(擧人)이 되었지만, 예부시(禮部試)에 여러 번 낙방하자 단념하고 강학과 저술에 전념했다. 저서에『경학통론(經學通論)』,『경학역사(經學歷史)』,『상서대전소증(尙書大傳疏證)』,『금문상서고증(今文尙書考證)』,『효경정주소(孝經鄭注疏)』,『정지소증(鄭志疏證)』,『성증론보평(聖證論補評)』,『육예논소증(六藝論疏證)』,『노례체협의소증(魯禮禘祫義疏證)』,『박오경이의소증(駁五經異義疏證)』,『고문상서소증변정(古文尙書疏證辨正)』등이 있다.

231 공영달(孔穎達, 574-648): 당 기주(冀州) 형수(衡水, 하북) 사람. 자는 충원(沖遠) 또는 중달(仲達). 수 양제 초년 명경과(明經科)에 합격하고, 당 태종 때 국자박사(國子博士)와 국자좨주(國子祭酒)를 지냈다. 위징(魏徵)과 함께『수서(隋書)』를 편찬하였고, 태종의 명을 받아 안사고(顏師古), 사마재장(司馬才章), 왕공(王恭), 왕염(王琰) 등과 함께 오경 해석의 통일을 시도하여『오경정의(五經正義)』170권을 편찬하였다. 이 책은 송나라 때 합간된『십삼경주소(十三經注疏)』에 모두 수록되었다.

런데 조상(趙商)이 그것을 운운하고 있으니, 혜동(惠棟)[232]은 그에 관해 『고문상서고(古文尙書考)』에서 이렇게 말한다.: '공씨(孔氏)의 일서(逸書) 가운데 「주관」은 없다. 그런데 조상이 그것에 의거하여 질문을 하고 있으니, 이는 필시 위서(緯書) 또는 『상서대전(尙書大傳)』[233]에서 본 것이며, 매씨(梅氏, 매색)[234]는 이 부분을 바로 『고문상서』「주관」편에 포함시켰다.' 나는 혜동의 설이 옳다고 본다."[235]【원주7】 다시 말해 『정

---

232 혜동(惠棟, 1697-1758): 청 오현(吳縣, 강소) 사람으로 자는 정우(定宇) 또는 송애(松崖)이다. 조부 혜주척(惠周惕)과 부친 혜사기(惠士奇)의 가학을 계승하여 오파경학(吳派經學)을 확립했다. 『주역』 관련 저술로는 『주역술(周易述)』과 『역한학(易漢學)』, 『역례(易例)』가 있으며, 『상서』에 대해서는 『고문상서(古文尙書)』가 위작임을 밝힌 『고문상서고(古文尙書考)』를 지었다. 그 밖의 저서에 『구경고문(九經古文)』, 『주역본의변증(周易本義辨證)』, 『좌전보주(左傳補注)』, 『명당대도록(明堂大道錄)』, 『체설(禘說)』, 『산해경훈찬(山海經訓纂)』 등이 있다.

233 『상서대전(尙書大傳)』: 전한의 복승(伏勝, B.C.264-B.C.170)이 지은 『상서』에 대한 해석서. 복승은 제남(濟南) 사람으로 자(字)는 자천(子賤)이다. 진(秦)나라 때 박사를 지냈다. 진시황의 분서(焚書) 단행시 벽 속에 『상서』를 숨겼다가 한나라 초에 꺼냈는데 수십 편을 잃어버리고 28편만 남았다. 이것이 『금문상서』이다. 문제는 그가 상서에 정통하다는 말을 듣고 조조(晁錯)를 보내 배우게 했다. 장생(張生)과 구양생(歐陽生) 등이 그에게 배웠고 계속 전해져 구양씨(歐陽氏), 대하후씨(大夏侯氏), 소하후씨(小夏侯氏) 등의 상서학파가 형성되어 모두 학관에 세워졌다. 『상서대전』은 그의 제자인 장생과 구양생 등이 전해 들은 것을 기록한 것이라는 설도 있다.

234 매색(枚蹟, ?-?): 매이(梅頤), 매이(枚頤)라고도 한다. 동진(東晉) 여남(汝南, 호북 武漢) 사람으로 자는 중진(仲眞)이다. 예장내사(豫章內史)를 지냈다. 저서에 『고문상서(古文尙書)』, 『상서공씨전(尙書孔氏傳)』이 있다. 『고문상서』는 후대 위고문상서(僞古文尙書)로 불렸는데, 『금문상서(今文尙書)』 28편을 33편으로 늘리고 여러 서적에서 『상서』에 관한 문구를 뽑아 25편을 날조하여 모두 58편으로 만든 것으로 청 초 염약거(閻若璩, 1636-1704) 등에 의해 위서(僞書)임이 밝혀졌다.

235 皮錫瑞, 『鄭志疏證』 권4, "案鄭君述古文逸書二十四篇目, 見於孔沖遠書疏, 內無「周官」. 而趙商云云者, 惠棟 『古文尙書考』曰, '孔氏逸書無「周官」. 趙商據以爲說, 此必見緯書及 『書大傳』, 梅氏卽用之以入「周官」.' 其說是也."

지(鄭志)』에서 조상이 인용한 「주관」이 여전히 진고문(眞古文) 「주관」
이 아니라면 "이들이 삼공이다"라는 말도 여전히 후대에 나온 말이 된
다. 주나라 초에 공(公)이라는 작(爵)은 있었지만 3인으로 한정하여
"삼공"이라 부르는 관제는 결코 없었다. 『상서』「목서(牧誓)」, 「주고(酒
誥)」, 「입정(立政)」, 「고명(顧命)」편에는 모두 비교적 상세한 주나라 초
의 관제가 나와 있는데 어디에도 삼공이라는 명칭은 보이지 않는다. 「금
등(金縢)」편에는 "두 사람의 공(公)이 말하였다"라는 구절이 있는데[236]
『공안국전(孔安國傳)』에서는 두 사람의 공을 소공(召公)[237]과 태공(太
公)[238]이라고 설명한다. 여기에 주공(周公) 본인을 더하면 이들이 삼공
이 되는 것도 같다. 그러나 이들 3인은 공(公)·후(侯)·백(伯)·자
(子)·남(南) 5등작 중의 공(公)이지 주나라 왕의 좌우에 별도로 두어진
고정된 관직체계로서의 "삼공"의 공은 아니다. 그러므로 「고명」편에
는 이들 외에 또 필공(畢公), 모공(毛公)이 출현한다. 주대(周代)의 작위

---

236 『尙書』「金縢」, "二公曰, 我其爲王穆卜." "周公乃告二公曰, 我之弗辟, 我無以告我先王."

237 소공(召公, ?-?): 성은 희(姬), 이름은 석(奭)으로 주(周)의 종실이다. 처음으로 받은 봉지가 소
(召, 섬서 寶鷄市)였으므로 소공 또는 소백(召伯)으로 불렸다. 소공석(召公奭)·소강공(召康
公)·태보소공(太保召公)으로도 불린다. 주나라 무왕을 도와 상나라를 멸망시키고 연(燕, 하
북 북부) 땅을 하사받아 연나라의 시조가 되었다. 무왕이 죽고 성왕이 즉위하자 태보(太保)가
되어 주공단과 함께 성왕을 보필하며 주나라의 기반을 확립했다.

238 태공(太公, ?-?): 태공망(太公望), 강태공(姜太公). 동해(東海) 사람으로 성은 강(姜), 이름은
상(尙)이며, 자는 자아(子牙)다. 그의 선조가 여(呂)나라에 봉하여졌으므로 여상(呂尙)이라
고도 한다. 위수(渭水) 강가에서 낚시를 하다가 문왕을 만났는데 문왕이 크게 기뻐하며 "우리
태공이 그대를 기다린 지 오래입니다[吾太公望子久矣]"라고 말했다. 태공은 문왕의 조부 고
공단보(古公亶父, 태왕)이며 "장차 성인이 우리나라에 오게 되면 그의 힘으로 나라가 일어날
것이다"라는 말을 했다고 한다. 우리 태공(할아버지)이 바라고 기다린 사람이라는 뜻에서 '태
공망'이라는 호칭이 생겼으며 강태공(姜太公), 여망(呂望)으로도 불렸다. 문왕과 무왕을 도와
은나라를 멸하고 주나라를 세운 공으로 제(齊)나라에 봉해져 제나라의 시조가 되었다.

는 세습되었기 때문에 공(公)의 작위를 가진 자가 3인으로 한정되지 않았다는 것은 매우 분명한 일이다. 『오례통고(五禮通考)』 권215에서는 섭시(葉時)[239]를 인용하여 다음과 같이 말한다. "삼공으로 말하면 소공을 태보(太保)로 하고, 주공을 태사(太師)로 하고, 태부(太傅)는 자리를 비워 두었는데 소공이 사실상 이를 겸하였다. 주공이 죽고 나서는 소공을 태보로 하고, 태사와 태부는 두지 않았으며 소공이 사실상 이를 겸하였다."[240] 여기서는 주초삼공설(周初三公說)을 억지로 끌어오려다 잘 들어맞지 않자 "이를 겸하였다[兼之]"라는 말로 미봉하고 있는데, 이른바 삼공은 원래부터 존재하지 않았던 관제임을 모르고 있다. 『시경』 「소아(小雅)」 '우무정(雨無正)' 시에 "삼사대부(三事大夫)"라는 말이 나오는데 정현의 전(箋)에서는 이를 삼공으로 해석하였다.[241] 그러나 시인은 분명 "대부"라고 불렀는데, 어찌 대부가 공(公)이 될 수 있겠는가? 『시경』과 『상서』에는 삼공이라는 명사가 보이지 않는다. 『춘추좌전』과 『춘추곡량전』에도 모두 삼공이라는 명칭이 보이지 않는데, 이는 춘추 시대 242년 동안 이른바 삼공이라는 제도가 출현한 적이 없었음을 말해 준다. 『공양전』에는 "천자삼공(天子三公)"이란 말이 있는데,

---

239 섭시(葉時, ?-?): 남송 임안(臨安) 전당(錢塘, 절강 杭州) 사람. 자는 수발(秀發)이다. 효종(孝宗) 순희(淳熙) 11년(1184) 진사가 된 후 이부상서(吏部尙書)까지 올랐으며, 이종(理宗) 초에 현모각학사(顯謨閣學士)로 지건녕부(知建寧府)가 되었다. 저서에 『예경회원(禮經會元)』과 『죽야시집(竹野詩集)』 등이 있다.

240 『五禮通考』 권215, 「嘉禮」 88, 設官分職5, "葉氏時曰: 以三公言之, 召公爲保, 周公爲師, 而太傅無有焉, 召公實兼之也. 周公旣沒, 召公爲保, 而太師太傅無有焉, 召公實兼之也."

241 '우무정(雨無正)' 시 "三事大夫, 莫肯夙夜, 邦君諸侯, 莫肯朝夕"에 대한 정현의 전(箋)을 보면 "箋云, 王流在外, 三公及諸侯隨王而行者, 皆無君臣之禮, 不肯晨夜朝暮省王也"라 하여 정현이 "三事大夫"를 '三公'으로, "邦君諸侯"를 '諸侯'로 해석했음을 알 수 있다.

이는 모두 "처음으로 육우(六羽)를 바쳤다"(은공 5년),[242] "제공(祭公)이
노나라에 와서 (환공의 명을 받은 뒤에) 드디어 기국(紀國)으로 가서 왕후
를 맞이하였다"(환공 8년),[243] "주공(周公)이 진(晉)나라로 출분(出奔)하
였다"(성공 12년)[244] 등의 경문(經文)으로부터 부회하여 만들어 낸 말로,
전한 경제(景帝) 때 호무생(胡母生) 등이 『공양전』을 정리하면서 억지
로 갖다 붙인 것이다.【원주8】 경문의 원문에는 삼공이라고 해석할 만한
어떤 근거도 없다. 그렇기 때문에 지난 2천 년 동안 주석가들은 선진
전적 속의 삼공을 해석할 때 모두 칠교판(七巧板)[245] 맞추기 방식을 사
용했을 뿐만 아니라 삼공에 대한 내용도 각양각색이었다. 『한서』 권
19 「백관공경표(百官公卿表)」 7상에서는 이미 태사와 태부와 태보를
삼공이라 한다[246]고 해 놓고 다시 또 "혹설에는 사마(司馬)는 하늘을 주
관하고 사도(司徒)는 사람을 주관하며 사공(司空)은 땅을 주관하므로

---

242 육우(六羽): 고대 제후의 악무(樂舞). 여섯 사람씩 열을 지어 6열로 늘어서서(6×6=36) 손에
　　새 깃털을 들고 춤추던 제후의 악무로 육일무(六佾舞)라고도 한다. 『좌전』에서는 천자 8일
　　무, 제후 6일무, 대부 4일무로 보고 있으나 『공양전』에서는 천자 8일무, 공(公) 6일무, 제후 4일
　　무로 적고 있어 차이가 있다. 『公羊傳』 「隱公 5年」, "六羽之爲僭奈何. 天子八佾, 諸公六, 諸
　　侯四. 諸公者何, 諸侯者何. 天子三公稱公, 王者之後稱公, 其餘大國稱侯, 小國稱伯子男."

243 『公羊傳』 「桓公 8年」, "祭公來, 遂逆王后于紀." 傳, "祭公者何. 天子之三公也."

244 『公羊傳』 「成公 12年」, "十有二年春, 周公出奔晉." 전(傳)에서는 "周公者何. 天子之三公也.
　　王者無外, 此其言出何. 自其私土而出也"라 하였다. 이에 대해 하휴(何休)는 "私土者, 謂其國
　　也. 此起諸侯入爲天子三公也. 周公驕蹇不事天子, 出居私土, 不聽京師之政. 天子召之而出走,
　　明當并絶其國, 故以出國錄也. 不月者, 小國也"라 하였다.

245 칠교판(七巧板): 칠교도(七巧圖)라고도 한다. 직각삼각형 대(2) 중(1) 소(2)와 정사각형 (1),
　　평행사변형 (1) 등 7개의 나무 조각 혹은 판지를 맞추어 동식물이나 건축물, 글자 등 여러 가
　　지 모양을 만드는 놀이.

246 『漢書』 권19上 「百官公卿表」 上, "太師·太傅·太保, 是爲三公."

이를 삼공이라 보기도 한다"[247]라고 말한다. 여기서의 "혹설"은 아마도 『한시외전(韓詩外傳)』권8의 "삼공이란 무엇인가? 사공과 사마와 사도이다. 사마는 하늘을 주관하고 사공은 땅을 주관하며 사도는 사람을 주관한다"[248]에서 비롯한 듯하다. 그것은 고사(古史)에 전혀 근거가 없어 더욱 논할 필요가 없다.

내가 현재 찾을 수 있는 믿을 만한 단서에 의하면, 삼공이라는 명사의 출현은 춘추 말 어쩌면 묵자(墨子)학파의 정치적 이상이 만들어 낸것일지도 모른다. 「상동(尙同)」상편에서는 다음과 같이 말한다. "이런까닭에 천하의 현명하고 능력 있는 자를 가려내어 천자로 세운다. 천자가 세워졌더라도 그의 힘만으로는 충분하지 않기 때문에 다시 천하의 현명하고 능력 있는 자를 가려내어 삼공으로 삼는다. 천자와 삼공이 이미 세워졌더라도 천하는 넓고 크기 때문에 멀리 떨어진 나라나풍토가 다른 지역 백성들의 옳고 그름과 이롭고 해로움의 판별 기준을일일이 명백하게 알 수는 없으므로 천하를 여러 나라로 구획하여 제후와 국군(國君)을 세운다. 제후와 국군이 이미 세워졌더라도 그들의 힘만으로는 충분하지 않기 때문에 다시 그 나라의 현명하고 능력 있는자를 가려 뽑아 정장(正長)으로 삼는다."[249] 「상동」중편과 「상동」하편

---

247 『漢書』권19上「百官公卿表」上, "或說司馬主天, 司徒主人, 司空主土, 是爲三公."

248 『韓詩外傳』권8, "三公者何. 曰司空司馬司徒也. 司馬主天, 司空主土, 司徒主人."

249 『墨子』「尙同」, "是故選天下之賢可者立以爲天子. 天子立, 以其力爲未足, 又擇天下之賢可者置立之以爲三公. 天下三公既已立, 以天下爲博大, 遠國異土之民, 是非利害之辨, 不可一二而明知, 故畫分萬國, 立諸侯國君. 諸侯國君既已立, 以其力爲未足, 又選擇其國之賢可者置立之以爲正長."

에도 대체로 같은 내용의 말이 있고, 「천지(天志)」편에도 이와 동일한 정치제도를 언급하고 있다. 『묵자』라는 책의 주요 부분이 전국 중기 이전에 성립되었다고 가정하면, 이것은 신뢰할 만한 자료 중 가장 먼저 삼공의 관념을 제시한 것이고, 최소한 삼공의 관념을 가장 먼저 전체 관제 사이에 분명하고 강력하게 삽입하여 완정(完整)한 시스템의 중요한 일환이 되게 한 것이다. 『노자』62장에도 "천자를 세우고 삼공을 둔다"250라는 말이 있는데, 이 말로 대표되는 정치적 의미는 『묵자』에서의 무게만큼 무겁지 않다. 그리고 『노자』라는 책은 내가 고증한 바와 같이 노자학파 학도들의 손을 거치면서 내용이 증보된 것으로 그 주요 부분 역시 전국 중기 이전에 완성되었다【원주9】고 한다면 『노자』라는 책의 이 두 구절(천자를 세우고 삼공을 둔다)은 묵자 일파의 직간접적인 영향을 받은 것으로 해석할 수 있다. 맹자는 일찍이 유하혜(柳下惠)251를 가리켜 "삼공의 높은 지위로도 그의 지조를 바꾸지 않았다"【「진심(盡心)」상】라고 말한 적이 있는데252 이는 전국 시대 중기에 이미 그 관념(삼공)이 널리 퍼져 있었음을 증명한다.

그렇다면 어떻게 이 삼공이 역사적 사실이 아니라 묵자라는 학파의

---

250 저본의 "置天子 · 立三公"이 현행 『노자』62장에는 "故立天子, 置三公"으로 되어 있다.

251 유하혜(柳下惠, ?-?): 춘추 시대 노(魯)나라 사람. 대부(大夫)를 지냈다. 성은 전(展)씨, 이름은 획(獲), 자는 금(禽)이다. 유하는 식읍(食邑)의 이름이고, 혜(惠)는 시호다. 유하계(柳下季), 유사사(柳士師)로도 불린다. 일찍이 형옥(刑獄)을 처결하는 사사(士師)라는 관직을 맡았는데, 세 번을 쫓겨나자 사람들이 떠나기를 권했다. 그러자 유하혜는 바른 도리로 남을 섬긴다면 어디를 간들 세 번 쫓겨나지 않겠으며, 도를 굽혀 남을 섬긴다면 굳이 고국을 떠날 필요가 있겠는가라고 하였다.

252 『孟子』「盡心」上, "孟子曾設柳下惠「不以三公易其介」."

정치적 이상에서 나온 것이라고 말할 수 있는가? 첫째, 천자로부터 지방의 정장(正長)에 이르기까지 모두 선거를 통해 뽑는 제도, 이것은 과거 『묵자』를 연구했던 사람들이 간과했던 위대한 정치적 이상이다. 둘째, 『묵자』에서 삼공 직위의 역사적 증거로 인용한 것은 모두 역사의 부회(附會)로부터 나왔으며, 이로부터 역사에 실제로 삼공이 출현한 적이 없었다는 것을 알 수 있다. 『묵자』「상현(尙賢)」중편에는 "부열(傳說)[253]이 베옷을 입고 새끼줄로 허리띠를 매고서 (부암에서 품팔이로 담쌓는 일을 하고 있었다.) 무정(武丁) 임금이 그를 발견하고 삼공으로 삼았다"[254]라고 하였고,「상현」하편에는 "옛날 이윤(伊尹)은 유신씨(有莘氏) 딸이 시집갈 때 노복으로 따라가서 푸줏간 일까지도 맡아 했는데, 탕(湯) 임금이 그를 발견하고 등용하여 삼공으로 삼았다"[255]라고 하였다. 역사적 전설에서도 부열과 이윤이 맡은 삼공의 직위에 관한 흔적이 없으니, 묵자나 묵자의 학도들이 역사에서 삼공이라는 직위를 찾을 수 없었다는 것을 알 수 있다. 그렇다면 어째서 삼공이라고 부르는가? 공(公)의 작위는 주나라 초에 있었는데, 공 앞에 삼(三)을 덧붙이거나, "수(數)는 삼(三)에서 이루어진다"[256][원주10]는 술수(術數) 이론에서 취했거나, 아니면 천(天)·지(地)·인(人) 삼재(三才)의 의미를 취했

---

253 부열(傳說, B.C.1335?-B.C.1246?): 은나라 고종(高宗, 武丁) 때 사람으로 원래 부암(傳巖)에서 담장을 쌓는 노예였으나, 하루는 고종이 꿈속에서 성인을 보았는데 이름이 열(說)이라고 했다. 기억을 더듬어 얼굴을 그리게 하고 부암의 들판에서 찾았는데, 그를 재상으로 등용해 정치를 맡겨 은나라를 부흥시켰다고 한다.

254 『墨子』「尙賢」中, "傳說被褐帶索 … 武丁得之, 擧以爲三公."

255 『墨子』「尙賢」下, "昔伊尹爲莘氏女師僕, 使爲庖人, 湯得而擧之, 以爲三公."

256 『史記』권25「律書」, "數始於一, 終於十, 成於三."

을 수도 있지만 확정할 방법은 없다.〔원주11〕

『묵자』의 관제체계에서는 천자의 아래에 삼공이 있고 삼공의 아래에 제후가 있는데, 이로부터 그들이 말하는 삼공이란 실제로는 경대부(卿大夫)를 가리키며, 최소한 경대부를 포함하고 있으므로 이 부분을 생략한 것임을 미루어 알 수 있다. 주나라 관제에 경(卿)이 있다는 것은 의심의 여지가 없는 사실이다. 『좌전』「성공(成公) 3년」(B.C.588)에는 "12월 갑술일, 진(晉)나라가 군대를 육군(六軍)으로 만들어 한궐(韓厥), 조괄(趙括), 공삭(鞏朔), 한천(韓穿), 순추(荀騅), 조전(趙旃)을 모두 경(卿)으로 삼았다"[257]라는 기록이 있고, 이는 진나라에 6경이 있었음을 말해 준다. 『좌전』「양공(襄公) 8년」(B.C.565)에는 정나라 자전(子展)이 진(晉)나라를 일컬어 "8경(八卿)은 서로 화목하니"[258]라고 되어 있는데, 이는 진나라에 또 8경이 있었다는 말로 어쩌면 이 8경의 8은 6의 잘못일지도 모른다. 『좌전』「양공 19년」(B.C.554)에는 "노나라 양공(襄公)이 포포(蒲圃)에서 진(晉)나라 6경을 접대하고 삼명(三命)의 명복(命服)을 사여하였으며, 군위(軍尉)·사마(司馬)·사공(司空)·여위(輿尉)·후엄(候奄)도 모두 일명(一命)의 명복을 받았다"[259]라고 되어 있다. 이로부터 진나라의 이른바 경(卿)은 명(命)을 받은 중군(中軍)·상군(上軍)·하군(下軍)의 장좌(將佐)를 기준으로 한다는 점, 경(卿)이 사마·사공의 여러 직책을 겸할 수는 있으나 사마·사공 등은 경의 지

---

257 『左傳』「成公 3年」, "十二月甲戌, 晉作六軍, 韓厥·趙括·鞏朔·韓穿·荀騅·趙旃皆爲卿."

258 『左傳』「襄公 8年」, "子展曰, … 八卿和睦."

259 저본에는 양공(襄公) 20년으로 되어 있는데, 19년으로 바로잡는다. 『左傳』「襄公 19年」, "公享晉六卿于蒲圃, 賜之三命之服. 軍尉·司馬·司空·輿尉·候奄皆受一命之服."

위가 아니라는 점을 알 수 있다. 『좌전』「문공(文公) 7년」(B.C.620)에
는 송(宋)나라 "[성공(成公)이 졸하였을 때] 공자 성(成)이 우사(右師)로, 공
손우(公孫友)가 좌사(左師)로, 악예(樂豫)가 사마(司馬)로, 인관(鱗鱹)은
사도(司徒)로, 공자 탕(蕩)이 사성(司城)으로, 화어사(華御事)가 사구(司
寇)로 있었다. … 육경(六卿)이 나서서 이들을 공실(公室)과 화해시켰
다"[260]라고 하였는데, 송나라 6경의 명칭과 직위는 진(晉)과는 달랐다
는 것을 알 수 있다. 또한 『좌전』「희공(僖公) 9년」(B.C.651)에는 공자
목이(目夷)가 "좌사(左師)가 되어 정사를 처리하였다"[261]라고 하였고,
노나라 문공(文公) 시기에는 화원(華元)이 우사(右師)가 되어 정사를 담
당하였으며,[262] 『좌전』「양공 9년」(B.C.564)에는 "악희(樂喜)가 사성(司
城)이 되어 정사를 담당하였다"[263]라고 하였다. 이것은 6경 중 누가 정
사를 맡을 것인지에 대한 일정한 규정이 없었음을 말해 준다. 그리고
사마와 사도와 사공은【원주12】 모두 경(卿)의 지위이지 공(公)의 지위는
아니었다. 그 밖에 정(鄭)나라에도 6경이 있었는데 사마·사공·사도
가 모두 경이었다.【원주13】 제(齊), 초(楚), 진(秦) 등의 대국은 모두 6경이
라는 이름이 보이지 않는다.

　"구경(九卿)"에 관해서는, 주나라 초부터 전국 시대에 이르기까지 이
관제의 흔적이 발견된 적은 없다. 오직 『국어』「노어(魯語)」하에서만

---

260 『左傳』「文公 7年」, "於是公子成爲右師, 公孫友爲左師, 樂豫爲司馬, 鱗鱹爲司徒, 公子蕩爲司
　　城, 華御事爲司寇. … 六卿和公室."

261 『左傳』「僖公 9年」, "宋襄公卽位, 以公子目夷爲仁, 使爲左師以聽政."

262 『左傳』「文公 16年」, "於是華元爲右師.

263 『左傳』「襄公 9年」, "九年春, 宋災, 樂喜爲司城以爲政."

공보문백(公父文伯)의 어머니[264]가 "그러므로 천자께서는 대채복(大采服)을 입고[265] 해를 제사 지내고,[266] 삼공·구경과 함께 땅의 덕을 익혀 알고"[267]라는 말을 한 것으로 기록하고 있는데, 정말 그렇다면 춘추 시대 노나라 정공(定公)·애공(哀公) 사이에 이미 구경이라는 말이 있었고 또 "삼공"과 함께 병칭되기까지 했던 것으로 볼 수 있다. 그러나 춘추 말부터 전국 시대에 이르기까지, 아래에 서술할 『여씨춘추』를 제외하고 그 밖의 믿을 만한 문헌에서는 일절 구경이라는 말이 보이지 않는다. 그뿐만 아니라 『국어』에서도 위의 인용문을 제외하고는 단지 육경이라는 명칭만 있지 구경이라는 명칭은 다시 찾을 수 없다. 내 추측에 의하면 유향(劉向)이 『열녀전(列女傳)』을 편찬하던 무렵에는 "삼공구경"이라는 명칭이 몹시 유행하였다. 그는 『국어』「노어」에 있는 공보문백에 관한 자료를 각색하여 『열녀전』 중의 「노나라 계손씨 집

---

264 공보문백(公父文伯)의 어머니(?-?): 경강(敬姜). 춘추 말기 노(魯)나라 사람으로 계강자(季康子, ?-B.C.468)의 숙모이다. 하루는 공보문백이 조정일을 마치고 귀가하자 어머니가 일을 하고 있어 공보문백은 사람들이 자신을 무능한 아들이라고 비웃을까 봐 어머니에게 일을 하지 못하게 했다. 어머니는 아들을 나무라며 이렇게 타일렀다. "일을 하면 좋은 생각이 들어 착한 마음이 일어나고 한가한 생활을 하면 방탕해져서 착한 마음을 잊고 악한 마음이 생겨난다[勞則思, 思則善心生, 逸則淫, 淫則忘善, 忘善則惡心生]." 유향(劉向), 『고열녀전(古列女傳)』「모의선(母儀傳)」.

265 대채복(大采服): 다섯 가지 채색의 복장. 채(采)는 채(彩)와 같다.

266 조일(朝日): 춘분에 지내는 제사 의례. 『주례』「춘관(春官)」'전서(典瑞)'에 의하면 천자는 매년 춘분에 동쪽에서 해를 제사 지내고 추분에는 서쪽에서 달에 제사 지냈다. 『예기』「옥조(玉藻)」에는 "검은 웃옷에 면류관[玄冕]을 쓰고 동문 밖에서 춘분에 해를 제사 지내고, 남문 밖에서 매달 초하루에 곡삭(告朔)의 예를 행한다[玄端(冕)而朝(潮)日於東門之外, 聽朔於南門之外]"라고 하였다.

267 『國語』「魯語」下, "是故天子大采朝日, 與三公九卿, 祖識地德."

안의 경강[魯季敬姜] 편을 만들었는데, 당시 황실의 요구에 적합한 문장으로 바꾸는 과정에서 「노어」 중의 이 단락에 기재된 다른 관제 명칭을 "삼공구경(三公九卿)"으로 바꾸어 놓았다. 아울러 다음에 이어지는 "땅의 덕을 익혀 알고[祖識地德]" 구절은 "조직시덕(組織施德)"으로 바꾸어 놓았다【이 구절은 전사(轉寫)하는 과정에서 자형(字形)이 비슷하여 생긴 오류일 수도 있다】. 후대사람들이 다시 거꾸로 『열녀전』의 "삼공구경"을 가지고 「노어」 안의 관제 명칭을 잘못 교정하였던 것이다. 그래서 나는 "구경"이라는 말이 가장 먼저 등장하는 믿을 만한 자료는 『여씨춘추』 「십이기(十二紀)」가 아닐까 생각한다. 여불위(呂不韋)는 문객들을 모아 『여씨춘추』를 편찬하여 진(秦)이 천하를 통일한 후의 정치 보전(寶典)으로 삼고자 했다. 「십이기」에서는 처음으로 삼공과 구경이 하나로 조합되기 시작하는데, 아마도 구경의 관제는 여불위의 문객들에 의해 만들어진 듯하다. 「맹춘기(孟春紀)」에서는 "입춘일에 천자는 친히 삼공, 구경, 제후, 대부를 거느리고 동교(東郊)에서 봄을 맞이한다"라고 하였고,[268] 그다음에 나오는 각 기(紀)에서도 대부분 삼공, 구경이 등장한다. 그들이 춘추 시대에 유행했던 6경을 9경으로 바꾼 것은 춘추 시대 진(晉)과 송(宋) 등의 나라에 이미 6경이 있었으니 대일통의 진(秦) 제국에는 당연히 그들보다 숫자가 많아야 한다고 생각했기 때문일 수도 있다. 그러나 6에서 9로의 승격은 『좌전』 「문공 7년」의 "육부(六府)와 삼사(三事)를 구공(九功)이라 한다"[269]라는 말에서 나왔을

---

268 『呂氏春秋』「孟春紀」, "立春之日, 天子親率三公・九卿・諸侯・大夫, 以迎春於東郊."
269 『左傳』「文公 7年」, "六府三事, 謂之九功."

수도 있고, 아니면 그들의 특수한 수열 전개, 즉 3공에서 9경으로 3을 제곱한【후술】숫자로부터 나왔을 수도 있지만 단정하기는 쉽지 않다. 『여씨춘추』의 「십이기」는 한대의 사상과 정치에 놀랄 만한 영향을 미쳤다. 이에 대해서는 별도의 전론에서 논술하겠다. 여기서는 다만 한 문제(文帝)가 박사와 여러 유생들을 시켜 짓게 한 『예기』 「왕제(王制)」편【원주14】 중의 "천자는 3공·9경, 27대부, 81원사(元士)를 둔다"[270]라는 구절은 『여씨춘추』 「십이기」의 "3공, 9경"에서 진화한 것이라는 점만 지적해 두겠다. 이처럼 3의 거듭제곱으로 이루어진 관제는 어쩌면 『송서(宋書)』 「율력지(律曆志)」에 기술된 "황종(黃鐘)의 율관(律管)의 길이는 9촌이다. 사물은 3을 기본으로 생겨나기 때문이다. 3의 3배수는 9이고, 3의 9배수는 27이므로 한 폭의 너비는 2척 7촌이 된다. 이것이 예로부터의 제도이다"[271]라는 말과 관련이 있을지도 모른다. 그러므로 81원사의 81은 27대부에 3을 곱해서 나왔다고 볼 수 있다. 동중서는 『춘추번로(春秋繁露)』 「관제상천(官制象天)」 제24에서 이 관제(3공·9경·27대부·81원사)에 대해 해석하기를 "성왕(聖王)이 하늘의 대도(大道)를 본받아 만들었으며, 3으로부터 이루어지고【생각건대 석 달마다 한 계절을 이룬다는 말이다】, 4번을 바꾸어 돌고 나면[四轉] 끝이 난다【생각건대 사계절이 한 해를 이룬다는 말이다. 사계절로 관제의 네 등급을 비유

---

270 『禮記』 「王制」, "天子三公, 九卿, 二十七大夫, 八十一元士." 주나라 천자의 사(士)를 원사(元士)라 한다. 같은 곳, "天子之三公之田視公侯, 天子之卿視伯, 天子之大夫視子男, 天子之元士視附庸." 이에 대해 공영달은 "天子之士所以稱元者, 異於諸侯之士也"라 하였다.

271 『宋書』 권11 「律曆志」上, "黃鍾之律長九寸, 物以三生, 三三九, 三九二十七, 故幅廣二尺七寸, 古之制也."

하였다]"[272]라고 하였는데, 아무래도 「왕제」편을 지은 박사들의 본의
는 아닌 듯하다. 정강성(鄭康成, 정현)은 이러한 관제가 문제(文帝) 시기
박사들의 근거 없는 수의 진화에서 나온 줄도 모르고 또 옛 자료에서
증거도 찾을 수 없었기 때문에 "이것은 하(夏)나라의 제도이다"라고 말
할 수밖에 없었는데, 당연히 정강성의 설은 전혀 근거가 없다. 그래서
진(秦)나라 이전의 관제를 삼공구경에 억지로 비교하거나, 한나라 사
람들이 억지로 비교할 방법이 없자 다시 삼고(三孤)[273]의 설을 만들어
이를 보완 수정하는 것은 모두 역사를 곡해하는 일이다. 혼란을 가중
시킨 것 말고는 털끝만큼의 의미도 없다.

삼공이라는 이름이 비교적 일찍 출현하고 구경이라는 이름이 여불
위의 문객들로부터 나왔기 때문에 진(秦)에 영향을 미쳤을 법도 하지만,
그러나 진나라의 실제 관제는 이 두 명사(삼공, 구경)의 영향을 받지 않
았다. 『통전』권20 「직관」2에서는 "진은 승상(丞相)을 두고 사도(司徒)
를 없앴다"[274]라 하고, 또 "진에는 사공(司空)이 없고 어사대부(御史大
夫)를 두었다"[275]라고 하였는데, 이것은 성제(成帝) 수화(綏和) 원년
(B.C.8)의 삼공 개건(改建)을 그 관직이 옛날부터 본래 있었던 것으로
오해했기 때문이다. 한(漢)이 진의 제도를 이어받았고 전한에 9경이란
명칭이 있기는 하지만, 9경의 수에 구애받지 않은 것으로 보아 진나라
에는 9경이 없었다고 추론할 수 있다. 진나라에 9경이 있었다고 말하

---

272 『春秋繁露』「官制象天」第24, "聖王所取儀金(於)天之大經, 三起而成, 四轉而終."

273 삼고(三孤): 삼공 다음의 관직으로 소사(少師), 소부(少傅), 소보(少保)를 말한다.

274 『通典』권20 「職官」2 '司徒', "秦置丞相, 省司徒."

275 『通典』권20 「職官」2 '司空', "秦無司空, 置御史大夫."

는 것은 모두 후세 사람들의 부회에서 나왔다.

삼공구경이라는 이름은 전한에서 자못 유행하였으나, 수화(綏和) 원년 이전에는 모두 상징적으로만 사용되었을 뿐 이것을 관제의 표준으로 삼은 적은 없었다. 성제 수화 원년 하무(何武)[276]의 진언에 따라 어사대부를 사공으로 바꾸고, 기존의 승상과 무제 때 설치한 대사마(大司馬)와 함께 승상제를 삼공제로 개정하였다. 그 이전에는 태위(太尉)가 상설화되지 않았다. 그러므로『사기』「장상연표(將相年表)」에서는 고제(高帝) 5년, 경제(景帝) 7년, 무제 건원(建元) 2년에 모두 "태위의 관직을 없앴다[罷太尉官]"[277]라고 하였는데, 이는 한나라 조정에서 지금까지 태위를 삼공으로 삼는 관념이 없었음을 말해 준다. 무제가 설치한 대사마는 위청(衛靑)과 곽거병(郭去病)을 총애하는 뜻에서 "장군(將軍)의 칭호 앞에 덧붙여 준"[원주15] 명예직함으로 삼공과는 관계가 없고, 심지어 원래 있던 태위와도 관계가 없다. 왜냐하면 당시의 대사마는 이름뿐인 직함으로 천자에 직속되어 있었고, 태위는 군정(軍政)을 주관하는 실직(實職)이면서 승상의 측근이었기 때문이다.『한서』권89「순리전(循吏傳)」에서는 다음과 같이 말한다. 황패(黃覇)[278]가 사고(史

---

276 하무(何武, ?-3): 전한 촉군(蜀郡) 비현(郫縣, 사천 成都) 사람. 자는 군공(君公)이다. 간대부(諫大夫), 양주자사(揚州刺史), 승상사직(丞相司直), 사예교위(司隷校尉), 경조윤(京兆尹), 정위(廷尉) 등을 역임하였고, 성제 말 거섭(居攝) 3년(B.C.8) 대사공(大司空)이 되고 범향후(氾鄕侯)에 봉해졌다. 애제 때 승상 공광(孔光), 사단(師丹) 등과 함께 한전(限田)과 한노비(限奴婢) 방안을 추진하였으나 귀족들의 반대에 부딪쳐 시행하지 못했다. 원수(元壽) 원년(B.C.2) 전장군(前將軍)으로 옮겼다. 왕망(王莽)이 정권을 장악한 후 무고를 받아 자살했다.

277『史記』권22「漢興以來將相名臣年表.

278 황패(黃覇, ?-B.C.55): 전한 회양(淮陽) 양하(陽夏, 하남 太康) 사람. 자는 차공(次公)이다. 젊어서 율령을 배웠고, 선제(宣帝) 때 정위정(廷尉正)이 되어 의옥(疑獄)을 공정하게 해결했다

高)[279]를 태위로 삼을 만하다고 천거하자 "천자【선제(宣帝)】는 상서(尙書)에게 황패를 불러들이게 하여 묻기를 '태위의 관직은 폐지된 지 오래되었다. 승상이 이를 겸하도록 하는 것은 무(武)를 그치고 문(文)을 발양하기 위함이다'라고 하였다."[280] 살펴보건대 곽광(霍光)이 대사마 · 대장군으로 정사를 보좌하다가 지절(地節) 2년(B.C.68)에 죽은 이후 장안세(長安世),[281] 한증(韓增),[282] 허연수(許延壽)[283] 등을 거쳐 감로(甘露)

는 평을 받았다. 본시 2년(B.C.72) 승상장사(丞相長史) 때 무제를 위한 묘악(廟樂) 설치에 반대한 하후승(夏侯勝)에 동조했다가 함께 투옥되었다. 옥에서 하후승에게 『상서(尙書)』를 배웠다. 출옥한 뒤 양주자사(揚州刺史), 영천태수(潁川太守)로 옮겼다. 당시 관리들이 엄혹한 것을 유능하다고 여겼는데, 그는 항상 관대하면서도 지혜롭게 일을 처리하였다. 신작 4년(B.C.58) 관내후(關內侯), 오봉 3년(B.C.55)에 승상이 되고, 건성후(建成侯)에 봉해졌다. 공수(龔遂)와 함께 순리(循吏)로 손꼽혀 '공황(龔黃)'이라 일컬어졌다.

279 사고(史高, ?-B.C.43): 전한 노(魯) 사람. 선제(宣帝)의 할머니 사량(史良)의 조카다. 선제 때 구은(舊恩)으로 시중(侍中)이 되고, 뒤에 곽광의 아들 대사마 곽우(霍禹)의 모반 사실을 폭로해 낙릉후(樂陵侯)에 봉해졌다. 선제의 병이 위중하자 대사마거기장군(大司馬車騎將軍)으로 영상서사(領尙書事)를 맡았고 소망지(蕭望之)와 함께 유조(遺詔)를 받들어 수행하였다. 원제 즉위 후 자리만 지키다가 귀향하였다.

280 『漢書』권89 「循吏傳」, "霸薦高可太尉. 天子使尙書召問霸, 太尉官罷久矣, 丞相兼之, 所以偃武興文也."

281 장안세(張安世, ?-B.C.62): 전한 경조(京兆) 두릉(杜陵) 사람. 자는 자유(子孺), 장탕(張湯)의 아들이다. 무제에게 재능을 인정받아 상서령(尙書令), 광록대부(光祿大夫)를 역임하고 소제 때 우장군(右將軍), 광록훈(光祿勳)을 지냈다. 소제 사후 곽광(霍光)과 함께 창읍왕(昌邑王) 유하(劉賀)를 맞았으나 곧 폐위하고 다시 선제를 옹립하는 일에 참여했다. 곽광 사후 대사마거기장군(大司馬車騎將軍)이 되어 영상서사(領尙書事)를 관장하였다. 식읍이 1만 호에 이르고, 가동(家童)이 7백 명에 달했는데, 모두 수공과 생산에 종사하게 하여 부(富)가 곽광보다 앞섰다.

282 한증(韓增, ?-B.C.56): 전한 한왕(韓王) 신(信)의 현손이다. 문음으로 입사하여 시중(侍中), 광록대부(光祿大夫)를 역임했다. 소제 때 전장군(前將軍)에 올라 대장군 곽광과 함께 선제(宣帝)를 옹립하여 1천 호를 증봉하였다. 신작(神爵) 원년(B.C.61) 장안세를 뒤이어 대사마거기장군이 되고 영상서사를 관장하였다.

283 허연수(許延壽, ?-B.C.53): 전한 창읍(昌邑, 산동 巨野) 사람. 선제 황후 허평군(許平君)의 숙

원년(B.C.53) 허연수가 죽을 때까지 대사마 직함을 비워 둔 적이 없었다. 만약 대사마가 수화 원년(B.C.8) 이전에 무제가 태위를 바꾸어 설치한 관직이라면 선제가 "태위의 관직은 폐지된 지 오래되었다"라는 말을 할 수 없었을 것이다. 대사마를 태위로 간주하는 것은 성제 수화 원년 삼공제로 바뀐 이후의 관념이다. 이 점은 한대 사람들도 늘 헷갈려 했던 부분이다. 『한관의(漢官儀)』에서는 무제가 태위를 고쳐 대사마로 하였다고 했는데, 이는 무제 원수(元狩) 4년(B.C.119)에 조서를 내려 위청과 곽거병을 대사마로 삼았던 상황과 전혀 맞지 않는다. 또한 삼공의 지위는 대등하므로 수화 원년 삼공제로 바꿀 때 "대사마와 대사공(어사대부)의 봉록을 늘려 승상과 같게"[284] 하였다. 그 이전에는 어사대부가 "승상의 차관을 담당"했으므로 승상의 봉록은 매월 6만 전, 어사대부의 봉록은 매월 4만 전이었다. 이는 수화 이전, 즉 고제 5년부터 원연(元延) 4년(B.C.9)까지 총 193년간 한에서는 삼공의 관제가 없었다는 것을 분명하게 보여 준다. 그런데 『사기』 권102 「장석지열전(張釋之列傳)」에는 "삼공, 구경이 모두 모여 서 있었다"[285]라는 말이 있고, 권112 「평진후열전(平津侯列傳)」에서는 급암(汲黯)[286]이 공손홍(公孫弘)을

부다. 시중, 광록대부를 역임하고, 신작 원년(B.C.61) 강노장군(强弩將軍)에 임명되어 서강(西羌)을 공격했으며, 뒤에 대사마거기장군이 되어 조정을 보좌하였다.

284 『漢書』 권10 「成帝紀」, "益大司馬大司空(御史大夫)奉(俸)如丞相."

285 『史記』 권102 「張釋之列傳」, "嘗召居廷中, 三公九卿盡會立."

286 급암(汲黯, ?-B.C.112): 전한 복양(濮陽, 하남 복양) 사람으로 자는 장유(長孺)다. 경제 때 부친의 음보(蔭補)로 태자세마(太子洗馬)가 되었다. 무제 초 알자(謁者)가 되어 하남 지역의 화재를 시찰했을 때 조정의 허락도 없이 창고를 열어 이재민을 구휼했던 일로 관직에서 물러났다. 동해(東海)태수가 된 후 가혹한 형벌을 경감하고 번거로운 정치를 간소화하여 치적을 올렸으며, 다시 경사로 불려 주작도위(主爵都尉)에 임명되었다. 승상 장탕(張湯)과 어사대부

일컬어 "공손홍은 삼공의 지위에 있고"라고 하였으며[287] 공손홍 스스로도 자신을 "삼공의 지위에 있으면서 거친 베로 이불잇을 만드는 것은"이라고 말하고 있는데[288] 당시 공손홍은 어사대부의 직위에 있었다. 또 "(폐하께서는 저를) 삼공의 지위에 오르게 하였습니다"라고 말했을 때[289] 공손홍은 이미 승상이 되어 있었다. 『사기』권122 「혹리열전(酷吏列傳)」에서는 장탕(張湯)이 스스로 말하기를 "폐하께서 총애하시어 삼공의 지위에 오르게 되었으니"라고 하였고,[290] 또 "두주(杜周)는 당초 정위사(廷尉史)로 있을 때 … 직무를 수행한 지 오랜 세월이 지나 마침내 삼공의 지위에 오르게 되었다"라고 하였다.[291] 장탕과 두주는 실은 모두 어사대부로 있었다. 이를 통해 무제 때는 삼공이 실제로 존재하지는 않았지만 승상과 어사대부를 통칭하여 삼공이라 불렀다는 것을 알 수 있으며, 삼공이라는 용어가 전한 때 이미 관념적으로 영향을 미쳤기 때문에 당시 상징적으로 사용되었던 것이라고 단언할 수 있다. 성제, 애제 이후로는 점차 실제 관제에서 사용되는 경향을 보이다가 후한 때 가서야 비로소 정식의 관제로 확정된다.

구경(九卿)이라는 말의 경우도 삼공과 상황이 동일하다. 『속한지(續漢志)』[292]에서는 9경을 "태상(太常)【원래 명칭은 봉상(奉上)】경 1인", "광

공손홍(公孫弘) 등을 문서로 장난치며 법을 농간하는 자들이라 비난하였다. 면직 후 몇 년 뒤에 다시 회양(淮陽)태수가 되었으나 재직 중에 죽었다.

287 『史記』권112「平津侯列傳」, "弘位在三公, 奉祿甚多."

288 『史記』권112「平津侯列傳」, "夫以三公爲布被. 誠飾詐欲以釣名."

289 『史記』권112「平津侯列傳」, "陛下過意擢臣弘卒伍之中, 封爲列侯, 致位三公."

290 『史記』권122「酷吏列傳」, "陛下幸致爲三公."

291 『史記』권122「酷吏列傳」, "杜周初徵爲廷史 … 及身久任事, 至三公列."

록훈(光祿勳)【원래 명칭은 낭중령(郎中令)】경 1인", "위위경(衛尉卿) 1인",
"태복경(太僕卿) 1인", "정위경(廷尉卿) 1인", "대홍려(大鴻臚)【원래 명칭은
전객(典客)】경 1인", "종정경(宗正卿) 1인", "대사농(大司農)【원래 명칭은
치속내사(治粟內史)】경 1인", "소부경(少府卿) 1인"으로 명시하고 있다. 이
후 위소(韋昭)[293]의『변석명(辨釋名)』,【원주16】 장수절(張守節)[294]의『사기
정의(史記正義)』,『통전(通典)』,『통지(通志)』,『문헌통고(文獻通考)』에

<hr>

292 『속한지(續漢志)』: 현행『후한서』120권은 본기 10권, 열전 80권, 지(志) 30권으로 구성되어
있는데, 그중에서 본기와 열전은 유송(劉宋) 범엽(范曄, 398-445)의 저작이지만 지(志)는 서
진(西晉) 사마표(司馬彪, ?-306)가 저술한『속한서(續漢書)』의 8지(志)를 가져다 붙인 것이
다. 양(梁)의 유소(劉昭)는 범엽의『후한서』에 주(注)를 달면서 사마표의『속한서』8지에 대
해서도 주를 달아 지(志)가 없는 범엽『후한서』의 부족한 부분을 보충하였다. 이후 당의 이현
(李賢, 655-684)이 범엽의『후한서』본기 및 열전을 주석하면서 유소의 본기 및 열전 주는 산
일되었고, 단지 사마표의『속한서』8지(律曆, 禮儀, 祭祀, 天文, 五行, 郡國, 百官, 輿服)에
대한 유소의 주만이 남게 되었다. 북송 진종(眞宗) 때(1022) 범엽의『후한서』와 사마표『속
한서』의 8지가 합각되었고 이것이 지금 전하는『후한서』이다. 따라서 현본『후한서』의 8지
는 본래 사마표의『속한서』8지를 본문으로 하고 여기에 유소의 주를 합해 놓은 것이다.

293 위소(韋昭, 204-273): 삼국 오나라 오군(吳郡) 운양(雲陽, 강소성 丹陽) 사람으로 자는 홍사
(弘嗣). 진(晉) 문제 사마소(司馬昭)를 피휘하여 위요(韋曜)라 하였다. 태사령(太史令), 중서
랑(中書郎), 박사좨주(博士祭酒) 역임 후 손호(孫皓) 때 고릉정후(高陵亭侯)에 봉해지고 중서
복야(中書僕射)·시중(侍中)으로 있으면서 좌국사(左國史)를 겸령하였다. 봉황 2년(273)
손호에게 죽임을 당하였다. 저서로는『국어주(國語注)』가 있고 그 밖에『변석명(辨釋名)』,
『관직훈(官職訓)』,『한서음의(漢書音義)』,『삼오군국지(三吳郡國志)』등이 있었지만 산일
되었다. 일찍이『오서(吳書)』(合著)를 편찬했는데 후세의『삼국지(三國志)』는 대부분 여기
서 자료를 취하였다.

294 장수절(張守節, ?-?): 생전의 행적에 대해서는 잘 알려져 있지 않다. 당 개원(開元) 연간에『사
기』의 주석서『사기정의(史記正義)』를 저술했는데, 당나라 위왕(魏王) 이태(李泰)와 소덕언
(蕭德言) 등이 편찬한 지리서『괄지지(括地志)』를 인용한 점, 또『사기정의』'서(序)'에서 "수
절(守節)이 학문을 섭렵한 지 30여 년[守節涉學三十餘年]"이라 말한 점, 이 '서(序)'가 현종 개
원 24년(736)에 쓰였던 점으로부터 역산하면 저술 시기는 무측천(武則天)이 정권을 장악한
때로 추정된다. 개원 연간 관직은 제왕시독(諸王侍讀), 수우청도솔부장사(守右淸道率府長
史)를 역임했다.

서도 모두 위의 9개 직위를 양한의 9경으로 보고 있다. 『통전』에서는 이들을 특히 "구시대경(九寺大卿)"[295]이라 부르고 있는데 이는 양한에 서는 근거가 없는 말이다. 그런데 『사기』 권112 「평진후주보열전(平津侯主父列傳)」을 보면 공손홍이 "9경 가운데 급암보다 더 신과 사이가 좋은 자는 없습니다"라는 말을 했을 때[296] 당시 급암은 주작도위(主爵都尉)로 있었다. 『사기』 권120 「급정열전(汲鄭列傳)」에서는 "급암을 불러들여 주작도위에 임명함으로써 급암은 9경의 반열에 오르게 되었다"라고 하였다.[297] 또한 같은 권에서는 정장(鄭莊)이 "9경의 반열에 올라 우내사(右內史)가 되었다"라고 하였다.[298] 권122 「혹리열전」에서는 영성(寧成)[299]이 "내사(內史)로 자리를 옮기자 많은 황제의 외척들이 그의 단점을 헐뜯어 결국 영성은 머리를 깎고 목에 쇠틀을 차고 노역에 종사하는[髡鉗] 형벌에 처해지게 되었다. 당시 9경의 신분으로 사형 판결을 받은 자는 자살하는 것이 관례여서 실제로 형벌을 받는 경우는 드물었는데, 그러나 영성은 극형에 처해졌다"[300]라고 하였고, 또 "양복

---

295 『通典』 권25 「職官」7, '諸卿'上, "漢以太常・光祿勳・衛尉・太僕・廷尉・大鴻臚・宗正・大司農・少府謂之九寺大卿."

296 『史記』 권112 「平津侯列傳」, "夫九卿與臣善者無過黯."

297 『史記』 권120 「汲鄭列傳」, "上聞, 召以爲主爵都尉, 列於九卿."

298 『史記』 권120 「汲鄭列傳」, "武帝即位, 當時稍遷爲魯中尉, 濟南太守, 江都相, 至九卿爲右內史."

299 영성(寧成, ?-?): 전한의 혹리. 사람됨이 교활하고 잔인하며 제멋대로 위세를 부렸다. 경제 때 제남도위(濟南都尉)를 거쳐 중위(中尉)로 임명되었는데 장안 인근의 황족들과 호걸들이 모두 영성을 두려워했다. 무제 즉위 후 내사(內史)로 전임되었으나, 형벌을 받고 고향으로 가서 고리대를 놓아 1천여 경(頃)의 땅을 사서 빈민 수천을 고용해 수천 금의 재산을 모았다. 몇 년이 지나 다시 관도위(關都尉)에 임명되었는데 1년여가 지나자 관(關)을 출입하는 자들이 말하기를 '차라리 새끼 젖 물리는 어미호랑이(성질이 가장 사나울 때)를 만날지언정 영성의 노여움은 사지 말라'고 할 정도로 그 참상은 유례가 없었다.

(楊僕)이란 자는 … 점차 승진하여 주작도위가 되어 9경의 반열에 올랐다"[301]라고 하였다. 권123 「대완열전(大宛列傳)」에서는 "군정(軍正)인 조시성(趙始成)을 광록대부로 삼고, 상관걸을 소부(少府)로 하고, 이치(李哆)를 상당태수로 삼았다. 군(軍)의 관리들 중 9경에 오른 자가 세 사람이고, 제후의 재상이나 군수 및 2천석의 관직에 오른 자가 100여 명이었다"[302]라고 하였다. 윗글에서 보면 소부는 원래 9경에 속하는 관직이지만, 광록대부는 질(秩, 녹봉)이 비(比) 2천석이다. 그러나 『한서』권36 「초원왕전(楚元王傳)」에는 원제(元帝)가 주감(周堪)[303]을 불러들여 "광록대부에 배수하였는데 질이 중(中) 2천 석이었다"[304]라고 하여 광록대부의 질이 경(卿)과 같음을 볼 수 있다. 이것은 이 관직(광록대부)의 지위가 높을 수도 낮을 수도 있으며, 따라서 "천자를 보좌하여 치도(治道)를 논하고 옳은 것을 진언하고 그른 것을 그만두게 하는"

---

300 『史記』권122 「酷吏列傳」, "徙爲內史, 外戚多毁成之短, 抵罪髡鉗. 是時九卿罪死卽死. 少被刑, 而成極刑." 여기서의 극형(極刑)은 곤겸(髡鉗)을 가리킨다.

301 『史記』권122 「酷吏列傳」, "楊僕者 … 稍遷至主爵都尉, 列九卿."

302 『史記』권123 「大宛列傳」, "軍正趙始成爲光祿大夫, 上官桀爲少府, 李哆爲上黨太守, 軍官吏爲九卿者三人, 諸侯相郡守二千石者百餘人."

303 주감(周堪, ?-B.C.40): 전한 제군(齊郡, 산동) 사람. 자는 소경(少卿)이다. 하후승(夏侯勝)에게 『금문상서(今文尙書)』를 배웠다. 선제 때 석거각(石渠閣) 회의에 참여하였고, 높은 학식으로 태자소부(太子少傅)를 지냈다. 원제 때 광록대부(光祿大夫)가 되고, 태부(太傅) 소망지(蕭望之)와 함께 상서(尙書)의 일을 맡아 뜻을 같이하여 정치를 보좌했으나, 중서령(中書令) 석현(石顯) 등의 참언으로 파면되어 서인이 되었다. 뒤에 다시 광록훈이 되었다가 하동태수(河東太守)로 좌천되었고, 그 후 다시 광록대부와 영상서사에 임명되었으나 몸이 병들고 석현의 제재를 받아 한을 품고 죽었다. 제자에 모경(牟卿)과 허상(許商)이 있으며 허상은 수많은 제자를 양성해 대하후(大夏侯)의 상서학(尙書學)이 널리 유행하게 되었다.

304 『漢書』권36 「楚元王傳」, "拜爲光祿大夫, 秩中二千石."

【순작(荀綽), 『진백관표주(晉百官表注)』】305 광록대부도 아마 당시에 9경으로 간주되었을 것이다. 『한서』 권76 「장창전(張敞傳)」에는 "장창은 공거(公車)306에 이르러 상서하기를 '신은 앞서 폐하의 은혜를 입고 9경의 지위에 올라 경조(京兆)에서 벼슬(경조윤)을 살았습니다'라고 하였다"307라는 기록이 있고, 같은 권76의 「왕존전(王尊傳)」308에는 왕존이 경조윤(京兆尹)으로 있을 때 어사대부가 상주하기를 왕존은 "9경의 직위를 맡아서는 안 됩니다"309라고 했다는 기록이 있다. 이상 주작도위【뒤에 우부풍(右扶風)으로 개칭】, 내사【뒤에 경조윤으로 개칭】, 우내사(右內史)는 당시에 모두 9경으로 칭해졌지만 『속한지』에서 열거한 9경의 범위 안에는 들지 않는다. 요즘 사람들은 그 설을 구해도 얻지 못하자 "구경(九卿)"과 "열경(列卿)"을 구별해서 보는 사람도 있는데,【원주17】 이

---

305 荀綽, 『晉百官表注』, "毗亮論道, 獻可替否."

306 공거(公車): 공거는 본래 나라의 부름을 받은 사람을 영접하는 뜻에서 내어 주었던 수레를 가리킨다. 한대의 공거는 위위(衛尉)의 하속기구로 궁전 사마문(司馬門)의 경위(警衛)를 관장하였다. 전국의 상서(上書) 및 징소(徵召) 등의 사무는 이곳을 거쳐 처리되었기 때문에 상소문(上疏文)을 공거문(公車文)이라고도 하였다.

307 『漢書』 권76 「張敞傳」, "敞詣公車上書曰: 臣前幸得備位九卿, 待罪京兆." 저본의 "구경(九卿)"이 중화서국 표점본에는 "열경(列卿)"으로 되어 있다. 이른바 "待罪"는 관리가 자신의 봉직을 겸양하여 말하는 겸사이다.

308 왕존(王尊, ?-?): 전한 말기 탁군(涿郡) 고양(高陽, 하북) 사람으로 자는 자공(子贛)이다. 일찍 부친을 여의고 숙백(叔伯)에 의지하여 살았다. 지방 말단관리에서 능력을 인정받아 괵령(虢令)을 거쳐 안정(安定)태수로 승진하였다. 그 후 익주자사(益州刺史)와 동평상(東平相) 등 임명과 파면을 거듭하며 사례교위(司隸校尉)에 발탁되었으나, 승상 광형(匡衡)을 탄핵한 일로 좌천되었고, 다시 광록대부(光祿大夫)와 경조윤(京兆尹)에 부임하였으나 황제의 사자를 무례하게 대했다는 이유로 파면되었다. 다시 징소되어 서주자사(徐州刺史), 동군(東郡)태수 등을 역임하였다.

309 『漢書』 권76 「王尊傳」, "不宜備位九卿."

는 앞에 "列於九卿", "列九卿"과 같은 자구가 있기 때문인 것 같다. 그러나 『사기』 권120에서는 급암이 주작도위에 임명된 일을 "구경의 반열에 올랐다[列於九卿]"라고 칭하고 있다. 같은 곳에서는 급암이 "대행 (大行) 이식(李息)에게 들러 말하기를 … 공께서는 지금 구경의 반열에 있으니[列九卿]"[310]라고 했다는 기록이 있다. 살펴보건대 대행령(大行令)은 뒤에 대홍려(大鴻臚)로 개칭되었고 이 대홍려는 바로 『속한지』에 열거한 9경의 범위 안에 들어가는데도 또한 "9경의 반열에 있으니"라고 칭한 것이다. 그리고 『진서(晉書)』 권24 「직관지」에서는 "태상(太常), 광록훈(光祿勳), 위위(衛尉), 태복(太僕), 정위(廷尉), 대홍려(大鴻臚), 종정(宗正), 대사농(大司農), 소부(少府), 장작대장(將作大匠), 태후삼경 (太后三卿), 대장추(大長秋)는 모두 열경(列卿)이 된다"[311]라고 하였는데, 여기에 든 소부 이상의 관직, 즉 태상부터 소부까지의 9개 관직이 바로 일반적으로 말하는 9경이다. 그러나 이들이 장작대장 등과 함께 똑같이 열경(列卿)으로 칭해졌다면 9경과 열경을 구별할 근거는 전혀 없다고 하겠다. 하물며 『한서』 「백관공경표」에서는 사실상 십경(十卿)을 들어 놓았는데, 즉 "중위(中尉)는 진관(秦官)이다"라는 조항 아래 "태상부터 집금오(執金吾)【무제 태초(太初) 원년(B.C.104) 중위를 집금오로 고쳤다】까지는 모두 중(中) 2천 석이며, 승(丞)은 모두 1천 석이다"라고 적고 있다.[312] 이는 반씨(반고)가 집금오를 태상부터 소부까지의 9개 관

310 『史記』 권120 「汲鄭列傳」, "召以爲主爵都尉, 列於九卿." "過大行李息曰 … 公列九卿."

311 『晉書』 권24 「職官志」, "太常 · 光祿勳 · 衛尉 · 太僕 · 廷尉 · 大鴻臚 · 宗正 · 大司農 · 少府 · 將作大匠 · 太后三卿 · 大長秋, 皆爲列卿."

312 『漢書』 권19上 「百官公卿表」上, "自太常至執金吾, 皆中二千名, 丞皆千石."

과 동등한 질석과 지위를 갖는 관직으로 간주하였음을 말한다. 태상부터 소부까지의 9개 관이 경(卿)이라면 집금오도 당연히 경이다. 『한서』 권77 「무장륭전(毋將隆傳)」에 의하면 당시 무장륭이 집금오로 있었는데 조서에서 그를 일컬어 "융(隆)은 9경의 지위에 있으면서"라고 하였다.[313] 그러므로 위소(韋昭)가 유희(劉熙)의 『석명(釋名)』[314]의 오류를 바로잡는 『변석명(辨釋名)』이란 책에서 "집금오는 본래 중위(中尉)였는데, 궁 밖을 순찰하며 비위를 저지르는 자들을 체포하는 일을 관장하였다. 무제 때에 와서 집금오를 다시 외경(外卿)으로 삼았으므로 9경의 범위에는 들지 않는다"[315]라고 말한 것은 전한에 대해서는 성립할 수 없는 설이다. 집금오가 "궁 밖을 순찰"하기 때문에 외경이 된다면, 정위(廷尉)는 천하의 옥송(獄訟)을 관장하고 대사농(大司農)은 천하의 재화를 관장하는 자이니 이들이야말로 더욱 외경이 되어야 하지 않겠는가? "외경"이라는 말은 양경(兩京)에서 찾아볼 수 없는 말로, 이 또한 그 연고를 구하다 얻지 못했기 때문에 이렇게 말한 것이다. 반고의 「백관공경표」에는 봉상(奉常)【태상(太常)】, 낭중령(郎中令)【광록훈(光祿勳)】, 위위(衛尉), 태복(太僕), 정위(廷尉), 전객(典客)【대행령(大行令), 대홍

---

313 『漢書』 권77 「毋將隆傳」, "隆位九卿."

314 『석명(釋名)』: 후한 말 유희(劉熙)가 지은 책. 내용에 따라 석천(釋天)·석지(釋地)·석산(釋山)으로 시작하여 석질병(釋疾病)·석상제(釋喪制)에서 끝나는 27편의 분류방법은 『이아(爾雅)』의 체재와 같으나, 음이 비슷한 말은 의미상으로도 관련성이 깊다고 보는 성훈(聲訓)적 관점에서 말의 어원을 설명하였다. 억지에 불과하다는 설도 있으나 어원을 해설한 점에서 중요한 자료로 평가되며 또한 오늘날에는 그 실물을 알 수 없는 기물(器物)과 가구(家具)에 관해서도 귀중한 기록을 남기고 있다.

315 韋昭, 『辨釋名』, "執金吾本是中尉, 掌徼巡宮外, 司執姦奸. 至武帝更執金吾爲外卿, 不在九列."

려(大鴻臚)】, 종정(宗正), 치속내사(治粟內史)【대사농(大司農)】, 중위(中尉)
【집금오(執金吾)】, 소부(少府), 수형도위(水衡都尉), 주작도위(主爵都尉)【우
부풍(右扶風)】, 좌내사(左內史)【좌풍익(左馮翊)】, 우내사(右內史)【경조윤(京
兆尹)】 등 도합 14개의 관직이 열거되어 있는데, 이들은 모두 전한의
경(卿)이며 모두 9경이라 부를 수 있다. 이것은 다름이 아니라 9경이
처음에는 관념상의 관제로 출발했다는 것을 의미한다. 전한에서의 9경
의 관직수가 본디 아홉에 그치지 않는데도 이를 9경이라 칭하는 것은,
본디 3개의 관직수를 충족하지 못해도 이를 3공이라 칭하는 것과 마찬
가지로 9경이 처음에는 상징적으로 사용되었고 "9"라는 숫자에 구애
받지 않았다는 것을 말해 준다. 성제, 애제를 지나 후한에 이르러서야
비로소 관념상의 9경은 명확히 사실상의 9경이 된다. 이것은 삼공의
경우와 마찬가지로 관제상 관념적인 관제로부터 사실적인 관제로 변
화해 가는 두드러진 사례이다. 이를 분명히 이해하면 지난 날 전한 이
전의 삼공구경에 대한 칠교판놀이식의 갖가지 설들이 말끔히 일소되
어 더 이상 미혹되는 일이 없을 것이다. 그리고 12경설【유희(劉熙)의『석
명(釋名)』】이나 13경설【원주18】은 모두 그 이전『한서』「백관공경표」
에서 밝혀낸 14경설보다 못하다.

3. 한대 관제의 일반적 특성

한나라가 계승한 진대(秦代)의 관제는 우선 설정 당초부터 어떤 특성을 포함하고 있음을 알 수 있는데, 그것은 바로 관제의 대부분이 객관적 정치 통치상의 필요에서 나온 것이 아니라 황제의 절대적 신분을 표현하고 유지하기 위해 설정되었다는 점이다. 그래서 이론상으로는 누구든지 승상은 만기(萬機)를 보좌하고 통하지 않는 것이 없으며 태위(太尉)는 군대를 통솔하고 어사대부(御史大夫)는 승상을 도와 내외를 감찰한다고 말할 수 있으며, 이러한 관제의 상층 구조는 상당히 합리적이라고 할 수 있다. 그러나 그 주력 구조의 대부분은 황제의 절대적 신분을 유지하기 위해 두어졌기 때문에, 처음부터 승상은 법리적인 책임만 있을 뿐 사실상 승상이 관여할 필요도 없고 관여할 수도 없는 형국이었다. 아래에 먼저 이를 개략적으로 살펴보기로 한다.

열경(列卿)의 으뜸인 태상(太常)은 종묘의 예의(禮儀)를 관장하였는데 이는 고대에 제사를 중요시하던 전통에서 비롯되었다고 할 수 있다. 태상 아래로 태사(太史), 태의(太醫), 박사(博士)가 있었으므로 그것은 반(半)종교적·반(半)학술적 기관이 되었다. 박사는 "질(秩)이 비(比)6백 석"으로 그 지위는 태악령(太樂令)·태축령(太祝令)·태재령(太宰令) 등에 미치지 못하지만 항상 조정의 정사에 참여하고 지방을 순찰할 수 있는 기회가 있었는데, 이는 "고금에 통달한" 지식으로 정치적

발언권을 얻은 것으로 전제정치 구조에서 가장 의미 있는 부분이다.

열경 중에서 지위가 특수하고 조직이 방대하여 실질적으로 열경의 으뜸이라 할 수 있는 것으로, 처음에 낭중령(郞中令)으로 칭하다가 나중에 광록훈(光祿勳)으로 이름을 바꾼 직위만 한 것이 없다. 광록훈부(光祿勳府)는 궁중에 소재하며 황제의 문지기 역할을 담당하였다. 황제의 문지기로서 황제의 안전을 주관할 뿐 아니라 안팎으로 통하는 관문 역할을 했기 때문에 그 조직이 방대하고 황제의 문지기 외에도 인재를 비축하는 책임을 겸하고 있었다. 『한서』「백관공경표」에서는 다음과 같이 말한다.

낭중령은 진(秦)의 관직으로 궁전의 액문(掖門)[316]을 관장하였고, (차관에 해당하는) 승(丞)을 두었다. 무제 태초(太初) 원년(B.C.104)에 광록훈으로 이름을 바꾸었다. 속관으로 대부(大夫), 낭(郞), 알자(謁者)가 있으며 모두 진(秦)의 관직이다. 그 밖에 기문(期門)과 우림(羽林)이 모두 여기에 속한다. 대부는 (정사에 관한) 논의를 관장한다. 태중대부(太中大夫)·중대부(中大夫)·간대부(諫大夫)가 있는데 모두 정원이 없어 많을 때는 수십 명에 이르렀다. 무제 원수(元狩) 5년(B.C.108)에 처음으로 간대부를 두었으며 질은 비(比) 8백 석이다. 태초(太初) 원년(B.C.104) 중대부를 광록대부로 고쳤으며 질은 비 2천 석이다. 태중대부의 질은 이전대로 비 1천 석이었다. 낭(郞)은 궁전의 문호를 지키고 나가서는 거기(車騎)에 충원되는 직임을 맡았다. 의랑(議郞)·중랑(中郞)·시랑(侍郞)·낭중(郞中)이 있으며, 모두 정원이 없고 많을 때는 1천 명에 이르렀다. 의랑과 중랑은 질이 비 6백 석이고, 시랑은 비 4백 석, 낭중은 비 3백 석이다. 중랑을 통솔하는 장(將)으로 오관

316 액문(掖門): 사람이 드나들기 편하도록 정문 옆에 따로 낸 작은 문.

(五官)중랑장·좌중랑장·우중랑장 3장이 있으며 질은 모두 비 2천 석이다. 낭중을 통솔하는 장으로는 거장(車將), 호장(戶將), 기장(騎將) 3장이 있는데 질은 모두 비 1천 석이다. 알자는 의례를 행할 때 빈객을 인도하고 담당 관원들이 올린 문서를 접수하는 일을 맡았으며, 정원은 70인이고 질은 비 6백 석이다. 알자복야(謁者僕射)를 두었고 질은 비 1천 석이다. 기문(期門)은 무기를 들고 천자를 호종(扈從)하는 일을 맡았는데, 무제 건원(建元) 3년(B.C.138)에 처음 설치했고 관위는 낭(郎)에 비견되었으며 정원은 없고 많을 때는 1천 명에 이르렀다. 복야를 두었으며 질은 비 1천 석이다. 평제 원시(元始) 원년(A.D.1) 호분랑(虎賁郎)으로 이름을 바꾸고 중랑장을 두었으며 질은 비 2천 석이다. 우림(羽林)은 천자의 호위를 담당했고 지위는 기문의 아래이며, 무제 태초 원년에 처음 설치했을 때 건장영기(建章營騎)라고 했다가 나중에 우림기(羽林騎)로 이름을 바꾸었다. 그 밖에 또 전쟁에 나가 사망한 자의 자손을 데려다 우림으로 양육하는 경우도 있는데, 관에서 5가지 병기 사용법을 가르쳤으며, 이들을 우림고아(羽林孤兒)라고 하였다. 우림에는 영(令)과 승(丞)을 두었다. 선제(宣帝)는 중랑장(中郎將)과 기도위(騎都尉)로 하여금 우림을 감독하게 했는데 질은 비 2천 석이다.[317]

이 방대한 기구(광록훈)는 무제가 발전시킨 것이다. 그 특징으로는

---

317 『漢書』권19上「百官公卿表」上, "郎中令, 秦官, 掌宮殿掖門戶, 有丞. 武帝太初元年更名光祿勳. 屬官有大夫·郎·謁者, 皆秦官. 又期門·羽林皆屬焉. 大夫掌論議, 有太中大夫·中大夫·諫大夫, 皆無員, 多至數十人. 武帝元狩五年, 初置諫大夫, 秩比八百石, 太初元年, 更名中大夫爲光祿大夫, 秩比二千石, 太中大夫秩比千石如故. 郎掌守門戶, 出充車騎. 有議郎·中郎·侍郎·郎中, 皆無員, 多至千人. 議郎·中郎秩比六百石, 侍郎比四百石, 郎中比三百石. 中郎有五官·左·右三將, 秩皆比二千石. 郎中有車·戶·騎三將, 秩皆比千石. 謁者掌賓贊·受事, 員七十人, 秩比六百石, 有僕射, 秩比千石. 期門掌執兵送從, 武帝建元三年初置, 比郎, 無員, 多至千人, 有僕射, 秩比千石. 平帝元始元年, 更名虎賁郎, 置中郎將, 秩比二千石. 羽林掌送從, 次期門, 武帝太初元年初置, 名曰建章營騎, 後更名羽林騎. 又取從軍死事之子孫養羽林, 官(館)教以五兵, 號曰羽林孤兒. 羽林有令丞. 宣帝令中郎將·騎都尉監羽林, 秩比二千石."

첫째, 조직이 방대하고 내부적으로 고급 대우를 받는 사람들이 그 어떤 기구보다도 많았다는 점이다. 예를 들어 승상부에는 2인의 장사(長史)가 있으며 질은 1천 석이다. 무제 원수 5년 추가로 사직(司直) 1인을 더하였는데 질은 비 2천 석이다. 그러나 광록훈부에는 광록대부가 비 2천 석, 태중대부가 비 1천 석인데, 이 두 종류의 대부는 많게는 수십 명에 이를 수도 있었다. 오관중랑장과 좌·우중랑장 삼장과 기도위는 모두 질이 비 2천 석이다. 거장·호장·기장 삼장과 알자복야, 기문복야는 모두 질이 비 1천 석이다. 간대부는 질이 비 8백 석으로 이는 한나라 조정의 관제에서 매우 특출한 존재라 할 수 있다. 질이 비 6백 석인 자(의랑·중랑·알자)는 많게는 수백 명에 이를 수도 있었다. 비 3백 석에서 4백 석인 자(시랑·낭중·우림랑)는 많게는 수천 명에 이를 수도 있었다. 둘째, 의론을 담당한 세 종류의 대부가 직접 조정의 회의에 참여할 수 있었다는 점이다. 그중에서 간대부는 비록 질은 비 8백 석이지만 무제가 승상 등의 대신을 힐난하고 굴복시켜 황제의 의지를 신장하려 할 때는 항상 이들을 데려와 응대하게 하였다. 오늘날의 용어로 말하자면 사실상 황제의 싱크탱크이자 어용학자집단이 되어 황제의 대신과 정책에 대한 통제를 강화한 것이다. 셋째, 수천 명에 이르는 낭(郞)은 처음에는 공훈이 있는 중하급 무인 중에서 많이 선발하였다. 고조가 천하를 얻은 후에는 이들을 안치하기 위해 한편으로는 이곳(광록훈부)에서 그들을 기르도록 하였고 한편으로는 이들 중에서 뽑아 중앙정부 및 지방정부의 각종 공식 직위에 충임하였는데, 이는 일종의 전쟁 종료 후의 사후처리 방식으로서 대개 진시황 때부터 시작된 것으로 보인다. 이어서 재능과 무예가 뛰어난 자, 2천 석 이상의 관리 및 공훈이 있는 자의 자제들을 가려 뽑아 낭으로 삼았다. 또 재물을 내고 벼슬길에 들어온 자, 효렴으로 선발된 자, 심지어 사과(四科)로 들어온 사람들[318]조차 모두 먼저 이곳(광록훈부)에서 낭(郎)이 되어 궁전의 여러 문에서 교대로 창을 잡고 숙위를 하거나 출행시에는 거기(車騎)【원주19】에 충원되는 등의 직무를 수행하면서 경력을 쌓으며 기회를 기다려야 했다. 그리하여 이 황제의 경비실은 또한 인재를 흡수하고 인재를 비축하는 중앙역이 되었다. 그 가운데 의랑(議郎)은 항상 특출한 인물을 뽑아 임명했는데, 『속한지(續漢志)』에서 "오직 의랑만은 당직을 서지 않았다"[319]라고 한 것은 바로 그가 숙위 당번을 서지 않아도 된다는 말로 이는 일종의 특례라고 할 수 있다. 벼슬길로 가는 길목이 황제의 경비실에 의해 장악되고, 일체의 군신백관들이 모두 황제의 위사(衛士)로부터 나온다. 이렇게 해야 그들의 충성심을 보장할 수 있고, 이렇게 해야 황제의 숭고하고 위대한 지위를 더 잘 과시하여 지식과 인격에서 비롯된 기개를 꺾어 이 전제적 모형의 틀을 우선으로 받아들이지 않으면 안 되게 만들 수 있다. 전성기 대일통 일인전제의 이미지는 광록훈이라는 기구를 통해 온전히 부각되기 시작했다. 이것은 한 무제의 일대 걸작이라 할 수 있다.

위위(衛尉)는 황제 궁문의 위둔병(衛屯兵)을 주관하고, 태복(太僕)은 황제의 거마를 관장하였다. 전국의 마정(馬政)의 직무를 주관하는 직

---

318 『漢書』 권9 「元帝紀」, "永光元年 … 二月, 詔丞相·御史擧質樸敦厚遜讓有行者, 光祿歲以此科第郎·從官."

319 『後漢書』 「百官志」 2, "唯議郎不在直中."

책도 한 무제 때 확충되었다. 대홍려(大鴻臚)는 황제를 위한 전례(典禮)를 담당하였다. 종정(宗正)은 황제의 족보를 관장하였다. 소부(少府)는 황제의 개인적인 회계 담당자로서 황제와 매우 가깝기 때문에 광록훈 바로 다음으로 내용이 풍부하며, 이후 정치에 미치는 영향은 광록훈을 능가하였다. 집금오(執金吾)는 궁문 이외의 경비와 경사의 치안 유지를 관장하였다. 그가 순시에 나갈 때의 위풍당당함은 광무제가 젊었을 때 보고 부러워할 정도였다. 중(中) 2천 석의 10경(卿) 중에서 옥송을 처리하는 정위(廷尉), 그리고 재정을 관리하는 대사농(大司農)만이 직접 황제를 위한 심부름꾼 노릇을 하지 않았고, 태상(太常)은 반(半)심부름꾼이라 할 수 있으며, 그 나머지는 모두 직접 황제를 위한 심부름꾼 노릇을 했다. 황제의 심부름을 하는 것만으로 높은 정치적 지위를 얻게 되고, 황제와 가까워질수록 정치적 권력을 갖게 되는 것은 일인전제에서 필연적으로 나타나는 현상이다. 이것은 전제정치하에서 관제의 변화, 정치의 변화를 이끄는 두 가지 기본 계기이다. 이 점을 모르고서는 전제정치하의 관제 문제를 논할 수 없다. 재상제도의 파괴도 이 점을 먼저 파악해야 그것이 전제정치의 내부 모순에 의해 불가피하게 되풀이되는 현상임을 이해할 수 있다.

4. 관제 변천에 있어서 무제(武帝)의 핵심적 지위

재상직은 처음에 유방의 마음속에서는 일시적인 명예직으로만 여겨졌을 뿐, 반드시 이를 실제 정치에 없어서는 안 될 중요한 직위로 여겨졌던 것은 아니었다. 홍매(洪邁)[320]는 다음과 같이 말한다. "한나라 초의 장군들은 승상직을 겸령하는 자가 많았다. 예를 들면 한신(韓信)은 처음에 대장군을 배수받았는데, 뒤에 좌승상이 되어 위(魏)나라를 쳤고, 다시 상국(相國)을 배수받고 제나라를 쳤다. 주발(周勃)은 장군에서 태위(太尉)로 옮겼는데, 뒤에 상국이 되어 번쾌(樊噲)를 대신하여 연(燕)나라를 쳤다. 번쾌는 장군으로 한왕(韓王) 신(信)[321]을 공벌하였는

---

320 홍매(洪邁, 1123-1202): 남송 요주(饒州) 파양(鄱陽, 강소 上饒) 사람. 자는 경려(景廬), 호는 용재(容齋)다. 고종 소흥 15년(1145) 박학굉사과(博學宏詞科)에 합격 후, 거듭 승진하여 중서사인(中書舍人), 무주지주(婺州知州) 등을 역임하였다. 효종 순희 13년(1186) 한림학사가 되어『사조국사(四朝國史)』를 편찬하였다. 만년에는 향리에 머물면서 저술에만 전념했다. 저서에『용재수필(容齋隨筆)』,『이견지(夷堅志)』,『사기법어(史記法語)』,『만수당인절구(萬首唐人絶句)』등이 있다.

321 한왕(韓王) 신(信, ?-B.C.196): 동명의 회음후(淮陰侯) 한신(韓信)과 구별하기 위해 '한왕 신'으로 불린다. 유방은 전국 한(韓)나라 양왕(襄王)의 후손인 한신을 한왕으로 봉하고 B.C.202년 해하(垓下)에서 항우를 물리친 후 영천(潁川) 일대를 봉지로 내렸다. 그러나 그곳이 전략적 요충지여서 반란을 일으킬 것을 우려해 봉지를 태원(太原) 이북으로 옮기고 진양(晉陽)을 도읍으로 삼게 했는데, 한신은 도읍을 마읍(馬邑)으로 옮겼다. 그해 가을 흉노의 대군이 마읍을 포위하자 한신은 흉노 진영으로 사신을 보내 강화를 청했으나, 유방은 한신이 흉노와 결탁해 반역을 꾀한다고 의심하였고, 생명의 위험을 느낀 한신은 흉노와 연합해 반란을 일으켜 태원을 공격하였다. B.C.200년 유방이 친정하여 패퇴시켰다.

데, 좌승상으로 옮기고, 상국이 되어 연나라를 쳤다. 역상(酈商)[322]은 장군이었는데, 우승상이 되어 진희(陳豨)[323]를 쳤고, 승상이 되어 경포(黥布)를 쳤다. 윤회(尹恢)[324]는 우승상으로서 회양(淮陽)을 수비하였다. 진연(陳涓)은 승상에 임명되어 제나라 지역을 평정하였다. 그러나 「백관공경표(百官公卿表)」에는 이러한 사실들이 모두 기재되어 있지 않다. 대개 소하(蕭何)가 이미 재상 자리를 차지하고 있고 그 사람들은 조정에 있지 않았으므로 그 이름만 빌려 영전(榮典)으로 삼게 했던 것 같다. 후세의 사상(使相)[325]의 직함은 여기에 뿌리를 두고 있다."[326]【원주20】동

---

322 역상(酈商, ?-B.C.180): 역이기(酈食其)의 동생. 진류(陳留) 고양(高陽, 하남 杞縣) 사람. 진승이 거병하자 역상은 군사 4천여 명을 모집하여 유방에게 귀속한 후 많은 전투를 치렀다. B.C.206년 유방이 한왕(漢王)에 봉해짐에 따라 역상에게 신성군(信成君)의 작위를 수여하고 장군의 직위로 농서도위(隴西都尉)를 맡게 했다. 계속 전공을 올려 유방은 양(梁)나라 상인(相印)을 수여하고 식읍을 4천 호로 늘렸다. 양나라 상국(相国)의 직위로써 유방을 따라 장기간 항우와 싸웠고, B.C.202년 연왕(燕王) 장도(臧荼)가 모반을 일으켰을 때 장군의 신분으로 유방을 따라 격퇴시켰다. 그 공으로 우승상(右丞相)에 오르고 탁후(涿侯)에 봉해진 후 곡주후(曲周侯)로 개봉되었다. 주발(周勃) 등과 대군(代郡)을 평정하였고, 우승상의 직위로써 진희(陈豨)를 공격하고 다시 경포(黥布)를 공격하였다.

323 진희(陳豨, ?-B.C.195): 한초 완구(宛朐, 산동 荷澤) 사람으로 유방의 부장(部將)이었다. 고조 7년 겨울에 한왕(韓王) 신(信)이 배반하여 흉노로 들어가자 고조는 평성까지 갔다가 돌아와서 진희를 열후(列侯)로 봉하고, 대(代)의 상국(相國) 신분으로 조(趙)와 대(代)의 변방 부대를 감독하게 하였다. 변방의 부대가 모두 진희에게 소속되었다. 진희에게는 따르는 빈객이 매우 많았고 몇 년간 병권을 장악하고 있었으므로 고조는 진희를 의심하였다. 고조 10년(B.C.197) 7월 태상황이 죽자 고조는 사람을 보내 진희를 경사로 불렀으나 진희는 중병을 평계로 가지 않았고 9월에 진희는 마침내 왕황(王黃) 등과 함께 반란을 일으켜 스스로 대왕(代王)이 되었다. 고조 11년(B.C.196) 겨울 한나라 군대의 공격으로 진희의 부장들이 참수되고 태위(太尉) 주발(周勃)이 진군하여 태원(太原)과 대군(代郡)을 평정하였다. 고조 12년 겨울 진희도 영구(靈丘)에서 번쾌(樊噲)군에게 죽임을 당했다.

324 윤회(尹恢, ?-B.C.192): 유방이 처음 기병했을 때 알자(謁者)로서 따르다가 한나라에 들어와 장군으로 임명되어 제후들을 공격하고 우승상으로서 회양(淮陽)을 수비하였다. 그 공으로 고조 6년 성보후(城父侯)에 봉해졌다.

시에 한나라 초의 정치적 시기심은 무엇보다 "제후왕(諸侯王)"에게 집중되었다. 경제(景帝)가 7국을 평정하고 무제가 봉토를 자제들에게 나누어 주도록 하고 나서야 비로소 전제자의 심리적인 이 중대한 정치적 압박이 대체로 해소되기 시작한다. 관제에 있어서 황제들의 시기심은 무엇보다도 태위라는 관직에 겨누어졌는데, 그것은 이 관직이 군사를 주관했기 때문이었다. 고조 6년(B.C.201)에는 노관(盧綰)[327]을 태위로 삼았다가 얼마 안 되어 그를 연왕(燕王)으로 세우고 태위직을 없앴다. 11년에는 주발을 태위로 삼았는데 대(代)를 공벌하고 얼마 안 되어 태위직을 없앴다. 혜제(惠帝) 6년(B.C.189)에는 다시 주발을 태위로 삼았으나 문제(文帝) 원년(B.C.179)에 주발을 승상으로 전직시키고 관영(灌嬰)[328]이 그 자리를 잇게 하였다가 문제 3년에 이를 없앴다. 경제 3년

---

325 사상(使相): 당 중기에 재상을 동중서문하평장사(同中書門下平章事)라고 했는데, 지방 절도사(節度使)에게 이 중앙 관직의 직함을 얹어 주고 이를 사상이라 하였다. 송 초에 이를 답습하여 친왕(親王)·유수(留守)·절도사 등에게 중앙 관직인 급사중(給事中), 중서령(中書令), 동평장사(同平章事) 등의 직함을 얹어 주고 사상이라고 일컬었는데 실제 중앙 조정의 정사에는 참여하지 않았다.

326 洪邁, 『容齋續筆』 권10 '漢初諸將官', "漢初諸將所領官, 多爲丞相. 如韓信初拜大將軍, 後爲左丞相擊魏, 又拜相國擊齊. 周勃以將軍遷太尉, 後以相國代樊噲擊燕, 樊噲以將軍攻韓王信, 遷爲左丞相, 以相國擊燕. 酈商爲將軍, 以右丞相擊陳豨, 以丞相擊黥布. 尹恢以右丞相備守淮陽·陳涓以丞相定齊地. 然百官公卿表皆不載. 蓋蕭何已居相位, 諸人者未嘗在朝廷, 特使假其名以爲重耳. 後世使相之官本諸此也."

327 노관(盧綰, B.C.265-B.C.193): 전한 초기 패현(沛縣) 사람. 유방과 같은 동네에서 같은 날 태어나 함께 자랐다. 유방이 한왕이 되자 장군이 되었다. 항우와 싸울 때에는 태위(太尉)가 되고, 장안후(長安侯)에 봉해졌다. 나중에 유가(劉賈)와 함께 임강왕(臨江王) 공위(共尉)를 공격해 멸망시켰고, 또 유방을 따라 연왕(燕王) 장도(臧荼)를 격파하는 데 공을 세워 연왕에 봉해졌다. 고조 12년(B.C.195) 진희(陳豨)가 반란을 일으키자 흉노에 사람을 보내 연합을 제의하였으나 일이 틀어져 실패하자 흉노로 망명하여 흉노가 동호노왕(東胡盧王)을 삼았으며 그해 말 흉노에서 죽었다.

(B.C.157)에는 주아부(周亞夫)[329]를 태위로 삼아 오(吳)와 초(楚)를 공격하였으며, 7년에 다시 이를 없앴다. 무제 건원(建元) 원년(B.C.140)에는 전분(田蚡)을 태위로 삼았다가 2년에 이르러 이를 없앴다.【원주21】특수한 상황일 때만【예를 들면 용병】태위 관직을 설립했다가 정상을 회복하면 바로 그 관직을 없애 버렸다고 할 수 있다. 원수(元狩) 4년(B.C.119)에 무제는 대사마(大司馬)라는 관직을 설립하여 대장군과 표기장군의 칭호 앞에 덧붙이도록 했는데, 전술했듯이 이것은 태위를 대사마로 바꾸는 것과는 다르다. 왜냐하면 이때는 장군이 그들의 실직(實職)이고 대사마는 명예직이었으며, 태위 또한 실직이었기 때문이다. 더 중요한 것은 태위는 승상을 도와 일을 처리하였으므로 승상의 계통에 속해 있었다는 점이다. 그러므로 태위직을 없애면 태위가 평소 처리하던 업무

---

328 관영(灌嬰, ?-B.C.176): 전한 저양(睢陽, 하남 商丘市) 사람. 비단 판매에 종사하다가 진(秦) 2세 2년(B.C.208) 유방의 군대에 참가, 관중에 진입한 뒤 집규(執珪), 창문후(昌文侯)로 봉해졌으며 낭중(郞中)과 중알자(中謁者)에 이어 어사대부가 되어 제(齊)를 평정하고, 항적(項籍)을 죽였으며, 고조 6년(B.C.201) 영음후(潁陰侯)에 봉해졌다. 그 후 거기장군(車騎將軍)으로 장도(臧荼), 한왕 신(韓王信), 진희(陳豨), 영포(英布)의 반란을 평정하는 작전에 참가했다. 여후(呂后)가 죽은 뒤 주발(周勃), 진평(陳平) 등과 함께 여씨 일족을 주살하고 문제를 옹립하는 데 공을 세워 태위(太尉)로 승진하였다. 문제 3년(B.C.177) 주발을 대신해 승상에 올랐다.

329 주아부(周亞夫, B.C.199-B.C.143): 전한 패현(沛縣) 사람. 고조를 도와 한나라 건국에 공을 세운 강후(絳侯) 주발(周勃)의 둘째 아들. 하내태수(河內太守)로 있다가 흉노가 북빈을 침범했을 때 장군이 되어 세류(細柳)를 방어했는데 군대의 기강이 엄명(嚴明)하여 흉노 퇴각 후 중위(中尉)에 임명되었다. 경제 전원(前元) 3년(B.C.154) 오초칠국의 난 때 태위(太尉)로 3개월 만에 난을 평정하였으며 그 공으로 승상이 되었다. 그러나 경제와 율희(栗姬)의 맏아들이었던 태자 유영(劉榮, 栗太子)의 폐위와 황후 왕씨(효경황후)의 오빠인 왕신(王信)을 열후로 봉하는 문제로 경제의 심기를 건드리고, 양왕(梁王)이 두태후(竇太后)의 뒤에서 계속 주아부를 음해하자 점차 총애를 잃고 승상직에서 물러났다. 후원(後元) 원년(B.C.143) 그의 아들이 연로한 부친의 상(喪)에 대비하여 갑옷과 방패를 샀다가 고발을 당했는데 주아부도 연루되어 정위(廷尉)에게 넘겨졌으나 음식을 전폐하고 굶어 죽었다.

는 승상에게로 넘어가게 된다. 그러나 장군의 칭호 앞에 붙이는 대사마는 황제에게 직속해 있었다. 『한서』권69 「신경기전(辛慶忌傳)」에는 다음과 같은 대목이 있다. "승상사직(丞相司直) 하무(何武)가 밀봉한 상주문을 올려 말하기를 '… 이 때문에 선제【무제를 가리킨다】께서는 열장(列將)의 관위를 세우시어 가까운 친척은 안쪽을 주관하고 이성(異姓)은 바깥을 막도록 하여 간사한 음모가 싹트지 못하고 파멸되었으니 이는 진실로 만세의 장구한 계책입니다'라고 하였다."[330] 위청(衛青), 곽거병(霍去病) 등의 장군이 바로 "가까운 친척은 안쪽을 주관하고"에 해당하는 사람들이며, 여기에 덧붙인 대사마라는 직함은 장군을 따라가는 것으로 승상과는 직무상 직접적인 관계가 없다. 이후 대사마와 태위는 하나의 관직의 다른 이름[異名]으로 여겨지게 되었는데, 이는 성제(成帝) 수화(綏和) 원년 삼공(三公)의 수를 맞추기 위해 전후의 여러 관직을 짜깁기하는 과정에 기인한다.

전한 초기에는 승상이 태위만큼 중요시되지는 않았다 해도 승상의 법리상 직권은 여전히 말살할 수 없었다. 진평(陳平)은 "승상은 어떤 일을 맡고 있는가?"라는 문제(文帝)의 질문에 다음과 같이 대답하였다. "재상이란 위로는 천자를 보좌하며 음양이 조화를 이루도록 다스려 사시(四時)를 순조롭게 하고, 아래로는 만물이 각자의 성질에 맞게 자라도록 하고, 밖으로는 사방 오랑캐와 제후들을 진압하고 어루만지며, 안으로는 백성들을 가까이 따르게 하고, 경대부(卿大夫)로 하여금 각자

---

330 『漢書』권69「辛慶忌傳」, "丞相司直何武上封事曰 … 是以先帝建列將之官, 近戚主內, 異姓距外, 故奸軌不得萌動而破滅, 誠乃萬世之長策也."

그 직책을 수행하도록 하는 것입니다."331【원주22】 신도가(申屠嘉)332가 승상으로 있을 때 태중대부(太中大夫)인 등통(鄧通)333이 문제(文帝)의 총애를 받았다. 하루는 신도가가 입조하였는데 "등통은 황제의 곁에 있으면서 승상에 대한 예(禮)를 태만히 하였다. … 조회를 마치고 나와서 승상부에 좌정한 후 신도가는 격서(檄書)를 써서 등통을 불러 승상부에 오게 하고 만약 오지 않으면 등통의 목을 베겠다고 하였다. … 등통은 승상부에 이르러 … 등통은 땅에 머리를 조아리느라 피가 흘렀지만 신도가는 그를 풀어 주지 않았다. 문제는 승상이 이미 등통에게 곤욕을 주었으리라 생각하고 사자에게 절(節)을 주어 등통을 불러들이게 하고, 승상에게 사과하며 말하기를 '이 자는 나의 농신(弄臣)이니 그대는 석방하도록 하라'라고 하였다."334【원주23】 이것은 물론 문제가 참았기에 가능한 일이지만 재상의 권한이 아직은 높았다는 것도 알 수 있

331 『史記』 권56 「陳丞相世家」, "宰相者, 上佐天子, 理陰陽, 順四時, 下育萬物之宜, 外鎭撫四夷諸侯, 內親附百姓, 使卿大夫各得任其職者也."

332 신도가(申屠嘉, ?-B.C.155): 전한 양국(梁國) 수양(睢陽, 하남 商丘) 사람. 처음에 유방을 좇아 항우를 공격하여 도위(都尉)가 되고, 혜제 때 회양(淮陽)태수를 지냈다. 문제 때 어사대부를 거쳐 승상에 임명되고 고안후(故安侯)에 봉해졌다. 사람됨이 청렴하고 강직하여 자신에게 무례하게 구는 총신 등통을 주벌하려 문제의 간청으로 그만두었다. 경제 초에 조조(晁錯)가 내사(內史)가 되어 정권을 잡고 법령제도를 고칠 것을 주청하면서 신도가는 조조를 미워하였고, 그러던 중 조조가 종묘의 담을 뚫어 문을 내는 사건이 발생하였다. 신도가는 이를 법으로 다스리고자 했으나 경제의 비호로 뜻을 이루지 못하자 피를 토하고 죽었다.

333 등통(鄧通, ?-?): 전한 촉군(蜀郡) 남안(南安, 사천 樂山) 사람. 문제의 총애를 받아 관직이 상대부(上大夫)에 이르렀다. 문제가 촉군의 동산(銅山)을 하사하고 주전(鑄錢)을 허락하여 그가 주조한 등전(鄧錢)이 세상에 유포되었다.

334 『漢書』 권42 「申屠嘉傳」, "通居上旁, 有怠慢之禮 … 罷朝坐府中, 嘉爲檄召通詣丞相府, 不來, 且斬通 … 通至丞相府 … 通頓首, 首盡出血, 不解. 上度丞相已困通, 使使持節召通而謝丞相曰: 此吾弄臣, 君釋之."

다. 승상부의 조직 역시 상당히 방대했다. 『한구의(漢舊儀)』권상(上)에서는 "승상은 천하의 주벌(誅罰)과 토벌, 내리고 빼앗는[賜奪] 일을 관장하였으며, 관리들의 직무가 번다하여 소속 관리의 수가 많았다"[335]라고 하였다. 또 "승상이 처음에 두어졌을 때 소속 관리는 15인이었고 모두 6백 석이며 동·서 2조(曹)로 나뉘어 있었다. 동조(東曹)는 9인으로, 승상이 그들을 파견하여 여러 주(州)를 나누어 감독하게 하였는데 이를 자사(刺史)라 하였다.[336] 서조(西曹)는 6인으로 그중 5인은 금중(禁中)을 왕래하며 동상(東廂)에 사안을 보고하였는데 이를 시중(侍中)이라 하였다. 1인은 승상부에 머물러 백관들의 주사(奏事)를 담당하였는데 이를 서조라 하였다."[337] 또 말하기를 "무제 원수 6년 승상에 소속된 관리는 382인이었다. 사(史)는 20인으로 질(秩)은 4백 석이다. 소사(小史)는 80인으로 질은 3백 석이다. 속(屬)은 1백 인으로 질은 2백 석이다. 속사(屬史)는 162인으로 질은 1백 석이다"[338]라고 하였다. 바로 이 때문에 한 초의 승상 기용은, 진평이 처음에 호군중위(護軍中尉)로서 한 고조를 위해 군사 특무를 수행하고 계책을 내어 공신들을 제거한 다음[원주24] 다시 음유지술(陰柔之術)로 승상의 자리를 차지한 후 종신토록 자리를 유지했던 것을 제외하면, 모두 고향에서부터 고조와

---

335 『漢舊儀』권上, "丞相典天下誅討賜奪, 吏勞職煩, 故吏衆."

336 『通典』권32「職官」14 '州牧刺史', "秦置監察御史, 漢興省之. … 其後諸州復置監察御史. 文帝十三年, 以御史不奉法, 下失其職, 乃遣丞相史出刺并督監察御史." 참조.

337 『漢舊儀』권上, "丞相初制吏員十五人, 皆六百石, 分爲東西曹. 東曹九人出督州爲刺史. 西曹六人, 其五人往來白事東廂爲侍中. 一人留府曰西曹, 領百官奏事."

338 『漢舊儀』권上, "武帝元狩六年, 丞相吏員三百八十二人. 史二十人, 秩四百石. 少史八十人, 秩三百石. 屬百人, 秩二百石. 屬史百六十二人, 秩百石."

각별한 사적 관계를 맺고 있으면서 우둔하고 무능한 사람들, 바로 사마천의 이른바 "비루하고 소박한 사람[鄙樸人]"[339]들이 대부분이었다. 소하의 공로는 유방이 아직 천하를 얻기 전의 일이었다. 유방이 천하를 얻은 후로는 죽음의 공포를 벗어날 틈이 없었을 뿐 아니라 거의 죽음을 면치 못하였으니 이것은 『사기』「소상국세가(蕭相國世家)」에 매우 자세하게 기술되어 있다. 조참(曹參)은 한 가지 실무도 처리한 적이 없고 한 명의 선비도 천거하지 않았지만[원주25] 결국은 한나라의 명재상이 되었다. 『사기』권96「장승상열전(張丞相列傳)」에서는 "한나라가 건립된 후 효문제에 이르기까지 20여 년, 이때 천하가 처음으로 안정되었으나 장상(將相)과 공경(公卿)이 모두 다 군리(軍吏) 출신이었다"[340]라고 하였다. 왕릉(王陵)[341]은 사람이 우직하여 승상에서 면직되었다.[342] 주발(周勃)은 "사람됨이 질박, 강직하고 돈후하여 고조가 대사를 맡길 만하다고 생각했고"[343] 또 유씨(劉氏)를 안정시키고 문제(文帝)를 옹립하는 데 큰 공로를 세웠던 사람이지만, 그러나 종국에는 (체포당해 심문을 받고 출옥한 뒤에) "(내 일찍이 백만 군대를 거느렸으나) 옥리의 신분

---

339 『史記』권57「絳侯周勃世家」, "太史公曰, 絳侯周勃始爲布衣時, 鄙樸人也, 才能不過凡庸."

340 『史記』권96「張丞相列傳」, "自漢興, 至孝文二十餘年, 會天下初定, 將相公卿皆軍吏."

341 왕릉(王陵, ?-B.C.181): 전한 패현(沛縣) 사람. 유방이 패(沛)에서 일어나자 사람 수천 명을 모아 유방을 따라 각지에서 전투를 벌였다. 고조 6년(B.C.201) 안국후(安國侯)에 봉해지고 우승상(右丞相)이 되었다. 우직하고 직언을 좋아했다. 여후(呂后)가 여씨들을 왕으로 삼으려는 데 반대하다가 면직되고 태부(太傅)로 옮겼다.

342 그 사정은 『史記』권56「陳丞相世家」에 보인다. "孝惠帝六年, 相國曹參卒, 以安國侯王陵爲右丞相, 陳平爲左丞相. … 孝惠帝崩, 高后欲立諸呂爲王, 問王陵. 王陵曰不可. 問陳平, 陳平曰可. 呂太后怒乃詳遷陵, 爲帝太傅, 實不用陵. 陵怒謝疾免, 杜門竟不朝請, 七年而卒."

343 『史記』권57「絳侯周勃世家」, "爲人木彊敦厚, 高帝以爲可屬大事."

이 그렇게 높은 줄은 몰랐다"[344]라고 말했다고 한다. 그의 아들 주아부(周亞夫)는 "지하에 가서(즉 죽은 뒤에) 반란을 일으키려 한다"[345]는 이유로 하옥되어 피를 토하고 죽었다.【원주26】 신도가 역시 조조(鼂錯) 때문에 피를 토하고 죽었다.[346] 조조는 예리한 재주를 가졌지만 사람됨이 엄하고 각박하여 동시(東市)에서 참수되는 운명을 맞았다.【원주27】 신도가가 죽은 후 뒤이어 승상이 된 자들은 더욱 상황이 좋지 않았다. 『사기』 권96 「장승상열전」에서는 다음과 같이 말한다. "신도가가 죽은 뒤로 경제 때에는 개봉후(開封侯) 도청(陶靑),[347] 도후(桃侯) 유사(劉舍)[348]가 승상이 되었다. 지금의 황제【무제】에 이르러서 백지후(栢至侯) 허창(許昌),[349] 평극후(平棘侯) 설택(薛澤),[350] 무강후(武疆侯) 장청적(莊

---

344 『史記』 권57 「絳侯周勃世家」, "絳侯旣出, 曰, '吾嘗將百萬軍, 然安知獄吏之貴乎!'"

345 『史記』 권57 「絳侯周勃世家」, "吏曰, 君侯縱不反地上卽欲反地下耳, 吏侵之益急.

346 그간의 사정은 다음과 같다. 『史記』 권96 「張丞相列傳」, "嘉爲丞相五歲, 孝文帝崩, 孝景帝卽位. 二年, 晁錯爲內史, 貴幸用事, 諸法令多所請變更, 議以謫罰侵削諸侯. 而丞相嘉自絀所言不用, 疾錯. 錯爲內史, 門東出, 不便, 更穿一門南出. … 丞相奏請誅內史錯. 景帝曰 … 錯無罪. 罷朝, … 至舍, 因歐血而死."

347 도청(陶靑, ?-B.C.148): 도청적(陶靑翟)이라고도 한다. 개국공신 개봉후(開封侯) 도사(陶舍)의 아들. 문제 후2년(B.C.162) 신도가(申屠嘉)를 뒤이어 어사대부에 임명되고, 경제 전원 2년(B.C.155) 승상 신도가가 죽자 도청이 승상, 조조(晁錯)가 어사대부가 되었다. 같은 해 오초칠국의 난이 일어나자 조조를 희생양으로 삼으려는 원앙(袁盎)의 계획하에 도청은 중위(中尉) 진가(陳嘉)와 정위(廷尉) 장구(張歐)와 함께 조조를 탄핵하여 조조는 요참형에 처해졌다. 전원 7년(B.C.150) 경제는 도청을 파면하고 주아부(周亞夫)를 승상에 임명했다.

348 유사(劉舍, ?-B.C.141): 전한의 개국공신 도후(桃侯) 유양(劉襄)의 아들. 경제 때 태복(太僕), 어사대부(御史大夫)를 역임하고 B.C.147년 주아부(周亞夫)를 대신하여 승상이 되었으며 5년 뒤인 경제 후원 원년(B.C.143) 면직되었다.

349 허창(許昌, ?-?): 고조의 개국공신 허온(許溫)의 손자. 건원(建元) 2년(B.C.139) 어사대부 조관(趙綰)이 무제에게 정사를 두태후에게 상주하지 말 것을 요청하자 두태후가 대노하여 조관과 왕장(王臧) 등을 파면하고, 백지후 허창으로 하여금 두영(竇嬰)의 뒤를 이어 승상을 맡도

青翟),351 고릉후(高陵侯) 조주(趙周)352 등이 승상이 되었는데, 이들은
모두 열후(列侯) 아버지를 뒤이은 자들로 언행을 삼가고 청렴하며 조
심스러워 승상의 자리만 차지하고 있을 뿐 능히 공명을 밝혀 당세에
이름을 드러낸 이는 없었다."353 문제·경제·무제의 3대는 바로 한
왕실의 전성기였는데, 유독 승상과 승상의 차관인 어사대부(御史大夫)
에 대해서만은 중간에 율력에 정통한 장창(張蒼)354을 제외하고는 모두

록 하고 무강후(武彊侯) 장청적(莊淸翟)을 어사대부로 삼았다. 두태후에 의해 승상이 된 허창
은 매사에 모두 태후의 지시를 받았으며 두태후의 황노(黃老) 치국정책을 지지하였다. 건원 6
년(B.C.135) 두태후가 죽자 승상 허창과 태위 장청적은 "상사(喪事)를 제대로 처리하지 못한"
죄로 면직되고 전분(田蚡)이 허창의 뒤를 이어 승상이 되었다.

350 설택(薛澤, ?-?): 고조의 개국공신 설구(薛歐)의 손자. 전분(田蚡)이 죽고 무제는 어사대부 한
안국(韓安國)에게 승상의 일을 맡도록 했는데 불행히도 수레에서 떨어져 중상을 입었기 때문
에 부득이 설택을 승상으로 삼았다. 설택은 원광(元光) 4년부터 승상이 되어 원삭(元朔) 5년
에 면직되기까지 몇 년간 아무것도 한 일이 없는데, 당시 자살하거나 참수된 승상들에 비해
운이 좋다고 할 수 있다.

351 장청적(莊靑翟, ?-B.C.115): 고조의 개국공신 장불식(莊不識, 莊不職)의 손자. 문제 때 아버지
무강후(武彊侯)의 작위를 세습하였다. 무제 때 어사대부, 태자소부(太子少傅)를 거쳐 승상이
되었다. 원정 2년(B.C.116) 문제의 능원(陵園)에 묻은 예전(瘞錢)이 도굴당하는 사건이 발생,
어사대부 장탕(張湯)이 모함을 받아 자살하고, 이후 재수사를 통해 장청적도 감옥에서 자살하
였다.

352 조주(趙周, ?-B.C.112): 경제 중원 2년(B.C.148) 부친 조이오(趙夷吾)의 공으로 고릉후(高陵
侯)에 봉해졌다. 태자태부(太子太傅)를 거쳐 무제 원정 2년(B.C.115) 승상이 되었다. 원정 5
년 9월, 종묘 제사를 위해 열후들이 봉헌한 황금을 소부(少府)에서 검사하여 중량이 부족하거
나 순도가 낮은 것은 모두 불경죄로 탄핵했는데, 이로 인해 106인이 작위를 박탈당했다. 조주
는 중량이 부족한 열후들의 명단을 황제에게 보고하지 않은 죄로 정위(廷尉)에게 체포되어
하옥되자 바로 자살하였다.

353 『史記』권96 「張丞相列傳」, "自申屠嘉死之後, 景帝時, 開封侯陶青·桃侯劉舍爲丞相. 及今上
時, 柏至侯許昌·平棘侯薛澤·武彊侯莊青翟·高陵侯趙周等爲丞相, 皆以列侯繼嗣, 娖娖廉
謹, 爲丞相備員而已, 無所能發明功名, 有著於當世者."

354 장창(張蒼, ?-B.C.152): 전한 양무(陽武, 하남 原陽) 사람. 진(秦)에서 각종 전적과 문서를 관
리하는 주하사(柱下史)를 지냈다. 한나라 때는 상산(常山)태수, 대(代)와 조(趙)의 상(相)을

일부러 무능한 자들을 골라 뽑았다. 아마도 전제군주는 마음속으로 무능한 자의 특별한 은혜에 대한 감격을 그 직위에 있는 자의 충성심과 교환하고, 무능한 자를 자리에 앉혀 이 중대한 직위에서 발생할 수 있는 작용을 상쇄하고 억제함으로써 내면의 의심을 덜어내고 싶어 했던 것 같다.

진시황에 의해 건립된 대일통의 일인전제는 이 정치 체제의 기본 성격을 따라 한 무제에 이르기까지 발전하여 완성되었다. 그는 대일통 일인전제하에서의 큰 효능을 발휘하였고, 대일통 일인전제하에서의 잔혹한 암흑을 드러내기도 하였다. 그가 이렇게 할 수 있었던 이유는 한편으로는 한 초 70년 동안의 안정 속에 사회가 길러 낸 힘을 등에 업었기 때문이기도 하지만, 또 한편으로는 그 개인의 강렬한 욕망과 생명력에 의지한 바도 있다. 학술과 인재 방면에서 무제는 한편으로는 사회의 자유로운 발전을 저해하였지만, 다른 한편으로는 모든 것을 포용하고 유술(儒術)로 문식(文飾)하였다고 말할 수도 있다. 『사기』 권 128 「구책열전(龜策列傳)」에서 "금상 폐하(무제)가 즉위한 후로는 기예 (技藝)를 가진 사람들이 진출할 수 있는 길을 널리 열고 백가의 학문을 모두 채용함에 따라 한 가지 기예만 정통한 사람도 모두 자신의 능력을 발휘하게 되었다. 남보다 뛰어난 능력이 있으면 우대하고 사사로운

지냈으며 연왕(燕王) 장도(臧荼)를 공격하는 데 공을 세워 고조 6년(B.C.201) 북평후(北平侯)에 봉해졌다. 전적 처리 등의 행정 능력과 음률·역법(曆法)에 대한 지식을 인정받아 열후의 신분으로 계상(計相)이 되어 4년간 상부(相府)에 있으면서 군국(郡國)의 상계리(上計吏)를 관리, 감독하였다. 문제 4년 (B.C.176) 승상이 되어 10여 년 재직했다. 저서에 『장창(張蒼)』 16편이 있으나 산일되었다.

정실에 치우치는 일이 없었으므로…"[355]라고 한 것은 당시 이 방면의 상황을 반영하고 있다. 『사기』 권112 「평진후열전(平津侯列傳)」[356]에서는 "천자는 그【공손홍】가 품행이 돈후하고 언변에 조리가 있으며, 법령과 관리들의 직무를 익히 알 뿐만 아니라 유술(儒術)로 그럴듯하게 문식하는 것을 보고 그를 매우 좋아하였다"[357]라고 하였는데, 무제가 공손홍이 유술로 문식하는 능력이 있음을 보고 좋아한 것은 바로 그 자신이 유술로 문식하는 것을 좋아했기 때문이다. 『한서』 권58 「공손홍·복식·아관전(公孫弘卜式兒寬傳)」의 논찬에서는 무제가 얻은 수많은 인재들을 하나하나 열거하고 있는데, 비록 과장되고 진실을 호도하는 면이 없지 않지만 당시 다방면으로 인재를 흡수했던 상황을 엿볼 수 있다. 한편 무제의 사이(四夷) 정벌에 관해서는 마땅한 장상(將相)을 얻지 못해 득보다 실이 더 많았다고는 하나【원주28】 고통은 한때일 뿐 소제·선제·원제·성제 시기에 그 뚜렷한 효과가 나타나게 된다. 교통과 수리(水利)를 개통하고 농기구의 기술 개량을 제창한 일, 이것들은 모두 대일통의 일인전제의 효능을 발휘한 일면이라고 말할 수 있다.

---

355 『史記』 권128 「龜策列傳」, "至今上卽位, 博開藝文之路, 悉延百端之學. 通一伎之士, 咸得自效. 超奇者爲右, 無所阿私." 저본에는 '絶倫超奇者爲右'의 '絶倫'이 빠져 있다.

356 공손홍(公孫弘, B.C.200-B.C.121): 전한 치천(菑川) 설현(薛縣, 산동) 사람으로 자는 계(季) 또는 차경(次卿)이다. 젊었을 때 옥리(獄吏)로 있다가 죄를 얻어 면직되었다. 무제 건원 원년(B.C.140) 현량(賢良)에 천거되어 박사가 되었으나 흉노의 일로 관직에서 물러났다. 원광 5년(B.C.130) 다시 문학(文學)으로 천거되어 대책(對策)에서 무제의 주목을 받아 박사가 되었고, 내사(內史)와 어사대부(御史大夫) 거쳐 원삭(元朔) 5년(B.C.124) 77세의 나이로 승상에 임명되는 동시에 평진후(平津侯)에 봉해졌다.

357 『史記』 권112 「平津侯列傳」, "於是天子察其行敦厚, 辯論有餘, 習文法吏事, 而又緣飾以儒術, 上大說之."

그러나 대일통의 일인전제는 극도의 개인적인 사치와 탐욕을 불러
일으키기 쉬우며, 이 점에서 한 무제는 진시황보다 더하면 더했지 못
하지는 않았다. 이러한 사치와 탐욕의 발전 가운데 관제에 직접적인
영향을 미친 것은 황제와 직접 관련된 직위와 후궁을 대폭 확충한 일
이다. 『속한지(續漢志)』에서 "무제가 즉위한 후 많은 개변이 있었지만
그러나 사치와 욕망을 채우느라 백성들의 생계는 곤핍하였다"[358]라고
한 것은 그 개략적인 설명으로 볼 수 있다. 『한서』권75 「휴·양하
후·경·익·이전(眭兩夏侯京翼李傳)」의 기록에 의하면 선제(宣帝)는
처음에 즉위하여 "선제(무제)의 공적을 기리기 위해" 무제의 묘(廟)에
서 연주하는 묘악(廟樂)을 세우고자 하였다. (모두가 그래야 한다고 말했
으나) 유독 "장신소부(長信少府) 하후승(夏侯勝)[359]만이 '무제는 비록 사
이(四夷)를 물리치고 강역을 널리 개척한 공업이 있으나 수많은 사람
들을 죽음에 몰아넣고 백성들의 재력을 고갈시켰으며, 사치가 도를 넘
어 천하의 재물이 다 없어지고 백성들은 흩어져 떠돌다가 죽은 자가
반을 넘었으며, 병충해가 크게 일어나 황폐화된 땅이 수천 리에 이르
고 심지어 사람들이 서로를 잡아먹기까지 하였고, 축적된 것은 지금까

---

358 『後漢書』권24 「百官志」1, "及至武帝, 多所改作, 然而奢廣, 民用匱乏."
359 하후승(夏侯勝, B.C.152-B.C.61): 전한 동평(東平, 산동) 사람. 자는 장공(長公)이다. 하후시
창(夏侯始昌)에게 『상서』와 『홍범오행전(洪範五行傳)』을 배웠다. 소제(昭帝) 때 박사, 광록
대부(光祿大夫)를 지냈다. 선제가 무제를 높이는 것을 비난했다가 투옥된 후 나중에 사면을
받아 간대부급사중(諫大夫給事中), 태자태부(太子太傅)를 역임하였다. 금문상서 대하후학
(大夏侯學)의 개창자로, '대하후(大夏侯)'로 일컬어졌다. 『노논어(魯論語)』와 『곡량전(穀梁
傳)』에도 정통하였고, 선제의 명으로 『상서설(尙書說)』과 『논어설(論語說)』을 편찬했다. 저
서로 『상서대소하후장구(尙書大小夏侯章句)』, 『상서대소하후해고(尙書大小夏侯解故)』 등
이 있으나 산일되었다.

지도 회복되지 않아 백성들에게 미친 덕택이 없다고 볼 수 있으니, 그를 위해 따로 묘악을 짓는 것은 적절치 않습니다'라고 말하였다."[360] 이것은 큰 위험을 감수한 중요한 비판이다. 그러나 내가 여기서 특별히 지적하려는 것은 무력과 형벌은 일인전제정치의 양대 축이며 이 양대 축이 무제에 와서 특히 고도로 발달했다는 점이다. 무제가 형벌로 다스리고 형법이 그의 손에서 발전한 점에 관해서는『사기』「혹리열전(酷吏列傳)」과 『한서』「형법지(刑法志)」만 읽어 봐도 분명하게 알 수 있다. 관제상으로는『한구의(漢舊儀)』권상에서 "무제시 어사중승은 사례(司隸)를 감독하고, 사례는 사직(司直)을 감독하고, 사직은 자사 2천석 이하부터 묵수(墨綬)에 이르는 관직을 감독한다"[361]라고 말한 바와 같이 혹독한 독책(督責) 시스템을 확립하였다. 무력 방면에서는 그는 먼저 군사를 관제상 재상 계통에서 떼어 내 그 자신에게 직속되도록 하였다. 또한 당시 징집제도에 의한 군사력 외에 자기 주변의 상비적 무력을 확충하였다.『한서』「백관지」에 의하면 무제는 광록훈 내에 기문(期門)【평제 원시(元始) 원년에 호분랑(虎賁郎)으로 개칭】을 증설하고, 우림(羽林)과 우림고아(羽林孤兒) 외에 다시 성문교위(城門校尉)를 비롯한 중루(中壘)·둔기(屯騎)·보병(步兵)·월기(越騎)·장수(長水)·호기(胡騎)·사성(射聲)·호분(虎賁) 등 8개 교위를 증설하였다. 아울러 상설직이 아닌 장군이 대부분 그의 손에서 상설의 관직이 되었으니 예컨대

---

360 『漢書』권75「眭雨夏侯京翼李傳」, "長信少府勝獨曰, 武帝雖有攘四夷, 廣土斥境之功, 然多殺士衆, 竭民財力, 奢泰無度, 天下虛耗, 百姓流離, 物故者過半, 蝗蟲大起, 赤地數千里, 或人民相食, 畜積至今未復, 亡德澤於民, 不宜爲立廟樂."

361 『漢舊儀』권上, "武帝時, 御史中丞督司隸, 司隸督司直, 司直督刺史二千石以下至墨綬."

대장군(大將軍), 표기장군(驃騎將軍), 위장군(衛將軍), 전·후·좌·우장군 등이 그 지위를 제고하게 되었다. 이것은 무제가 취한 정치적 조치의 또 다른 일면이라고 할 수 있다. 위와 같은 발전과 밀접하게 관련되어 있고 향후 정치에 가장 큰 영향을 미친 것으로 재상제도의 추가적인 파괴보다 더한 것은 없다. 그리고 이러한 파괴는 전술한 바와 같은 재상이라는 관직에 대한 고조 이래의 태도를 그대로 따르는 행보이자 일인전제 자체의 필연적인 발전이기도 하다.

5. 무제의 재상제도 파괴

무제가 즉위한 건원(建元) 원년(B.C.140) 6월 두영(竇嬰)이 승상이 되었는데 이는 그가 큰 공을 세운 데다 상당히 현명하고 유능한 외척이었기 때문이었다. 그러나 건원 2년 10월에 두영은 면직되었다. 더욱이 전분(田蚡)이 무제에게 "(두영이) 밤낮으로 천하의 호걸과 장사들을 불러 모아 논의를 한다"362라고 말했기 때문에 두영은 위성(渭城)363에서 기시(棄市)형에 처해졌다. 두영을 이어서 재상이 된 자는 고조의 공신이었던 허온(許溫)의 손자인 허창(許昌)으로, 건원 6년(B.C.135) 6월에 면직되었는데 (그가 3년 3개월이나 승상 자리를 지킬 수 있었던 것은) 사마천이 말하는 "언행을 삼가고 청렴하며 근신하는[媕娿廉謹]"364 자의 하나였기 때문이었다. 이어서 무제의 외삼촌인 전분이 재상이 되었다. "전분은 외척으로서 경사(京師)의 승상이 되었으므로 만약 제후왕들을 철저히 제압하여 예로써 그들을 굴복시키지 않으면 천하 사람들이 두려워 복종하지 않을 것이라고 생각했다.【원주29】 당시에 승상 전분이 입

---

362 『史記』 권107 「魏其武安侯列傳」, "蚡所愛倡優巧匠之屬, 不如魏其 · 灌夫日夜招集天下豪傑壯士與論議, 腹誹而心謗, 不仰視天而俯畫地, 辟倪兩宮閒, 幸天下有變, 而欲有大功."

363 위성(渭城): 이전의 함양(咸陽, 섬서 함양시)을 위성으로 이름을 바꾸었다.

364 『史記』 권96 「張丞相列傳」, "及今上時, 柏至侯許昌 · 平棘侯薛澤 · 武彊侯莊青翟 · 高陵侯趙周等爲丞相. 皆以列侯繼嗣, 媕娿廉謹, 爲丞相備員而已, 無所能發明功名有著於當世者."

조하여 상주할 때면 앉아서 종일토록 말을 해도 황제가 다 들어 주었다. 사람을 천거할 때는 처음으로 관리가 되는 자를 단번에 2천 석의 높은 직위에 이르게 하는 일도 있어 권한이 황제로부터 그에게로 옮겨 갔다. 이에 황제가 말하기를 '그대는 관리임명이 다 끝났소, 아직 남아 있소? 나도 관리를 임명하고 싶은데'라고 할 정도였다."365【원주30】 전분이 진짜 재상 노릇을 한 것 같은데 이것은 그가 세 가지 조건을 갖추고 있었기 때문이다. 첫째, 그는 무제의 외삼촌으로 무제의 모친의 전폭적인 지지를 받았다. 그러므로 태사공은 "황제(무제)는 위기후(魏其侯)【두영】 사건 때부터 무안후(武安侯, 전분)를 정직하지 않다고 여겼는데 다만 태후와의 연고 때문에 그냥 두고 보았을 뿐이었다"366라고 하였다. 둘째, 무제는 무안후에 의지하여 제후왕을 굴복시킴으로써 조정을 높이고자 하였다. 셋째, 무안후는 "음악이나 개와 말을 좋아하였고, 연극배우와 뛰어난 장인(匠人) 등을 애호하였다."367【원주31】 이것이 무제의 의심을 덜었을지도 모른다. 그러나 그가 재상의 직권을 행사할 때 무제는 더 이상 이를 두고 볼 수가 없었다. 무안후가 죽고【원광 4년 (B.C.131) 3월에 죽었다】 9년 뒤에 회남왕(淮南王) 유안(劉安) 사건368이

---

365 『史記』 권107 「魏其武安侯列傳」, "蚡以肺腑爲京師相, 非痛折節以禮詘之, 天下不肅. 當是時, 丞相入奏事, 坐語移日, 所言皆聽. 薦人或起家至二千石, 權移主上, 上乃曰, 君除吏已盡未? 吾亦欲除吏."

366 『史記』 권107 「魏其武安侯列傳」, "上自魏其時, 不直武安, 特爲太后故耳."

367 『史記』 권107 「魏其武安侯列傳」, "所好音樂狗馬田宅, 所愛倡優巧匠之屬."

368 유안(劉安, B.C.179-B.C.122)은 회남왕 유장(劉長)의 아들로 문제 16년(B.C.164) 부친을 계승, 회남왕이 되어 수춘(壽春)에 도읍했다. 오초7국의 난에 호응하려 했으나 국상(國相)의 반대로 미수에 그쳤다. 무제 원수 원년(B.C.122) 몰래 무비(武備)를 정비한 일로 모반 음모의 혐의를 받아 자살하고 봉지는 몰수되었다. 이때 연루되어 죽은 빈객(賓客)과 대신이 수천 명

일어났을 때 무제는 이렇게 말했다고 한다. "무안후가 살아 있었다면 멸족을 당했을 것이다."[369] 전분에 이어서 승상이 된 자는 허창과 같은 출신에 같은 유형의 사람인 설택(薛澤)으로 원삭(元朔) 5년(B.C.123) 11월까지 8년간 승상을 지냈고, 그다음으로는 공손홍(公孫弘)이 승상이 되었다. 공손홍은 원광(元光) 5년(B.C.130) 문학(文學)으로 선발되어 박사가 되었는데 그 사람됨이 "비범하고 견문이 풍부하였다. … 조정에서 회의할 때는 매번 그 실마리만을 개진하여 천자가 스스로 결정하게 하였으며, 조정에서 얼굴을 맞대고 논쟁하려 하지 않았다. 이에 천자는 그가 품행이 돈후하고 언변에 조리가 있으며, 법령과 관리들의 직무를 익히 알고 또 유술(儒術)로써 그럴듯하게 장식하는 것을 보고 그를 매우 좋아하였다"[370][원주32]고 한다. 공손홍은 7년 만에 포의(布衣)의 신분에서 재상이 되었는데, 이는 그가 견문이 넓으면서도 면전에서는 알랑거리고, 법령을 집행하되 유술로써 장식하는 등 자존감을 과장하는 무제의 심리에 아주 잘 들어맞았기 때문이었다. 그의 성격은 숙손통(叔孫通)과 같은 유형이었다. 원수(元狩) 2년(B.C.121) 3월 공손홍이 죽자, 이채(李蔡)[371]가 대장군 위청(衛青)을 따라 공을 세워 후(侯)로 봉해

에 이르렀다고 한다.

369 『史記』 권107 「魏其武安侯列傳」, "使武安侯在者, 族矣."

370 『史記』 권112 「平津侯主父列傳」, "恢奇多聞 … 每朝會議, 開陳其端, 令人主自擇, 不肯面折庭爭. 於是天子察其行敦厚, 辯論有餘, 習文法吏事, 而又緣飾以儒術, 上大說之."

371 이채(李蔡, B.C.186-B.C.118): 전한 농서군 성기현(成紀縣, 감숙 靜寧) 사람으로 이광(李廣)의 종제다. 문제 때 낭(郎)이 되고, 경제 때 공적을 쌓아 2천 석에 이르렀으며, 무제 때 대(代)나라 재상이 되었다. 무제 원삭 5년(B.C.124) 경거장군(輕車將軍)이 되어 대장군 위청(衛青)을 따라 삭방(朔方)에서 흉노의 왕을 사로잡은 공로로 낙안후(樂安侯)에 봉해졌다. 원수 원년(B.C.122)에 어사대부가 되고, 2년에 공손홍의 뒤를 이어 승상이 되어 4년간 집정했다. 원수

지고 승상이 되었으나, 원수 5년(B.C.118) 죄로 인해 자살하였다. 다음으로 허창과 같은 출신이자 같은 유형인 장청적(莊靑翟)을 승상으로 삼았는데, 당시 "승상은 자리만 채우고 있었고, 천하의 사무는 모두 장탕(張湯)에게서 결재를 받았다."372【원주33】 그러나 원정(元鼎) 2년(B.C.115) 3월 장청적 역시 죄로 인해 자살하였고, 뒤이어 허창과 같은 유형의 조주(趙周)를 승상으로 삼았으나 원정 5년(B.C.112)에 이르러 하옥되어 죽었다. 3년 간격으로 세 명의 재상을 죽인 셈이다. 무제도 부끄럽게 느꼈는지 다음 재상으로는 "황제가 수레 앞에 몇 마리 말이 있는가 묻자 태복(太僕) 석경(石慶)373이 채찍으로 하나하나 말의 수를 센 다음 손을 들고 '여섯 필의 말이 있습니다'라고 대답한"374 그 석경을 특별히 뽑아 승상으로 삼았다. "이때 한나라는 남쪽으로 양월(兩越, 동월과 남월)을 토벌하고 동쪽으로 조선을 공격하였으며, 북으로는 흉노를 추격

5년(B.C.118), 경제의 능원(陵園) 앞 공지(空地)를 사사로이 침점(侵占)한 죄로 법리(法吏)에게 심문을 받게 되자 스스로 목숨을 끊었다.

372 『史記』권122 「酷吏列傳」, "丞相取充位, 天下事皆決於湯."

373 석경(石慶, ?-B.C.103): 전한 하내군(河內郡) 온현(溫縣, 하남 온현) 사람으로 만석군 석분(石奮)의 아들이다. 처음에 제(齊)나라 재상으로 있을 때 말을 하지 않고도 제나라가 크게 다스려져 그 위해 석상사(石相祠)를 세웠다고 한다. 원수 원년(B.C.122) 패(沛)군 태수로부터 태자태부(太子太傅)가 되고 7년 후 어사대부로 옮겼다. 원정 5년(B.C.112) 승상이 되고 목구후(牧丘侯)에 봉해졌다. B.C.107년 관동(關東)에 2백만 명의 유민이 발생했는데 호적이 없는 자가 40만 명이나 되었다. 공경들은 상의 끝에 이 유민들을 변방으로 이주시킬 것을 주청하기로 하였다. 무제는 석경이 연로한 데다 지나치게 신중하여 이 일을 함께 논의할 수 없다고 여겨 석경에게 휴가를 주어 집으로 보내고 어사대부 이하의 관리들이 의론하여 주청하도록 하였다. 석경은 이를 부끄럽게 여겨 사직하기를 청했으나, 무제가 조서를 내려 꾸짖자 다시 일을 보았다.

374 『史記』권103 「萬石張叔列傳」, "上問車中幾馬, 慶以策數馬畢, 擧手曰六馬."

하고 서쪽으로는 대완(大宛)을 정벌하였으므로 나라에 여러 가지 일이 많았다. 천자는 전국을 순수(巡狩)하면서 상고의 신사(神祠)를 정비하고 봉선(封禪)을 행하고 예악을 크게 일으켰으므로 국가 재정이 부족하게 되었다. 상홍양(桑弘羊)[375] 등은 재정수입을 끌어오는 데 힘썼고 왕온서(王溫舒)[376] 등은 엄격하게 법을 집행하였으며, 아관(兒寬)[377] 등은 문학(文學)으로 추거되어 관직이 구경(九卿)에 이르렀다. 이들이 번갈아 국정을 담당했기 때문에 중대사의 결정은 승상의 손에서 처리되지 않았다. 승상은 다만 온후하고 신중할 뿐이었다. 석경은 9년 동안 승상 자리에 있으면서 잘못을 바로잡는 말이라곤 한 적이 없다. 일찍

---

375 상홍양(桑弘羊, B.C.152경-B.C.80): 전한 낙양 사람. 무제 때 치속도위(治粟都尉), 대사농(大司農)으로 있으면서 소금·철·주류의 국가전매와 평준법(平準法)·균수법(均輸法)을 제정하여 전국의 상품을 통제하고 물가를 억제하여, 상인들의 지나친 이익을 막고 세수(稅收)의 증대를 꾀했다. 후원(後元) 2년(B.C.87) 소제(昭帝)가 어린 나이에 즉위하자 무제의 유조(遺詔)로 곽광(霍光)과 함께 정치를 보좌하면서 어사대부(御史大夫)에 올랐다. 그의 염철전매 정책에 대한 불만이 높아지자 시원(始元) 6년(B.C.81) 현량(賢良)·문학(文學)과 궁정에서 전매법 등의 문제에 관해 격론을 벌였는데 그 기록이 『염철론(鹽鐵論)』이다. 다음 해 연왕(燕王) 유단(劉旦)·상관걸(上官桀) 등과 모반을 획책하다 피살되었다.

376 왕온서(王溫舒, ?-B.C.104): 전한 좌풍익(左馮翊) 양릉(陽陵, 섬서 함양) 사람. 현 정장(亭長)을 지냈으며 옥사를 잘 다스려 정위사(廷尉史)가 되었다. 광평도위(廣平都尉)를 거쳐 하내(河內)태수로 옮겨 호족 세력을 진압했는데 연좌된 집안이 수천에 달했고 집안이 멸족을 당하거나 주류를 당해 피가 천여 리까지 흘렀다고 한다 무제가 유능하다고 여겨 중위(中尉)로 삼았고, 뒤에 소부(少府)와 우내사(右內史)를 지냈다. 태초 원년(B.C.104) 뇌물을 받고 남을 고발했다가 투옥되자 자살했다.

377 아관(兒寬, ?-B.C.103): 전한 천승(千乘, 산동 濱州) 사람. 구양생(歐陽生)에게 『상서』를 배웠고, 이후 공안국(孔安國)의 제자가 되었다. 무제 때 정위 장탕(張湯)의 신임을 받아 시어사(侍御史)에 올랐다. 원정(元鼎) 4년(B.C.113) 중대부(中大夫)에 발탁되고 좌내사(左內史)로 옮겼다. 재임 시 농상(農桑)을 권하고 형벌을 완화했으며, 옥사(獄事)를 순리대로 처리해 관리와 주민들의 신임을 받았다. 나중에 어사대부(御史大夫)에 임명되고, 사마천 등과 함께 『태초력(太初曆)』을 제정했다.

이 황제의 근신(近臣)인 소충(所忠)과 구경(九卿)인 함선(咸宣)의 죄를 다스릴 것을 주청한 적이 있었는데, 그들을 복죄(服罪)시키지도 못하고 도리어 자신이 죄를 받고 속죄금을 낸 일도 있었다."378【원주34】 조정에 큰일이 있어 조정회의를 열려고 할 때조차 그를 참여시키지 않자 석경은 부끄러움을 느껴 승상과 열후의 인장(印章)을 반납하고자 했는데, 무제는 그를 꾸짖어 말하기를 "그대는 이 어려운 상황을 누구한테 떠맡기려는 것이오?"379라고 하였다. 석경은 별수 없이 태초(太初) 2년 (B.C.103) 세상을 떠날 때까지 (무려 9년 동안) 승상직을 지켰다. 무제는 이제 갖고 놀기 편하고 또 믿을 만한 도구 하나를 잃게 된 것이다. 석경을 이어서 승상을 맡은 자는 공손하(公孫賀)380였다. 그의 선조는 호족(胡族)이었고 의거(義渠) 사람이었다. 무제가 태자로 있을 때 태자사

---

378 『史記』권103「萬石張叔列傳」, "是時, 漢方南誅兩越, 東擊朝鮮, 北逐匈奴, 西伐大宛, 中國多事, 天子巡狩海內, 修上古神祠, 封禪, 興禮樂, 公家用少. 桑弘羊等致利, 王溫舒之屬峻法, 兒寬等推文學至九卿, 更進用事, 事不關決於丞相, 丞相醇謹而已. 在位九歲, 無能有所匡言. 嘗欲請治上近臣所忠 · 九卿咸宣罪, 不能服, 反受其過, 贖罪."

379 『史記』권103「萬石張叔列傳」, "天子曰, 倉廩既空, 民貧流亡, 而君欲請徙之, 搖蕩不安, 動危之, 而辭位, 君欲安歸難乎"

380 공손하(公孫賀, ?-B.C.92): 전한 북지군(北地郡) 의거현(義渠縣, 감숙 寧縣) 사람. 자는 자숙(子叔)이다. 경제 때 태자사인(太子舍人)이 되고 무제 때 태복(太僕)으로 승진하였다. B.C.134년부터 B.C.111년까지 태복의 직위로서 경거장군(輕車將軍), 기장군(騎將軍), 좌장군(左將軍)을 맡아 7차에 걸쳐 흉노를 치러 출격했고 그 공으로 남포후(南䆻侯)에 봉해졌으나 주금(酎金)법에 연루되어 열후를 박탈당했다. 태초 2년(B.C.103), 석경(石慶)의 뒤를 이어 승상이 되었다. 석경의 전임 승상 세 명(이채 · 장청적 · 조주)이 모두 죄를 지어 죽었고, 석경 또한 위태로운 일이 많았기 때문에 공손하는 명을 받고 울면서 사양했지만 무제의 강압에 못 이겨 승상에 취임하였고 갈역후(葛繹侯)에 봉해졌다. 그를 이어 태복이 된 아들 공손경성(公孫敬聲)이 비리를 저지른 외에 양석공주(陽石公主)와 사통하고 무고(巫蠱)로 황제를 저주했다는 무고를 받아 하옥되었고, B.C.92년 본인과 일족이 주멸되었다.

인(太子舍人)을 지냈고 그의 처는 위황후(衛皇后)의 언니였으므로 "이 때문에 총애를 받았다."381 공손하는 "일곱 차례 장군이 되어 출병하여 흉노를 공격했으나 큰 공이 없었고, 그럼에도 재차 열후에 봉해졌다."382 그러나 그는 태복(太僕)의 자리에서 일약 "승상으로 임명되자 인수(印綬)를 받지 않고 머리를 조아리며 울면서 말하기를 '신은 본디 변방지역 출신으로 전쟁터에서 말 타고 활 쏘는 일로 관직을 얻었으니 실로 승상을 감당할 만한 재능이 못 됩니다'라고 하였다. 황제가 좌우의 대신들과 함께 공손하의 비통해하는 모습을 보고는 감동하여 눈물을 흘리며 말하기를 '승상을 부축하여 일으키라'고 하였다. 공손하가 일어나려 하지 않자 황제가 앞으로 나가 일으켜 주었다. 공손하는 부득이 승상직을 임명받고 밖으로 나왔다. 좌우에서 그 까닭을 묻자 공손하는 '주상께서는 현명하시고 신은 그에 걸맞은 승상이 되기에 부족하니 중책을 짊어졌다가 위태로워질 것이 염려되었기 때문이오'라고 답하였다."383【원주35】 이를 통해 무제의 재상이 된다는 것이 얼마나 위험한 일이었는지를 알 수 있다. 공손하가 비록 깊은 연못에 이르는 것 같고 엷은 얼음장을 디디는 것 같은 심정으로 원치 않는 승상이 되긴 했지만 결국에는 정화(征和) 2년(B.C.91) 4월에 하옥되어 죽

---

381 『漢書』 권66 「公孫賀傳」, "自武帝爲太子時, 賀爲舍人, 及武帝即位, 遷至太僕. 賀夫人君孺, 衛皇后姊也, 賀由是有寵."

382 『史記』 권111 「衛將軍驃騎列傳」, "賀七爲將軍, 出擊匈奴無大功, 而再侯."

383 『漢書』 권66 「公孫賀傳」, "引拜爲丞相, 不受印綬, 頓首涕泣曰, 臣本邊鄙, 以鞍馬騎射爲官, 材誠不任宰相. 上與左右見賀悲哀, 感動下泣曰, 扶起丞相. 賀不肯起, 上乃起去. 賀不得已, 拜出. 左右問其故, 賀曰, 主上賢明, 臣不足以稱, 恐負重責, 從是殆矣."

었으며, 또 그 가족들도 멸족을 당했다. 공손하가 죽은 후 그해 5월에 종실인 유굴리(劉屈氂)[384]를 탁군(涿郡)태수에서 불러 승상으로 삼았는데, 정화 3년 무고(巫蠱)의 변을 만나 유굴리는 장군을 겸직하여 태자와 장안(長安)에서 교전을 벌였고 그때 죽은 자가 수만 명이었다. 6월에 그 처의 저주 사건으로 인해 유굴리는 요참(腰斬)에 처해지고 처와 아들은 화양(華陽)의 저잣거리에서 효수되었다. 이 일로 1년여 동안 승상을 두지 않았다. 정화 4년(B.C.89), 고침랑(高寢郎)【안사고는 고조묘[高廟]의 침전(寢殿)을 지키는 낭이라고 하였다】 전천추(田千秋)[385]는 긴급한 상황의 일을 보고하는 상주문에서 태자가 억울한 죄를 쓰고 죽었음을 변론하였고 이에 무제는 그를 대홍려(大鴻臚)로 임명하고 6월에 승상을 삼았다.【원주36】 다시 20개월이 지난 후원(後元) 2년(B.C.87) 2월, 무제가

---

384 유굴리(劉屈氂, ?-B.C.90): 무제의 이복형 중산정왕(中山靖王)의 아들이다. 승상 공손하(公孫賀)가 하옥되면서 정화 2년(B.C.91) 유굴리는 탁군(涿郡)태수에서 좌승상으로 승진하는 동시에 팽후(澎侯)에 봉해졌다. 같은 해 강충(江充)의 모함으로 태자 유거(劉据, 戾태자)가 반란을 일으켜 반란군이 승상부에 진입하자 유굴리는 감천궁에 있던 무제에게 변고를 알리고 군대를 지휘하여 닷새 만에 반란을 진압하였다. 이듬해 유굴리의 사돈인 이사장군(貳師將軍) 이광리(李廣利)가 흉노 토벌에 나서면서 유굴리에게 자신의 누이동생 소생인 창읍왕(昌邑王)이 태자가 되게끔 힘써 달라고 부탁하였고 유굴리도 이를 받아들였으나, 유굴리의 부인이 무제를 저주하는 행위를 한다는 밀고가 들어와 무제는 유굴리와 이광리의 음모를 철저히 조사하도록 명령하였다. 결국 유굴리는 요참형에 처해졌으며, 처자식 또한 화양(華陽)의 저잣거리에서 효수되었다. 이광리의 아내와 딸 또한 형 이연년과 함께 주살되었고, 소식을 들은 이광리는 흉노에 투항하였다.

385 전천추(田千秋, ?-B.C.77): 전한 풍익(馮翊) 장릉(長陵, 섬서 서안) 사람. 차천추(車千秋)라고도 한다. 전국 시대 전제(田齊)의 후예로 전한다. 무제 때 태자 유거(劉據)가 강충(江充)의 무고(誣告)를 받아 강충을 죽이고 자살했는데, 그 뒤 고조의 능참봉이었던 그가 태자의 원통한 상황을 무제에게 알려 밝혔다. 이 일로 재상에 임명되고 부민후(富民侯)에 봉해졌다. 소제(昭帝) 때는 노쇠를 배려하여 소거(小車)를 타고 궁중을 출입하게 했는데, 사람들이 차승상(車丞相)이라 불렀다. 이 때문에 자손들이 '차(車)'를 성으로 삼았다.

죽음으로써 한 세대에 걸친 재상의 비극은 잠시 결말을 고하게 된다.

본래 법 집행과 감찰의 권한은 어사대부(御史大夫)에게 있었다. 그러나 무제는 승상의 직권을 박탈하는 과정에서 원수 5년에 비(比) 2천 석의 사직(司直)을 증설하였는데, 명목은 승상을 보좌하여 불법을 적발하는 것이었으나 실제로는 승상의 동정을 정탐하는 데 목적이 있었고, 그 때문에 승상들은 사소한 개인적 비밀이 탄로되어 죽임을 당하는 경우가 많았다. 또 앞서 인용한 위굉(衛宏)[386]의 『한구의(漢舊儀)』에 의하면 승상에게는 5인의 시중(侍中)이 있었다. 그러나 한 무제에 이르면 시중은 가관(加官)의 하나로 바뀌게 되고, 승상에서 분리되어 금중(禁中)에 들어와 시종하면서 황제의 의복과 기물을 나누어 관장하였고, "황제의 좌우에서 시종하며 (제사와 조회 등의) 여러 행사 때 군신들이 각자의 위치로 나아가도록 도와 인도하고, 황제의 자문에 응대(應對)하는 일을 맡았다."[387] 후한에 이르러 시중은 결국 소부(少府)에 속하게 된다. 또 앞서 인용한 『한구의』에 의하면 (승상의 속관으로) 지방으로 나가 주(州)를 감독하는 자를 자사(刺史)라 하였는데 이것은 승상부의 동조(東曹)에서 주관하였다. 그러나 원봉 5년 무제는 전국을 13주 자사로 나누어[388] 임시로 인수(印綬)를 수여함으로써 승상의 군현에 대

---

386 위굉(衛宏, ?-?): 후한 동해(東海, 산동) 사람. 자는 경중(敬仲)이다. 광무제 때 의랑(議郎)을 지냈다. 사만경(謝曼卿)에게 『모시』를 배워 「모시서(毛詩序)」를 지었다. 두림(杜林)에게 『고문상서』를 배워 『고문상서훈지(古文尙書訓旨)』를 저술했다. 그 밖에 『한구의(漢舊儀)』 등이 있다.

387 『漢舊儀』권上, "掌侍左右, 贊導衆事, 顧問應對."

388 13주 자사로 나누어: 이를 부자사(部刺史)라 한다. 13부주(部州)는 예주(豫州)·기주(冀州)·연주(兗州)·서주(徐州)·청주(靑州)·형주(荊州)·양주(揚州)·익주(益州)·양주(凉

한 감독권을 박탈하였다. 이러한 관직 시스템 및 직무의 변화는 바로 승상의 실권이 축소되었음을 의미한다.

무제는 인사의 선발과 상식을 뛰어넘는 엄형준벌로 재상의 직위를 유명무실하게 만들었을 뿐만 아니라, 임용 절차에 있어서도 승상의 전통적인 관제상의 지위를 격하시켰다. 살펴보건대 어사대부는 그 지위가 열경(列卿)의 위에 있으므로 이를 상경(上卿)이라 하며 승상의 차관 역할을 담당하였다. 그러므로 진(秦)을 계승한 한에서는 대체로 어사대부를 차기 승상으로 삼았는데, 백관을 통할하는 승상의 지위를 확정하여 그것이 요행으로 등급을 건너뛰어 쟁취할 수 있는 자리가 아님을 보인 것이다. 그래서 『한서』 권83 「주박전(朱博傳)」[389]에서 주박은 어사대부를 다시 설치하도록 주청하는 상소문에서 이렇게 말하고 있다. "지난 제도에서는 군국(郡國)의 수(守)와 상(相) 중에서 등급이 높은 자를 선발하여 중(中) 2천 석을 삼고, 중 2천 석에서 선발하여 어사대부를 삼으며, 어사대부의 직책을 훌륭히 수행한 자를 승상으로 삼았습니다. 위차에 질서가 있어야 성스러운 덕을 존숭하고 나라의 재상을 존중하게 됩니다. 지금은 중 2천 석이 어사대부를 거치지 않고 곧바로

州)·삭주(朔州)·병주(幷州)·유주(幽州)·교주(交州)이다. 부자사는 조서를 받들어 주의 업무를 감찰하는 일을 관장하였다. 『漢書』 권19上 「百官公卿表」 上, "武帝元封五年, 初置部 刺史, 掌奉詔條察州, 秩六百石, 員十三人."

389 주박(朱博, ?-B.C.5): 전한 경조(京兆) 두릉(杜陵) 사람. 자는 자원(子元)이다. 성제 초에 대장 군 막부(幕府)에 있었고 역양(櫟陽) 등 4현의 현령, 기주(冀州)와 병주(幷州) 자사(刺史), 좌 풍익(左馮翊)을 역임하였다. 애제가 즉위하자 경조윤(京兆尹)으로 옮겼다. 처음에는 부태후 (傅太后)의 권세에 기대어 승상 공광(孔光)과 함께 대사공(大司空) 사단(師丹) 등을 참소해 사단 대신 대사공이 되고, 공광 대신 승상이 되기도 했다. 건평 2년(B.C.5) 양향후(陽鄕侯)에 봉해졌으나 권귀(權貴)들과 결탁하여 정치를 어지럽힌 죄로 투옥되어 자살하였다.

승상이 되어 권한이 가벼우니 나라의 정사를 중히 여기는 방법이 아닙니다."[390] 살펴보건대 군 태수의 질석은 2천 석, 열경(列卿)은 중 2천 석【중(中)은 충족의 뜻이다】, 어사대부는 매월 봉급이 4만, 승상은 6만이다. 무제 초기에 승상을 기용할 때는 오히려 주박이 서술한 바의 절차에 따랐다. 그러나 말기에 이르면 공손하는 태복(太僕)으로 있다가 승상이 되었는데 태복의 질석은 중 2천 석이며 어사대부를 지내지 않고 바로 승상이 되었다. 공손하가 하옥되어 죽은 다음 유굴리가 탁군태수에서 승상이 되었을 때는 중2천석조차도 거치지 않았다. 유굴리가 요참형을 당한 후 전천추는 대략 3백 석의 낭(郞)에서 곧바로 중2천석인 대홍려에 임명되었고, 다시 대홍려에서 승상으로 임명되었다. 일인전제자의 심리는 설령 자신이 건립하고 승인한 객관적 관제 내지 어떤 제도라도 자신의 일시적인 편의를 위해서는 헌신짝 버리듯 내다 버릴 수가 있는 것이다. 그리고 무제가 진·한으로 이어진 승상의 임명 절차를 타파하려는 것은 그 목적이 바로 재상의 권한을 가볍게 하여 재상을 하찮은 직위로 만드는 데 있었다.

무제가 재상제도를 파괴하려는 것은 한편으로는 일인전제로부터 자연히 생겨난 의심 심리에서 비롯되었다. 일인전제에서는 그의 권력을 분담할 누군가가 필요하지만, 그의 권력을 분담하는 누군가를 가장 두려워한다. 이것은 먼저 재상에게 재앙을 가져다주었다. 다른 한편

---

390 『漢書』 권83 「朱博傳」, "故事, 選郡國守相高第爲中二千石. 選中二千石爲御史大夫. 任職者爲丞相. 位次有序, 所以尊聖德, 重國相也. 今中二千石未更御史大夫, 而爲丞相, 權輕, 非所以重國政也."

으로는 일인전제로부터 자연히 생겨난 오만한 심리에서 비롯되었다. 자기의 지위가 억조창생들 위에 군림한다고 여기는 순간 자기의 재능과 지혜도 모든 사람들을 초월한다는 환상을 갖게 된다. 이러한 비할 바 없는 재능과 지혜에 대한 자아도취적 환상은 그에게 일체의 제도적 한계를 뛰어넘어 직접적으로 자아를 표현할 것을 요구한다. 일인전제자의 직접적인 자아 표현을 제한하는 것이 바로 재상제도이다. 그는 자아 표현을 향해 돌진하였고 이는 곧 재상제도의 파괴로 이어졌는데, 그 발전과정은 대체로 3단계로 나눌 수 있다. 첫 번째 단계는 당시 자유자재의 재지(才智)와 언변을 갖춘 인재들을 그의 궁궐 대문 안쪽의 대기실—즉 광록훈(光祿勳) 안으로 널리 모아들인 다음, "천자의 빈객(賓客)"이란 위세를 등에 업고 천자의 명을 받들어 대신들을 힐난하거나 대신들을 설복시켜, 대신들로 하여금 이러한 힐난과 설복을 통해 황제의 문무 겸비는 진실로 측량하기 어려우니 철저히 복종하는 수밖에 없다고 느끼도록 하여 정책상 완전히 수동적인 입장에 처하게끔 만드는 동시에, 황제가 직접적으로 정책을 장악할 수 있도록 하는 단계이다. 『한서』 권64 「엄주오구주보서엄종왕가전(嚴朱吾丘主父徐嚴終王賈傳)」의 '엄조전(嚴助傳)'[391]에서는 다음과 같이 말한다.

---

[391] 엄조(嚴助, ?-B.C.122): 전한 회계(會稽) 오현(吳縣, 강소 蘇州) 사람. 원래 장(莊)씨인데 후한 명제 유장(劉莊)을 피휘해 엄으로 바꾸었다. 엄기(嚴忌)의 아들로, 일설에는 족자(族子)라고도 한다. 현량(賢良)으로 천거되었는데 무제의 주목을 받아 중대부(中大夫)로 발탁되고, 회계태수가 되었다. 주매신(朱買臣), 사마상여(司馬相如), 오구수왕(吾丘壽王), 동방삭(東方朔) 등과 함께 무제를 측근에서 보좌하였다. 회남왕 유안(劉安)과 가깝게 지내다 유안의 모반 사건에 연좌되어 죽임을 당했다.

【건원(建元) 원년(B.C.140)에】 군(郡)에서 현량(賢良)을 천거했는데 책문에 대답한 자가 백여 명이나 되었다. 무제는 엄조의 대책이 훌륭하다고 여겨 엄조 한 사람만을 중대부(中大夫)로 삼았다. 그 뒤로 주매신(朱買臣),[392] 오구수왕(吾丘壽王),[393] 사마상여(司馬相如), 주보언(主父偃), 서락(徐樂),[394] 엄안(嚴安), 동방삭(東方朔), 매고(枚皋), 교창(膠倉), 종군(終軍), 엄총기(嚴蔥奇) 등을 얻어 나란히 좌우에 두었다. 당시 한나라는 사이(四夷)를 정벌하고 변방에 군(郡)을 설치하면서 군대가 자주 출동하였고, 내부적으로는 제도를 개혁하여 조정에 일이 많았으므로 여러 차례 현량과 문학의 선비들을 천거하였다. 공손홍은 평민 신분에서 수년 만에 승상의 자리에 올랐는데, 동합(東閤)을 열고 현인(賢人)들을 맞아들여 모의에 참여시켰다. 그들은 조현(朝見)하여 일을 아뢸 때 나라에 도움이 되는 것들에 관해 이야기하였다. 무제가 엄조 등에게 명하여 대신들과 변론하게 하였는데, 천자의 빈객들과 대신

---

392 주매신(朱買臣, ?-B.C.115): 전한 회계(會稽) 오현(吳縣) 사람. 자는 옹자(翁子)다. 엄조(嚴助)의 추천으로 무제에게 『춘추』를 강설하게 되어 중대부(中大夫)에 올랐다. 무제의 명으로 병사를 이끌고 횡해장군(橫海將軍) 한열(韓說) 등과 함께 동월(東越)을 공격해 공을 세웠고, 구경(九卿)의 반열에 올랐다. 어사대부 장탕(張湯)과 평소 원한이 있었는데 장탕이 조정 대사를 좌지우지하며 그를 능멸하자 비리를 파헤쳐 자살하게 했다. 이 일로 무제의 분노를 사 그 역시 죽임을 당했다.

393 오구수왕(吾丘壽王, ?-?): 전한 조(趙, 하북 邯鄲) 사람. 자는 자공(子贛)이다. 격오(格五, 쌍륙)를 잘해 무제에게 불렸고, 시중중랑(侍中中郎)으로 옮겼다가 죄를 지어 면직되었다. 동군(東郡)에 도적이 일어나자 동군도위(東郡都尉)에 임명되었고 나중에 입조하여 광록대부(光祿大夫)를 지냈으나 이후 사건에 연루되어 주살되었다. 사부(辭賦)를 잘 지었다. 저작으로 『오구수왕(吾丘壽王)』 6편, 『우구설(虞丘說)』 1편, 『오구수왕부(吾丘壽王賦)』 15편이 있으나 산일되었다.

394 서락(徐樂, B.C.156?-B.C.87?): 전한 연군(燕郡) 무종(無終, 하북 天津) 사람. 낭중(郎中)을 지냈다. 당시 무제는 중앙집권 강화와 흉노 토벌로 국력이 많이 소모된 상황이었다. 서락은 이에 "국가의 가장 큰 근심거리는 토붕(土崩)에 있다. 토붕은 백성들이 폭정의 고통을 감당할 수 없어 마침내 무리를 지어 반항하는 데서 비롯된다. 그에 비해 와해(瓦解)는 오호칠국의 반란과 같이 정권의 내부에서 일어나는 권력 다툼이다. 토붕은 기존의 정권을 뒤엎어서 새로운 정권을 세우는 것이지만, 와해는 단지 인사 교체를 조성하는 일일 뿐이다"라는 요지의 글을 올려, 황제에게 토붕을 경계하라고 간언하였다.

들이 의리를 밝힌 글을 가지고 서로 응대하니 대신들이 자주 굴복하였
다.[395]

무제가 당시 가장 강한 의지를 보였던 것은 사이(四夷)를 정벌하는
일이었다. 하지만 이것은 천하의 궁핍과 동요를 초래했고, 따라서 당
시에 가장 큰 반감을 불러일으킨 것도 사이 정벌이었다. 무제가 궁궐
대문 안 대기실의 빈객들을 이용한 이유는 주로 이 점을 노렸기 때문
이었다. 건원 3년(B.C.138) 민월(閩越)이 거병하여 동구(東甌)[396]를 포위
하자 동구는 한나라에 위급한 사정을 알려 왔다. 그때 태위 전분(田蚡)
은 군대를 보내 구원하는 데 반대하였다. 이에 "엄조는 전분을 힐난하
여 말하기를 … 무제가 말하기를 '태위(전분)는 함께 계책을 도모하기
에 부족하구나'라고 하면서 마침내 엄조로 하여금 절(節)을 지니고 회
계(會稽)에 가서 군사를 징발하도록 하였다. 회남왕 유안(劉安)이 민월
정벌을 간하는 글을 올리자 다시 엄조를 보내어 황제의 뜻을 일깨워
주도록 하였다. 이에 회남왕은 사죄하기를 '비록 탕(湯)이 걸(桀)을 정
벌하고 문왕(文王)이 숭(崇)을 정벌했다고 하나 진실로 이보다 낫지는

---

395 『漢書』 권64上 「嚴助傳」, "郡擧賢良對策百餘人, 武帝善助對, 繇是獨擢助爲中大夫. 後得朱買
臣·吾丘壽王·司馬相如·主父偃·徐樂·嚴安·東方朔·枚皐·膠倉·終軍·嚴蔥奇等,
並在左右. 是時征伐四夷, 開置邊部, 軍旅數發. 內改制度, 朝廷多事, 婁擧賢良文學之士. 公孫
弘起徒步, 數年至丞相, 開東閣, 延賢人與謀議. 朝覲奏事, 因言國家便宜. 上令助等與大臣辯
論, 中外相應以義理之文, 大臣數詘."

396 동구(東甌): 진(秦) 통일 전후로 절강·강서·호남성 남부 및 광동·광서 일대에는 백월(百
越)로 통칭되는 종족들이 거주하고 있었는데, 회계(會稽) 일대의 어월(於越), 절강성 남부와
복건성 북부 연안 일대의 동구(東甌), 복건성 일대의 민월(閩越), 영남 및 광서·광동 일대의
남월(南越)과 서구(西甌)가 진(秦)에 무력으로 정복되어 각각 회계군(會稽郡), 민중군(閩中
郡), 남해군(南海郡), 계림군(桂林郡) 및 상군(象郡)이 설치되었다.

않을 것입니다'라고 말하였다."[397] "당시 무제는 삭방(朔方)군에 성을 쌓고 있었는데 승상 공손홍[398]이 여러 차례 간언을 하였다. 그러자 황제는 주매신 등을 시켜 공손홍에게 반론을 펴게 하였는데, 주매신은 삭방군을 설치하면 어떤 이점이 있는지 10가지 방책을 제시하였으나 공손홍은 한 가지도 말하지 못했다. 공손홍이 이에 사과하면서 말하기를 '산동(山東)의 촌놈이 그런 이점이 있는 줄은 몰랐습니다'라고 하였다."[399][원주37] 공손홍이 백성들의 활과 쇠뇌(弩) 소지를 금지해야 한다고 상주했을 때 오구수왕(吾丘壽王)은 "크게 불편할 것이라고 상서하였고, 무제가 이를 가지고 승상 공손홍을 힐난하자 공손홍은 오구수왕의 견해에 굴복하였다."[400] 주매신이 공손홍을 힐난한 것은 주보언(主父偃)의 계책이었는데, 대신들은 모두 주보언이 입만 열었다 하면 해를 입을까 두려워하여 "뇌물을 보낸 것이 수천 금이었다."[401] 박사 서언(徐偃)은 사자(使者)로서 군국의 풍속을 살피러 나갔다가 "교동국(膠東國)과 노국(魯國)에서 소금과 철을 제렴·주조할 수 있도록" 해 달라는

---

397 『漢書』 권64上「嚴助傳」, "於是助詰蚡曰, … 上曰, 太尉未足與計. … 廼遣助以節發兵會稽. … 淮南王安上書諫曰, … 使中大夫助諭朕意告王越事 … 於是王謝曰, 雖湯伐桀, 文王伐崇, 誠不過此."

398 서복관은 이를 공손홍이 승상일 때의 일로 보았으나 당시 그는 어사대부로 있었다. 『史記』 권112「平津侯列傳」, "元朔三年, 張歐免, 以弘爲御史大夫. 是時 … 北築朔方之郡(이하 아래의 각주와 동일)."

399 『史記』 권112「平津侯主父列傳」, "是時 … 北築朔方之郡, (丞相公孫)弘數諫 … 於是天子乃使朱買臣等難弘, 置朔方之便發十策, 弘不得一. 弘廼謝曰, 山東鄙人不知其便若是."

400 『漢書』 권64上「吾丘壽王傳」, "大不便, 書奏, 上以難丞相弘. 弘詘服焉."

401 『漢書』 권64上「主父偃傳」, "尊立衛皇后及發燕王定國陰事, 偃有功焉. 大臣皆畏其口, 賂遺累千金."

사람들의 요구를 받아들였는데,[402] 어사대부 장탕(張湯)은 그의 행위를 가짜로 제서를 꾸민[矯制] 죄로 다스리고자 했다. 그러자 서언은 "'대부(大夫)가 나라 밖으로 나갔을 때 사직을 안정시키고 국가를 이롭게 할 수 있는 일이 있으면 군명(君命)을 받지 않고 임의로 처리하는 것이 옳다'[403]라는 『춘추』의 의리에 근거하여 자신을 변호하였고", 장탕은 "그러한 『춘추』의 의리를 논박할 수가 없었다."[404] 무제는 이에 "종군(終軍)[405]에게 조서를 내려 서언을 힐난하도록 하였는데, … 그의 힐난은 결국 서언으로 하여금 굴복하여 자신의 죄를 인정하도록[服罪] 만들었다." "무제는 종군의 힐난을 칭찬하고 조서를 내려 어사대부에게 이것을 보여 주도록 하였다."[406] 한편 당시 촉(蜀)의 장로(長老)들과 대신들은 대부분 서남이(西南夷)와의 교통을 반대했는데, 유명한 사마상여(司馬相如)의 「난촉부로서(難蜀父老書)」는 이들을 힐난하기 위해 쓴 글이다. 마침내 무제는 서남이와 개통하는 공업을 이루었으니, 이것도 바로 빈객 재사(才士)를 이용하는 풍조하의 작품이라 하겠다. 무제의

---

402 『漢書』 권64下 「終軍傳」, "元鼎中, 博士徐偃使行風俗. 偃矯制, 使膠東·魯國鼓鑄鹽鐵."

403 이 구절은 『公羊傳』 「莊公 19年」에 보인다. "禮, 大夫受命, 不受辭, 故云, 爾出竟, 有可以安社稷, 利國家者, 則專之可也." 『左傳』 「莊公 19年」과 「文公 8年」의 두예 주에도 인용되어 있다.

404 『漢書』 권64下 「終軍傳」, "御史大夫張湯劾偃矯制大害, 法至死. 偃以爲春秋之義, 大夫出疆, 有可以安社稷, 存萬民, 顓之可也. 湯以致其法, 不能詘其義."

405 종군(終軍, ?-B.C.112): 전한 제남(濟南, 산동 제남) 사람. 자는 자운(子雲)이다. 18살 때 박사제자(博士弟子)로 선발되었다. 장안에 와서 국사에 대해 글을 올리자 무제가 알자급사중(謁者給事中)에 임명하였고 거듭 승진하여 간대부(諫大夫)에 올랐다. 원정 4년(B.C.113) 20여 살의 나이로 남월(南越)에 사신으로 가서 남월왕이 복속하도록 설득하였으나 남월의 귀속에 극력 반대한 남월의 승상 여가(呂嘉)에게 피살되었다. 『춘추』에 밝았던 것으로 전해진다.

406 『漢書』 권64下 「終軍傳」, "有詔下軍問狀, 軍詰偃曰 … 偃窮詘, 服罪當死 … 上善其詰, 有詔示御史大夫."

빈객 가운데 오직 서락(徐樂)과 엄안(嚴安)만은 정도를 지켜 아첨하지 않았고 그러한 힐난 공작을 하지 않아서인지 그들은 빈객들 중에서 가장 낮은 지위에 머물렀다.

　이상 황제의 뜻을 받들어 대신들을 힐난하고 굴복시킨 사람들은 한편으로는 재능과 언변을 두루 갖추고 있었고 다른 한편으로는 배후에서 황제의 비호를 받았다. 그러나 무제는 단지 그들을 일시적으로 이용했을 뿐이며, 이용하는 동안 그들이 변론술로 공경들을 억압하기를 바랐지 거꾸로 그들이 이 수법으로 황제 자신을 상대하는 것을 꺼려 하였다. (당시 무제의 측근으로 있다가 회계군 태수로 가기를 희망한 엄조가 태수 부임 후 몇 년 동안 소식이 없자 무제는) 엄조에게 조서를 내려 "『춘추』의 의리에 근거하여 근황을 보고하되 소진(蘇秦)[407]의 변론술은 쓰지 말라"[408]라고 했던 것도 그 때문이다. 그뿐만 아니라 엄조, 주매신, 오구수왕, 주보언 등은 모두 주륙되거나 멸족을 당하기까지 하였다. 사마상여가 제대로 생을 마칠 수 있었던 것은 그가 "항상 병을 핑계로

---

407 소진(蘇秦, ?-?): 전국 시대 중엽 낙양 사람. 자는 계자(季子)다. 장의(張儀)와 함께 귀곡자(鬼谷子)에게 가르침을 받았다. 처음에 진(秦) 혜왕(惠王)을 비롯한 제후들에게 유세를 했지만 채택되지 않았다. 당시 강국인 진(秦)나라의 침략을 두려워하던 함곡관 이동 국가들의 상황을 이용해 연(燕)나라 문후(文侯)에게 6국 합종(合縱)의 이익을 설득하여 채택되었다. B.C.333년 6국의 합종에 성공, 단독으로 6국의 상인(相印, 재상의 인장)을 갖게 되었고, 스스로 무안군(武安君)이라 칭했다. 그러나 합종책은 장의 등이 내세운 연형책(連衡策)에 밀려 실패하였고, 그 후 연나라에 있다가 다시 제나라에 출사했지만, 제나라 대부(大夫)의 미움을 사서 살해당했다.

408 『漢書』 권64上 「嚴助傳」, "賜書曰, 制詔會稽太守. 君厭承明之廬. 勞侍從之事, 懷故土, 出爲郡吏. 會稽東接於海, 南近諸越, 北枕大江. 間者, 闊焉久不聞問, 具以『春秋』對, 毋以蘇秦從橫."

일을 피했던"[409] 덕분이었다. 더욱이 사마상여는 자신이 죽은 뒤 무제가 필시 자신의 저작들을 그냥 놔두지 않을 것임을 알고 한 편의 서찰을 남겼는데 거기에는 봉선에 관한 일이 쓰여 있었다. 나는 이것이 그가 자신의 처자식을 보호하기 위한 계책이었다고 생각한다. 종군(終軍)이 제대로 생을 마칠 수 있었던 이유는 그가 스물 몇 살에 죽었기 때문이다. 반고는 『한서』「공손홍·복식·아관전(公孫弘卜式兒寬傳)」의 논찬에서 무제가 많은 인재를 얻었다고 극언하고 있지만, 실상은 그중 외척이나 아첨으로 총애를 얻은 자를 제외하고는 널리 인재를 긁어모아 교묘하게 이용하다가 도살로 끝나는 경우가 많았다. 이것은 생명력이 강하고 야심이 큰 일인전제자가 인재를 처리하는 공식이다.

무제는 자신의 주장을 관철하고 중요한 문제를 직접 처리하기 위해 특별히 일종의 가관(加官) 제도를 제안하였다. 『한서』「백관공경표」에서는 다음과 같이 말한다. "시중(侍中)·좌우조(左右曹)·제리(諸吏)·산기(散騎)·중상시(中常侍)는 모두 가관이다. 가관하는 대상은 열후·장군·경대부·장(將)·도위(都尉)·상서(尙書)·태의(太醫)·태관령(太官令)에서 낭중(郞中)에까지 이르며 정원은 없다."[410] 가관하는 관직은 모두 내정에서 황제를 위해 복무하는 하급 신하들이다. 하급 신하의 직함을 높은 지위에 있는 관리들에게 더하여 황제와 가까워질 기회를 갖게 함으로써 그들의 권력을 증대시켰는데, 이는 전적으로 객관적

---

409 『漢書』권64上「嚴助傳」, "上令助等與大臣辯論, 中外相應以義理之文, 大臣數詘. 其尤親幸者, 東方朔·枚皐·嚴助·吾丘壽王·司馬相如. 相如常稱疾避事."

410 『漢書』권19上「百官公卿表」上, "侍中·左右曹·諸吏·散騎·中常侍, 皆加官. 所加或列侯·將軍·卿大夫·將·都尉·尙書·太醫·太官令至郞中, 亡員."

인 관제에 의한 권력을 사적인 관계에서 발생하는 권력으로 대체하는 것이다. 가관으로 수여되는 관은 원래 무제 이전부터 있었던 관직이다. 그러나 그것을 가관으로 사용한 것은 바로 무제로부터 비롯되었다.

재상제도 파괴의 두 번째 단계는 상서(尙書)의 대두 내지 중상서(中尙書)의 출현이다. 이 단계에서 상서의 대두는 시간적으로 당연히 제1단계인 재상권의 억제와 동시에 시작된다. 세 번째 단계는 무제가 죽음에 임해 곽광(霍光) 등에게 보정(輔政)을 부탁하는 유조(遺詔)를 내리면서 중조(中朝)에 의한 전제정치의 변국이 열리게 되는 단계이다. 재상권의 박탈과 폐기의 총체적 결과는, 중국의 2천 년 일인전제에서 외척, 환관, 번진(藩鎭)【원주38】 3자에 의한 필연적이고 피할 수 없는 재앙의 순환이 초래되었다는 것이다.

6. 상서(尚書)·중서(中書)의 문제

응소(應劭)[411]의 『한관의(漢官儀)』에서는 상서에 관해 다음과 같이 말한다. "처음에 진대(秦代)의 소부(少府)에서 관리 4인을 파견하였는데 그중 1인은 전중(殿中)에서 문서의 수발(收發)을 주관하였으므로 상서(尚書)라고 불렀다. 상(尚)은 주관하다[主]의 뜻이다."[412] 심약(沈約)의 『송서』 권39 「백관지」에서는 "한 초에 상관(尚冠), 상의(尚衣), 상식(尚食), 상욕(尚浴), 상석(尚席), 상서(尚書)가 있었고 이를 육상(六尚)이라 하였다"[413]라고 되어 있다. 그러므로 상서의 본직은 오늘날로 말하면 문서의 수발 및 문서의 보관을 주관하는 사람일 뿐이다. 『한관해고(漢官解詁)』[414]에서는 "상서는 조명(詔命)을 출납하고 기밀을 관리한다"라고[415] 하였고, 또 『한관의』에서는 "무릇 황제의 제서(制書)는 모두

---

411 응소(應劭, ?-?): 후한 여남(汝南) 남돈(南頓 하남 項城) 사람. 자는 중원(仲遠) 또는 중원(仲援)이다. 영제(靈帝) 때 효렴(孝廉)으로 천거되어 영릉령(營陵令)과 태산(泰山)태수 등을 지냈다. 저서에 『한관의(漢官儀)』, 『한서집해(漢書集解)』, 『한조박의(漢朝駁議)』, 『풍속통의(風俗通義)』 등이 있으나 대부분 산일되고 『풍속통의』 일부만이 전한다. 『한서집해』는 훗날 안사고의 『한서』 주석에 다수 인용되었다.

412 『漢官儀』 권上, "初秦代少府, 遣吏四; 一在殿中主發書, 故號尚書. 尚猶主也."

413 『宋書』 권39上 「百官志」上, "漢初有尚冠·尚衣·尚食·尚浴·尚席·尚書, 謂之六尚."

414 『한관해고(漢官解詁)』: 후한 광무제 때 신급령(新汲令)을 지낸 왕륭(王隆)이 지은 『소학한관편(小學漢官篇)』을 후한의 호광(胡廣, 91-172)이 보고 주석을 달아 『한관해고』라는 이름으로 펴냈다.

옥새(玉璽)를 찍어 봉인하며, 상서령이 인(印)으로 재차 봉인한다"[416]라고 하였다. 여기에는 상서의 초기 직무가 문서 수발이었음을 보여 주는 흔적들이 그대로 남아 있다. 한 무제 이전에는 상서가 정치에 참여한 정황이 보이지 않을 뿐만 아니라 문헌기록에도 상서라는 관명은 출현하지 않는다. 상서가 별로 중요하지 않은 관직이어서 이를 기록해 둘 만한 이유가 없었기 때문이다. 그래서『사기』에서는「삼왕세가(三王世家)」에 "3월 을해(乙亥)일, 어사(御史) 신 광(光), 수상서령(守尙書令)이 미앙궁(未央宮)에 상소문을 올리자 무제는 분부하기를 '어사(御史)에게 내려보내 처리하도록 하라'라고 하였다. (원수) 6년 무신(戊申)일이 초하루인 3월 을해일에 어사 신 광(光)과 수상서령승(丞) 비(非)가 어사에게 내려보낸 문서가 도착했는데 그 문서에는 이렇게 쓰여 있었다"[417]라고 한 문장과,「위기무안후열전(魏其武安侯列傳)」에서 상서를 언급한 것을 제외하고 책 전체를 통해 상서라는 관직이 언급되지 않았을지도 모른다. 위에서 상서를 언급한 것은 모두 무제 때의 일이다. 그러나 곽광(霍光)이 대사마(大司馬)로서 보정(輔政)의 유조(遺詔)를 받을 때 무제가 반드시 "김일제(金日磾),[418] 상관걸(上官桀)과 함께 상서의 일

---

415 『漢官解詁』, "尙書出納詔命, 齊衆喉舌."

416 『漢官儀』권上, "凡制書皆稱璽封, 尙書令重封."

417 『史記』권60「三王世家」, "三月乙亥, 御史臣光, 守尙書令光奏未央宮, 制曰. 下御史. 六年三月戊申朔乙亥, 御史臣光守尙書令丞非, 下御史書到, 言."

418 김일제(金日磾, B.C.134-B.C.86): 전한 흉노 사람으로 자는 옹숙(翁叔)이다. 흉노 휴도왕(休屠王)의 태자(太子)였으나 한 무제 원수(元狩) 연간에 혼야왕(渾邪王)이 휴도왕을 죽인 후 김일제와 무리를 이끌고 한나라에 항복했는데 당시 나이 14세였다. 한 무제가 김일제의 아버지인 휴도왕이 금인(金人)으로 하늘에 제사 지내는 것을 보고 김(金)씨 성을 하사했다. 처음에 마감(馬監)이 되었다가 이후 시중(侍中)·부마도위(附馬都衛)·광록대부(光祿大夫)에 올랐

을 주관할 것"[419]을 중요한 조건으로 내걸었던 점에서 당시 상서가 이미 정치상 매우 중요한 지위를 차지하고 있었음을 알 수 있다. 살펴보건대, 무제의 세 아들을 왕으로 세운 것은 원수(元狩) 6년으로 B.C.117년이다. 곽광이 보정의 유조를 받은 것은 후원(後元) 2년으로 B.C.87년이다. 「삼왕세가」에 나오는 어사는 어사중승(御史中丞)이 거느리는 시어사(侍御史)가 되어야 하며, 당시 공경들의 주사(奏事)를 접수하여 처리하는 직임은 여전히 시어사에 있었고[420]【원주39】 상서령과 상서령승은 그 직권이 여전히 어사에 귀속되어 있었다. 그러나 곽광 등이 유조를 받아 보정하면서 상서의 일을 함께 수행했다는 것은 상서가 이미 정치의 핵심을 장악했음을 증명하는 것이다. 원수 6년부터 후원 2년까지 30년이 경과했는데 이 30년 동안 상서의 직권 신장은 재상권의 박탈을 의미한다.

위굉(衛宏)의 『한구의(漢舊儀)』 권상에서는 다음과 같이 말한다. "상서 4인을 4조(曹)로 하였다. 상시조(常侍曹)상서는 승상·어사에 관한 일을 주관하였다. 이천석조(二千石曹)상서는 자사와 2천석 관리에 관한 일을 주관하였다. 민조(民曹)상서는 서민의 상서(上書)에 관한 일을

다. 무제를 암살하려는 망하라(莽何羅)를 주살한 공으로 거기장군(車騎將軍)에 임명되고 투후(秺侯)에 봉해졌다. 무제 사후 곽광(霍光)과 함께 유조(遺詔)를 받들어 소제(昭帝)를 보필했다.

419 『漢書』 권7 「昭帝紀」, "大將軍光秉政, 領尙書事, 車騎將軍金日磾·左將軍上官桀副焉."

420 『漢書』 권19上 「百官公卿表」 上, "御史大夫 … 有兩丞, 秩一千石. 一曰中丞 … 內領侍御史, 受公卿奏事, 擧劾按章." 한대에는 어사대부 아래에 모두 45인의 어사가 있었고 그중 15인은 전중(殿中)에 있으면서 어사중승(御史中丞)의 통령을 받았는데 이를 시어사(侍御史)라고 한다. 질은 6백 석이다.

주관하였다. 주객조(主客曹)상서는 외국과 사이(四夷)에 관한 일을 주관하였다. 성제(成帝) 초에 5인의 상서를 두었는데 삼공조(三公曹)상서는 단옥(斷獄)에 관한 일을 주관하였다."421【원주40】 한편 응소(應劭)의 『한관의(漢官儀)』 권상에는 다음과 같이 되어 있다. "상서는 정원이 4인이며 무제 때 설치하였다. 성제 때 1인을 더하여 5인이 되었다. 시조(侍曹)상서는 승상과 어사의 상주에 관한 일을 주관하였다. 이천석조상서는 자사와 2천 석 관리의 상주에 관한 일을 주관하였다. 호조(戶曹)상서는 민서(民庶)들의 상서에 관한 일을 주관하였다.422 주객상서는 외국과 사이(四夷)에 관한 일을 주관하였다. 성제는 삼공(三公)상서를 추가로 두었는데 단옥(斷獄)에 관한 일을 주관하였다."423 두 문헌은 문자상 약간의 출입이 있는데,『한구의』의 민조(民曹)가『한관의』에서는 호조(戶曹)로 되어 있다. 살펴보건대『속한서』「백관지」의 태위(太尉) 항목 아래 호조가 있지만 맡은 직무는 다르다. 아마도『한구의』가 정확한 듯하다. 그리고 4인이 조(曹)를 나누어 일을 처리한 것은 이미 무제 때부터 그렇게 했던 것으로 보인다. 당대의『북당서초(北堂書鈔)』「설관부(設官部)」와 송대의『태평어람(太平御覽)』「직관부(職官

---

421 『漢舊儀』 권上, "尙書四人爲四曹. 常侍曹尙書, 主丞相御史事. 二千石曹尙書, 主刺史二千石事. 民曹尙書, 主庶民上書事. 主客曹尙書, 主外國四夷事. 成帝初, 置尙書, 員五人, 有三公曹主斷獄事."

422 여기서의 "민서(民庶)들의 상서에 관한 일을 주관하였다[主人庶尙書事]"라는 구절은『후한서』「백관지」3에 "民曹尙書主凡吏上書事"라 되어 있고 그에 대한 이현(李賢)의 주에 "蔡質『漢舊儀』曰, 典繕治功作, 鹽地·苑·囿·盜賊事"라고 하였다.

423 『漢官儀』 권上, "尙書四員, 武帝置. 成帝加一爲五. 有侍曹尙書, 主丞相御史事. 二千石尙書, 主刺史二千石事. 戶曹尙書, 主人庶上書事. 主客尙書, 主外國四夷事. 成帝加三公尙書, 主斷獄事."

部)」에서는 다시『한관의』를 인용하여 말하기를 "상서랑은 4인으로 1인은 흉노선우의 영부(營部)를 주관하고, 1인은 강(羌)·이(夷) 이민족의 관리와 백성을 주관하며, 1인은 천하의 호구와 토지경작을 주관하고, 1인은 전백(錢帛)의 공납과 운송을 주관하였다"라고 하였다.[424] 이 조항은『한구의』에도 나오는데, 앞에 인용한『한구의』및『한관의』와 문자상 출입이 있다. 살펴보건대 대사농(大司農)과 소부(少府)의 관직은 거의 변경된 것이 없으므로 상서가 "전백의 공납과 운송을 주관할" 필요는 없는 듯하다. 따라서『북당서초』에서 인용한 문장은 아마도 초록할 때 간략화하면서 착오가 발생한 것으로 보인다.『속한지』에서는 "상서령(尚書令)은 1인으로 1천 석이다." "상서복야(尚書僕射)는 1인으로 6백 석이다." "상서는 6인으로 6백 석이다"[425]라고 되어 있다. 본주(本注)에 이르기를 "성제 초 상서 4인을 두었고 4조(曹)로 나누었다. 상시조(常侍曹)상서는 공경에 관한 일을 주관하였다. 이천석조상서는 군국(郡國)의 2천석 관리에 관한 일을 주관하였다. 민조(民曹)상서는 민(民)·리(吏)의 상서(上書)에 관한 일을 주관하였다. 객조(客曹)상서는 외국과 이적(夷狄)에 관한 일을 주관하였다. 세조(世祖, 광무제)는 이를 계승하여 따랐다. 그 후 이천석조를 나누고, 또 객조를 남주객조(南主客曹)와 북주객조(北主客曹)로 나누어 모두 6조가 되었다"[426]라

---

424 『漢官儀』권上, "尚書郎四人, 一人主匈奴單于營部, 一人主羌夷吏民, 一人主天下戶口土田墾作, 一人主錢帛貢納委輸."

425 『後漢書』「百官志」3, "尚書令一人, 千石. 尚書僕射一人, 六百石. 尚書六人, 六百石."

426 『後漢書』「百官志」3, "本注曰: 成帝初, 置尚書四人, 分爲四曹. 常侍曹尚書, 主公卿事. 二千石曹尚書, 主郡國二千石事. 民曹尚書, 主民吏上書事. 客曹尚書, 主外國夷狄事. 世祖承遵. 後分

고 하였다. 살펴보건대『속한지』는 사마표(司馬彪)의『속한서』에서 나
왔다. 유소(劉昭)[427]는 그의「속한서주보지서(續漢書注補志序)」에서 말
하기를 "(사마표『속한지』의 8지 가운데)「백관지(百官志)」는 고부(故簿)
에 의거하여 저술하였다"[428]라고 하였는데, 이른바 고부(故簿)는 (『속한
지』「백관지」에서 사마표가) "세조【광무제】가 간소화한 관제는 영구적인
제도가 되어야 하고, 따라서 관부(官簿)에 의거하여 [대략 직장(職掌)을 나
누어「백관지」를 저술하였다"[429]【원주41】라고 했을 때의 관부(官簿) 즉 후한
의 관부를 말한다.『속한지』에서의 "본주(本注)"는 양(梁)나라 유소 이
전의 기존 주석들을 말한다. 위에서 말한 상서 6인은 광무제 시기에
성제의 5인 상서를 이어받아 발전시킨 것이다.『속한지』본주에서
말한 "성제 초에 상서 4인을 두었다"라는 구절은 무제까지 소급해 말
하지 않았을 뿐이며, 이것으로 무제가 상서 4인을 두고 성제가 1인을
더하여 5인이 되었다는『한관의』의 설이 뒤집어질 수는 없다. 무제가
상서 4인을 두고 4조(曹)로 나누어 일을 처리하도록 한 사실로 보면 상

二千石曹, 又分客曹爲南主客曹, 北主客曹, 凡六曹."

427 유소(劉昭, ?-?): 남조 양(梁) 평원(平原) 고당현(高唐縣, 산동 章丘) 사람으로 자는 선경(宣
卿)이다. 양 무제 천감(天監) 연간(502-519) 참군(參軍), 무석령(無錫令), 임천기실(臨川記
室), 통직랑(通直郎) 등을 역임하였다. 유송 범엽(范曄, 398-445)이 지은『후한서』는 원래 본
기(本紀)와 열전(列傳)만 있고 지(志)가 없었는데, 여기에 서진 사마표(司馬彪, ?-306)가 저술
한『속한서(續漢書)』의 8지를 가져다 붙인 것이 오늘날의 통행본『후한서』이다. 유소는 범엽
의『후한서』에 주(注)를 달면서 사마표의『속한서』8지에 대해서도 주를 달았다. 그러나 당
의 이현(李賢)이 범엽의『후한서』본기 및 열전을 주석하면서 유소의『후한서』주는 산일되
었고 단지 사마표의『속한서』8지에 대한 유소의 주만이 남게 되었다. 북송 진종(眞宗) 때
(1022) 범엽의『후한서』와 사마표『속한서』의 8지가 합각되었다.

428 『後漢書』「後漢書注補志序」, "百官就乎故簿."

429 『後漢書』志24「百官」1, "世祖節約之制, 宜爲常憲, 故依其官簿, 粗注職分, 以爲百官志."

서는 이미 공문을 수발(收發)하는 기관에서 공문을 처리하는 기관으로 발전했음이 분명하다. 상서가 공문을 처리한 결과는 승상을 거치지 않고 직접 황제에게로 보내진다. 그러나 황제가 어찌 상서의 공문처리에 대해 일일이 심사하여 결정할 수가 있겠는가? 『한서』「백관공경표」에서는 "모두 가관(加官)이다"라는 구절 아래에 다음과 같은 안사고의 주가 달려 있다. "진작(晉灼)이 이르기를 '『한의주(漢儀注)』에, 제리(諸吏)와 급사중(給事中)은 매일 입조하여 황제를 알현하고 상서의 주사(奏事)를 처리하였으며 좌우조(左右曹)로 나뉘어 있다'라고 하였다."[430] 이것이 바로 「백관공경표」에서 말하는 "제조(諸曹)에서 상서의 일을 접수하여 처리하였다"[431]라는 것이다. 청대 왕선겸의 『한서보주(漢書補注)』에서는 다음과 같은 심흠한(沈欽韓)[432]의 말을 인용하고 있다. "『한관의』에 의하면 좌우조는 매일 조정에 들어와 조회에 참가했다[朝請][433]고 하는데 살펴보건대 이것은 무제 이후에 비로소 나타난다. 이들도 상서 5조(曹)와 마찬가지로 상서의 일을 관장하는[領尙書事] 자의

---

430 『漢書』 권19上 「百官公卿表」上, "皆加官(晉灼曰, 漢儀注, 諸吏·給事中, 日上朝謁, 平尙書奏事, 分爲左右曹)."

431 『漢書』 권19上 「百官公卿表」上, "侍中·中常侍得入禁中, 諸曹受尙書事."

432 심흠한(沈欽韓, 1775-1832): 청 오현(吳縣, 강소 蘇州) 사람. 자는 문기(文起), 호는 소완(小宛)이다. 가경 12년(1807) 거인(擧人), 뒤에 영국현(寧國縣) 훈도(訓導)를 지냈다. 경사(經史)와 백가(百家)에 해박했으며 특히 훈고와 고증에 뛰어났다. 저서에 『좌전보주(左傳補注)』, 『삼국지보주(三國志補注)』, 『양한서소증(兩漢書疏證)』, 『수경주소증(水經注疏證)』 등이 있다.

433 조청(朝請): 제후가 봄에 천자를 조현(朝見)하는 것을 조(朝), 가을에 조현하는 것을 청(請)이라 한다. 이로부터 정기적으로 조회에 참가하는 것을 봉조청(奉朝請)이라 하였는데, 한대에는 대개 퇴직한 대신·장군이나 황실·외척이 봉조청이란 직함을 가지고 조회에 참가하였다. 『後漢書』 권4 「和帝紀」, 注, "奉朝請, 無員, 三公·外戚·宗室·諸侯多奉朝請. 漢律, 春日朝, 秋日請."

통할을 받았다."[434] 또한 『한구의』 권상에서는 다음과 같이 말한다. "조서(詔書)는 붉은색으로 갈고리[朱鉤] 모양 체크 표시를 한 뒤에 시행한다. 조서를 내릴 때 법령에 위배되거나 시행에 불편한 점이 있을 경우 조(曹)·사(史)가 여쭈고 조서를 밀봉하여 상서에게 돌려보내면 그 불편한 내용에 대답한다."[435] 살펴보건대 『한서』 권19 「백관공경표」에서는 다음과 같이 말한다. "시중(侍中)·좌우조(左右曹)·제리(諸吏)·산기(散騎)·중상시(中常侍)는 모두 가관(加官)이다. … 제리는 불법을 적발하여 조사할 수 있고, … 급사중 역시 가관으로 … 황제의 자문에 응대하는 일을 맡았다."[436] 이상으로부터 황제의 측근에 있는 가관(加官)들이 황제를 대신하여 상서가 처리하던 공무를 보기 시작했을 뿐만 아니라 조(曹)·리(吏)는 봉박(封駁)까지도 할 수 있었음을 알 수 있다. 위에 인용한 『한구의』의 "조(曹)·사(史)가 여쭈고 조서를 밀봉하여 상서에게 돌려보낸다"[437]라는 구절에서의 "조·사"는 "조(曹)·리(吏)"의 잘못으로 봐야 하며 이는 바로 가관 중의 좌우조(左右曹)와 제리(諸吏)를 가리킨다. 『한서』 권68 「곽광전」에 의하면 곽광이 죽은 후 "이때 (곽광의 형의 아들) 곽산(霍山)이 관례대로 상서의 일을 겸령하자 황제【선제(宣帝)】는 관리와 백성으로 하여금 밀봉한 상주를 올릴 때 상

---

434 『漢書補注』, "沈欽韓曰: 漢官儀, 左右曹日上朝請, 案武帝後始見. 亦如尙書五曹, 而總於領尙書事者."

435 『漢舊儀』 권上, "詔書以朱鈞施行. 詔書下, 有違法令, 施行之不便, 曹史白封還尙書, 對不便狀."

436 『漢書』 권19上 「百官公卿表」上, "侍中, 左右曹·諸吏·散騎·中常侍皆加官 … 諸吏得擧法 … 給事中亦加官 … 掌顧問應對."

437 『漢舊儀』 권上, "曹史白封還詔書."

서를 경유하지 않아도 되게 하였다."[438] 이것은 곽씨의 권력을 박탈하기 위한 조치로서 일반적인 상황에서는 밀봉한 상주라도 모두 상서를 경유해야 했음을 알 수 있다. 이상의 서술에 의하면 군국대사(軍國大事)는 모두 상서라는 관문을 통해 황제에게 상달되고, 관리와 백성에게 하달되었으며, 오직 가관만이 황제의 좌우에서 자문에 응하여 일부 의견에 참여할 수가 있었다. 『한관의』 권상에서는 다음과 같이 말한다. "상서령은 상주하는 일[奏事]을 돕는 것을 주관하고 일의 대요[綱紀]를 총괄하여 통령하지 않는 바가 없으며 질(秩)은 1천 석이었다. 그러므로 공(公)이 상서령이 된 경우 (조회에서 섬돌을 내려가지 않고 일에 대해 상주하고, 질은 2천 석으로 올렸다.)"[439] 이것은 후한 때의 상황이지만 실제로는 이미 무제시기에 구체화되고 미약하나마 출발을 보았다. 이른바 "그러므로 공(公)이 상서령이 된 경우"란 상서의 "통령하지 않는 바가 없는" 직무가 본래는 삼공의 책임이었다는 것을 뜻하며, 전한으로 말하면 본래는 재상이 담당하던 일이었다는 말이다. 그러나 무제 때 이미 재상은 유명무실화되었고 상서에게 그 실질이 있었다.

그렇다면 무제는 어째서 정무 처리의 실권을 재상으로부터 상서의 손으로 옮기려 했던 것일까? 재상에 대한 의심과 방비의 심리 때문에 재상권을 박탈할 필요가 있었다는 기본적인 이유를 제외하면 다음 네 가지로 나누어 볼 수 있다. 첫째, 상서가 문서를 받고 보내고 보관하는

---

[438] 『漢書』 권68 「霍光傳」, "時霍山自若領尙書, 上令吏民得奏封事, 不關尙書."

[439] 『漢舊儀』 권上, "尙書令主贊奏, 總典紀綱, 無所不統, 秩千石, 故公爲之者, 朝會不階奏事, 增秩二千石."

업무를 수행하다 보면 일상적인 정치처리 상황과 각종 정치문제의 전후맥락 및 관행을 잘 알게 된다. 그래서 무제는 그런 사람들이 실제 정치를 다룰 수 있는 능력이 있다고 믿었다. 둘째, 그들은 지위가 매우 낮기 때문에 권력을 도둑질할 우려를 덜 수 있고, 황제 자신의 주장을 관철하기 쉬우며 재상의 견제를 받지 않을 수가 있었다. 셋째, 한대는 재상에 대해 여전히 장황한 예의를 갖추어야 했다. 『한구의』에 다음과 같은 내용이 있다. "황제가 길에 있는데 승상이 황제를 맞이할 경우, 알자(謁者)는 예(禮)의 진행을 도와 이르기를 '황제께서는 승상을 위해 수레에서 내리십시오'라고 한다. (황제는 수레에서 내려) 서 있다가 다시 수레에 오른다. 황제가 승상을 접견할 때는 승상이 일어나면 알자가 예의 진행을 도와 이르기를 '황제께서는 승상을 위해 일어나십시오'라고 한다. (황제는) 일어났다가 다시 앉는다."[440] 이런 이유로 황제와 승상이 서로 대면하는 것은 매우 번거로운 일이었다. 상서를 접견할 때는 이런 번거로움이 없었다. 뒤에 후한의 광무제와 명제는 종종 상서에게 손찌검을 하기도 했다. 넷째, 상서는 소부(少府)에 속하여 황제의 일상생활에 더 가깝다. 위의 네 가지 이유 중 당연히 두 번째가 가장 중요하다.

이 중간에 또 중서(中書) 문제가 끼어들어 이후 관제에 큰 영향을 미치게 된다. 먼저 관련 자료들을 아래에 적어 둔다.

---

440 『漢舊儀』권上, "皇帝在道, 丞相迎謁, 謁者贊稱曰, 皇帝爲丞相下輿, 立, 乃升車. 皇帝見丞相起, 謁者贊稱曰, 皇帝爲丞相起, 立, 乃坐."

『한구의(漢舊儀)』권상: "상서령은 상서들이 올린 밀봉된 상주문을 상주하고 상서들에게 문서를 하달하는 일을 돕는 것을 주관하였다. 복야는 문을 닫아걸고 봉쇄하는 일을 주관하였다. … 한(漢)에서는 중서관(中書官)을 두어 상서의 상주하는 일을 처리하게 하였다. 중서알자령(中書謁者令)은 1인이다. 성제 건시(建始) 4년(B.C.29)에 중서알자령을 고쳐 중알자령(中謁者令)으로 하였다."[441]

『한구의보유(漢舊儀補遺)』: "중서령은 상서들이 상주문을 상주하고 하달하는 일을 돕는 것을 관장하였고, 질(秩)은 1천 석이다."[442]
"중서는 황제의 조고(詔誥)[443]와 신하의 표(表)에 대한 답을 관장했는데 모두 기밀과 관련된 일이다."[444]

『한서』권19「백관공경표」소부(少府) 속관: "또 중서알자(中書謁者) … 등 7개 관의 영(令)과 승(丞)이 있다."[445]

『속한지』: "상서령은 1인으로 질은 1천 석이다. 본주(本注): 진(秦)에서 설치하였으며 한은 이를 계승하였다. 무제는 환관(宦官)을 기용하여 다시 중서알자령으로 삼았다. 성제는 사인(士人)을 기용하여 이전의 제도를 회복하였다. 무릇 관리의 선임과 상서(尙書)의 상주문서를 상주하고 하달하는 등 여러 가지 일을 관장하였다."[446]

---

441 『漢舊儀』권上, "尙書令主贊奏封下書. 僕射主閉封. … 漢置中書官, 領尙書事. 中書謁者令一人. 成帝建始四年罷中書官, 以中書爲中謁者令."

442 『漢舊儀補遺』, "中書令領贊尙書, 出入奏事, 秩千石."

443 조고(詔誥): 고대 제왕 또는 황태후·황후가 발포하는 명령이나 공문서. 양(梁)의 유협(劉勰)이 지은 『문심조룡(文心雕龍)』「조책(詔策)」에 "兩漢詔誥, 職在尙書"라 되어 있다.

444 『漢舊儀補遺』, "中書掌詔誥答表, 皆機密之事."

445 『漢書』권19上「百官公卿表」上, '少府', "又中書謁者 … 七官令丞."

446 『後漢書』「百官志」3, "尙書令一人, 千石. 本注曰: 承秦所置. 武帝用宦者, 更爲中書謁者令. 成

심약(沈約)의 『송서(宋書)』 권40 「백관지」하: "한 무제는 후정(後庭)에서 연회를 열고 놀기를 좋아하여 처음으로 환관으로 하여금 상서의 일을 맡도록 하였는데 이를 중서알자(中書謁者)라 하였으며, 영(令)과 복야(僕射)를 두었다. 원제(元帝) 때 상서령 홍공(弘恭)[447]과 상서복야 석현(石顯)[448]이 위세를 등에 업고 정사를 전단하니 그 권력이 조정 안팎을 기울게 할 정도였다. 성제(成帝)는 중서알자령을 고쳐 중알자령(中謁者令)이라 하고 환관을 없애버렸다. 후한에서는 중알자령을 없앴고, 중궁알령(中宮謁令)을 두었으나 이것은 (중궁에 두어진 것으로) 중서알자령 원래의 직임은 아니다."[449]

『진서(晉書)』 권24 「직관지」: "살펴보건대, 상서는 본래 진(秦)에서 둔 관직이며 한(漢)은 이를 계승하였다. 무제가 후정에서 연회를 열고 놀기를 좋아하여 처음으로 환관을 써서 중서(中書)를 주관하도록 하였고, (궁형을 당한)

___

帝用士人, 復故. 掌凡選署及奏下尙書文書衆事."

447 홍공(弘恭, ?-B.C.47): 전한 패현(沛縣, 강소) 사람. 젊을 때 죄를 지어 부형(腐刑)을 당하고 중황문(中黃門)이 되었다. 중상서(中尙書)를 거쳐 선제(宣帝) 때 중서령(中書令)에 발탁되었다. 법령과 고사(故事)에 밝았다. 뒤에 원제(元帝)를 옹립하여 중서복야 석현(石顯)과 함께 정권을 전횡했으며 전장군(前將軍) 소망지(蕭望之) 등을 모함해 자살하도록 만들었다.

448 석현(石顯, ?-?): 전한 제남(濟南, 산동 章丘) 사람. 자는 군방(君房). 젊을 때 죄를 지어 부형(腐刑)을 당하고 중황문(中黃門)이 되었다. 선제는 중서 환관을 중용하여 환관 홍공(弘恭)을 중서령에, 석현을 중서복야(中書僕射)에 임명하였다. 원제는 홍공과 석현 등 환관에게 정치를 맡겼는데 전장군 소망지, 종정(宗正) 유갱생(劉更生, 劉向), 광록대부 주감(周堪) 등이 석현을 축출하려 하자 석현은 모략으로 소망지를 자결하게 하고, 유갱생과 주감을 금고(禁錮)에 처했다. 홍공 사후 석현이 중서령이 되었다. 태중대부(太中大夫) 장맹(張猛), 위군(魏郡) 태수 경방(京房), 어사중승(御史中丞) 진함(陳咸), 대조(待詔) 가연지(賈捐之) 등이 원제에게 석현의 축출을 건의하였으나, 석현은 그들의 죄를 찾아내어 경방과 가연지는 처형시키고, 장맹은 자결하도록 했으며, 진함은 곤형(髡刑)에 처하게 하였다. 이로 인해 대신들도 석현을 두려워했다. 성제 즉위 후 세력을 잃고 탄핵을 받아 면관되어 귀향하는 도중에 죽었다.

449 『宋書』 권40 「百官志」下, "漢武帝遊宴後廷, 始使宦者典尙書事, 謂之中書謁者, 置令·僕射. 元帝時, 令弘恭·僕射石顯, 乘勢用事, 權傾中外. 成帝改中書謁者令曰中謁者令, 罷謁者, 漢東京省中謁者令, 而有中宮謁令, 非其職也."

사마천을 중서(알자령)로 삼았다. 중간에 마침내 그 관직을 없애고 이를 중서의 직임으로 하였다."[450]

"살펴보건대, 한 무제는 후정에서 연회를 열고 놀기를 좋아하여 처음으로 환관에게 상서의 일을 맡기고 이를 중서알자(中書謁者)라 하였으며, 영(令)과 복야(僕射)를 두었다. 성제(成帝)는 중서알자령을 고쳐 중알자령(中謁者令)으로 하고 복야를 없앴다."[451]

위에 인용한 자료들은 먼저 용어부터 해석해 볼 필요가 있다.

『한서』권93「영행전(佞倖傳)」: "석현, … 홍공은 … 모두 젊을 때 법을 어겨 부형(腐刑, 宮刑)을 받고 중황문(中黃門)이 되었으며, 그로부터 중상서(中尙書)에 선발되었다. 선제(宣帝)때 중상서관(中尙書官)에 임용되었다.【원주42】 홍공은 법령과 고사(故事)에 밝았고 주청을 잘하여 유능하다는 칭송을 받았다. 홍공은 중서령(中書令)이 되었고 석현은 복야(僕射)가 되었다."[452]

윗글에 의하면 석현과 홍공이 중상서가 된 것은 선제 이전인 듯하고 선제 때에 비로소 한 사람은 영(令), 한 사람은 복야(僕射)가 되었다. 이들 두 사람은 환관이고 원래의 관직은 중황문(中黃門), 즉 내황문(內黃門)으로 이때의 "중(中)"은 "내(內)"의 뜻이다. 그래서 두 사람이 상서로

---

450 『晉書』권24「職官志」, "案尙書本漢承秦置. 及武帝遊宴後廷, 始用宦者主中書, 以司馬遷爲之. 中間遂罷其官, 以爲中書之職."

451 『晉書』권24「職官志」, "案漢武帝遊宴後廷, 始使宦者典事尙書, 謂之中書謁者, 置令·僕射. 成帝改中書謁者令曰中謁者令, 罷僕射."

452 『漢書』권93「佞倖傳」, "石顯 … 弘恭 … 皆少坐法腐刑爲中黃門, 以選爲中尙書. 宣帝時, 任中尙書官. 恭明習法令故事, 善爲奏請, 能稱其職, 恭爲令, 顯爲僕射."

선발되었을 때 중상서(中尙書)로 칭해진 것이다. 그들은 황제의 측근에서 일을 처리하는 상서였으며, 원래 있던 상서에 대해 말하자면 그들은 후정에서 직무를 수행하는 중상서였고 또 내상서(內尙書)이기도 했다. 이로부터 "중상서"가 정식 명칭이고, "중서"라고만 칭한 것은 모두 약칭임을 알 수 있다. 무제는 후정에서 연회를 열고 놀기를 좋아하여 평상시 정식으로 정사를 보는 장소에서 가관(加官)의 평의를 거친 상서가 올리는 공문을 받아 보는 일을 귀찮아했기 때문에 편리하게 후정 출입을 할 수 있는 환관들을 써서 상서의 직무를 수행하도록 했는데, 이것이 이른바 중상서이다. 중상서는 여전히 상서이다. 앞에 "중(中)" 자를 더한 이유는 오로지 황제의 측근에서 시봉하는 환관이 그 일을 담당했기 때문이다. 조고(趙高)가 환관으로 승상이 되었기 때문에 "중승상(中丞相)"으로 불리는 것이지 결코 관제 내의 승상 외에 별도로 "중승상"이란 관직이 있지 않았던 것과 전적으로 같은 이치이다. 이른바 "중서알자(中書謁者)"에 대해서는, 그 정식 명칭은 마땅히 "중상서알자(中尙書謁者)"라고 해야 한다. 알자라는 관직은 광록훈(光祿勛)에 속한다. 중황문(中黃門)은 내정(內廷)에 속하지만 알자가 반드시 내정에 속하는 것은 아니다. 중황문에는 환관을 쓰지만, 알자는 환관을 쓰지 않는다. 그렇기 때문에 홍공과 석현은 모두 중황문에서 중상서로 선발된 자들이지, 알자로 있다가 중상서로 선발된 자들이 아니다. 내 추측으로는 무제가 환관 중에서 중상서를 뽑아 ―중황문에서 나올 수도 있고, 중황문에서 나오지 않을 수도 있다― "알자"라는 관함을 추가한 것으로 보인다. "알자는 빈객을 안내하여 예(禮)의 진행을 돕고 문서를 접수 처리하는[受事] 일을 관장"[453]했으므로 조정이나 기타 관련 인사들과 공무상 연락을 취하기가 편하다. 따라서 중서(中書)·중서령(中書令)은 본직이고, 중서알자 또는 중서알자령은 겸직(알자)을 연접해서 부르는 칭호이다. 그러므로 겸직인 알자는 생략해도 되지만 본직인 중서는 생략할 수 없다. 사마천, 석현, 홍공은 모두 중서령으로만 칭해졌는데, 굳이 중서알자령으로 칭할 필요가 없었던 것이다.

그다음으로 상서와 중서의 공무처리 장소가 한 곳인지 두 곳인지의 문제를 살펴보기로 한다. 『오례통고(五禮通考)』 권270 「설관분직(設官分職)」에서는 다음과 같이 말한다.

마단림(馬端臨)[454]은 이렇게 말한다. "중서, 상서의 명칭은 한에서 시작되었다. 『통전』에는 한 무제가 후정에서 연회를 열고 놀기를 좋아하여 처음에 환관들로 하여금 상서(尚書) 일을 담당하게 하고 이를 중서알자(中書謁者)라 했다고 되어 있다. 따라서 중서와 상서는 하나의 장소로 볼 수 있다." 그러나 「곽광전」을 상고해 보면, 곽광이 죽고 (그의 형의 아들인) 곽산(霍山)이 봉거도위(奉車都尉)로서 상서의 일을 관장하였다. 고사(故事, 이전의 제도나 선례)에 의하면 황제에게 글을 올릴 때는 모두 두 통을 작성하며 그중 하나는 '부(副)'라고 서명한다. 상서의 일을 관장하는 자가 먼저 이것을 열어 보고 글 속에 좋지 못한 점이 있으면 물리치고 상주하지 않는다. 위상(魏

---

453 『漢書』 권19上 「百官公卿表」上, "謁者掌賓贊受事, 員七十人, 秩比六百石; 有僕射, 秩比千石."

454 마단림(馬端臨, 1254?-1323): 송말 원초 요주(饒州) 낙평(樂平, 강서 낙평) 사람. 자는 귀여(貴與), 호는 죽주(竹洲)다. 음보(蔭補)로 승사랑(承事郎)이 되었으나 남송이 망한 뒤 은거하면서 자호(慈湖)·가산(柯山) 서원을 운영하였고 태주(台州)에서 유학교유(儒學教諭)를 지냈다. 20년 동안 각고의 노력 끝에 『문헌통고(文獻通考)』를 편찬했다. 이 책은 두우(杜佑)의 『통전(通典)』을 저본으로 하여 고금의 역대 전장제도(典章制度)를 집대성했는데 특히 송나라 제도에 대해 상세하다.

相)[455]은 '부(副)본'을 없애 상서의 일을 관장하는 자가 상주문을 차단하는 옹폐를 방지해야 한다고 요청하였다. 이에 곽광의 부인 곽현(霍顯)[456]과 곽우(霍禹), 곽산(霍山), 곽운(霍雲) 등이 모여 말하기를 "황제에게 글을 올리는 자들이 더욱 교활해져 전부 밀봉된 상주문만 올리고 그때마다 황제는 중서령에게 나가서 가져오도록 하니 상주문이 상서(尙書)를 경유하는 일이 없다"라고 불만을 터뜨렸다. 그렇다면 그때 이미 중서와 상서는 둘로 나뉘어져 있었던 것으로 보인다.[457]

생각건대 마단림이 중서와 상서의 공무처리 장소가 한곳이라고 본 것은 물론 잘못이다. 『오례통고』의 저자인 진혜전(秦蕙田)[458]의 설명

---

455 위상(魏相, ?-B.C.59): 전한 제음(濟陰) 정도(定陶, 산동 荷澤) 사람. 자는 약옹(弱翁)이다. 소제(昭帝) 때 현량(賢良)에 천거되고 대책(對策)이 높은 평가를 받아 무릉령(茂陵令)이 되었다. 나중에 하남(河南)태수로 옮기자 지방의 호족들이 두려워했다. 선제 때 대사농(大司農)에 임명되고 어사대부(御史大夫)로 옮겼다. 대장군 곽광(霍光) 사후 그의 아들 곽우(霍禹)가 대장군이 되고, 형의 아들 곽산(霍山)이 영상서사(領尙書事)가 되어 권력을 농단하였다. 위상이 곽씨의 권한 제한을 건의하여 받아들여졌다. 지절 3년(B.C.67) 위현(韋賢)을 대신해 승상이 되고, 고평후(高平侯)에 봉해졌다.

456 곽현(霍顯, ?-B.C.66): 곽광의 처인 곽현은 막내딸 곽성군(霍成君)을 선제의 황후로 삼기 위해 황후 허씨(許氏)가 출산할 때 유모인 순우연(淳于衍)을 시켜 독살하였다. 곽광이 죽자 곽현은 감노(監奴) 풍자도(馮子都)와 음행을 벌이다 허후를 시해한 일이 탄로나 선제를 폐하려고 도모했으나 실패하여 기시(棄市)되었고 아들 곽우(霍禹)를 비롯한 곽운(霍雲), 곽산(霍山) 등 일문이 멸족을 당했다.

457 『五禮通考』권217「設官分職」, "馬氏端臨曰, 中書尙書之名始於漢. 通典言漢武帝遊宴後廷, 始令宦者典事尙書, 謂之中書謁者;則中書尙書, 只是一所. 然考霍光傳, 光薨, 霍山以奉車都尉領尙書事. 故事, 諸上書者皆爲二封, 署其一曰副, 領尙書者先發之. 所言不善, 屏去不奏. 魏相請去副封以防壅蔽. 而光夫人顯, 及禹・山・雲等言, 上書者益黠, 盡奏封事, 輒下中書令出取之, 不關尙書, 則其時中書尙書, 似已分而爲二."

458 진혜전(秦蕙田, 1702-1764): 청 금궤(金匱, 강소 無錫) 사람. 자는 수봉(樹峰) 또는 수풍(樹灃), 호는 미경(味經)이다. 건륭 원년(1736) 진사가 되어 한림원편수(翰林院編修)에 올랐고, 예부시랑(禮部侍郎)을 거쳐 공부(工部)와 형부(刑部)의 상서(尙書)를 지냈다. 삼례(三禮)에 정통하여 서건학(徐乾學)의 『독례통고(讀禮通考)』를 계승한 『오례통고(五禮通考)』를 지었

도 약간 모호하다. 그 원인은『속한지』의 "무제는 환관을 기용하여 중서알자령으로 삼았다[更爲中書謁者令]"[459] 구절의 '경(更)' 자를 평성(平聲)으로 읽으면 '개(改, 고치다)' 자의 뜻이 되어 그 의미는 결국 "고쳐서 중서알자령으로 하였다"로 해석되는 데서 비롯된다.『진서(晉書)』의 저자는 이로 인해 결국 중서(中書)를 둔 후로 마침내 상서(尙書)를 없애 버렸다[앞에서 인용한 "중간에 마침내 그 관직을 없애고[中間遂罷其官]"의 구절]라고 착각하게 되었다. 더욱이 이로부터 마침내 중서가 있으면 상서는 없고, 중서는 원래 상서가 근무하던 장소에서 업무를 보았다고 오해하게 되었다. 또한『통전』권21「직관」3에서의 "무제가 후정에서 연회를 열고 놀기를 좋아하여 처음으로 환관들로 하여금 상서를 담당하도록 하고 이를 중서알자(中書謁者)라고 하였다"[460]라는 표현도 이러한 오해를 불러일으키기 쉬운데, 이는 자연스레 중서와 상서가 집무하는 곳은 한곳이었다고 생각하게 만들기 때문이다. 그러나 사실은 앞서 인용한『한구의』에서 "한에서는 중서관을 두어 상서의 일을 관장하였다"[461] 또 "중서령은 상서가 상주문서를 전달하는 일을 돕는 것을 관장하였다"[462]라고 분명하게 말하고 있다. 무제가 아직 중서를 설치하기 이전에는 좌우조(左右曹), 제리(諸吏)가 상서의 상주 업무를 처리하였다[앞에 인용]. 좌우조와 제리는 가관(加官)으로, 이러한 가관이 더해진

　　다.『주역』에도 조예가 깊어『주역상의일전(周易象義日箋)』을 저술했다.

459 『後漢書』「百官志」3, "武帝用宦者, 更爲中書謁者令."

460 『通典』권21「職官」3 '中書令', "因武帝遊宴後廷, 始以宦者典事尙書, 謂之中書謁者."

461 『漢舊儀』권上, "漢置中書官, 領尙書事."

462 『漢舊儀補遺』권上, "中書令領贊尙書, 出入奏事."

자들은 비록 내신(內臣)이긴 하지만 환관처럼 후정의 연회에 황제를 따라다니며 시봉할 수 있는 편리함은 없었다. 이에 중서관을 설치해 좌우조와 제리의 임무를 대신하게 하여 그동안 상서가 전달을 맡았던 상주문이 바로 중서를 통해 황제의 손에 들어가도록 하였다. 황제가 너무 바쁘거나 정신이 없을 때는 중서가 황제를 대신하여 상주문을 처리하였는데 이것은 좌우조와 제리가 할 수 없었던 일이다. 중서는 황제에게 직접 상주문을 전하는 상서이지만, 그렇다고 원래의 상서가 존재하지 않은 것은 아니다. 따라서 『속한지』의 "更爲中書謁者令"의 '更' 자는 거성(去聲)으로 읽어야 한다. 즉 상서령 외에 '다시[更]' 중서령을 설치했다고 봐야 하는데, 이는 사실상 옥상가옥의 중복된 관직이었다. 『한서』 권75 「휴양하후경익이전(眭兩夏侯京翼李傳)」에서는 "이때 중서령 석현이 권력을 전단하였고 석현의 벗 오록충종(五鹿充宗)[463]은 상서령이 되었다"[464]라고 하였다. 바로 중서령과 상서령이 동시에 병존하였고 그들의 정치적 지위는 본래 같았으나 중서령이 황제의 명령을 직접 받았기 때문에 "중서관이 상서의 일을 관장"했던 것이라고 볼 수 있다. 곽광(霍光)은 대장군의 신분으로 상서의 일을 관장하였으나 형식상 중서령이 관장하는 일을 넘겨받은 데 불과했고, 성제 건시 4년

---

463 오록충종(五鹿充宗, ?-?): 전한 사람으로 자는 군맹(君孟)이다. 『양구역(梁丘易)』에 정통했다. 원제 건소 원년(B.C.38) 상서령(尙書令)이 되고, 5년에 소부(少府)가 되었다. 원제 때 『역(易)』을 둘러싸고 학자들과 논쟁을 벌였는데 주운(朱雲)을 제외한 누구도 그를 굴복시키지 못했다. 환관 석현(石顯)과의 친분으로 권세와 총애를 누렸으나 성제 초년 석현이 면직되자 그도 현도태수(玄菟太守)로 좌천되었다.

464 『漢書』 권75 「京房傳」 "是時中書令石顯顓權, 顯友人五鹿充宗爲尙書令."

(B.C.29) 이전까지 줄곧 중서·중서령은 그대로 존재하였다. 이상의 정황을 명확하게 정리하면, 중서와 상서는 관직은 같지만 직무를 담당하는 자의 신분이 같지 않아 내외(內外)의 구분이 있었던 바이니 업무 공간이 한곳이 아님은 또한 말할 필요도 없다. 이에 덧붙여 언급하고자 하는 것은,『한서』권78「소망지전(蕭望之傳)」[465]에서는 "망지는 생각하기를 중서는 정치의 근본이므로 마땅히 현명한 사람을 가려 뽑아야 한다고 보았다. 무제가 후정에서 연회를 열고 놀기 좋아하여 환관을 임용한 것은 국가의 전통적인 제도가 아니며…"[466]라 되어 있고, 같은 책 권93「영행전(佞幸傳)」에도 동일한 내용의 소망지의 말이 실려 있는데,「소망지전」의 "중서는 정치의 근본"이란 구절이「영행전」에서는 "상서는 백관의 근본"으로 기록되어 있는 점이다.[467] 후대에 이 대목을 인용하는 사람들 중에는 전자에 근거하여 "중서"라 하는 자도 있고, 후자에 근거하여 "상서"라 하는 자도 있다. 사실 소망지의 말은 형벌을 받은 환관들을 임용하는 데 반대하는 입장이었고 "중서(中書)"

---

465 소망지(蕭望之, B.C.109?-B.C.47): 전한 동해(東海) 난릉(蘭陵, 산동) 사람으로 자는 장천(長倩)이다. 소제(昭帝) 말년에 갑과(甲科)에 급제하여 낭(郎)이 되고, 선제 때 좌풍익(左馮翊), 대홍려(大鴻臚), 어사대부(御史大夫), 태자태부(太子太傅) 등을 역임하였다. 감로 3년(B.C.51) 석거각회의(石渠閣會議)에 참석하여 여러 학자들과 오경(五經)의 동이(同異)에 대해 토론했다. 제시(齊詩)와 노논어(魯論語)를 전했으며,『곡량전』과『좌씨전』에도 밝았다. 당시의 실력자 곽광(霍光)에게 압박을 받았지만 곽씨가 몰락한 후 선제에게 신임을 얻어 전장군(前將軍) 겸 광록훈(光祿勳)·영상서사(領尚書事)가 되었다. 환관의 전횡을 막을 제도 개혁을 꾀하였으나 중서령 홍공(弘恭)과 석현(石顯)의 모함에 빠져 자살하였다.

466 『漢書』권78「蕭望之傳」, "望之以爲中書政本, 宜以賢明之選. 自武帝遊宴後廷, 故用宦者, 非國舊制. …"

467 『漢書』권93「佞倖傳」, "望之領尚書事, 知顯專權邪辟, 建白以爲尚書百官之本, 國家樞機, 宜以通明公正處之. 武帝游宴後庭, 故用宦者, 非古制也. 宜罷中書宦官, 應古不近刑人."

는 환관을 임용한 데서 유래한 명칭이므로, 소망지가 "중서는 정치의 근본"이라는 말을 했을 리는 없다. 그렇다면 「영행전」에 나오는 "상서는 백관의 근본"이 맞는다고 봐야 할 것이다. 동시에 소망지는 당시 전장군(前將軍)의 신분으로 상서의 일을 관장하고 있었고, 석현은 중서령으로 있었으므로 그가 관장한 일 역시 상서의 일이었다. 하지만 석현은 황제에 직접 접근할 수 있었고 이는 소망지가 상서사를 관장하는 것을 유명무실하게 만들었다. 이로부터 우리는, 상서와 중서는 생활상 황제와 멀고 가까움의 차이가 있는 것을 제외하면 실제로는 무제의 일시적인 편의에 의해 만들어진 옥상옥의 관직이었음을 알 수 있다. 『한서』 권93 「영행전」에서는 다음과 같이 말한다. "이때 원제는 병에 걸려 직접 정사를 보지 않았고 음악에 열중하였다. 석현(중서령)이 오랫동안 일을 맡고 있었고, 환관은 외척이 없어 국사에만 전념하였으므로 믿을 만하다고 여겨 마침내 그에게 정사를 위임하였다. 크고 작은 일이 모두 석현의 말에 의해 결정되었으니 그 존귀함과 총애가 조정을 기울일 정도였다."[468] 이는 원제의 심리뿐만 아니라 모든 일인전제자들의 심리를 설명해 준다. 중서가 등장하여 계속 발전한 이유는 모두 여기서 해답을 얻을 수 있다. 일인전제와 떼려야 뗄 수 없는 환관의 화(禍)도 이로부터 해답을 얻을 수 있을 것이다.

여기서 2천 년 된 의혹을 덧붙여 해결하고자 한다. 『한구의보유(漢舊儀補遺)』 권상에서는 다음과 같이 말한다.

---

[468] 『漢書』 권93 「佞倖傳」 '石顯傳', "是時元帝被疾, 不親政事, 方隆好於音樂. 以顯久典事, 中人無外黨, 精專可信任, 遂委以政. 事無小大, 因顯自決, 貴倖傾朝."

태사공(太史公)은 무제가 설치하였으며 그 지위는 승상의 위이다. 천하의 회계장부[計書]는 먼저 태사공에게 올라가고, 다음으로 승상에게 올라간다. 사실을 순서대로 엮어 저술하는 것을 옛 『춘추(春秋)』와 같이 하였다. 사마천이 죽은 후, 선제(宣帝)는 그 관직을 태사령(太史令)으로 하였는데, 태사(太史)의 문서를 담당했을 뿐이었다.[469]

살펴보건대 이 일단의 문장은 한 마디도 사실에 부합하지 않는다. 『한서』「백관공경표」의 '봉상(奉常)'조에 다음과 같은 말이 있다. "태상(太常)의 속관으로 태악(太樂), 태축(太祝), 태재(太宰), 태사(太史), 태복(太卜), 태의(太醫) 등 여섯 명의 영(令)과 승(丞)이 있다."[470] 그러므로 『사기』「자서(自序)」에서는 "아버지가 세상을 떠난 지 3년이 지나서 천(遷)은 태사령이 되었다"라고 하였다.[471] 이로부터 무제 때는 '태사공'이라는 명칭이 없었음을 알 수 있다. 그리고 태사령이란 관직은 선제(宣帝)가 "그 관직(태사공)을 태사령(太史令)으로 한" 것이 아님을 알 수 있다. 태사령은 봉상(奉常, 太常)의 속관이므로 지위가 승상보다 높을 수는 없다. 또 태사공의 「자서」에서 "태사공[사마천의 부친 사마담(司馬談)]은 천문을 관장하고, 백성을 다스리지는 않았다"라고[472] 하였으니, 천하의 회계장부가 태사공에게 먼저 올라가는 일은 없었음을 알 수 있다. 한대의 태사는 태상(太常)에 속하고 역사를 저술하지는 않았

---

469 『漢舊儀補遺』권上, "太史公, 武帝置, 位在丞相上. 天下計書先上太史公, 副上丞相, 序事如古春秋. 司馬遷死後, 宣帝以其官爲令, 行太史文書而已."

470 『漢書』권19上 「百官公卿表」上, '奉常'條, "屬官有太樂‧太祝‧太宰‧太史‧太卜‧太醫六令丞."

471 『史記』권130 「太史公自序」, "卒三歲而遷爲太史令."

472 『史記』권130 「太史公自序」, "太史公旣掌天官, 不治民."

제4장 한대 일인(一人) 전제정치하의 관제(官制) 변천

기 때문에 사마천은 책을 저술하여 "일가언(一家言)을 이룰"[473] 수밖에 없었다. 반고는 난대영사(蘭臺令史)로 있었는데 질은 1백 석이고 소부 (少府)에 속했으며 태상에 속하지 않았다. 『한관의』에서 "난대영사는 탄핵의 상주문을 기록하는 일을 관장하였다"[474]라고 하였으니 즉 초록 (抄錄)하는 일을 관장했다는 뜻으로 그 또한 역사 저술을 직임으로 하지는 않았다. 반고는 아버지의 사업을 이어받아 『한서』를 편찬하였는데, 이것이 난대영사를 하기 전부터 착수한 일이라는 것은 그 본전(本傳)에 명확히 기록되어 있다. 지금 사람들은 아직도 "반씨 부자는 대대로 사관(史官)이었다"고 운운하는데 글자만 보고 대충 뜻을 짐작한[望文生義] 예에 불과하다. 한나라 때 역사를 저술한 사람 중에 태사(太史) 출신은 한 명도 없으며, 태사 중에 이른바 "사실을 순서대로 엮어 저술하는 것을 옛 『춘추(春秋)』와 같이 했던" 자도 당연히 없다. 위에 인용한 『한구의보유』의 문장은 내 추측으로는 사마천이 본래 태사령이었다가 그 뒤에 다시 중서령이 되었기 때문에 전사(傳寫)하는 과정에서 착오와 탈루가 있었던 것으로 생각된다. 만약 문장 속의 "태사공"을 중서령으로 고치고, 후인들로부터 태사령에 의해 일어나는 연상들을 제거한다면 대체적으로 말이 된다.

---

473 『史記』 권130 「太史公自序」, "凡百三十篇, 五十二萬六千五百字, 爲太史公書, 序略, 以拾遺補藝, 成一家之言, 厥協六經異傳. …."
474 『漢官儀』 권上, "蘭臺令史 … 掌書劾奏."

7. 중조(中朝, 內朝) 문제에 대한 해명

이 절에서는 중조(中朝) —내조(內朝)라고도 한다— 의 문제에 대해 논하려고 한다. 『예기(禮記)』「옥조(玉藻)」편에서는 "조복(朝服)을 하고서 매일 내조(內朝)에서 조회를 본다"라고 하였고, 이에 대한 정현의 주(注)에서는 "천자와 제후는 모두 3개의 조정[三朝]이 있다"라고 하였다.[475] 그러나 3개의 조정설은 대체로 억지로 끌어다 맞춘 것이다. 그러나 『국어』「노어(魯語)」하에 보이는 공보문백(公父文伯)의 모친의 말은 비교적 명백하다. 원문은 다음과 같다. "천자와 제후는 외조(外朝)에 모여 백성의 일을 논의하고, 내조(內朝)에 모여 신(神)의 제사를 논의한다. 경(卿) 이하는 외조에 모여 관직의 직무를 논의하고, 내조에 모여 황실의 일[家事]을 논의한다."[476] 내조·외조의 구분은 이미 옛날부터 있었는데 진과 한이 이를 답습한 것일지도 모른다. 그런데 정무

---

[475] 전후 원문은 다음과 같다. 『禮記』「玉藻」, "제후는 현면(玄冕)을 하고서 제사를 지내고, 비면(裨冕)을 하고서 조회를 보고, 피변(皮弁)을 하고서 태묘에서 청삭(聽朔, 告朔)의 예를 행하고, 조복(朝服)을 하고서 매일 내조(內朝)에서 조회를 본다[諸侯玄端冕]以祭, 裨冕以朝, 皮弁以聽朔於大廟, 朝服以日視朝於內朝]." 정현 주에서는 "여기서의 내조는 노침의 문밖에 있는 정조(正朝)이다. 천자와 제후는 모두 3개의 조정이 있다[此內朝, 路寢門外之正朝也. 天子·諸侯, 皆三朝]"라 하였다.

[476] 『國語』「魯語」下, "天子及諸侯, 合民事於外朝, 合神事於內朝. 自卿以下, 合官職於外朝, 合家事於內朝."

제4장 한대 일인(一人) 전제정치하의 관제(官制) 변천

를 볼 때는 반드시 외조에서 하므로 외조는 일반적으로 말하는 조정(朝廷)이다. 그에 비해 내조는 연회를 여는 곳인지라 그 이름이 뚜렷하지 않다. 그러나 한대의 이른바 중조(中朝) 혹은 내조(內朝)는 아래와 같은 몇 가지 특징을 갖는다. 첫째, 한대에 중조가 중조로 불린 이유는 궁정 안의 일을 관할해서도 아니고, 의론에 참가하는 일만으로 그렇게 부른 것도 아니며, "연회를 여는 장소[燕朝]"와는 더욱더 거리가 멀다. 그보다는 정치적으로 정책을 결정하고 집행하는 일 때문에 그렇게 불린 것이다. 둘째, 중조는 중신(中臣) 혹은 내신(內臣), 근신(近臣)으로 칭하는 사람들로 구성된다.【원주43】 그러나 중신, 내신이 있다고 해서 중조, 내조가 있는 것은 아니다. 심지어 "중조신(中朝臣)", "내조신(內朝臣)"도 때로는 관습적이거나 정치적 운용상의 명칭에 지나지 않아 이러한 명칭이 있다고 해서 실제로 중조가 존재한다고 단정할 수는 없다. 셋째, 황제 스스로 정치를 처리한다고 해서 중조라고 할 수는 없다. 넷째, 전한의 상서(尙書)는 결코 중신 또는 내신이 아니므로【후술】상서의 활동은 중조의 활동을 대표하지 않는다. 다섯째, 무릇 재상이 그 직권을 실제로 행사할 때는 물론이거니와, 내신이 완전히 승상을 제쳐 두고 곧바로 황제의 이름으로 정치를 전단할 때도 이른바 중조라는 것은 없었다. 후한은 대부분 내신들이 정치를 전단했지만 후한에 중조라는 명칭이 보이지 않는 것은 이 때문이다. 이상의 관점을 종합하면, 한대의 이른바 '중조'의 출현은 곽광(霍光)이 권력을 장악하기 위해 특별히 만들어 낸 것으로, 곽광 이후로는 황제나 세력 있는 중신(中臣)들이 일시적인 운용상의 편의를 위해 혹은 소인배들이 도발의 구실을 대기 위해 임시 중조의 이름을 내걸고 재상의 권위를 억압했을 뿐,

중조가 어떤 고정적인 조직을 가진 것도 경상적인 정치활동을 한 것도 아니었다. 그러나 관제의 입장에서 볼 때 재상은 이론적으로 중신이나 내신을 통할할 수 있을 뿐만 아니라 응당 통할해야 한다. 요즘 사람인 노간(勞幹, 대만학자, 1907-2003)은 「한대의 내조와 외조를 논함」이라는 글【원주44】에서 이미 중대한 착오를 범했다. 또 「한대의 정치제도」【원주45】라는 글에서는 「내조(內朝)」장(章)을 재상의 장 앞에 배치하여 한대의 경상적 관제를 완전히 헝클어 놓았다. 이러한 오류의 근본 원인은 전한의 상서를 내신·중신의 범위에 포함시키고, 상서의 정치상 경상적인 업무를 내조의 정치상 경상적인 업무로 착각한 데 있다. 아래에 차근차근 이 문제를 논증해 보기로 하겠다.

『한서』권68「곽광전(霍光傳)」에서는 곽광이 창읍왕(昌邑王) 유하(劉賀)를 폐하려 할 때의 정황을 다음과 같이 기록하고 있다. "왕이 입조하여 태후(太后)를 뵙고, 다시 연(輦)을 타고 온실(溫室)로 돌아가고자 하였다. … 왕이 들어가자 문이 닫혔고, 창읍왕의 신하들은 들어갈 수 없었다. … 이전 소제(昭帝) 때의 시중(侍中) 중신(中臣)으로 하여금 왕을 모시고 지키도록 하였다."477 왕선겸478의 『한서보주(漢書補注)』에서는 다음과 같이 말한다. "전대소(錢大昭)479가 이르기를 '시중은 중조

---

477 『漢書』권68「霍光傳」, "王入朝太后, 還乘輦欲歸溫室 … 王入, 門閉, 昌邑羣臣不得入 … 令故昭帝侍中中臣侍守王."

478 왕선겸(王先謙, 1842-1917): 청 호남 장사(長沙) 사람. 자는 익오(益吾), 호는 규원(葵園)이다. 증국번(曾國藩)을 사사했다. 동치 4년(1865) 진사가 되어 한림원편수(翰林院編修)와 국자감좨주(國子監祭酒) 등을 역임하였다. 저서로는 『속황청경경해(續皇淸經解)』, 『한서보주(漢書補注)』, 『후한서집해(後漢書集解)』, 『순자집해(荀子集解)』, 『장자집해(莊子集解)』 등이 있다.

(中朝)의 관원이기 때문에 중신(中臣)이라 칭한다'라고 하였다. 주일신 (朱一新)[480]은 '중신(中臣)의 신(臣) 자는 상(常)이 되어야 한다'라고 하였 다. 선겸(先謙, 왕선겸)이 보기에 '왕을 지키도록 하였다[守王]'라고 할 때 앞에 '시(侍)' 자를 덧붙여 말할 필요는 없다. 중신(中臣)이라는 두 글자 는 사서에도 잘 보이지 않는다. 「백관공경표」에 의하면 시중(侍中)과 중상시(中常侍)는 모두 가관으로서 금중(禁中)에 들어갈 수 있다고 하 였으니, 주씨(주일신)의 설이 맞는다."[481] 살펴보건대 이때 황태후는 아 직 정식으로 폐위를 선포하지 않았으니 창읍왕은 여전히 황제였고, 따 라서 왕선겸이 "'왕을 지키도록 하였다[守王]'라고 할 때 앞에 '시(侍)' 자 를 덧붙여 말할 필요는 없다"라고 본 것은 잘못이다. 『한구의』 권상을 보면 "중관(中官)·사관상식(私官尙食)은 백은으로 테를 두른 용기를 사 용한다"[482]라고 했고, 또 "중관(中官)·소아관(小兒官) 및 문호사상(門戶

---

479 전대소(錢大昭, 1744년-1813): 청 강소 가정(嘉定, 상해) 사람. 자는 회지(晦之) 또는 죽려(竹 盧)이며, 전대흔(錢大昕)의 동생이다. 가경 원년(1796) 효렴방정(孝廉方正)으로 천거되고, 북경에서 사고전서(四庫全書)를 교정했다. 경(經)과 사(史) 모두 조예가 있고, 문자훈고학에 정통했다. 저서에 『후한서보표(後漢書補表)』, 『보속한서예문지(補續漢書藝文志)』, 『양한서 변의(兩漢書辨疑)』, 『삼국지변의(三國志辨疑)』, 『이아석문보(爾雅釋文補)』, 『설문통석(說 文統釋)』 등이 있다.

480 주일신(朱一新, 1852-1900): 청 의오(義烏, 절강) 사람. 자는 용생(蓉生), 호는 정보(鼎甫)다. 광서 2년(1876) 진사가 되고, 한림원서길사(翰林院庶吉士)와 섬서도(陝西道) 감찰어사 등을 지냈다. 정치적으로는 강유위(康有爲)의 변법운동(變法運動)에 반대하고 경세치용을 주창했 으며, 학술적으로는 주희(朱熹)의 이학(理學)을 추숭했다. 저서에 『무사당답문(無邪堂答問)』, 『한서관견(漢書管見)』 등이 있다.

481 王先謙, 『漢書補注』, "錢大昭曰, 侍中爲中朝官, 故稱中臣. 朱一新曰, 臣當作常. 先謙曰, 云守 王, 不須言侍字. 中臣二字, 史亦罕見. 據百官表, 侍中中常侍皆加官得入禁中, 則朱說是也."

482 『漢舊儀』 권上, "中官私官尙食, 用白銀釦器."

四尙)·중황문(中黃門)은 군사 3백 명을 거느리고 시위하고 숙위한다"[483]라고 하였으며, 또 "중신은 성(省) 안에서 모두 아뢰고 주청할 수 있다. 환관 신분의 중신인 경우에는 성 안에서 아뢰고 주청할 수 없다. 상서랑(尙書郎)이 상서대(尙書臺)에서 숙직할 때는 중관이 청겸백릉피(靑縑白綾被)를 지급하고…"[484]라고 하였다. 『한관의』 권상에서는 "시중(侍中)은 … 중관과 함께 금중에서 머물며 (숙직하였고)"[485]라고 하였다. 이상에서 볼 때 '중신'·'중관'은 당시에도 자주 사용되었던 말로 "사서에도 잘 보이지 않는다"라고 말할 수는 없다. 따라서 주일신의 견해는 신뢰할 수 없다. 정치와 관련되었을 때에만 '중조신(中朝臣)'으로 불렸다. "중신(中臣)"이 내정(內廷)에서 일상생활의 심부름을 하거나 황제를 시종하는 대소 신하를 일반적으로 지칭하는 말이라면, "중조신"은 내정에서 정사를 처리하는 일반인을 가리키는 특칭(特稱)이다. 전대소를 비롯한 많은 사람들이 "중신(中臣)" "중관(中官)"이란 단어를 보기만 하면 이를 중조신(中朝臣) 또는 중조관(中朝官)으로 단정하는데, 이 또한 혼란을 일으키기 쉽다. 이른바 중신·중관은 적어도 전제정치가 성립된 이래로 존재해 왔으며, 가관(加官) 중의 중신·중관의 본관(本官)은 전대흔도 그중 일부가 이미 한 초에 존재했다고 보았고,【원주46】중조와 외조의 구분은 전대소도 한 초에는 없었던 것으로 보았다【후술】. 후한에도 여전히 중신·중관이 있었지만, 후한의 경우 중조(中朝),

---

483 『漢舊儀』 권上, "中官小兒官及門戶四尙中黃門, 持兵三百人侍宿."
484 『漢舊儀』 권上, "中臣在省中皆白請, 其宦者不白請. 尙書郎宿留臺, 中官給靑縑白綾被. …."
485 『漢舊儀』 권上, "侍中 … 興(當作與)中官俱止禁中."

내조(內朝)라는 이름은 찾아보기 드물다. 후대의 사서(史書) 주석가들은 중신·내신을 반드시 중조·내조와 연결시키고 중신·내신이기만 하면 정사에 참여하는 것으로 여겼으니, 나는 이 점을 분명하게 밝혀야 한다고 생각한다.

『한서』권77「유보전(劉輔傳)」[486]에서는 성제(成帝)가 조첩여(趙婕妤)를 황후로 세우려 하자 유보가 상주문을 올려 극력 간언했던 일을 기록하고 있다. "상주문이 상주되자 상(성제)이 시어사(侍御史)로 하여금 유보를 잡아다 결박하고 액정(掖庭)의 비밀감옥에 가두게 하였는데 군신들은 그 이유를 몰랐다. 이에 중조(中朝)의 좌장군 신경기(辛慶忌),[487] 우장군 염포(廉襃),[488] 광록훈 사단(師丹),[489] 태중대부(太中大夫) 곡영

---

486 유보(劉輔, ?-?): 전한 하간(河間, 하북 獻縣) 사람으로 하간헌왕(河間獻王) 유덕(劉德)의 후손이다. 성제 때 효렴으로 추거되어 양비령(襄賁令)에 임명되었고, 시정(時政)의 득실을 상서하여 간대부(諫大夫)에 발탁되었다. 성제가 총비 조비연(趙飛燕)을 황후로 세우려고 먼저 조비연 부친을 열후로 봉하는 조서를 내리자 유보는 이에 반대하는 간언을 올렸고, 체포되어 투옥되었다. 뒤에 좌장군 신경기(辛慶忌), 우장군 염포(廉襃), 광록훈 사단(師丹), 태중대부(太中大夫) 곡영(谷永) 등 조정 대신들이 간청하여 사죄에서 1등을 감한 귀신(鬼薪)의 형을 받았다.

487 신경기(辛慶忌, ?-B.C.12): 전한 적도(狄道, 감숙 臨洮) 사람. 자는 자진(子眞)이다. 파강장군(破羌將軍) 신무현(辛武賢)의 아들. 감로 2년(B.C.52) 전공으로 시랑(侍郎), 교위(校尉)를 지내고, 원제 때 낭중(郎中)과 장액(張掖)·주천(酒泉) 태수를 역임하였다. 성제 때 광록대부, 집금오(執金吾)를 거쳐 좌장군(左將軍)에 배수되었다.

488 염포(廉襃, ?-?): 전한 양무(襄武, 감숙 隴西) 사람. 자는 자상(子上)이다. 전한 시기 대대로 변방의 태수를 지냈다. 조정에 들어와 집금오(執金吾), 우장군(右將軍)을 역임하였다. B.C.8년 아들이 없던 성제가 조카 정도왕(定陶王)과 동생 중산왕(中山王) 중에서 후사를 정하려 할 때 염포는 승상 적방진(翟方進)·대사마표기장군 왕근(王根)과 함께 정도왕을 지지하였고 정도왕이 태자(애제)가 되었다. 같은 해, 외척 순우장(淳于長)이 주살되면서 순우장과 가까이 지냈던 염포도 파면되어 서인이 되었다.

489 사단(師丹, ?-3): 전한 낭야(琅邪) 동무(東武, 산동 諸城) 사람. 자는 중공(仲公)이다. 효렴(孝

7. 중조(中朝, 內朝) 문제에 대한 해명 227

(谷永)[490]이 함께 상서를 올렸다. ….".[491] 이에 대한 안사고 주(注)는 다음과 같다.

"맹강(孟康)이 이르기를 '중조(中朝)는 내조(內朝)이다. 대사마·좌우전후장군·시중·상시·산기·제리는 중조가 된다. 승상 이하 6백 석까지는 외조(外朝)가 된다'라고 하였다."[492]

왕선겸의 보주(補注)에서는 다음과 같이 말한다.:

"유봉세(劉奉世)는 말하기를 '글을 살펴본즉 사단과 곡영은 모두 중조신(中朝臣)으로 대개 당시의 급사중, 시중·제리 따위가 중조신이 된다'[493]라고

廉)으로 천거되어 낭(郎)이 되고, 원제 때 경학박사가 되었으나 사직하고, 성제 건시 연간에 다시 박사가 되었다가 동평왕(東平王) 태부(太傅)로 나갔다. 승상 적방진(翟方進) 등의 천거로 광록대부(光祿大夫)와 승상사직(丞相司直)이 되고 이후 광록훈, 태자태부(太子太傅)를 역임하였다. 애제 즉위 후 좌장군(左將軍)에 오르고 왕망(王莽)을 대신해 대사마(大司馬)에 오른 뒤 대사공(大司空)으로 옮겼다. 애제의 외척 정(丁)씨와 부(傅)씨의 존호 문제에 반대 입장을 냈다가 실패하여 서인이 되었다. 평제 때 다시 의양후(義陽侯)가 되었다.

490 곡영(谷永, ?-B.C.8): 전한 경조(京兆) 장안(長安) 사람. 본명은 병(並). 자는 자운(子雲)이다. 어사대부 파연수(繁延壽)의 속리로 있다가 그의 천거로 원제 때 태상승(太常丞)이 되었다. 젊어서 경서를 두루 공부했는데, 특히 천관(天官)과 『경씨역(慶氏易)』에 정통하였고 재이(災異)에 대한 설명을 잘 하여 전후에 걸쳐 상소한 것이 40여 차례에 이르렀다. 주로 재이의 발생을 조정의 득실과 관련지어 추론했는데 모든 문제를 성제와 후궁의 탓으로 돌림으로써 성제의 허물을 들추어내었으므로 성제는 곡영을 북지태수(北地太守)로 내보냈다. 다시 불러 대사농으로 임명했으나 일년여 만에 병으로 사직했다.

491 『漢書』권77「劉輔傳」, "書奏, 上使侍御史收縛輔, 繫掖庭祕獄, 羣臣莫知其故. 於是中朝左將軍辛慶忌·右將軍廉褒·光祿勳師丹·大中大夫谷永, 俱上書. …"

492 『漢書』권77「劉輔傳」의 안사고 주에 인용된 맹강(孟康) 주, "孟康曰, 中朝, 內朝也. 大司馬·左右前後將軍·侍中·常侍·散騎·諸吏, 爲中朝. 丞相以下至六百石爲外朝也."

493 본 구절은 북송의 유창(劉敞), 유반(劉攽), 유봉세(劉奉世) 3인이 지은 『한서간오(漢書刊誤)』에 나온다.

하였다. 전대흔(錢大昕)은 다음과 같이 말한다: '『한서』에서는 중조관(中朝官)이라 하기도 하고 중조자(中朝者)라 하기도 하여 그 문장이 같지가 않은데 오직 맹강의 이 주석이 가장 분명하다. 「소망지전(蕭望之傳)」에서는 중조(中朝) 대사마거기장군 한증(韓增)·제리 부평후 장연수(張延壽)·광록훈 양운(楊惲),[494] 태복 대장락(戴長樂)에게 조서를 내려 소망지에게 계책을 물어보게 했다고 되어 있다. 「왕가전(王嘉傳)」[495]에서는 (왕가를 탄핵하는) 사안을 장군 중조자(中朝者) 광록대부 공광(孔光)·좌장군 공손록(公孫祿)·우장군 왕안(王安)·광록훈 마궁(馬宮)·광록대부 공승(龔勝)【「공승전」에는 사예(司隷) 포선(鮑宣)도 포함되어 있다】에게 내려보내 의론하게 했다고 되어 있다. 광록대부는 내조관(內朝官)이 아닌데도 공광과 공승이 의론에 참여할 수 있었던 것은 그들이 급사중(給事中)을 가관으로 했기 때문이다. 이열전의 태중대부(太中大夫) 곡영 역시 급사중이었기 때문에 조정회의에 참여할 수 있었으니 급사중도 중조관(中朝官)이며, 따라서 맹강이 열거한 중조관에는 누락이 없지 않다. 광록훈은 궁전의 액문(掖門)[496]을 관장했으므

---

494 양운(楊惲, ?-B.C.54): 전한 경조(京兆) 화음(華陰, 섬서 화음) 사람. 자는 자유(子幼), 소제(昭帝) 때 승상을 지낸 양창(楊敞)의 아들이자 사마천의 외손이다.『사기』를 익혀 세상에 널리 전파했다. 선제 때 좌조(左曹)에 임명되어 곽씨(霍氏)의 음모를 고발해 평통후(平通侯)에 봉해지고, 중랑장(中郎長)이 되었다. 신작 원년(B.C.61) 제리광록훈(諸吏光祿勳)에 올랐다. 관직에 있는 동안 재물을 경시하고 청렴했던 한편으로 각박하고 남의 허물을 들추어내기를 좋아하여 사람들의 원한을 많이 샀다. 선제가 총애하는 태복(太僕) 대장락(戴長樂)과 사이가 나빴는데, 한번은 대장락이 고소당하는 일이 있자 양운이 시킨 것으로 의심해 대장락도 양운을 비방하는 글을 선제에게 올렸다 이로 인해 면직당해 서인이 되었다.

495 왕가(王嘉, ?-B.C.2): 전한 평릉(平陵, 섬서 함양) 사람. 자는 공중(公仲)이다. 명경사책갑과(明經射策甲科)로 낭(郎)이 되었고 성제 때 태중대부(太中大夫), 대홍려(大鴻臚), 경조윤(京兆尹)을 거쳐 어사대부(御史大夫)에 올랐다. 애제 건평 3년(B.C.4) 승상이 되고, 신보후(新甫侯)에 봉해졌다. 애제가 총애하는 동현(董賢)에게 봉호(封號)를 더하려 하자 부당함을 극력 간언했고, 이로 인해 애제의 분노를 사 정위옥(廷尉獄)에 갇혔는데, 투옥된 지 20여 일 동안 음식을 끊고 피를 토하고는 죽었다. 이후 평제는 원시 4년(4)에 그를 충후(忠侯)로 추서하고 그의 아들은 신보후에 봉했다.

496 액문(掖門): 사람이 드나들기 편하도록 정문 옆에 따로 낸 작은 문을 말한다.

로 구경(九卿) 중 황제와 가장 가까웠다. 소제·선제 이후 장안세(張安世)·소망지(蕭望之)·풍봉세(馮奉世)·신경기(辛慶忌)는 모두 장군의 신분으로 광록훈을 겸령하였다. 또 양운(楊惲)은 광록훈으로 있으면서 제리(諸吏)를 가관으로 했기 때문에 손회종(孫會宗)에게 보낸 글에서 '조정의 정사에 참여했다'[497]고 자처하였다. 그러나 중조와 외조의 구분은 대개 한 초에는 아직 없었다. 무제는 처음에 엄조(嚴助)와 주보언(主父偃)으로 하여금 연(輦)을 타고 승명려(承明廬)에 숙직하면서[498] 모의에 참여하도록 했는데 그 질(秩)은 오히려 낮았다. 위청(衛青)과 곽거병(霍去病)은 비록 신분이 높고 총애를 받는 신하였지만 승상과 어사의 직무에는 간여하지 못했다. 소제·선제 때에 이르러 대장군의 권력이 중외(中外)를 겸하고, 전·후·좌·우장군을 두어 내조에서 정사에 참여하였으며, 관료들 중 금중(禁中)에서 황제를 모시며 급사(給事)하는 일을 가관으로 하는 자들은 모두 스스로 심복 신하임을 자처하였다. 이러한 전한 조정의 변화 국면은 사가들이 명백하게 말하지는 않았지만 독자들이 미루어 짐작할 수 있을 것이다.'"[499]

---

497 전문은 다음과 같다. 『漢書』 권66 「楊惲傳」, "由是擢爲諸吏光祿勳, 親近用事 … 惲幸得列九卿諸吏, 宿衛近臣, 上所信任, 與聞政事 … 報會宗書曰 … 惲家方隆盛時, 乘朱輪者十人, 位在列卿, 爵爲通侯, 總領從官, 與聞政事. …."

498 『漢書』 권64上 「嚴助傳」, "數年不聞問, 賜書曰, 制詔會稽太守, 君厭承明之廬." 이에 대한 안사고 주에 "張晏曰, 承明廬在石渠閣外, 直宿所止曰廬"라 되어 있다.

499 王先謙, 『漢書補注』, "劉奉世曰, '案文, 則丹·永皆中朝臣也, 蓋時爲給事中, 侍中·諸吏之類.' 錢大昕曰, '漢書稱中朝官或稱中朝者, 其文非一, 唯孟康此注, 最爲分明. 蕭望之傳, 詔遣中朝大司馬車騎將軍韓增·諸吏富平侯張延壽·光祿勳楊惲, 太僕戴長樂問望之計策. 王嘉傳, 事下將軍中朝者光祿大夫孔光·左將軍公孫祿·右將軍王安·光祿勳馬宮·光祿大夫龔勝(龔勝傳又有司隷鮑宣). 光祿大夫非內朝官, 而孔光·龔勝得與議者, 加給事中故也. 此傳太中大夫谷永, 亦以給事中故得與朝者之列, 則給事中亦中朝官, 孟康所擧, 不無遺漏矣. 光祿勳掌宮殿掖門戶, 在九卿中最爲親近. 昭宣以後, 張安世·蕭望之·馮奉世·辛慶忌皆以列將軍兼領光祿勳. 而楊惲爲光祿勳, 亦加諸吏, 故其與孫會宗書, 自稱與聞政事也. 然中外朝之分, 漢初蓋未之有. 武帝始以嚴助·主父偃輦入直承明, 與參謀議, 而其秩尙卑. 衛青·霍去病雖貴幸, 亦未干丞相御史職事. 至昭宣之世, 大將軍權兼中外, 又置前後左右將軍, 在內朝預聞政事, 而由庶僚加侍中給事者, 皆自託爲腹心之臣矣. 此西京朝局之變, 史家未明言之, 讀者可推驗而得也.'"

살펴보건대 위에 인용한 전대소의 글은 중조신(中朝臣)의 정사 참여는 사실상 소제·선제 때부터 시작되었다고 보는 입장이다. 그러나 노간(勞榦)은 「한대의 내조와 외조를 논함」이라는 글에서 다음과 같이 말한다.

중조(中朝)의 기원은 『한서』 「엄조전」의 다음 기사에 보인다. "엄조를 발탁하여 중대부(中大夫)로 삼았다. … 무제가 엄조 등에게 명하여 대신들과 변론하게 했는데 중(中)·외(外)가 의리(義理)를 밝힌 글을 가지고 서로 응대하니 대신들이 자주 굴복하였다." 안사고 주에서는 "중(中)은 천자의 빈객을 말하며 엄조와 같은 무리들이 그것이다. 외(外)는 공경대부를 말한다"라고 하였다. … 이것이 바로 한대의 내조와 외조의 기원이다. 『한서』 「사마천전(司馬遷傳)」의 '보임안서(報任安書)'[500]에서는 "지난날 저도 하대부(下大夫)의 대열에 끼어 외정(外廷)을 보좌하며 말단 논의에 참가하였습니다"[501]라고 하였다. 사마천의 이른바 외정(外廷)은 외조(外朝)를 말한다. 무제 때 이런 사실이 있었을 뿐만 아니라 이런 호칭도 있었음을 알 수 있다.【원주47】

나의 견해로는, 무제가 그의 빈객 측근들로 하여금 공경들을 힐난하게 한 것을 내신(內臣)이 외정(外廷)의 정치에 간여하는 맹아로 볼 수는

---

500 「보임안서(報任安書)」: 사마천이 무제 여태자(戾太子)의 반란에 연루되어 사형을 선고받은 친구 임안(任安)에게 보낸 답장 편지로 「보임소경서(報任少卿書)」라고도 한다. 임안은 당시 북군사자호군(北軍死者護軍)으로 재직하던 중 하급관리의 참소로 체포되어 사죄를 받았다. 임안은 친구 사마천에게 구원을 요청하는 편지를 보냈으나 사마천은 답장에서 궁형(宮刑)을 받은 자신의 힘으로는 불가하다는 안타까운 심정을 담아 답장을 보냈는데 이것이 '보임안서' 이다.

501 『漢書』 권62 「司馬遷傳」, "嚮者僕亦嘗廁下大夫之列, 陪外廷末議." 안사고 주에 "韋昭曰, 周官太史位下大夫也. 臣瓚曰, 漢太史令千石, 故比下大夫"라고 하였다. 사마천이 궁형을 받기 전 맡았던 태사령은 질(秩)이 1천 석으로 주대의 하대부에 해당한다.

있겠지만, 그러나 이것을 중조의 기원이라고 할 수는 없다. 왜냐하면 이 힐난은 공경들을 중조에 소집해서 한 것이 아니라 빈객 측근들을 외정으로 보내서 힐난했기 때문이다. 보다 중요한 것은, 그들은 힐난을 통해 공경들이 무제의 의지에 부합하도록 하는 데 그쳤으며 정사를 처리하는 권한은 여전히 공경의 손에 있었고 이들 중신 · 내신의 손에는 있지 않았다는 점이다. 그래서 "중(中) · 외(外)가 의리를 밝힌 글을 가지고 서로 응대하였다"라고 하였고 빈객 측근이 행정권에 직접 간섭하지는 않았다. 따라서 여기서의 중 · 외는 바로 중신 · 외신을 의미한다. 만약 노간의 말처럼 당시 내조가 이미 존재했을 뿐만 아니라 이러한 호칭까지도 존재했다면, 사마천은 환자(宦者)로 중서령이 되었으니 "내정을 보좌하여 국가의 말단 논의에 참여하였습니다[陪內廷末議]"라고 해야지 어째서 그는 여전히 "외정을 보좌하여 국가의 말단 논의에 참여하였습니다"라고 하는가?[502] 여기서 사마천의 이른바 외정이란 궁금(宮禁)과 상대적으로 쓴 말이다. 이로부터 글자만 보고 대강 뜻을 짐작해서는 안 된다.

중조(中朝)의 출발은 무제가 죽음에 임해 보정(輔政)의 유조(遺詔)를 내리는 데서 시작된다. 『한서』 권68 「곽광전(霍光傳)」에서는 다음과 같이 말한다.

이때 상【무제】이 연로한 나이에 구익궁(鉤弋宮)의 후궁 조첩여를 총애하여

---

[502] 사마천은 '보임안서'에서 "지난날 저도 하대부의 대열에 끼어 외정을 보좌하며 말단 논의에 참여하였습니다[嚮者僕亦嘗廁下大夫之列, 陪外廷末議]"라고 하여 분명 궁형을 받기 전의 상황을 이야기하고 있는데, 아마도 서복관은 이 "嚮者(지난날)" 구절을 놓친 것이 아닌가 한다.

아들을 두었는데, 무제는 마음속으로 그를 후사로 삼아 대신들에게 보좌하도록 명할 생각이었다. 여러 신하들을 살펴보니 오직 곽광만이 그러한 중대한 임무를 감당할 수 있어 사직을 맡길 만했다. 무제는 황실의 화공으로 하여금 주공(周公)이 성왕(成王)을 등에 업고 제후들의 조현을 받는 그림을 그리게 하여 곽광에게 하사하였다. 후원(後元) 2년 봄, 무제가 오작궁(五柞宮)으로 나들이를 갔다가 심한 병이 들었다. … 곽광을 대사마 대장군(大司馬大將軍)으로, 김일제(金日磾)를 거기장군(車騎將軍)으로, 태복(太僕) 상관걸(上官桀)을 좌장군(左將軍)으로, 수속도위(搜粟都尉) 상홍양(桑弘羊)을 어사대부로 삼았는데, 모두 무제가 누워 있는 침상 아래에서 관직을 배수받았고 어린 군주를 보필하라는 유조를 받았다. 다음 날 무제가 붕어하고 태자가 황제의 존호를 이어받으니 그가 바로 효소황제(孝昭皇帝)이다. 황제의 나이는 여덟 살이었고 모든 정사는 곽광에 의해 결정되었다.[503]

무제가 설립한 장군은 모두 무제 자신에게 직속되어 재상 계통에서 벗어났기 때문에 이후 그들을 중신(中臣) 또는 내신(內臣)이라 하였다. 무제가 유조를 내릴 당시 전천추(田千秋)가 재상으로 있었다. 「곽광전」에 의하면 무제의 유조를 받은 사람 중 재상 계통에 속하는 자는 오직 어사대부만이 있을 뿐이었다. 이렇게 하여 재상은 정치의 핵심 밖으로 방치되고 자연히 곽광이 대사마 대장군으로서 정치를 전단하였다【「전천추전」에는 무제의 유조를 받은 자들 안에 전천추의 이름이 들어 있는데 열거 순서가 어사대부 상홍양(桑弘羊) 다음에 있다.[504] 이는 아마도 뒤에 제제를 고

---

503 『漢書』 권68 「霍光傳」, "是時上年老, 寵姬鉤弋趙倢伃有男, 上心欲以爲嗣, 命大臣輔之. 察羣臣唯光任大重, 可屬社稷. 上乃使黃門畫者畫周公負成王朝諸侯以賜光. 後元二年春, 上遊五柞宮, 病篤 … 以光爲大司馬大將軍, 日磾爲車騎將軍, 及太僕上官桀爲左將軍·搜粟都尉. 桑弘羊爲御史大夫, 皆拜臥內床下, 受遺詔輔少主. 明日武帝崩, 太子上尊號, 是爲孝昭皇帝. 帝年八歲, 政事壹決於光."

려하여 보충해 넣은 듯하며 당시의 사실은 아니다】. 그러나 후대와 다른 점은, 후대에는 만약 대장군이라는 직위를 가진 자가 정치를 전단하게 되면 그의 지위는 재상이나 삼공의 위에 놓이게 되는데 예컨대 후한의 대장군인 두헌(竇憲),[505] 양상(梁商), 양기(梁冀)[506] 등이 모두 그런 예다. 이렇게 되면 내(內)에 의해 외(外)가 다스려져 내·외의 대립이 없기 때문에 중조·외조의 문제도 발생하지 않는다. 그러나 곽광은 비록 정치를 전단했지만 법리상 지위는 여전히 승상의 아래에 있었기 때문에 명(名)과 실(實)의 대립, 즉 중조와 외조의 대립이 형성되었으며, 중조와 외조의 차이는 특히 대립 중에 극명하게 드러난다. 곽광 이후로는 모든 것이 다 그랬다.【원주48】 그러므로 중조는 사실상 곽광에서부터 나타나기 시작하고 곽광 이후가 되어서야 비로소 상시적으로 작용하

---

504 『漢書』 권66 「田千秋傳」, "武帝疾 … 拜大將軍霍光·車騎將軍金日磾·御史大夫桑弘羊及丞相千秋, 並受遺詔, 輔道少主."

505 두헌(竇憲, ?-92): 후한 부풍(扶風) 평릉(平陵, 섬서 함양) 사람. 자는 백도(伯度), 장제(章帝, 肅宗)의 황후 두씨의 오빠다. 영원 원년(89) 화제(和帝)가 즉위하여 두태후가 임조(臨朝)하자 시중(侍中)이 되어 두태후와 함께 정치를 전횡했다. 뒤에 죄를 지어 갇히자 스스로 흉노 토벌에 나서 북선우(北單于)를 대파하는 공을 세워 거기장군(車騎將軍), 대장군(大將軍)이 되었으며 일족이 요직을 맡아 횡포를 부렸다. 4년(92) 화제가 대장군을 파직하고 친정(親政)을 하려고 하자 시해 음모를 꾀하다가 발각되어 자살했다.

506 양기(梁冀, ?-159): 후한 안정(安定) 오씨(烏氏, 감숙 平涼) 사람. 자는 백거(伯車) 또는 백단(伯丹). 누이동생이 순제(順帝)의 황후가 되자 외척으로서 권세를 휘둘렀고 그의 일족이 국정을 좌우하였다. 순제가 죽고 양태후(梁太后)가 임조(臨朝)하면서 정권을 독점하여 제위를 마음대로 폐립하였다. 충제(冲帝)가 죽고 질제(質帝)를 세웠는데, 8살의 질제가 "이 사람이 발호장군(跋扈將軍)이다"라고 자신을 평하자 독살하고 환제(桓帝)를 세웠다. 20여 년 동안 권력을 전횡하다가 원가 2년(152) 양 태후가 죽고 연희 2년(159) 환제의 황후인 양기의 누이동생 양황후마저 죽자, 환제는 환관 5인과 합세하여 그를 복주(伏誅)하고 그 종족을 모두 기시(棄市)하였다.

였다고 말할 수 있다.

「곽광전」의 논찬을 보면 "곽광은 학식도 없고 재주도 없었다[不學無術]"라고 되어 있는데 실제로 그는 자신의 권력을 공고히 하기 위한 학식은 없지만 재주는 가진 사람이었다. 그의 성공은 "무제의 사치로 인한 폐단과 계속된 정벌전쟁의 뒤를 이어 나라의 재화는 모두 소모되고 호구는 반으로 줄어든 상황에서, 시무의 요체를 알아 요역을 가볍게 하고 세금을 적게 거두어 백성들과 더불어 휴식하였기"[507] 때문이었다. 그가 한나라 사람들로부터 칭송받는 이유는 민간에 있던 선제(宣帝)를 데려다 황제로 세웠고 선제 또한 비교적 현명한 황제였기 때문이었다. 그러나 그는 자신의 권력 안배에 대해 온갖 수단을 다 동원하였다. 창읍왕이 폐위된 주요 원인은 창읍왕이 즉위 후 그에게 신임을 표명하지 않고 오로지 창읍왕의 옛사람들만 신임했기 때문이었다. 즉위한 지 27일 만에 적발된 창읍왕의 과실은 모두 "1,227가지"였는데, 역사에 안목이 있는 사람이라면 그 절대다수가 사실무근이라는 것을 간파하기 어렵지 않다. 무제의 유조를 받았던 승상 전천추(田千秋)에게 승상의 지위는 우연이었다. 따라서 그는 곽광의 충실한 꼭두각시가 될 수밖에 없었다. 『한서』 권66 「전천추전」에는 이렇게 적혀 있다. "소제가 처음 즉위하여 아직 정사를 처리하지 못하여 정사는 모두 대장군 곽광에 의해 결정되었다. 전천추는 승상의 지위에 있었으나 품행이 신중하고 돈후하여 덕이 있었다. 공경들의 조회가 있을 때마다 곽광은

---

507 『漢書』 권7 「昭帝紀」, "贊曰 … 承孝武奢侈餘敝師旅之後, 海內虛耗, 戶口減半, 光知時務之要, 輕繇薄賦, 與民休息."

천추에게 말하기를 '처음에 그대와 함께 선제의 유조를 받아【원주49】 지금 나 곽광은 안을 다스리고[治內] 그대는 밖을 다스리고[治外] 있으니, 부디 나를 일깨우고 독려하여 내가 천하 사람들의 신뢰를 저버리는 일이 없도록 해 주시기 바랍니다'라고 하니, 천추는 '장군께서 그런 뜻을 잊지 않으신다면 천하는 크게 다행할 것입니다'라고 하며 끝내 말을 하려 들지 않았다."[508] 여기서 말하는 "안을 다스리고[治內]"와 "밖을 다스리고[治外]" 이것이 바로 내정【내조】과 외정【외조】의 진정한 의미이다. 이른바 안을 다스린다[治內]는 것은 내조에서 정사를 처리하는 것이다. 곽광은 본래 내조를 통해 조정을 주재하고 있었지만 총괄했지만 명분상 "백관의 수장"인 승상의 전통적 지위를 인정하지 않을 수 없었고, 그래서 무리하게 이런 내·외의 구분을 만들어 적당히 승상의 체면을 유지하였던 것이다. 사실 정상적인 관제로부터 보면 이른바 "조정(朝廷)"이라는 하나의 계통만 있을 뿐인데 무슨 내조니 외조니 말할 게 있겠는가? 그뿐만 아니라 승상이 정말로 외조를 걸고 한번 내조와 맞장을 떠 보겠다고 하면 곽광은 이러한 가식의 체면조차도 돌아보지 않는다. 『한서』권60 「두주전(杜周傳)」에는 다음과 같은 이야기가 있다. 승상 전천추가 (모반에 연루된 자를 은닉한 죄로 하옥된 3백 석 관리인) 후사오(侯史吳)의 옥사를 위해 무언가 말을 해야겠다고 생각했지만 "곽광이 들어주지 않을까 걱정하여 전천추는 곧 중(中)2천석과 박사들을

---

508 『漢書』권66 「車千秋傳」, "昭帝初即位, 未任聽政, 政事一決大將軍光. 千秋居丞相位, 謹厚有重德. 每公卿朝會, 光謂千秋曰, 始與君侯俱受先帝遺詔, 今光治內, 君侯治外, 宜有以教督, 使光無負天下. 千秋曰, 唯將軍留意, 即天下幸甚. 終不肯有所言."

소집하여 공거문(公車門)에 모아 놓고 후사오의 옥사 처리에 관해 의론하도록 하였다. … 다음날 전천추가 사람들의 의론을 상주하였다. 그러자 곽광은 전천추가 멋대로 중2천석 이하 관리를 소집하여 조정이 안팎으로[外內] 의견이 나뉘어졌다는 이유로 마침내 정위(廷尉) 왕평(王平)과 소부(少府) 서인(徐仁, 전천추의 사위)을 하옥시켰는데, 조정 모두 승상이 이 일에 연루될 것을 걱정하였다. 두연년(杜延年)은 곧 상주를 올려 곽광과 쟁론을 벌였다. … 그리하여 승상에게는 죄가 미치지 않았다."[509] 전천추는 승상의 자격으로 회의를 소집하였고 이것은 정치 운영상의 상궤인데도 이 때문에 전천추는 거의 목숨을 잃을 뻔했다. 그러므로 중조(中朝)의 출현은 한편으로는 여전히 승상을 위한 여지가 남아 있음을 설명하면서도 사실인즉 정상적인 관제의 직권에 대한 일종의 찬탈이었다. 그러나 승상의 전통적 지위가 아직 남아 있었던 관계로 채의(蔡義)[510]가 승상이 될 때 다음과 같은 얘기가 있었다. "의론하는 자들 중에 '곽광은 재상을 둘 때 현자를 선택하지 않고 대충 자기가 마음대로 할 수 있는 자를 임용한다'라고 말하는 이도 있었다. 곽광이 이를 듣고 시중과 측근 및 관속들에게 이르기를 '… 이 말이 천하 사

<hr />

509 『漢書』 권60 「杜周傳」, "恐光不聽, 千秋即召中二千石·博士, 會公車門議問吳法 … 明日, 千秋封上衆議. 光於是以千秋擅召中二千石以下, 外內異言, 逾下廷尉平少府仁獄, 朝廷皆恐丞相坐之. 延年(杜延年)乃奏記光爭 … 而不以及丞相."

510 채의(蔡義, ?-B.C.71): 채의(蔡誼)라고도 한다. 하내군(河內郡) 온현(溫縣, 하남 온현) 사람으로 한시(韓詩)에 밝았다. 소제 때 광록대부(光祿大夫)·급사중(給事中)을 역임하고 소부(少府)를 거쳐 어사대부가 되었다. 이듬해에 승상 양창(楊敞)이 죽은 뒤 후임으로 승상이 되었는데 나이는 여든이 넘었고 부축을 받아야 겨우 걸을 수 있었다. 채의가 승상이 된 이유는 당시 정권을 장악한 곽광(霍光)이 부리기 쉬울 것으로 여겼기 때문이다.

람들에게 알려져서는 안 된다'라고 하였다."[511] 이것은 곽광이 그만큼 승상에 대해 신경을 많이 쓰고 있다는 얘기다. 재상이 대표하는 것은 전체 "조정(朝廷)"이다. 곽광은 그 찬탈을 은폐했기 때문에 중조와 외조를 구분할 수밖에 없었다. 지금 곽광 사후에 나온 약간의 중조 관련 자료들을 아래에 초록해 둔다.

선제(宣帝) 시기:

『한서』 권66 「양운전(楊惲傳)」: "또 중서알자령 선(宣)이 선우(單于)의 사자가 하는 말을 기록하여 여러 장군들과 중조(中朝)의 이천석 관리들에게 돌려 보게 하였다."[512]

성제(成帝) 시기:

『한서』 권82 「왕상전(王商傳)」[513]: "태중대부(太中大夫)인 촉군(蜀郡) 사람 장광(張匡)은 사람됨이 교활하고 아첨을 잘했는데, 상주문을 올려 근신(近臣)들에게 일식이 일어난 원인을 진술해 보고 싶다고 하므로, 조자(朝者)【맹강(孟康)은 이를 중조신(中朝臣)으로 보았다】 좌장군 사단(史丹) 등에게 내려보내 일식이 일어난 이유를 장광에게 물어보도록 하였다. 장광이 대답하기를 '제가 보건대 승상 왕상은 제멋대로 상벌권을 행사하고, 밖으로부터 안을 제어하며[從外制中], 원하는 것은 반드시 이루고야 마는 자입니다'라고 하

---

511 『漢書』 권66 「蔡義傳」, "時大將軍光秉政, 議者或言光置宰相不選賢, 苟用可顧制者. 光聞之, 謂侍中左右及官屬曰 … 此語不可使天下聞也."

512 『漢書』 권66 「楊惲傳」, "又中書謁者令宣, 持單于使者語, 視諸將軍・中朝二千石."

513 왕상(王商, ?-B.C.25): 전한 탁군(涿郡) 여오(蠡吾, 하북 博野) 사람. 자는 자위(子威)다. 선제(宣帝)의 장인 왕무(王武)의 아들로 낙창후(樂昌侯)를 계승하였다. 원제 때 우장군(右將軍)과 광록대부(光祿大夫)를 역임하고, 성제 때 좌장군(左將軍)으로 옮겼다. 건시 4년(B.C.29) 승상이 되었다. 뒤에 대장군 왕봉(王鳳)이 권력을 전횡하자 이에 불만을 품었다가 무고를 당해 면직되었는데 피를 토하면서 죽었다.

였다.”[514]

『한서』 권84 「적방진전(翟方進傳)」: “사예교위(司隷校尉) 연훈(涓勳)[515]이
상주하기를 ‘『춘추』의 의리는 왕명을 받고 사자로 가는 사람[王人]은 낮은
관직이라도 관위의 서열을 제후의 위에 두는데 이는 왕명(王命)을 존중하기
때문입니다. 신은 다행히도 사자의 명을 받고 공경(公卿) 이하의 관원들을
감독하는 직책을 수행하게 되었습니다. 지금 승상 설선(薛宣)은 연사(掾史)
를 파견하기를 청하고 있는데, 재상의 속관[宰士]으로써 천자의 사명(使命)
을 받은 대부를 감독하게 하는 것은 심히 도리에 어긋난 일입니다. … 원컨
대 이 일을 중조(中朝) 특진(特進) 열후(列侯) 장군 이하의 관원에게 내려보
내 나라의 법도를 바로잡도록 해 주십시오’라고 하였다. 의론하는 자들이 말
하기를 승상의 연(掾)은 사예교위에게 문서를 보내 감독해서는 안 된다고
하였다.”[516]

애제(哀帝) 시기:

『한서』 권72 「양공전(兩龔傳)」: “1년 남짓 지나서 승상 왕가(王嘉)가 글을
올려 이전에 정위를 지낸 양상(梁相) 등을 천거하였다. 그러자 상서(尙書)가
왕가를 탄핵하기를 ‘국사를 제멋대로 말하여 나라 사람들을 혼란에 빠뜨리
고 군주를 기만하므로 부도(不道)죄에 해당합니다’라고 하므로, 장군 중조(中

---

514 『漢書』 권82 「王商傳」, “會日有蝕之, 太中大夫蜀郡張匡, 其人巧佞, 上書願將近臣陳日蝕咎,
下朝者(孟康曰: 中朝臣也.)左將軍丹等問匡. 對曰: 竊見丞相商, 作威作福, 從外制中, 取必於
上.”

515 연훈(涓勳, ?-?): 사예교위로 있을 때 승상에 대한 태도가 무례하다는 이유로 승상사직(丞相
司直) 적방진의 탄핵을 받은 적이 있다.

516 『漢書』 권84 「翟方進傳」, “司隷校尉涓勳奏言, 春秋之義, 王人微者, 序乎諸侯之上, 尊王命也.
臣幸得奉使以督察公卿以下爲職. 今丞相宣(薛宣)請遣掾史, 以宰士(宰相之士)督察天子奉使
命大夫, 甚詩逆順之理 … 願下中朝特進列侯・將軍以下, 正國法度. 議者以爲丞相掾不宜移書
督趣司隷.”

朝)에 하교하여 의논하게 하였다."[517]

『한서』권86「왕가전(王嘉傳)」: "20여 일이 지나 승상 왕가가 동현(董賢)[518]에게 봉호를 더해 주는 조서를 그대로 돌려보내니 황제가 진노하여 왕가를 상서로 불러들여 책문하였다. … 왕가는 관을 벗고 사죄하였다. 사안을 장군과 중조(中朝)에 내려보냈다."[519]

이상의 자료들을 검토하면 선제 때의 자료는 정치와는 무관하다. 성제 때의 장광 관련 자료는, 장광이 승상 왕상을 모함하여 "밖으로부터 안을 제어한다[從外制中]" 즉 승상 왕상이 외조(外朝)에서의 승상의 지위를 통해 중조(中朝)를 제어하려고 한다고 말하는가 하면, 왕상의 사사로운 비밀과 과격한 발언에 관한 음흉한 이야기를 날조하여 그를 함정에 빠뜨리고자 하였다. "황제는 평소에 왕상을 중히 여겨 장광의 말

---

517 『漢書』권72「兩龔傳」, "後歲餘, 丞相王嘉上書荐故廷尉梁相等. 尚書劾奏嘉言事恣意迷國, 罔上不道, 下將軍中朝者議."

518 동현(董賢, B.C.22-B.C.1): 전한 풍익(馮翊) 운양(雲陽, 섬서 涇陽) 사람. 자는 성경(聖卿)이다. 어사(御史) 동공(董恭)의 아들. 애제의 총신이다. 처음에 태자사인(太子舍人)에 임명되고 애제 즉위 후 낭관(郎官)으로 승진되었다. 애제의 총애를 받아 황문랑(黃門郎)에 오른 후 더욱 총애가 깊어 부마도위시중(駙馬都尉侍中)이 되었다. 그가 받은 상사(賞賜)는 이루 헤아릴 수 없을 정도였다. 동현은 성정이 부드러워 애제를 기쁘게 맞이하고 아첨으로 자기 지위를 공고히 했다. 애제는 동현이 집으로 돌아가지 못하게 동현의 처를 동현 거처에 머물게 했고 동현의 누이동생을 불러 소의(昭儀)로 삼았는데 지위가 황후 다음이었다. 동현을 고안후(高安侯)에 봉했는데 식읍이 1천 호였고 얼마 후 2천 호로 증봉하였다. 22세의 동현을 대사마(大司馬)로 임명하는 동시에 그 친속들을 모두 시중제조(侍中諸曹)에 임명하였다. 원수 2년(B.C.1) 애제가 죽고 왕망이 상서(尙書)로 하여금 동현을 탄핵하게 하고 태황태후 명의로 동현의 대사마 직위를 파면하자 그날로 동현은 자살했다.

519 『漢書』권86「王嘉傳」, "後二十餘日, 嘉封還益董賢戶事, 上迺發怒, 召嘉詣尚書責問 … 嘉免冠謝罪, 事下將軍中朝者."

에 음모가 많음을 알고 조서를 내려 죄를 심문하지 말라고 하였다."[520] 왕봉(王鳳)이 왕상과 권력 쟁투를 벌이면서 비로소 왕상은 그 작위에서 파면되었다. 이 고사에서는 단지 "중조(中朝)"가 승상을 모함하는 구실이 되었다는 것만 알 수 있을 뿐, 중조가 조직적인 정치활동을 하는 하나의 관제체계였다고 볼만한 점은 확인되지 않는다. 그리고 왕상이 작위에서 파면된 것도 근본적으로 "밖으로부터 안을 제어한다[從外制中]"라는 것과는 무관하다.

성제 시기의 두 번째 고사는 사예교위 연훈이 승상과 황제의 관계를 주대의 봉건제후와 왕실의 관계에 견주고 스스로를 왕의 명을 받은 사자[王使]로 비유하고 있는데, 황당무계한 일이다. 그가 "원컨대 이 일을 중조(中朝) … 에게 내려보내"라고 한 것도 중조의 이름을 등에 업고 정치적으로 승상을 모함하려는 구실이었다. 이 고사에서도 중조가 조직적인 정치활동을 하는 하나의 관제체계였다고 볼 만한 점은 확인되지 않는다. 더욱이 이 고사는 적방진이 승상 사직(司直)의 신분으로서 왕인(王人, 왕명을 받고 사자로 가는 사람)을 자처하던 연훈(涓勳)의 사예교위 직위를 면직해야 한다는 상주를 올리는 데까지 발전한다. 이것은 승상 계통이 분발하기만 하면 황제의 타격을 받지 않고 의연히 조정 관제상의 정상적인 기능을 발휘할 수 있다는 것을 증명한다.

애제 시기의 두 건의 고사는 실제로는 하나의 고사가 두 군데로 나누어진 것이다. 일의 발단은 애제가 총신 동현(董賢)의 봉호를 더해 주라는 조서를 승상 왕가가 처리하지 않고 돌려보낸 일에 분노를 일으키

---

520 『漢書』 권82 「王商傳」, "上素重商, 知匡言多險, 制曰弗治."

면서 시작되었다. 그러나 직접 입을 열기가 곤란했던 애제는 좌우에 있는 "중조자(中朝者)"에게 자신의 의중을 전달하여 왕가를 모함하도록 하였다. 모함의 목적을 달성하긴 했지만, 그러나 이 모함 건을 통해 이들 "중조자"가 황제의 의중에 의해서만 논의를 할 수 있을 뿐, 경상적인 정무를 집행하는 집단이나 기구가 아니었다는 것을 증명할 수도 있다.

중조신(中朝臣)은 단지 황제의 주변에 모여 있다가 무슨 일이 있을 때면 황제가 시키는 대로 행하는 일단의 사람들일 뿐이며, 그들은 황제와 직접적인 관계를 맺을 수 있었다. 중조신이 정치 운영상 상시적 역할을 하게 되는 것은 곽광이 "중조"의 간판을 내걸고 재상의 권력을 탈취하면서부터였다. 중조는 관제에 조직된 정치운영기구가 아니기 때문에 곽광 이후 경상적인 정치 운영에서 이른바 중조제도라는 것은 단연코 존재하지 않는다. 원제 때는 중서령 홍공(弘恭)과 석현(石顯)이 전후로 정권을 절취하였다. 중서령은 물론 중조신이다. 그러나 그렇다고 해서 원제 시기의 정치를 중조정치라고 말할 수는 없는데, 왜냐하면 홍공과 석현도 후한의 십상시(十常侍)와 마찬가지로 황제의 명의를 빙자하여 그들의 권력을 발휘한 것이지 결코 곽광처럼 중조의 명의를 방지하여 권력을 발휘한 것이 아니기 때문이다. 그들이 의지하고 있는 황제는 조정의 총엔진이다. 중조는 본래 경상적인 정치운영기구가 아니며, 경상적인 정치운영의 관제에서는 반드시 재상을 수장으로한다. 그렇기 때문에 재상이 대표하는 것은 바로 전체 조정이지 무슨외조가 아니다. 후술하는 바와 같이 후한의 재상권은 약화될 대로 약화되고 환관들이 유난히 기세를 떨치게 된다. 그러나 누구 한 사람 정도를 지키려고만 한다면 재상이 가진 제도적 권력으로 평소 중신(中臣),

내신(內臣), 근신(近臣)을 가장한 자들을 자중하게 만들 수 있다는 것도 인정하지 않을 수 없을 것이다. 『후한서』권54「양진열전(楊震列傳)」에서는 다음과 같이 적고 있다.

양병(楊秉)【양진(楊震)의 둘째 아들】[521]이 이로 인해 중상시 후람(侯覽)[522]과 중상시 구원(具瑗)[523]【모두 환관이다】에 관해 다음과 같이 상주하였다.

---

[521] 양병(楊秉, 92-165): 후한 홍농(弘農) 화음(華陰, 섬서 화음시) 사람. 자는 숙절(叔節). 상서구양씨학(尚書歐陽氏學)의 대가였던 태위(太尉) 양진(楊震)의 아들로 젊은 시절 가학을 이어 학문에 전심하다 40세가 넘어 사공(司空)의 벽소에 응해 시어사(侍御史)가 되었다. 누차 지방으로 파견되어 예주(豫州), 형주(荊州), 서주(徐州), 연주(兗州)의 자사(刺史)를 지내고 임성국(任城國)의 상(相)이 되었으며 청렴으로 명성을 떨쳤다. 환제 때 태중대부(太中大夫)·시중(侍中)·상서(尚書)·광록대부(光祿大夫)에 임명되었으나 양기(梁冀)가 권력을 장악하던 때라 일을 보지 않다가 양기가 주살된 후 태복(太僕), 태상(太常)의 직임을 맡았다. 연희 5년(162) 태위(太尉)로 승진하여 사공(司空) 주경(周景)과 함께 뇌물을 받고 법을 어긴 흉노중랑장(匈奴中郎將) 연원(燕瑗), 청주자사(青州刺史) 양량(羊亮), 요동(遼東)태수 손훤(孫暄) 등 목수(牧守) 50여 명을 탄핵하여 모두 사형 또는 면직게 함에 천하가 숙연해졌다.

[522] 후람(侯覽, ?-172): 후한 산양(山陽) 방동(防東, 산동 單縣) 사람. 환제 초에 중상시(中常寺)가 되었다. 간교하고 교활하며 권세를 등에 업고 재물을 탐하여 수만금의 뇌물을 받았다. 비단 5백 필로 관내후(關內侯) 작위를 산 뒤 양기(梁冀) 주살의 공으로 고향후(高郷侯)로 진봉되고 장락태복(長樂太僕)이 되었다. 재임 중 횡포와 방종으로 관민(官民)의 재물을 약탈하였고 영제 건녕 연간 초에 독우(督郵) 장검(張儉)이 후람의 죄악을 탄핵하는 글을 올리자 도리어 장검이 이응(李膺), 두밀(杜密) 등과 당파를 만든다고 무고함으로써 장검은 망명길에 오르고 살해되거나 유배를 당한 사람이 3백여 명, 투옥된 사람만도 6, 7백 명에 이르렀다. 나중에 권력을 독점했다는 이유로 탄핵을 받아 자살했다.

[523] 구원(具瑗, ?-165): 후한 위군(魏郡) 원성(元城, 하북 魏縣) 사람. 환제 초에 중상시(中常侍)가 되었다. 대장군 양기(梁冀)를 제거한 뒤 동무양후(東武陽侯)에 봉해졌다. 양기와 그 도당을 주멸한 공으로 선초(單超)·서황(徐璜)·구원(具瑗)·좌관(左悺)·당형(唐衡) 등 모두 5인의 중상시가 같은 날 후(侯)에 봉해졌는데 이를 오후(五侯)라 불렀다. 구원과 좌관 등은 교만하고 탐욕스러우며, 화려함과 사치함이 극심하고, 형제와 인척들이 모두 주군(州郡)의 자사와 태수가 되어 백성들로부터 고혈을 짜냈다. 당시 사람들은 이들을 "좌회천(左回天), 구독좌(具獨坐)"라 불렀는데, "회천(回天)"은 세력이 군주의 마음을 돌릴 수 있을 정도라는 뜻이고, "독좌(獨坐)"는 교만하고 방자하기가 짝할 자가 없다는 뜻이다.

"신이 국가의 옛 법전을 살펴보니 환관이란 관직은 본래 궁중에서 전달과 통보를 담당하고, 저녁에는 문을 닫아걸고 야간 당직을 서는 직임을 맡은 자입니다. 그런데 지금 외람되게도 과도한 총애를 받아 정권을 장악하고 있으니 … 거처하는 집은 왕공(王公)을 모방하고 부유하기는 나라살림에 견줄 만합니다. … 신의 어리석은 생각으로는 그들을 더 이상 가까이해서는 안 됩니다. …." 상주문을 올리자 상서에서 양병의 연속(掾屬)을 불러 말하기를 "공부(公府)는 외직(外職)에 있으면서 황제 측근의 관원을 탄핵하였는데, 경전과 한나라 제도에 그러한 선례가 있는가?"라고 하였다. 양병이 사람을 보내 대답하기를 "춘추 시대의 조앙(趙鞅)[524]은 진양(晉陽)의 군사로 군주 측근의 악인들을 축출하였고, … 등통(鄧通)이 거만하게 굴자 신도가(申屠嘉)가 등통을 불러 힐책하니 문제(文帝)가 가서 용서해 주기를 청하였습니다. 한나라 고사에 따르면 삼공의 직임은 관할하지 않는 바가 없다고 되어 있습니다"라고 하였다. 상서는 힐문을 할 수 없었고, 황제는 어쩔 수 없어 결국은 후람의 관직을 면직하고 구원의 봉토를 삭감하였다.[525]

---

524 조앙(趙鞅, ?-B.C.475): 춘추 시대 진(晉)나라 6대 세경가(世卿家)의 하나인 조씨(趙氏) 문벌 중 진양(晉陽) 조씨의 종주로 시호는 조간자(趙簡子)이다. 지부(志父) 혹은 조맹(趙孟)으로도 불린다. 진 소공(昭公, ?-B.C.526) 때 공족(公族)이 약화되고 대부 세력이 강성해짐에 따라 조간자는 대부로서 진나라 정권을 장악한 뒤 B.C.490년 진양 조씨의 경쟁세력인 한단(邯鄲) 조씨를 멸하고 그 근거지인 한단(邯鄲)·조가(朝歌) 등을 진양에 합병함으로써 조씨 일문을 통일해 세력을 더욱 공고히 하였다. 조씨는 B.C.453년 진(晉)이 조(趙)·한(韓)·위(魏)로 삼분되면서 제후국의 하나가 되었다.

525 『後漢書』권54 「楊震列傳」, "秉(楊震之中子)因奏覽(中常侍侯覽)及中常侍具瑗(皆宦官)曰, 臣按國舊典, 宦豎之官, 本在給使省闥, 司昏守夜. 而今猥受過寵, 執政操權 … 居法王公, 富擬國家 … 臣愚以爲不宜復見親近 … 書奏, 尚書召對秉掾屬曰, 公府外職, 而奏劾近官, 經典漢制, 有故事乎? 秉使對曰, 春秋趙鞅, 以晉陽之甲, 逐君側之惡 … 鄧通慢慢, 申屠嘉召通詰責, 文帝從而請之. 漢世故事, 三公之職, 無所不統. 尚書不能詰, 帝不得已, 竟免覽官而削瑗國."

8. 상서(尙書)는 전한시기에 내조신(內朝臣)이 아니었다

　중조(中朝)가 권력을 마음대로 휘두르는 것은 재상제도를 파괴함으로써 초래된 정치적 변국이지 관제의 상례는 아니다. 노간(勞榦)은 뜻밖에도 중조를 정치 운영상의 경상적 관제로 인정하고 있는데, 곽광에게 기만당했다고 할 수 있으나 그 까닭을 깊이 탐구한 적은 없다.

　노간의 이러한 오류는 내 추측으로 상서에 대한 그의 잘못된 견해에서 비롯되었다. 그는 「한대의 내조와 외조를 논함」이라는 글에서 "내조관(內朝官)으로 근신(近臣) 유형에 속하는" 관직 7가지를 제시하였는데 그중 상서를 일곱 번째로 들고 있다. 그는 "병(丙), 상서(尙書)"조 아래 다음과 같이 적고 있다.

　상서직은 맹강(孟康)이 언급하지는 않았으나 사실상 상서도 내조에 속한다고 봐야 한다. 『사기』「삼왕세가(三王世家)」에는 곽거병이 무제의 아들들을 왕으로 봉할 것을 주청하면서 '어사 신(臣) 광(光) 수상서령(守尙書令)이 미앙궁에 상소문을 올리자 무제가 어사(御史)에게 내려 보내 처리하되 승상에게도 전하도록 하라고 하였다[526]는 대목이 나온다. 소제, 선제 이후로는

---

526 『史記』 권60 「三王世家」에는 "三月乙亥, 御史臣光, 守尙書令奏未央宮, 制曰, 下御史"라고만 되어 있을 뿐 그 뒤에 "並及丞相"이란 구절은 없다.

상서 일을 주관하는 사람[領尙書事]이 있었는데, 신하들의 상주문은 두 통으로 나누어 작성하고 영상서사가 그 부본(副本)을 열어 보아 좋지 못한 점이 있으면 올리지 않았다【원주: 「곽광전」 및 「위상전(魏相傳)」】. 대체로 인사와 행정은 금중(禁中)에서 결정되고 재상은 이를 봉행했을 뿐이다.【원주: 「장안세전(張安世傳)」 참조】.[527]

이러한 노씨의 말이 성립될 수 있다고 가정하면 이미 무제 때부터 재상의 직권이 상서의 손으로 이동하여 상서가 경상적인 정무 처리의 중심지가 되었고, 상서는 내조신이기 때문에 당연히 내조가 경상적인 정무 처리의 중심지가 된다. 노씨의 견해에 대한 나의 반론은 다음과 같다. 첫째, 상서의 지위 제고는 바로 재상의 직권을 박탈하여 황제에게 직속시키기 위함이다. 4상서조(尙書曹) 및 5상서조의 각 조(曹)가 직접 처리하는 문서는 내신(內臣)이 직접 손에 넣을 수 있는 것이 아니다. 만약 상서가 내신이라면 이러한 정무 문서는 어떤 경로를 거쳐 상서의 손에 도달한 것일까? 둘째, 『한서』「백관공경표」에서는 "시중(侍中)·좌우조(左右曹)·제리(諸吏)·산기(散騎)·중상시(中常侍)는 모두 가관(加官)이다. 가관하는 대상은 열후·장군·경대부·장(將)·도위(都尉)·상서(尙書)·태의(太醫)·태관령(太官令)에서 낭중(郎中)에까지 이르며 정원은 없다"[528]라고 하였다. 위에 열거한 관직은 반드시 가관한 후에 비로소 금중에 들어가 내신이 될 수 있다. 만약 상서가 내신이라면 바로 금중에 들어갈 수 있는데 가관이 무슨 필요가 있겠는가? 셋

---

527 勞榦, 「論漢代的內朝與外朝」, 『中央研究院歷史語言研究所集刊』 13, 1948.

528 『漢書』 권19上 「百官公卿表」 上, "侍中·左右曹·諸吏·散騎·中常侍, 皆加官, 所加或列侯·將軍·卿大夫·將·都尉·尙書·太醫·太官令至郎中, 亡員."

째, 만약 상서가 내신이라면 진작(晉灼)은 무엇 때문에 『한의주(漢儀注)』의 "제리(諸吏), 급사중(給事中)은 매일 입조하여 황제를 알현하고 상서의 주사(奏事)를 처리한다"[529]라는 구절을 인용했는가? 상서가 내신이라면 무제가 또 하필 중상서(中尙書)를 설치할 필요가 있었겠는가? 『한서』 권68 「곽광전」에서는 곽산(霍山)[530]이 상서(尙書)의 일을 관장하면서 상주문 가운데 자신에게 불리한 것이 있으면 "그 상주문을 올리지 않았다. 그 후 상서(上書)하는 자들이 더욱 교활해져 전부 밀봉된 상주문만 올리고 황제는 그때마다 중서령(中書令)에게 나가서 가져오도록 하니 상주문이 상서(尙書)를 경유하는 일이 없었다"[531]라고 하였으니, 중서가 내(內)가 되고 상서는 외(外)가 됨은 매우 분명한 일이다. 넷째, 『한관의』에서는 "상서랑은 광명전(光明殿)에서 상주문을 올리는데, … 상서랑이 계설향(鷄舌香)[532]을 입에 머금고 그 아래에 엎드려 상주문을 올리면 황문시랑이 대읍(對揖)하고 꿇어앉아 접수한다"[533]라고 하였다. 이에 의거하면 상주문을 올릴 때는 반드시 황문시랑을 통해 전달하게 되어 있으니 상서가 내신이 아님은 너무도 분명한

---

529 『漢書』 권19 「百官公卿表」上, 안사고 주에 인용된 진작(晉灼)의 말, "漢儀注, 諸吏·給事中, 日上朝謁, 平尙書奏事."

530 곽산(霍山): 대장군 곽광(霍光)이 죽자 그의 아들 곽우(霍禹)가 대장군이 되고, 형의 아들 곽산(霍山)이 영상서사(領尙書事)가 되어 권력이 집중되면서 횡포를 부렸다. 당시 어사대부 위상(魏相)이 곽씨의 권한 약화를 황제에게 건의하여 받아들여졌다.

531 『漢書』 권68 「霍光傳」, "不奏其書. 後上書者益黠, 盡奏封事, 輒使中書令出取之, 不關尙書."

532 계설향(鷄舌香): 향료의 한 가지. 정향(丁香)나무의 꽃봉오리를 말린 것으로 상서랑(尙書郎)이 황제에게 아뢸 때 입에 물어 구취를 없애는 데 사용했다.

533 『漢官儀』 권上, "尙書郎奏事光明殿 … 尙書郎含鷄舌香, 伏其下奏事, 黃門侍郎對揖跪受."

일이다. 다섯째, 노씨가 인용한 예들은 어느 것도 상서가 내조신임을 증명해 주지 못한다. (1) "어사 신(臣) 광(光) 수상서령(守尙書令)이 미앙궁에 상소문을 올리고"라는 구절에서, 미앙궁은 한 왕실의 황제가 공식적으로 조정에 임하여 정무를 처리하는 장소로서 이를 내조라 할 수는 없다. 『한관의』에서 "상서령은 상주하는 일[奏事]을 돕는 것을 주관하였다"[534]라고 했으니, 미앙궁에서 상주문을 올리는 일은 곧 그의 직무를 수행하는 것이다. 조당(朝堂)에서는 절대로 내신이 상주 일을 돕는 것을 주관하지 않는다. (2) 「위상전(魏相傳)」에서는 "또 고사(故事, 이전의 제도나 선례)에서는 황제에게 상서(上書)할 때는 모두 두 통을 작성하고 그중 하나에 '부(副)'라고 서명하는데, 상서(尙書)를 관장하는 자가 먼저 이것을 열어 본다. 글 속에 좋지 못한 점이 있으면 물리치고 상주하지 않는다. 위상(魏相)은 다시 허백(許伯)이 올린 글을 계기로 상주문의 부(副)본을 없애 상서(尙書)를 관장하는 자가 상주문을 차단하는 옹폐를 방지해야 한다고 요청하였다"[535]라 하였고, 「곽광전」에서는 다시 "중서령으로 하여금 나가서 상주문을 가져오도록 하였다"[536]라고 하였다. 만약 상서가 내신이라면 부본이 상서에 이르러 차단되는 일은 없을 터이고, 또한 중서가 나가서 그것을 가져올 필요도 없을 것이다. (3) 장안세(張安世)가 선제(宣帝)와 함께 금중에서 인사 행정을 결정할 수 있었던 것은 상서의 자격으로서가 아니라 "대사마거기장군(大司馬

---

534 『漢官儀』권上, "尙書令主贊奏."

535 『漢書』권74 「魏相傳」, "又故事, 諸上書者皆爲二封, 署其一曰副, 領尙書者先發副封. 所言不善, 屛去不奏. 相復因許伯白, 去副封以防壅蔽."

536 『漢書』권68 「霍光傳」, "使中書令出取之."

車騎將軍) 영상서사(領尙書事)"의 자격으로서였다. 앞에서 인용한 맹강의 주석과 같이 대사마는 내신이자 내관이었다. 대사마거기장군으로 배수한 지 몇 달 후 장안세의 거기장군을 파하고 다시 그를 위장군(衛將軍)으로 삼았는데 그의 대사마 직위를 파했다는 말은 없다. 아마도 당시 대사마는 비록 허함(虛銜)이긴 하지만 위청(衛青)을 뒤이어 지위가 높고 황제와의 관계가 긴밀하여 선제의 의지처가 될 만했기 때문일 것이다. 그러나 만약 상서의 일을 관장하지 않았다면 직접 정치에 관여하지 못했을 것이다. 대사마라는 내신으로서 상서의 일을 겸령하는 자라야 "내외간에 막힘이 없는[內外無隔]"【본전의 말】정사를 처리할 자격이 있었다. 공식적으로 상서의 일을 관장하는 사람이 그 스스로는 결코 상서가 아니었다는 점, 이것은 부정할 수 없는 명백한 사실이다. 동시에 전한의 상서와 황제의 관계는 그 친밀도에서 후한의 상서와 황제의 관계에 훨씬 미치지 못한다. 그런 이유로 후한의 상서와 황제의 친밀한 관계로부터 함부로 전한의 상서를 추론해서는 안 된다. 뿐만 아니라 설령 후한의 광무제·명제 시기의 상서가 직접 황제와 연결되어 있다 해도 이를 내조신(內朝臣)이라 부를 수는 없는데, 왜냐하면 후한 때는 황제가 직접 정치를 처리했으므로 재상이 책임을 지는 것처럼 상서도 그에 대해 책임을 졌기 때문이다. 황제가 내조에 속한다고 말할 수는 없다. 장안세는 금중에서 선제와 함께 "중대한 정치적 결정을 내릴 때마다 결정이 나는 즉시 병을 핑계로 거처를 옮겼고, 조령(詔令)이 내려졌다는 말을 들으면 깜짝 놀라며 관리를 승상부(丞相府)에 보내 그에 관해 물어보곤 했다. 조정의 대신들 아무도 그가 의론에 참여한 사실을 알지 못했다."[537] 장안세는 "나는 안을 주관하고[主內]"라는 곽광의 방식을 따라할 수도 있었지만, 다시 말해 중조·내조의 간판을 내걸고 재상을 무시하는 태도를 취할 수도 있었다. 그가 승상의 체면을 유지시켜 준 것은 그의 겸손함 때문이기도 하지만, 동시에 관제상으로 재상과 내·외를 양분할 수 있는 중조나 내조가 없었다는 증거이기도 하다. 중신·내신으로부터 출현한 이른바 중조·내조는, 전적으로 황제의 이름을 차지하지 않고도 황제의 실질적 권한으로 정치를 전단하고자 하는 곽광에 의해 강압적으로 만들어진 것이다. 이것은 정치제도의 사생아일 뿐만 아니라 이후 재상권을 박탈하고 무분별한 포학을 자행할 때에만 작용하는 사생아이다. 지금 사람들은 관제를 말할 때 대부분 노씨의 두 논문의 영향을 받아서인지 걸핏하면 중조와 외조를 대립시켜 말하곤 하는데, 정말 가소로운 일인지라 내 특별히 글을 써서 발표하는 것이다.

---

537 『漢書』권59 「張安世傳」, "每定大計, 已決, 輒移病出. 聞有詔令, 乃驚, 使吏之丞相府問焉. 自朝廷大臣, 莫知其與議也."

9. 무제 이후 재상의 지위와
관제상 삼공(三公)의 출현

　선제는 민간에서 영입된 자로, 곽광이 죽은 후 친히 정사를 돌보며 전력을 다해 나라를 다스렸다. 5일에 한 번 직접 관료들로부터 국사에 대한 보고를 받았고,[538] 항상 선실전(宣室殿)[539]에 나아가 재계하고 안건을 처리하였으며,[540] 공적이 있는 자에게는 반드시 상을 주고 죄지은 자에게는 반드시 벌을 주는, 중흥(中興)을 이룬 군주로 일컬어졌다.[541] "대장군"에 의한 정치 전횡의 화를 경계하여 정권은 형식상으로 대장군 같은 내신(內臣)에서 다시 재상의 수중으로 넘어갔다. 위상(魏相)과 병길(丙吉)[542]은 선제가 사인(私人)으로 있을 때부터 매우 깊은 관

---

538 『漢書』 권8 「宣帝紀」, "而令羣臣得奏封事, 以知下情. 五日一聴事, 自丞相以下各奉職奏事, 以
　　傳奏其言, 考試功能."

539 선실전(宣室殿): 한(漢)의 궁전인 미앙궁(未央宮)에 부속된 전각.

540 『漢書』 권23 「刑法志」, "時上常幸宣室, 齋居而決事, 獄刑號爲平矣." 안사고 주에서는 "如淳
　　曰, 宣室, 布政教之室也. 重用刑, 故齋戒以決事. 晉灼曰, 未央宮中有宣室殿. 師古曰, 賈誼傳
　　亦云受釐坐宣室, 蓋其殿在前殿之側也, 齋則居之"라 하고 있다.

541 『漢書』 권8 「宣帝紀」, "贊曰, 孝宣之治, 信賞必罰, … 功光祖宗, 業垂後嗣, 可謂中興, 侔德殷
　　宗周宣矣."

542 병길(丙吉, ?-B.C.55): 성은 병(邴)으로도 쓴다. 전한 노국(魯國) 사람. 자는 소경(少卿)이다.
　　율령을 배워 처음에 노나라 옥사(獄史)가 되고, 나중에 정위감(廷尉監)에까지 올랐다. 정화
　　(征和) 2년(B.C.91) 무고(巫蠱)의 옥사를 맡았을 때 당시 갓난아이였던 여태자(戾太子)의 손

계를 맺었던 인물로 전후에 걸쳐 승상이 되었다. 사서(史書)에서는 병길에 대해 "사람됨이 관대하고 겸양의 덕을 갖추었으며, 자질구레한 일에 직접 관여하지 않았으므로 당시 사람들이 정치의 큰 줄기[大體]를 잘 안다고 여겼다"라고 하였다.[543] 이는 사실 그들 두 사람의 공통된 특징이었다. 그가 이렇게 해야만 선제가 친정 이후 더 많은 통치력을 발휘할 수 있다. 그러므로 『한서』 권74 「위상전(魏相傳)」에서는 이렇게 말하고 있다. "곽씨들이 … 주살되었다. 선제는 비로소 모든 정사를 직접 관장하고 온 힘을 다해 나라를 다스렸으니, 관료들을 선발하고, 직책과 실제 치적이 부합하는지 심사하였다. 당시 위상은 승상으로서 각 관서의 사무를 총괄하여 황제가 매우 마음에 들어 했다."[544] 또 같은 「위상전」의 찬(贊)에서는 "근래 한나라의 재상들을 살펴보면 고조(高祖)가 국가의 기틀을 닦을 때는 소하(蕭何)와 조참(曹參)이 으뜸이었고, 선제(宣帝)가 중흥을 이룰 때는 병길과 위상이 자못 명성이 있었다. 이때에는 관리의 퇴출과 승진에 순서가 있었고, 각 관서의 직책이 명확하였으며, 공경대신들은 대체로 자리에 걸맞은 능력을 갖추었고,

자 유순(劉詢, 宣帝)의 목숨을 구한 일로 선제 즉위 후 태자태부(太子太傅)와 어사대부(御史大夫)를 지내고 지절 3년(B.C.67) 승상이 되었다. 대의(大義)와 예양(禮讓)을 중히 여겼다. 한번은 행차 시 패싸움으로 사상자가 발생한 현장을 보고도 그냥 지나쳤으나, 소가 헐떡이며 가는 것을 보고는 이유를 물어보게 하였다. 병길은 백성들이 싸우는 것을 단속하는 일은 장안령(長安令)과 경조윤(京兆尹)의 직분이므로 재상이 관여할 바가 아니지만, 수레를 끄는 소가 숨을 헐떡이는 것은 계절의 기운이 절도를 잃은 징후이고 음양(陰陽)이 잘 조화되도록 하는 것은 재상의 직분이므로 그래서 그 이유를 물어보게 했다고 하였다.

543 『資治通鑑』 권26 「漢紀」 18 '中宗孝宣皇帝中', "寬大好禮讓, 不親小事, 時人以爲知大體."

544 『漢書』 권74 「魏相傳」, "及霍氏 … 伏誅, 宣帝始親萬機, 勵精爲治, 練羣臣, 核名實. 而相總領衆職, 甚稱上意."

천하에 예의와 겸양의 기풍이 있었다. 그들의 행위와 사적을 살펴보니 그들의 명성이 허황된 것이 아님을 알겠다"[545]라고 하였다. 여기서 내가 지적하고자 하는 것은, 선제가 정치에서 이룬 최대의 업적 중 하나는 무제와 곽광이 파괴한 관제 중의 재상체제를 그 추천 임용의 절차 및 행정적 체계에서 대략 정상으로 회복시켜 놓았다는 점이다. 앞에서 인용한 「장안세전(張安世傳)」에서 장안세가 대사마(大司馬) 영상서사 (領尙書事)로서 선제의 정책 결정에 참여하면서도 표면상 여전히 재상 체제를 유지한 것은 사실 대단한 일이었다. 그러나 선제는 내심으로 재상을 믿지 않았기 때문에 다음과 같은 세 가지 발전이 있었다.

(1) 『한서』 권74 「위상·병길전」에서는 "곽씨들이 주살된 후 선제가 친히 정사를 맡으면서 상서의 일을 살폈다"[546]라고 하였다. 이렇게 되면 곽광 시기의 상서는 대장군에게 책임을 졌지만 이제는 황제에게 책임을 지게 된다. 『한서』 권89 「순리전(循吏傳)」에서는 황패(黃霸)가 승상으로 있을 때 사고(史高)를 태위로 천거하였는데, "천자가 상서로 하여금 황패를 소환하여 물어보게 하였고", "상서가 승상에게 답변을 요구하자 황패가 관(冠)을 벗고 사죄하였다"라고 되어 있다.[547] 여기서 "소환하여 물어본다[召問]"는 것은 실제로는 "문책을 한다[責問]"는 뜻이다. 상서가 승상을 문책할 수 있었던 것은 상서가 당시 황제에게 직속해 있었기 때문이며 이것은 전에 없던 일이었다. 이러한 선례는 상서

---

545 『漢書』 권74 「魏相傳」, "近觀漢相, 高祖開基, 蕭曹爲冠. 孝宣中興, 丙魏有聲. 是時黜陟有序, 衆職修理, 公卿多稱其位, 海內興於禮讓. 覽其行事, 豈虛乎哉."

546 『漢書』 권74 「魏相·丙吉傳」, "及霍氏誅, 上(宣帝)躬親政, 省(察)書事."

547 『漢書』 권89 「循吏傳」, "天子使尙書召問霸." "尙書令受丞相對, 霸免冠謝罪."

의 지위를 고압적으로 승상의 위에 올려놓는 것이나 다름없어 승상의
권한을 크게 손상시켰다. 『한서』 권72 「양공전(兩龔傳)」에 의하면 "승
상 왕가(王嘉)가 글을 올려 이전에 정위(廷尉)를 지낸 양상(梁相) 등을
천거하자, 상서(尙書)가 왕가를 탄핵하기를 '국사를 제멋대로 말하여
나라를 어지럽히고 황제를 기망하였으니 부도(不道)죄에 해당합니다'
라고 하여"[548] 왕가는 결국 이 때문에 죽음을 맞이하였다. 또 『한서』
권83 「주박전(朱博傳)」에 따르면 주박이 승상으로 있을 때 어사대부인
조현(趙玄)[549]과 함께 하무(何武)와 부희(傅喜)[550]의 작위와 봉지를 회수
할 것을 주청하였는데, "상【애제】은 부태후(傅太后)가 평소 부희를 원망
해 왔다는 것을 알고 주박과 조현이 태후의 뜻을 받들어 주청했을 것
으로 의심하여 조현을 상서(尙書)로 불러들여 사건의 전모를 조사해
밝히도록 하였다."[551] 그 결과 조현은 사죄(死罪)에서 3등을 감하고,

---

548 『漢書』 권72 「兩龔傳」, "丞相王嘉上書薦故廷尉梁相等, 尙書劾嘉言事恣意, 迷國罔上, 不道."
549 조현(趙玄, ?-?): 동군(東郡, 하남 濮陽縣) 사람으로 자는 소평(少平)이다. 상서복야, 광록훈을
  역임한 후 성제 수화(綏和) 원년(B.C.8) 시중(侍中), 광록대부(光祿大夫), 사농(司農)을 거쳐
  태자태부(太子太傅)가 되었다. 성제에게 자식이 없어 부소의(傅昭儀) 소생인 동생 정도왕(定
  陶王)의 아들을 태자로 세울 때 태자가 감사의 표시를 해야 한다고 주장하여 태자가 이를 따
  랐는데, 성제의 분노로 상서가 조현을 탄핵하였고 조현은 소부(少府)로 강등되고 광록훈 사
  단(師丹)이 태자태부가 되었다. 애제 건평 2년(B.C.5) 어사대부 주박(朱博)을 승상으로 삼고
  소부 조현을 어사대부로 삼았다. 이후의 일은 본문과 같다.
550 부희(傅喜, ?-?): 하내(河內) 온현(溫縣) 사람으로 자는 치유(稚游), 애제의 조모 부(傅)태후의
  사촌동생이다. 태자중서자(太子中庶子)에 임명된 후 애제 때 위위(衛尉), 우장군(右將軍)이
  되었다. 여러 차례 부태후의 국정 관여에 반대하여 광록대부로 귀향하였다. 건평 원년
  (B.C.6) 대사공 하무(何武), 상서령 당림(唐林)의 추천으로 대사마에 임명되고 고무현후(高
  武縣侯)에 봉해졌다. 부태후가 태황태후의 존호를 받는 것을 지지하지 않아 면관되어 봉지로
  돌아갔다. 평제 때 다시 장안으로 돌아가 특진(特進), 봉조청(奉朝請)이 되었으나 일 때문에
  면직되어 집에서 병사했다.

주박 또한 이 일로 자살하였다. 후한에 와서는 상서가 공경들을 문책하는 일이 마침내 상례가 되었다. 『후한서』 권61 「좌주황열전(左周黃列傳)」에는 "이때에 대사농(大司農) 유거(劉據)가 직무상의 일로 견책을 당하여 상서로 불려갈 적에 (압송하는 자들이) 큰 소리로 전하며 빨리 걸어갈 것을 재촉하였고 또 몽둥이로 때리기까지 하였다"[552]라고 되어 있다. 상하 위계가 도치되고 조정의 체제가 남김없이 사라졌다고 말할 수 있다. 이것은 모두 선제로부터 시작된 일이다. 또 『한서』 권76 「장창전(張敞傳)」에서는 "장창이 교동(膠東)에 도착하여 … 이졸 중에 도적을 추포(追捕)한 공이 있는 사람의 명단을 상서(尙書)에 올려 그중에 현령으로 선발되어 보임된 자가 수십 명이었다"[553]라고 하였으니 선제 때는 관리를 전선(銓選)하는 것도 상서의 임무였다. 이 또한 재상의 실권을 폄훼하여 후한의 정치가 대각(臺閣, 상서대)으로 흘러가는 길을 열었다.

(2) 앞에서 선제가 상서로 하여금 황패(黃霸)를 불러 물어보게 했다는 단락에서 선제는 재상의 직권에 대해 설명하기를 "무릇 교화를 펴서 밝히고 숨겨진 것을 드러내어 옥송에 억울한 형벌이 없고 고을에 도적이 없게 하는 것은 그대의 직분이다"[554]라고 하였다. 선제가 생각

---

551 『漢書』 권83 「朱博傳」, "上(哀帝)知傅太后素常怨喜, 疑博 · 玄承旨, 卽召玄詣尙書問狀."

552 『後漢書』 권61 「左雄傳」, "是時大司農劉據, 以職事被譴, 召詣尙書, 傳呼促步, 又加以捶撲."

553 『漢書』 권76 「張敞傳」, "敞到膠東 … 吏追捕有功. 上名尙書, 調補縣令者數十人."

554 『漢書』 권89 「循吏傳」, "夫宣明敎化, 通達幽隱, 使獄無寃刑, 邑無盜賊, 君之職也." 선제의 이 말이 나오게 된 배경을 보면, 당시 황패가 사고(史高)를 태위(太尉)로 천거하자 선제는 상서를 시켜 황패를 불러다 이렇게 말했다고 한다. "교화를 펴서 밝히고 숨겨진 것을 드러내어 옥송에 억울한 형벌이 없고 고을에 도적이 없게 하는 것은 그대의 직분이고, 장수와 재상의 관

하는 재상의 권한과 앞서 인용한 진평(陳平)이 말하는 재상의 권한을 비교해 보면 이미 큰 폭으로 제한되어 있다.

(3) 『한서』 권78 「소망지전(蕭望之傳)」에서는 "처음에 선제는 유술(儒術)을 그다지 따르지 않아 법률에 능숙한 관리를 임용했기 때문에 중서(中書)의 환관들이 정권을 잡았다. 중서령 홍공(弘恭)과 석현(石顯)은 추기(樞機)를 오랫동안 맡아 법조문에 밝고 익숙하였으며 거기장군 사고(史高)와도 표리를 이루었다"555라고 하였다. 『한서』 권36 「초원왕전(楚元王傳)」에서는 원제(元帝)때 "이들 네 사람【소망지, 주감(周堪), 유향(劉向), 금창(金敞)】이 한마음으로 정사를 보좌하면서, 외척 허(許)씨와 사(史)씨가 높은 지위에 있으면서 방종하고 중서의 환관 홍공과 석현이 권력을 농단하는 것을 근심하고 괴로워하여"556 이들을 억제하려고 했다고 하였다. 그러나 (일이 잘못되어) 결국 소망지는 자살하고, 주감과 유갱생(劉更生)【유향】은 금고(禁錮) 처분을 받았으며, 태중대부(太中大夫) 장맹(張猛)557은 (주감 사후 석현의 참소로) 공거(公車)에서 자살

직을 배수하는 것은 짐의 임무이다. … 그대는 어찌하여 승상의 직분을 넘어 그를 천거하는 것인가?" 상서령이 승상의 대답을 받으려 하자 황패는 관을 벗어 사죄하였고 며칠이 지나서야 겨우 죄를 면하였는데, 이때부터는 감히 다시 청하지 못하였다.[天子使尚書召問霸 … 夫宣明敎化, 通達幽隱, 使獄無冤刑, 邑無盜賊, 君之職也. 將相之官, 朕之任焉. … 君何越職而擧之? 尚書令受丞相對, 霸免冠謝罪, 數日乃決. 自是後不敢復有所請.]"

555 『漢書』 권78 「蕭望之傳」, "初宣帝不甚從儒術, 任用法律, 而中書宦官用事. 中書令弘恭 · 石顯久典樞機, 明習文法, 亦與車騎將軍高(史高)爲表裏."

556 『漢書』 권36 「楚元王傳」, "四人(蕭望之 · 周堪 · 劉向 · 金敞)同心輔政, 苦患外戚許 · 史在位放縱, 而中書宦官弘恭 · 石顯弄權."

557 張猛(?-B.C.40): 전한 한중군 성고현(成固縣) 사람으로 자는 자유(子游), 장건(張騫)의 손자다. 초원 3년(B.C.46), 원제의 스승이었던 주감(周堪)이 광록훈에 임용되었을 때 주감의 제자였던 장맹도 태중대부(太中大夫)에 임용되어 함께 중용되었다. 그러나 장맹과 주감은 권신인

하고, 위군(魏郡)태수 경방(京房)과 대조(待詔) 가연지(賈捐之)[558]는 기시(棄市)에 처해지고, 어사중승 진함(陳咸)[559]은 죄에 저촉되어 성단(城旦)형에 처해지고, 정령(鄭令) 소건(蘇建)은 다른 사건으로 사죄(死罪)를 판결받았다. "이로부터 공경(公卿) 이하는 석현을 몹시 두려워하여 옴짝달싹도 하지 않았다."[560]【원주50】 그 발단은 모두 선제로부터 비롯된 것이다. 「곽광전」에서 선제가 걸핏하면 중서령을 시켜 나가서 밀봉된 상주문을 가져오게 했다는 대목에 대해 『한서보주(漢書補注)』에서는

중서령 석현(石顯)의 참소를 받아 장맹은 괴리령(槐里令)으로 좌천되었다. 영광 4년(B.C.40), 원제는 다시 장맹과 주감을 중용하여 주감을 영상서사(領尙書事)에, 장맹을 광록대부(光祿大夫)·급사중(給事中)에 임명하고 신임했는데 석현은 이를 미워하여 사고(史高) 등과 함께 장맹의 잘못을 자주 참소하였다. 뒤에 주감이 죽자 석현은 장맹을 무고로 참소하여 자살하게 만들었다.

558 가연지(賈捐之, ?-B.C.43): 전한 낙양 사람으로 자는 군방(君房)이고 가의(賈誼)의 증손이다. 원제가 즉위한 뒤 대조(待詔)로서 종종 원제를 알현하여 득실을 논하였는데 원제에게 채택되는 경우가 많았다. 당시의 권신 중서령 석현(石顯)의 잘못을 수차례 언급한 일로 관직을 얻지 못하고 원제를 만나는 기회도 점점 줄어들자 벗이었던 장안령(長安令) 양흥(楊興)과 서로를 원제에게 추천하기로 약속하였다. 가연지는 양흥을 경조윤(京兆尹)으로 천거하고 양흥은 가연지를 상서령(尙書令)으로 추천하였는데, 석현이 이를 알고 원제에게 보고하였다. 이 일로 가연지는 기군망상(欺君罔上)과 대역부도(大逆不道) 죄로 하옥되어 기시(棄市)형에 처해졌다.

559 진함(陳咸): 전한 패군(沛郡) 사람으로 자는 자강(子康)이다. 음서로 낭(郎)이 되었고, 강직한 성품으로 여러 차례 권신들을 탄핵하였고, 원제 때 어사중승(御史中丞)에 임명되었다. 진함은 당시 권세를 휘두르던 중서령 석현(石顯)의 잘못을 자주 일러바쳤기 때문에 석현이 이를 원망하던 중 조정의 회의 내용을 누설했다는 꼬투리를 잡아 진함을 탄핵하였고 진함은 하옥되어 곤형성단(髡刑鉗城旦)형에 처해지고 파면되었다. 성제 즉위 후 석현이 실각하면서 진함은 다시 간대부(諫大夫)와 여러 곳의 태수를 역임하였다. 권신 진탕(陳湯)에게 누차 뇌물을 바쳐 결국 조정으로 들어가 소부(少府)가 되었다는 고사가 있다.

560 『漢書』권93「佞幸傳」, "望之自殺, 堪·更生廢錮不得復進用, 語在望之傳. 後大中大夫張猛·魏郡太守京房·御史中丞陳咸·待詔賈捐之皆嘗奏封事, 或召見言顯短, 顯求索其辜, 房·捐之棄市, 猛自殺於公車, 咸抵辜髡爲城旦, 及鄭令蘇建得顯私書奏之, 後以它事論死, 自是公卿以下畏顯, 重足一跡."

하작(何焯)561의 다음 말을 인용하고 있다. "중서령으로 하여금 나가서 상주문을 가져오게 하고 상서를 경유하지 못하게 한 것은 일시적으로 권신들의 옹폐를 방지하기 위해서였다. 하지만 이로부터 점차 환관들을 임용하게 되었다. 성제(成帝) 이후로는 정치가 외척으로부터 나왔고 태후가 안주인으로 있었기 때문에 환관들이 정치를 어지럽힐 수가 없었다. 그렇지 않았다면 석현(石顯)의 뒤에 틀림없이 오후(五侯)562나 십상시(十常侍)563와 같은 재앙이 있었을 것이다."564 이 견해는 매우 정확하다.

요컨대 선제는 곽광이 대장군으로 정치를 전단했던 일을 경계하여 약간의 교정을 가했으므로 자못 재상제도의 체통이 남아 있었다. 그러나 위상과 병길 등을 모두 심복으로 두었음에도 불구하고 여전히 재상제도 자체를 신뢰하지 못하여 실질적으로는 재상제도를 약화시켰으

---

561 하작(何焯, 1661-1722): 강소 장주(長洲) 사람으로 자는 윤천(潤千), 기첨(屺瞻), 다선(茶仙)
   이다. 순치 4년(1647) 진사가 되고 서길사(庶吉士), 직남서방(直南書房), 무영전편수(武英殿
   編修), 시독(侍讀) 등을 역임했다. 염약거(閻若據)와 교류하면서 고증학에 매료되어 저서로
   『의문독서기(義門讀書記)』를 남겼다.

562 오후(五侯): 후한의 환제(桓帝)가 외척 권신 양기(梁冀)를 제거하는 데에 일조한 환관 선초
   (單超)를 신풍후(新豐侯)로, 서황(徐璜)을 무원후(武原侯)로, 구원(具瑗)을 동무양후(東武陽
   侯)로, 좌관(左悺)을 상채후(上蔡侯)로, 당형(唐衡)을 여양후(汝陽侯)로 각각 봉한 일을 말한
   다. 세간에서 이 다섯 사람을 오후(五侯)라고 불렀다.

563 십상시(十常侍): 후한 영제(靈帝)가 12세의 어린 나이로 등극하면서 십상시로 대변되는 12인
   의 환관들이 권력을 농단했는데 장양(張讓) · 조충(趙忠) · 하운(夏惲) · 곽승(郭勝) · 손장
   (孫璋) · 필남(畢嵐) · 율숭(栗嵩) · 단규(段珪) · 고망(高望) · 장공(張恭) · 한리(韓悝) 등이다.
   『후한서』 권78 「환자열전(宦者列傳)」 '장양(張讓)'에 자세히 나온다.

564 『漢書補注』, "何焯曰: 使中書令出取, 不關尙書, 一時以防權臣壅蔽. 然自此浸任宦豎矣. 成帝
   以後, 政出外家, 有太后爲之內主, 故宦豎不得撓. 不然, 石顯之後, 必有五侯十常侍之禍."

며, 이는 상서의 지위를 더욱 강화시키고 환관과 외척의 화를 조장하였다.

원제 시대의 정권은 중서령 석현(石顯)의 손에 있었다.『한서』권36「초원왕전」에 따르면 원제는 주감(周堪)을 (행재소로) 불러오게 하여 "광록대부에 배수하고, 질은 중(中) 2천 석이며, 상서사를 겸령하도록 하였다."[565] 그러나 "석현이 상서사(尙書事)【사(事) 자는 관본(官本)에 의거하여 보충하였다】를 주관하였고【안사고는 간(幹)은 관(管)과 같다고 하였다】, 상서 5명이 모두 그의 도당이었다. 주감은 황제를 알현할 기회가 드물었고 항상 석현을 통해 일을 아뢰어야 했으므로 모든 일이 석현의 입에서 결정되었다."[566] 따라서 비록 주감이 상서사를 주관했다고는 하나 실질적인 권한은 없었다. 성제가 즉위하고 "원제의 외삼촌인 시중(侍中)·위위(衛尉)·양평후(陽平侯) 왕봉(王鳳)을 대사마대장군(大司馬大將軍)·영상서사(領尙書事)로 삼으면서"[567] 정식으로 외척이 정치를 전제(專制)하는 단계로 진입하게 된다. 중간에 애제시기의 환관 동현(董賢)의 에피소드가 있기는 하지만, 이러한 구도는 왕망이 한을 찬탈할 때까지 계속되었다. 소망지, 유향 등이 원제 때 환관을 상서(尙書)로 쓰는 데 전력으로 반대한 적이 있으나, 환언하면 무제가 설치한 중서(中書)를 없애 버리려고 했으나 그렇게 하지도 못했을 뿐만 아니라 이 때문에 화를 초래하게 된다. 그러나 건시(建始) 4년(B.C.29)에 이

---

565 『漢書』권36「楚元王傳」, "其徵堪詣行在所, 拜爲光祿大夫, 秩中二千石, 領尙書事."

566 『漢書』권36「楚元王傳」, "顯幹(師古曰: 幹與管同)尙書事(事字依官本補); 尙書五人, 皆其黨也, 堪希得見, 常因顯白事, 事決顯口."

567 『漢書』권10「成帝紀」, "以元舅侍中衛尉陽平侯王鳳爲大司馬大將軍領尙書事."

르면 "중서의 환관들을 없애고 처음으로 상서 관원 5인을 두었는데"568 중서의 환관들을 없애야만 왕봉의 영상서사(領尙書事)가 실질적인 권한을 행사할 수 있기 때문이었다. 기존의 4조(曹)에 삼공조(三公曹) 상서를 증설하여569 단옥(斷獄)의 일을 주관하게 하고, 정위(廷尉)가 가진 형옥(刑獄)에 대한 최고의 심의권도 상서로 이관하였다. 상서의 직권 확대는 곧 왕봉의 직권 확대를 의미한다. 이것은 외척이 정치를 전단하는 상황에서의 변화이다. 『자치통감』 권30 건시 4년조에는 "이때 상(성제)이 왕봉에게 정사를 위임하였다"570라고 되어 있는데 이는 아주 정확한 말이다. 당시 장우(張禹)571는 성제의 스승을 지낸 옛 은혜로 왕봉과 함께 나란히 상서사를 관장하였는데, 그러나 장우는 내심 불안해하며 늘 직책에서 물러나려는 생각만 하고 있었다. 하평(河平) 4년(B.C.25) 6월 장우를 승상으로 삼자 오히려 그는 안도하였다. 이는 승상이 이미 유명무실한 존재가 되어 왕봉과 권력 갈등을 일으킬 가능

---

568 『晉書』 권24 「職官志」, "罷中書宦者, 初置尙書員五人."

569 여기서 기존의 상서 4조(曹)는 무제 때 설치한 상시조(常侍曹), 이천석조(二千石曹), 민조(民曹), 객조(客曹) 상서를 말한다. 성제 때 삼공조(三公曹)를 증설하여 5조가 되었다. 『後漢書』 권1 「光武帝紀」 1상에 인용된 응소(應劭)의 『한관의(漢官儀)』, "尙書四員, 武帝置, 成帝加爲五, 有[常]侍曹尙書, 主丞相御史事, 二千石尙書, 主刺史二千石事, 戶曹尙書, 主人庶上書事, 主客尙書, 主外國四夷事. 成帝加三公尙書, 主斷獄事."

570 『資治通鑑』 권30 「漢紀」 22 成帝建始四年, "是時上委政王鳳, 議者多歸咎焉."

571 장우(張禹, ?-B.C.5): 전한 하내(河內) 지현(軹縣, 하남 濟源) 사람. 자는 자문(子文)이다. 박사가 되어 원제 초원(初元) 연간(B.C.48-B.C.44) 태자에게 『논어』를 가르쳤다. 광록대부, 영상서사(領尙書事), 동평내사(東平內史)를 거쳐 성제 하평(河平) 4년(B.C.25) 승상이 되고 안창후(安昌侯)에 봉해졌다. 권신의 세력을 두려워하여 왕씨의 전횡을 묵인하며 직언을 올리지 못하자 괴리령(槐里令) 주운(朱雲)이 성제에게 간신을 처단하겠다고 참마검(斬馬劍)을 내려 달라고 했다는 고사가 있다.

성이 없었기 때문이었다.

　그러나 전한이 끝날 때까지 승상은 법리상 백관들을 통령하는 지위를 계속 유지하였다. 『한서』 권68 「곽광전」에는 창읍왕(昌邑王)을 폐위할 때 "군신들이 연명으로 창읍왕을 탄핵한" 상주문의 연명 차례가 기록되어 있는데, "승상 신(臣) 창(敞), 대사마·대장군 신 광(光), 거기장군 신 안세(安世), 도료장군(度遼將軍) 신 명우(明友), 전장군 신 증(增), 후장군 신 충국(充國), 어사대부 신 의(誼) …"[572]의 순서로 되어 있다. 이들 연명 차례에서 어사대부는 승상의 차관으로서의 정상적인 지위를 침탈당했지만 그러나 승상의 지위는 의연히 당시 대권을 장악한 대사마·대장군의 앞에 놓여 있었다. 성제 때 왕음(王音)[573]은 황제의 5촌 외숙으로서 친가를 제치고 권력을 장악했는데 "상【성제】은 왕음이 어사대부에서 장군이 되었으나 재상과 같은 봉지(封地)를 얻지 못하자 6월 을사(乙巳)일에 왕음을 안양후(安陽侯)로 봉하였다."[574]【원주51】 살펴보건대 왕음은 이때 대사마·거기장군으로 보정을 하고 있었는데도 성제는 그가 재상과 같은 봉지[575]를 얻지 못한 일을 애석하게 여겼으니, 당시 승상의 지위가 아직 장군보다 위에 있었다는 것을 알 수 있

572　『漢書』 권68 「霍光傳」, "丞相臣敞·大司馬大將軍臣光·車騎將軍臣安世·度遼將軍臣明友·前將軍臣增·後將軍臣充國·御史大夫臣誼 …"

573　왕음(王音, ?-B.C.15): 전한 위군(魏郡) 원성(元城) 사람. 원제 왕왕후(王王后) 정군(政君)의 종제(從弟)다. 대장군 왕봉(王鳳)에게 아부하여 어사대부(御史大夫)에 올랐다. 성제 양삭(陽朔) 3년(B.C.22) 왕봉이 죽으면서 그의 추천으로 대사마거기장군(大司馬車騎將軍)에 오르고 영상서사(領尙書事)를 겸하였다. 홍가(鴻嘉) 원년(B.C.20) 안양후(安陽侯)에 봉해졌다.

574　『資治通鑑』 권31 「漢紀」23 孝成皇帝上之下, "王音既以從舅越親用事, 上(成帝)以音自御史大夫入爲將軍, 不獲宰相之封, 六月乙巳, 封音爲安陽侯."

575　재상과 같은 봉지: 공손홍(公孫弘) 이후로 재상이 된 자는 관례상 모두 먼저 후(侯)로 봉하였다.

다. 재상의 이러한 드높은 지위 때문에 비상시기 예컨대 곽광의 정치 전단이나 석현의 권력 독점 같은 경우를 제외하고, 포부를 안고 분발하는 유능한 승상을 만난다면 여전히 백관을 통솔하는 기능을 발휘할 수 있었다. 성제 때 외척들이 정권을 장악하긴 했지만 적방진(翟方進)[576]이 승상이 되자 활기 넘치고 의기 분발한 직무 수행으로 장우(張禹)가 승상으로 있을 때와는 상황이 크게 달랐는데, 성제 때 적방진은 승상의 관제상의 드높은 지위를 등에 업고 있었기 때문이었다. 그러나 이 승상의 드높은 지위는 하무(何武)가 승상을 삼공(三公)으로 바꿀 것을 진언하면서 흔들리기 시작하였고 결국 후한 시기 삼공이 유명무실화되는 단초를 열었다. 『한서』 권83 「설선주박전(薛宣朱博傳)」에서는 다음과 같이 말한다.

처음에 한나라가 일어났을 때 진(秦)나라 관제를 답습하여 승상과 어사대부와 태위를 두었다. 무제 때에 이르러 태위를 없애고 처음으로 대사마를 두었는데, 장군의 칭호 앞에 덧붙이고 인수(印綬)와 속관은 없었다. 성제 때 하무(何武)가 9경이 되어[577] 건의하기를 "옛날에는 백성들이 질박하고 정사는 간략하며, 국가의 보좌 대신들은 반드시 현인과 성인을 등용하였습니다. 그

---

576 적방진(翟方進, ?-B.C.7): 전한 여남(汝南) 상채(上蔡, 하남 駐馬店시) 사람으로 자는 자위(子威)이다. 의랑(議郎), 박사를 거쳐 승상사직(丞相司直), 어사대부(御史大夫)를 역임하고, 설선(薛宣)의 뒤를 이어 승상에 임명됨과 동시에 고릉후(高陵侯)에 봉해졌다. 적방진은 일을 엄격하게 처리했으므로 많은 태수와 9경들이 탄핵되었고, 또 외척 왕(王)씨와도 대립하였다. 법가·유가에 모두 통달하고, 천문에도 밝아 성제의 신임을 받아 10년 동안 승상으로 재직하였다. 수화(綏和) 2년(B.C.7) 형혹성(熒惑星)이 심성(心星)을 침범하자 성제는 이를 대신의 책임으로 돌려 적방진을 불러 책망하였고 자결을 종용하는 조서를 내려 그날로 적방진은 자결하였다.

577 하무는 정위(廷尉)를 지냈다. 정위는 열경(列卿) 중 하나이다.

렇지만 역시 하늘의 삼광(三光, 日月星)을 본받아 삼공(三公)의 관을 갖추었으니 삼공은 저마다 분담하는 직무가 있었습니다. 오늘날 말세의 풍속은 문식(文飾)이 지나쳐 폐해를 이루고, 정사는 번잡하나 재상의 재능은 옛날에 미치지 못하고, 승상 혼자서 삼공의 일을 겸하고 있으니 이것이 오랫동안 폐하여져 다스려지지 않은 까닭입니다. 마땅히 삼공의 관직을 세워 경대부의 임무를 확정하고, 직책을 나누어 정사를 맡기고[分職授政] 그 공효(功效)를 평가해야 할 것입니다"라고 하였다. 그 후에 상(성제)이 스승인 안창후 장우(張禹)에게 이에 관해 묻자 장우는 하무의 말이 옳다고 하였다. 이때 곡양후(曲陽侯) 왕근(王根)은 대사마표기장군으로 있었고 하무는 어사대부를 맡고 있었다. 이에 상(성제)은 곡양후 왕근에게 대사마의 인수(印綬)를 내리고 속관을 두게 하였으며 표기장군 직위는 그만두게 하였다. 어사대부 하무를 대사공(大司空)으로 삼고 열후(列侯)에 봉하였다. 모두 봉록을 늘려 승상과 같게 하였으니, 이로써 삼공의 관위를 갖추게 되었다. (어사대부의 관직을 파하자) 의론하는 자들 대부분이 말하기를 '옛날과 지금은 제도가 다르다. 한나라는 천자의 칭호로부터 아래로 좌사(佐史)에 이르기까지 칭호가 모두 옛날과 똑같지 않은데 유독 삼공만을 고치니, 맡은 직무를 분명히 알기 어려워 혼란한 국정을 다스리는 데 도움이 되지 못한다'고 하였다.[578]

하무의 건의는 그가 말한 표면적 이유 외에, 이를 이용하여 자신의 어사대부로서의 지위를 높이려는 것일 뿐만 아니라, 당시 대사마의 직

---

[578] 『漢書』권83「薛宣・朱博傳」, "初, 漢興襲秦官, 置丞相・御史大夫・太尉. 至武帝罷太尉, 始置大司馬, 以冠將軍之號, 非有印綬官屬也. 及成帝時, 何武爲九卿, 建言古者民樸事約, 國之輔佐, 必得賢聖. 然猶則天三光, 備三公官, 各有分職. 今末俗文弊, 政事煩多. 宰相之材, 不能及古. 而丞相獨兼三公事, 所以久廢而不治也. 宜建三公官, 定卿大夫之任. 分職授政, 以考功效. 其後上以問師安昌侯張禹, 禹以爲然. 時曲陽侯王根爲大司馬驃騎將軍, 而何武爲御史大夫; 於是上賜曲陽侯根大司馬印綬, 置官屬. 罷驃騎將軍官. 以御史大夫何武爲大司空, 封列侯. 皆增奉如丞相, 以備三公官焉. 議者多以爲古今異制. 漢自天子之號, 下至佐史, 皆不同於古, 而獨改三公, 職事難分明, 無益於治亂."

함으로 실제 보정을 맡고 있는 대사마를 삼공(三公) 안에 포함시켜 삼공의 이름하에 "직책을 나누어 정사를 맡김으로써[分職授政]" 오히려 승상과 어사대부가 직권을 분담할 수 있도록 하려는 것이다. 그렇지 않다면 승상직이 "오랫동안 폐하여져 다스려지지 않은" 바로 눈앞에 보이는 원인을 하무가 어찌 모를 리가 있겠는가? 그러나 하무는 "오랫동안 폐하여져 다스려지지 않은" 승상제를 바로잡기 위해서는 황제가 정상적인 관제를 존중하는 것으로부터 시작해야 하는데, 그것이 불가능하자 도리어 구실을 대어 백관을 통령하는 재상의 지위를 파괴하여 오랫동안 폐하여져 다스려지지 않은 제도를 바로잡으려 하였다. 관직이 제대로 기능을 발휘하느냐 못하느냐는 무엇보다도 황제의 의향, 그리고 재상의 풍격에 달려 있다는 것을 그는 전혀 몰랐던 것이다. 황제가 외척을 편들거나 환관을 편들면서 재상의 지위를 하향평준화한 이후로 재상은 표면상의 체통마저 잃게 되었고 그 황폐함도 정도를 더하였다. 『자치통감』에서는 재상을 삼공으로 바꾼 시점을 수화(綏和) 원년(B.C.8)에 두고 있다. 그로부터 2년여가 지난 후 애제 건평(建平) 2년(B.C.5) 주박(朱博)의 말에 따라 다시 대사공을 어사대부로 회복하였다. 『한서』 권83 「주박전」에서는 다음과 같이 말한다.

2년여가 지난 후 주박은 대사공이 되자 다음과 같이 상주하였다. "제왕이 나라를 다스리는 도는 반드시 서로 답습할 필요는 없고 각각의 시대가 요구하는 시무(時務)에 따라야 할 것입니다. 고조께서는 성덕으로 천명을 받아 왕업을 창건하시고 어사대부를 두었는데, 지위는 승상의 다음이며, 법률제도를 정비하여 직책에 따라 정사에 참여하고, 백관들을 통령하여 상하가 서로 감독하도록 하여 2백 년을 지나는 동안 천하가 평안하였습니다. 지금 이를 대사공으로 바꾸고 승상과 지위를 동등하게 하였지만 아직 하늘의 보우하심을 얻지 못했습니다. 지난 제도에서는 군국(郡國)의 태수와 국상(國相) 중에서 치적이 높은 자를 뽑아 중(中)2천석으로 삼고, 중2천석 중에서 선발하여 어사대부를 삼았으며, 어사대부의 직책을 훌륭히 수행한 자를 승상으로 삼았습니다. 위차(位次)에 질서가 있어야 성스러운 덕을 존중하고 나라의 재상을 존중하게 됩니다. 지금 중2천석이 어사대부를 거치지 않고 곧바로 승상이 된다면 권위가 가벼워서 나라의 정사를 중히 하는 방법이 아닙니다. 어리석은 신의 생각으로는, 대사공의 관직을 파하고 다시 어사대부를 두어 백관들의 모범이 되도록 해야 합니다." 애제가 그의 말에 따랐다.[579]

주박의 위의 말은 두 가지로 요약된다. (1) 그는 어사대부를 대사공으로 고쳐 승상과 동급의 지위에 두는 데 반대했는데, 실제로는 당시 외척에서 온 대사마를 승상과 동급의 지위에 두는 것을 반대한 것이다. (2) 그는 중(中)2천석이 어사대부를 거치지 않고 승상이 되는 문제점을 지적했는데, 실제로는 당시의 대사마가 모두 정상적인 승진 경로를 거치지 않고 외척관계만으로 얻은 점에서 더욱더 그들을 승상과 동급의 지위에 두어서는 안 된다는 것을 지적한 것이다. 그 목적은 재상권을 높여 국정을 존중하는 데 있었으니 이것이야말로 당시 정치제도와 관련된 정치의 근본 문제를 제대로 파악한 견해라고 할 수 있다. 애

---

579 『漢書』 권83 「朱博傳」, "後二歲餘, 朱博爲大司空, 奏言, 帝王之道, 不必相襲, 各緣時務. 高皇帝以聖德受命, 建立鴻業, 置御史大夫, 位次丞相, 典正法度, 以職相參, 總領百官, 上下相監臨, 歷載二百年, 天下安寧. 今更爲大司空, 與丞相同位, 未獲嘉祐. 故事, 選郡國守相高第爲中二千石. 選中二千石爲御史大夫; 任職爲丞相. 位次有序, 所以尊聖德, 重國相也. 今中二千石未更(經過)御史大夫而爲丞相, 權輕, 非所以重國政也. 臣愚以爲大司空官可罷, 復置御史大夫 … 爲百僚率. 哀帝從之."

제는 잠시 주박의 말을 따랐지만, 그러나 실질적인 정권은 먼저 외척인 정(丁)씨와 부(傅)씨의 손에, 그다음에는 총신 동현(董賢)의 손에 놀아났을 뿐만 아니라, 애제는 동현의 지위를 높이기 위해 원수(元壽) 2년(B.C.1) "5월 갑자일에 삼공관의 이름을 바로잡고 직무를 나누었다.580 대사마·위장군 동현을 대사마(大司馬)로 삼고, 승상 공광(孔光)을 대사도(大司徒)로 삼고, 팽선(彭宣)을 대사공(大司空)으로 삼았다."581 【원주52】 얼마 안 되어 그 위에 다시 태사(太師), 태부(太傅), 태보(太保)를 추가하였으니 전제정치에서 비교적 합리적이었던 승상제도가 다두정치(多頭政治)의 혼란으로 완전히 파괴되었다. 후한은 마침내 이 폐단의 제도를 계승하여 외척과 환관의 등장이 끊이지를 않았다. 승상에서 삼공으로의 관제 개변이 갖는 이익과 손해에 대해 중장통은 『후한서』권49 「중장통전(仲長統傳)」582에 수록된 저서 『창언(昌言)』 「법계편(法

---

580 삼공관의 이름을 바로잡았다[正三公官]는 것은, 처음에 성제 수화(綏和) 2년(B.C.5)에 삼공관을 두었다가, 애제 건평(建平) 3년(B.C.4)에 파하고, 다시 애제 원수(元壽) 2년(B.C.1)에 삼공관을 회복하였다는 말이다. 직무를 나누었다[分職]는 것은 대사마는 군대 일을 관장하고, 대사도는 인민의 일을 관장하고, 대사공은 수토(水土)의 일을 관장하였음을 가리킨다.

581 『資治通鑑』권35 「漢紀」27 孝哀皇帝下, "五月甲子, 正三公官分職. 大司馬衛將軍董賢爲大司馬, 丞相孔光爲大司徒, 彭宣爲大司空";『漢書』권11 「哀帝紀」, "五月, 正三公官分職. 大司馬衛將軍董賢爲大司馬, 丞相孔光爲大司徒, 御史大夫彭宣爲大司空, 封長平侯."

582 중장통(仲長統, 179-220): 후한 산양(山陽) 고평(高平) 사람. 자는 공리(公理)다. 어려서 학문을 좋아하여 여러 서적들을 두루 탐독했고 문사(文辭)에도 뛰어났다. 뜻이 크고 기개가 있어 직언을 서슴지 않으면서도 자신의 절개를 자랑하지 않아 당시의 사람들이 광생(狂生)이라 불렀다. 여러 곳에서 그를 군현에 임용하고자 했지만 병을 핑계로 나가지 않았다. 헌제(獻帝) 때 상서랑(尙書郎) 순욱(荀彧)이 그의 명성을 듣고 상서랑으로 천거했다. 나중에는 조조(曹操)의 군사(軍師)로 참여했다. 고금(古今) 및 시속(時俗)의 일들을 설파할 때마다 발분탄식(發憤歎息)하여 글에 담았다. 저서에 『창언(昌言)』이 있는데 36편 10여만 자다. 대부분 없어졌지만, 『후한서』본전 중에 「이란(理亂)」과 「손익(損益)」, 「법계(法誡)」 등의 몇 편이 실려

誠篇)」에서 다음과 같이 간추리고 있다.

『주례(周禮)』 육전(六典)에 총재(冢宰)는 왕을 도와 천하를 다스린다고 하
였다. 춘추 시대 제후 중 공명한 덕을 지닌 자는 모두 한 사람의 경(卿)이 정
사를 담당하였다. 전국 시대에 와서도 모두 이와 같았다. 진나라가 천하를
겸병하면서 승상을 설치하고 어사대부로 하여금 그를 돕도록 하였다. 고제
(高帝)부터 효성제(孝成帝)에 이르기까지 그 제도를 이어받아 고치지 않고
대부분 생을 마쳤다. 한나라가 융성한 이유는 바로 여기에 있다.【원주53】 정
사를 한 사람에게 맡기면 정사에 집중하게 되고, 여러 사람에게 맡기면 서로
의지하며 일을 남에게 떠넘긴다. 정사에 집중하면 화목해지고, 서로 의지하
면 어긋나게 된다. 화목함은 태평한 세상을 이루는 근본이요, 어긋남은 사회
혼란이 일어나는 원인이다.[583]

중장통은 주로 후한을 겨냥하여 입론하고 있으나 그 발단은 실로 전
한의 성제로부터 시작되었다. 이는 재상권의 일대 변화이다.

성제 때의 또 다른 대변화는 재이(災異)를 이유로 적방진(翟方進)을
핍박하여 자살하게 만든 일이다. 하늘은 재이를 통해 견책의 의지를
드러내고 그래서 군주의 경각심을 불러일으킨다. 이 사실은 당연히 먼
옛날로 거슬러 올라갈 수 있다. 그러나 주나라 초에 시작된 인문정신
이 점차 발달하면서 재이를 통한 하늘의 의지 표현이라는 영향력은 날

있다.

583 『後漢書』 권49 「仲長統列傳」, "周禮六典, 冢宰貳王而理天下. 春秋之時, 諸侯明德者皆一卿爲
政. 爰及戰國, 皆亦然也. 秦兼天下, 則置丞相而貳之以御史大夫. 自高帝逮於孝成, 因而不改,
多終其身. 漢之隆盛, 是惟在焉. 夫任一人則政專, 任數人則相倚. 政專則和諧, 相倚則違戾. 和
諧則太平之所興也, 違戾則荒亂之所起也."

이 갈수록 희박해졌다. 동중서가 「천인삼책(天人三策)」을 올려 "하늘과 인간이 상응(相應)하는 관계는 심히 두려워할 만하다"[584]라고 말하자, 이를 전환점으로 재이를 통해 자신의 의지를 표현하는 하늘이 다시 대일통의 일인전제자 황제의 머리를 압박하기 시작하였고, 종종 공포에 질린 황제들이 직언(直言)과 극간(極諫)을 구하고 현량(賢良)과 방정(方正) 등을 천거하는 등의 조치를 내리곤 하였다. 성제 때에 이르러 [건시(建始) 원년에 여러 외숙들을 후(侯)로 봉하고, 큰 외숙 대사마 왕봉(王鳳)에게 정사를 맡겼다.] "유향(劉向)은 왕씨(王氏)의 권력과 지위가 너무 강성하다고 보았다. 마침 상【성제】이 『시』와 『서』 등 고문(古文)에 관심이 많았으므로 유향은 이에 『상서』 「홍범(洪範)」편을 따라 상고 이래로 춘추전국 시대를 거쳐 진·한에 이르는 동안의 부서(符瑞)와 재이(災異)에 관한 기록을 한데 모으고, 그 일의 전후 경과를 추적하여 화복(禍福)과 결부시키고 점복(占卜)의 응험을 저록하되 비슷한 내용끼리 묶어 각각 조목(條目)을 세웠는데, 모두 11편이었다. 이를 『홍범오행전론(洪範五行傳論)』이라 이름 지어 황제에게 상주하였다. 천자는 유향이 충성된 마음에서 왕봉(王鳳) 형제들 때문에 이 논을 지었다는 것을 알았으나 끝내 왕씨의 권력을 빼앗지는 못하였다."[585]【원주54】 『홍범오행전』에서는 황제의 일거수일투족을 모두 하늘과 긴밀히 연결시켜 조

---

584 『漢書』권56 「董仲舒列傳」, "以爲天人相與之際, 甚可畏也."

585 『資治通鑑』권30 「漢紀」22 孝成皇帝上之上, "劉向以王氏權位太盛, 而上(成帝)方嚮詩書古文, 向乃因尙書洪範, 集上古以來歷春秋戰國至秦漢符瑞災異之記, 推乃行事, 連傅禍福, 著其占驗, 比類相從, 各有條目, 凡十一篇, 號曰洪範五行傳, 論奏之. 天子心知向忠精, 故爲鳳(王鳳)兄弟起此論也, 然終不能奪王氏權."

금도 긴장을 늦출 수 없게 한다. 이렇게 되자 황제의 정신적 부담은 당연히 더욱 가중되었다. 그러나 수화(綏和) 2년(B.C.7) 형혹성(熒惑星, 화성)이 심성(心星)[586]의 자리를 점거하는 이변이 일어났는데, 마침 감석(甘石)학파[587] 점성술을 잘하는 낭관 비려(賁麗)가 "'대신이 이를 감당해야 한다'라고 말하였다. 상(성제)이 바로 적방진을 불러오게 하여 보고는, 적방진이 돌아가서 아직 결정을 못 하고 있는데, 상이 책서(冊書)를 내려 정사가 제대로 다스려지지 않고 재해가 한꺼번에 몰려오고 백성들이 기근에 시달리고 있음을 책망하면서 말하기를 '그대를 관직에서 물러나게 하고 싶지만 차마 그렇게 못 해 상서령으로 하여금 그대에게 좋은 술 10석과 살찐 소 1마리를 내려 주니 그대는 이를 신중히 고려하도록 하라'라고 하였다. 적방진은 그날로 자살하였다."[588]【원주55】 이것은 동중서와 유향 등이 고심하여 만든 황제 통제의 방법을 가볍게 승상에게 전가한 것으로, 이후 재이(災異)를 빌미로 삼공을 면직시키는 국면을 열었으며 삼공은 마치 황제를 위한 희생양으로 삼기 위해 세워진 관직과도 같았으니 재상의 기능은 더욱 축소되어 소멸되었다.

---

586 심성(心星): 28수(宿) 가운데 다섯째 별자리에 있는 별들.

587 감석(甘石): 전국 시대 제(齊)나라 사람 감공(甘公)과 위(魏)나라 사람 석신(石申)을 아울러 이르는 말. 모두 천문 역법을 전수하였고, 다섯 행성의 운행법칙을 정리하였다. 『史記』권27 「天官書」, "昔之傳天數者, 在齊, 甘公; 楚, 唐昧; 趙, 尹皋; 魏, 石申 … 甘石曆五星法, 唯獨熒惑有反逆行."

588 『資治通鑑』권33 「漢紀」25 孝成皇帝下, "言大臣宜當之. 上乃召見方進, 還歸, 未及引決, 上逾賜冊責讓, 以政事不治, 災害並臻, 百姓窮困, 曰, 欲退君位, 尚未忍, 使尚書令賜君上尊酒十石, 養牛一, 君審處焉. 方進卽日自殺."

10. 광무제의 추가적 재상제도 파괴와 이후 전제하의 관제변천 구조

입국의 기초는 개국의 규모와 관계가 있고, 개국의 규모는 개국자의 식견과도 밀접한 관계가 있다. 광무제는 중흥을 이룩한 군주로 그의 장점은 『후한서』 권1하 「광무제기(光武帝紀)」에 다음과 같이 기술되어 있다.

처음에 황제는 전쟁터에 있은 지 오래되어 무력으로 싸우는 일을 싫어하였다. 또 천하가 피폐하고 고갈되어 사람들이 어깨를 쉬고 싶어 한다는 것을 알고는 농(隴)과 촉(蜀) 지역이 평정된 후로 긴급한 경보가 아니면 다시는 군대의 일에 관해 말하지 않았다. … 매일 아침 일찍 정사를 처리하여 해가 기울어서야 그만두었다. 자주 공경(公卿)과 낭관(郎官)과 장군들을 불러 경전의 의리에 대해 토론을 벌였고 한밤중이 되어서야 잠자리에 들었다. … 비록 그 자신이 대업을 이루었다 해도 삼가고 조심하여 미치지 못한 것처럼 하였다. 그러므로 정체(政體)를 밝게 살피고 신중히 처리하여 조정의 대권을 총람할 수 있었고, 때를 짐작하고 힘을 헤아려 하므로 일을 행함에 잘못됨이 없었다. ….[589]

---

[589] 『後漢書』 권1下 「光武帝紀」, "初帝在兵間久, 厭武事. 且知天下疲耗, 思樂息肩. 自隴蜀平後, 非儆急, 未嘗復言軍旅. … 每旦視朝, 日仄乃罷. 數引公卿郎將, 講論經理, 夜分乃寐 … 雖身濟大業, 兢兢如不及. 故能明愼政體, 總攬權綱. 量時度力, 擧無過事. …."

또 권76 「순리열전(循吏列傳)」 '서(敍)'에서는 다음과 같이 말한다.

처음에 광무제는 민간에서 나서 자랐기 때문에 자못 사람들의 실정과 허위를 잘 알았고 농사일의 어려움과 백성들의 고통을 보아 왔으므로, 천하가 이미 안정됨에 이르러 되도록 편안함과 고요함을 정책의 기조로 삼았으며, 왕망(王莽) 때의 번잡한 법을 느슨히 하여 전한 시기의 간략한 법으로 되돌아갔다.[590]

그러나 광무제는 매우 의심 많고 엄혹한 사람이었다. 『후한서』 권17 「가복열전(賈復列傳)」[591]에서는 다음과 같이 말한다. "가복은 사람됨이 강직하고 곧았으며 큰 절의가 있었다. [열후가 되어] 사저로 돌아간 뒤에는 문을 닫고 위엄과 장중함을 닦았다. 주우(朱祐) 등이 가복을 재상으로 추천하였으나 황제(광무제)는 이때 막 이치(吏治)를 삼공(三公)에게 책임 지우고자 하여 공신은 모두 등용하지 않았다."[592] 『후한서』 권18 「오한열전(吳漢列傳)」[593]에서는 이렇게 말한다. "논하여 이르

---

590 『後漢書』 권76 「循吏列傳」 '敍', "初光武長於民間, 頗達情僞. 見稼穡艱難, 百姓病害. 至天下已定, 務用安靜. 解王莽之繁密, 還漢世之輕法."

591 가복(賈復, ?-55): 후한 남양(南陽) 관군(冠軍, 하남 鄭縣) 사람으로 자는 군문(君文)이다. 왕망 말년에 녹림군(綠林軍)에 들어갔으나 뒤에 유수(劉秀)에게 귀순해 도호장군(都護將軍)이 되었고 즉위 후에는 집금오(執金吾)가 되었고, 좌장군으로 옮겨 여러 차례 정벌에 나섰는데 항상 솔선수범했다. 교동후(膠東侯)에 봉해졌다.

592 『後漢書』 권17 「賈復列傳」, "復爲人剛毅方直, 多大節. 既還私第, 闔門養威重. 朱祐等薦復宜爲宰相. 帝方以吏事責三公, 故功臣並不用."

593 오한(吳漢, ?-44?): 후한 남양(南陽) 완현(宛縣, 하남 남양) 사람. 자는 자안(子顔)이다. 현 정장(亭長)을 하다가 유수(劉秀)에게 귀순하여 편장군(偏將軍)이 되고, 건책후(建策侯)에 봉해졌다. 갱시제가 임명한 유주목(幽州牧) 묘증(苗曾)과 상서령 사궁(謝躬)을 참살하고, 동마(銅馬), 청독(青犢) 등의 농민군을 평정하여 유수의 후한 건립에 큰 공을 세웠다. 즉위 후 대사마(大司馬)에 임명되고 광평후(廣平侯)로 봉해졌다. 운대이십팔장(雲臺二十八將, 후한 건립에

기를, 오한은 건무(建武) 시절 늘 상공(上公)의 자리에 있으면서 황제의
신뢰와 존중을 받았는데 이는 진실로 그의 소박한 자질과 완강한 성격
때문이었다. … 지난날 진평(陳平)은 지혜가 넘쳐났기 때문에 의심을
받았고, 주발(周勃)은 자질이 소박하고 충직했기 때문에 신임을 받았
다. 무릇 사람들의 인의(仁義)가 군신이 서로 믿고 의지하기에 부족하
면, 지혜로운 자는 넘치는 지혜 때문에 의심을 받고(찬탈의 위험), 소
박한 자는 부족한 지혜 때문에 신임을 받는다."[594] 『후한서』 권19 「경
엄열전(耿弇列傳)」[595]에서는 이렇게 말한다. "논하여 이르기를, … 경엄
은 하북(河北) 지역 평정의 방책을 결정하고 남양(南陽) 지역 평정의 계
책을 확정하였으며, 또한 광무제의 대업이 성공하리라는 것을 예견하
였다. 그러나 경엄은 제(齊) 지역을 평정한 이후로 다시는 아무런 공로
도 남기지 못했다. 어찌 그에게 공로를 세울 생각이 없었겠는가? 아니
면 시운(時運)이 용납하지 않아서인가?"[596] 광무제는 창업할 때 이미
경엄을 기용하지 않았고, 오로지 질박한 오한만을 기용하였으며, 재상

공헌한 28명의 공신) 중 한 명이다.

594 『後漢書』 권18 「吳漢列傳」, "論曰, 吳漢以建武世常居上公之位, 終始倚愛之親, 諒由質簡而彊
力也. … 昔陳平智有餘以見疑, 周勃質朴忠而見信. 夫仁義不足以相懷, 則智者以有餘爲疑, 而
朴者以不足取信矣."

595 경엄(耿弇, 3-58): 후한 부풍(扶風) 무릉(茂陵, 섬서 興平) 사람으로 자는 백소(伯昭)다. 어려
서부터 병사(兵事)를 좋아했고, 부친의 권유로 유수(劉秀)에게 투항하여 편장군(偏將軍)이
되었다. 유수를 따라 하북(河北)을 평정하였다. 유수가 황제가 된 후 건위대장군(建威大將
軍)이 되었고, 호치후(好畤侯)로 봉해졌다. 그 후에도 제로(齊魯)와 농우(隴右)를 평정하는 등
후한의 통일에 큰 공을 세웠다. 후한의 개국 명장 운대이십팔장(雲臺二十八將) 중 한 명이다.

596 『後漢書』 권19 「耿弇列傳」, "論曰 … 弇決策河北, 定計南陽, 亦見光武之業成矣. 然弇自克拔
全齊, 而無復尺寸功. 夫豈不懷, 將時之度數不足以相容乎."

의 재능이 있는 가복은 더더욱 기용하려 하지 않았다. 범울종(范蔚宗, 范曄)의 논찬은 지극히 은밀한 곳까지 미루어 짐작할 수 있었다고 할 만하다. 그리하여 광무제는 관제에 있어 한편으로는 무제 이래의 번잡한 관직들을 제거하여 간소화하였다. 『속한지(續漢志)』에서는 "세조(世祖, 광무제)는 중흥 후에 절검을 힘써 행하고, 관직을 합치고 줄였으며, 경비를 삭감한 액수가 억(億)에 이르렀다"[597]라고 했는데 이는 맞는 말이다. 다른 한편으로는 삼공의 지위를 최대한 낮추고 그 실권을 박탈하였으며 심지어 꺾어 버리는 것도 마다하지 않았다. 삼공 중에서는 대사마(大司馬)가 가장 서열이 높았는데, 건무 원년부터 건무 20년까지 모두 오한을 대사마로 삼았지만 이는 단지 명목상의 추숭일 뿐이었다. 애제(哀帝) 때 승상을 대사도(大司徒)로 바꾸었으니 대사도는 마땅히 삼공의 중심이 되어야 한다. 건무(建武) 3년(27) 대사도사직(大司徒司直)【2천 석】복담(伏湛)[598]을 대사도로 삼았다. 5년에는 상서령【1천 석】후패(侯霸)[599]를 대사도로 삼았다. 13년에는 패군(沛郡)태수 한흠

---

597 『後漢書』志24「百官志」1, "世祖中興, 務從節約, 並官省職, 費減億計."

598 복담(伏湛, ?-37): 후한 낭야(琅邪) 동무(東武, 산동 諸城) 사람. 자는 혜공(惠公)이다. 아버지 복리(伏理)에게 『제시(齊詩)』를 전수받아 수백 명의 학생들을 가르쳤고, 성제 때 박사제자(博士弟子)가 되었다. 왕망 때 수이집법(繡衣執法)이 되었고, 갱시제 아래서 평원(平原)태수를 지냈다. 광무제가 불러 상서(尚書)에 임명되고, 대사도사직(大司徒司直)을 거쳐 대사도에 임명되었다. 일에 연루되어 면직되었고, 뒤에 다시 천거를 받아 징소되었지만 취임 전에 죽었다.

599 후패(侯霸, ?-37): 후한 하남군 밀현(密縣, 하남 新密) 사람으로 자는 군방(君房)이다. 성제 때 태자사인(太子舍人)을 지냈으며, 구강(九江)태수 방원(房元)을 사사하여 『곡량춘추』를 익혀 방원의 밑에서 도강(都講, 학당의 강사)을 지냈다. 광무제 건무 4년(28), 상서령(尚書令)이 되었다. 당시 조정에는 법령과 제도를 아는 사람이 적었는데 후패는 전장제도에 정통하고 누락된 문헌을 수집하여 선대의 좋은 정책과 법령을 조목조목 상소하였다. 건무 5년 대사도(大司徒)가 되었으며 광무제의 신뢰가 두터웠다.

(韓歆)⁶⁰⁰을 대사도로 삼았다. 15년에는 여남(汝南)태수 구양흡(歐陽歆)⁶⁰¹을 대사도로 삼았다. 20년에는 광한(廣漢)태수 채무(蔡茂)⁶⁰²를 대사도로 삼았다. 23년에는 진류(陳留)태수 옥황(玉況)⁶⁰³을 대사도로 삼았다. 2천석에서 승상으로의 등용은 무제 때 우연히 한 번 보았지만 광무제에 이르러서는 상례가 되었는데, 이는 등용의 절차로 삼공의 지위를 낮춘 것이다. 건무 27년에는 주우(朱祐)⁶⁰⁴의 상주에 따라 삼공에

---

600 한흠(韓歆, ?-39): 후한 남양(南陽, 하남 남양) 사람으로 자는 옹군(翁君)이다. 원래는 갱시제 밑에서 하내(河內)태수를 지냈으나 뒤에 광무제 유수에게 투항하여 등우(鄧禹)의 군사(軍師)가 되었다. 등우가 적미군을 정벌할 때 공을 세워 부양후(扶陽侯)에 봉해졌다. 패군(沛郡)태수로 재직하다가 건무 13년(37) 후패의 후임으로 대사도(大司徒)에 임명되었다. 직언하기를 좋아하고 꺼리는 것이 없어 결국 광무제의 노여움을 사 건무 15년 정월에 면직되었고 아들 한영(韓嬰)과 함께 자결하였다.

601 구양흡(歐陽歆, ?-39): 후한 천승(千乘, 산동 高靑) 사람. 자는 정사(正思)다. 왕망 때 장사재(長社宰)와 하남도위(河南都尉) 등을 지냈다. 광무제 때 여남(汝南)태수에 임명되었고 9년만인 건무 15년(39) 대사도가 되었다. 구양생(歐陽生)의 8세손으로 금문상서구양씨학(今文尙書歐陽氏學)을 전했다.

602 채무(蔡茂, B.C.24-47): 전한 하내(河內) 회현(懷縣, 하남 陽城) 사람. 자는 자례(子禮)다. 애제와 평제 때 유학으로 이름이 높았다. 박사가 되어 대책(對策)에서 재이(災異)를 논한 일로 의랑(議郞)으로 발탁되고 시중(侍中)으로 옮겼다. 왕망 때는 병을 핑계로 관직을 피하고, 광무제 때 다시 의랑이 되고 광한(廣漢)태수로 나가 좋은 치적을 쌓았다. 건무 20년(44) 대섭(戴涉)을 대신하여 사도가 되었으며 재직 중에 죽었다.

603 옥황(玉況, ?-?): 후한 경조(京兆) 두릉(杜陵, 섬서 서안) 사람으로 자는 문백(文伯)이다. 태어날 때부터 총명하고 영리했다. 진류(陳留)태수에 임명되어 인품과 덕성으로 백성을 교육하였고 사도(司徒)로 승진한 지 4년 뒤에 죽었다.

604 주우(朱祐, ?-48): 자는 중선(仲先), 남양(南陽)군 완(宛) 사람이다. 본래 이름은 주호(朱祜)인데, 『동관한기(東觀漢記)』에서 후한 안제(安帝)의 이름 유호(劉祜)를 피휘하기 위해 주복(朱福)으로 적었고, 범엽(范曄)이 『후한서(後漢書)』를 지을 때는 이미 피휘를 사용하지는 않았으나 주우(朱祐)로 잘못 적은 탓에 이름이 바뀌게 되었다. 주우는 어려서부터 유연(劉演)·유수(劉秀)와 서로 알고 지냈고 유연·유수의 기병 이후 줄곧 좌우를 따라다녔다. 호군(護軍), 편장군(偏將軍), 건의대장군(建義大將軍)을 역임했고 안양후(安陽侯), 도양후(堵陽侯), 격후(鬲侯)에 봉해졌다.

게 붙였던 "대(大)" 자를 모두 제거하였다. 또 광무제가 경시(更始) 원년(24)에 [파로(破虜)장군으로서] 대사마직을 수행했기 때문인지, 혹은 왕망이 대사마로 있다가 한을 찬탈했기 때문일 수도 있지만, 대사마를 다시 태위(太尉)로 고쳤고 이후로는 마침내 태위를 항상 삼공의 수장으로 삼았다. 전한에서는 공손홍(公孫弘)이 승상으로 배수될 때 평진후(平津侯)에 봉해진 일을 시작으로 승상 임명과 동시에 후(侯)의 작위를 내리는 절차가 마침내 한 왕실의 고사(故事)가 되었다. 그러나 대섭(戴涉)[605]과 채무(蔡茂)가 대사도가 된 이후로는 후(侯)의 작위를 봉하지 않았는데 이는 모두 삼공의 지위를 낮추기 위한 수법이다.

그러나 삼공의 지위가 낮아진 뒤에도 광무제는 한 무제가 승상에게 그랬던 것처럼 그들에게 일을 맡기지 않았으며 또 그들을 가볍게 놓아 주지도 않았으니, 마침내 삼공은 관리들이 가기 두려워하는 위험한 벼슬자리가 되었다. 『후한서』 권26 「후패열전(侯霸列傳)」에서는 다음과 같이 말한다. "패군(沛郡)태수인 한흠(韓歆)을 후패 대신 대사도로 삼았다. … 공벌에 참가하여 공을 세운 덕분에 부양후(扶陽侯)에 봉해졌다. 한흠은 직언하기를 좋아하여 꺼리어 숨기는 일이 없었는데 황제가 매번 용납하지 못하였다. … 한흠은 또 농사 작황이 좋지 않아 흉년이 될 것이라고 증거를 들어 가며 설명하였는데, 손으로 하늘을 가리키고 땅을 그으면서 하는 말이 몹시 강직하고 간절하였다. 이 일로 면직

---

605 대섭(戴涉, ?-44): 후한 청하군(淸河郡, 산동 臨淸) 사람으로 자는 숙평(叔平)이다. 관내후(關內侯)로 있다가 건무 15년(39) 12월 구양흡(歐陽歙)의 뒤를 이어 대사도에 임명되었다. 그러나 자신이 천거한 사람이 금품을 훔치는 사건에 연루되어 투옥되었고, 건무 20년(44) 4월 감옥에서 사망하였다.

되어 향리로 돌아갔다. 황제가 노여움을 풀지 않고 다시 사자를 보내 조서를 내려 그를 책망하였다. … 한흠과 아들 한영(韓嬰)이 결국 모두 자살하였다. 한흠은 평소 명망이 높았는데 죄가 아닌 일로 죽으니 사람들이 대부분 승복하지 못하였다. … 그 후에 천승(千乘)의 구양흡(歐陽歙)과 청하(淸河)의 대섭(戴涉)이 잇달아 대사도가 되었는데 직사(職事)로 인해 죄에 연루되어 하옥되어 죽으니, 이로부터 대신들은 재상의 자리를 맡으려 하지 않았다."606 또 같은 권26의 「풍근열전(馮勤列傳)」607에서는 다음과 같이 말한다. "사도 후패가 전에 양현(梁縣)의 현령을 지낸 염양(閻楊)을 천거하였다. 염양은 수차례 정사를 비난하는 말을 했기 때문에 황제는 늘 그를 미워하였다. 황제는 후패의 상주문을 읽은 후 여기에 어떤 사적인 의도가 숨겨져 있는 것이 아닌가 의심하였고, 크게 진노하여 후패에게 새서(璽書)를 내려 말하기를 '숭산(崇山)과 유도(幽都)를 어찌 대할 수 있으리오?608 황월(黃鉞)이 한번 내리치

---

606 『後漢書』 권26 「侯霸列傳」, "以沛郡太守韓歆代霸(侯霸)爲大司徒 … 以從攻伐有功, 封扶陽侯. 好直言, 無隱諱, 帝每不能容 … 歆又證歲將饑凶, 指天畫地, 言甚剛切, 坐免歸田里. 帝猶不懌, 復遣使宣詔責之 … 歆及子嬰竟自殺. 歆素有重名, 死非其罪, 衆多不厭. … 後千乘歐陽歙·淸河戴涉, 相代爲大司徒, 坐事下獄死, 自是大臣難居相位."

607 풍근(馮勤, ?-56): 후한 위군(魏郡) 번양(繁陽, 하남 內黃) 사람. 자는 위백(偉伯)이다. 처음에 위군(魏郡)태수 요기(銚期)의 공조(功曹)로 있으면서 재능을 발휘하였고, 요기의 천거로 입조하여 광무제의 두터운 신임을 받고 상서성의 사무를 주관하였다. 그 후 상서령(尙書令), 대사농(大司農), 사도(司徒)를 역임하고 관내후(關內侯)에 봉해졌다. 건무중원(建武中元) 원년(56) 풍근이 죽자 광무제는 매우 애석해하며 사자를 보내 조문하고 관곽(棺槨)과 조장(助葬)비용을 지급하도록 했다.

608 『後漢書』 권26 「馮勤列傳」, "崇山幽都, 何可偶?" 숭산(崇山)과 유도(幽都)는 모두 순임금 때 공공(共工)과 환도(驩兜)를 유배 보낸 곳이다. 여기서 "숭산과 유도를 어찌 대할 수 있으리오" 라 함은 유배조차도 허용하지 않겠다, 즉 죽음을 내리겠다는 뜻이다. 이현(李賢)의 주에 "崇山南裔也, 幽都北裔也, 偶, 對也. 言將殺之, 不可得流徙也. 尙書, 舜, 流共工於幽州, 放驩兜於

면 몸을 둘 곳이 없는 법. 그대는 생명의 위험을 무릅쓰고 법을 어기려고 하는가? 아니면 자신의 몸을 죽여 인(仁)을 이루겠다는 것인가?'라고 하였다. 풍근으로 하여금 조서를 받들고 사도부(司徒府)로 가도록 했다. 풍근이 돌아와서 후패의 본의를 아뢰고 사리를 해명하니 황제의 기분이 조금 풀어졌다. … 3년 후에 사도로 옮겼다【풍근】. 이전에 삼공을 맡았던 자들이 대부분 죄로 인해 물러났기 때문에 황제는 풍근을 현명한 사람으로 여겨 풍근이 생을 잘 마치도록 하고 싶었다. 이에 연회 자리를 틈타 풍근에게 넌지시 경계하여 말하기를 '주부(朱浮)가 위로는 군주에게 충성하지 않고 아래로는 동료들을 괴롭히고 억압하여 결국 죄를 얻어 지금에 이르렀소.[609] 인간의 죽고 사는 일과 길흉화복은 알 수가 없으니 어찌 애석한 일이 아니겠는가. 신하된 자들이 축출되어 죽임을 당하고 나면 비록 그 뒤에 상사(賞賜)를 더하고 부의(賻儀)를 보내 제사를 지낸다 한들 더없이 귀중한 몸을 보상하기에는 부족하오'라고 하였다. ….''[610] 요컨대 광무제는 풍근에게 삼공된 사람이 목숨을 보전하기 위해서는 첫째 군주의 본모습을 직설적으로 비난해서

<hr />

崇山"이라 되어 있다.

609 "주부가 위로는 군주에게 충성하지 않고 … 결국 죄를 얻어 지금에 이르렀소.": 이에 대한 『후한서』 이현(李賢)의 주에서는 "朱浮爲大司空, 坐賣弄國恩, 免, 又爲陵轢同列, 帝銜之惜其功, 不忍加罪"라 하고 있다.

610 『後漢書』 권26 「馮勤列傳」, "司徒侯霸, 薦前梁令閻楊. 楊素有譏議, 帝常嫌之, 既見霸奏, 疑其有奸, 大怒, 賜霸璽書曰: 崇山幽都何可偶, 黃鉞一下無處所. 欲以身試法耶? 將殺身以成仁耶? 使勤(馮勤)奉策至司徒府. 勤還, 陳霸本意, 申釋事理, 帝意稍解. … 三歲, 遷司徒(馮勤). 先是三公多見罪退, 帝賢勤, 欲令以善自終, 乃因讌見, 從容戒之曰, 朱浮上不忠於君, 下陵轢同列, 竟以中傷至今, 死生吉凶未可知, 豈不惜哉. 人臣放逐受誅, 雖復追加賞賜·賻祭, 不足以償不訾之身. …" 이현 주에 "訾, 量也. 言無量可比之, 貴重之極也"라 되어 있다.

는 안 되고, 둘째 사소한 일에만 관여하고 큰일에는 관여하지 말아야 함을 일러 준 것이다. 따라서 후패가 주류되지 않은 것은 우연이라 하겠다. 『후한서』 권33 「주부열전(朱浮列傳)」[611]에서는 다음과 같이 말한다. "[기존의 제도에서는 주목(州牧)이 군현의 2천석 관리 중 제대로 직무를 감당하지 못하는 자를 상주하면 사안을 삼공에게 하달하여 삼공부에서 속관을 파견하여 조사한 후 파면조치 하도록 되어 있었다.] 광무제는 당시 명찰(明察)한 사람에게 이 일을 맡기고 다시는 삼부(三府)에 위임하지 않았으므로 실권은 자거(刺擧)하는 관리에게로 돌아갔다. 주부는 다시 상소를 올려 간언하였다. 삼가 살펴보건대 폐하께서는 이전에 윗사람의 권위가 서지 않고 아랫사람이 권력을 전단하는 것을 병폐로 여겼습니다. 즉위하신 뒤로는 기존의 제도를 사용하지 않고 자거(刺擧)하는 관리만 믿고 삼공의 직임을 내치거나, 심지어 관리를 탄핵하는 상주문이 올라오면 바로 그를 관직에서 퇴출시키기도 합니다. 사안을 다시 확인하고 심사하는 일이 삼부(三府, 삼공부)를 경유하지 않고, 죄견(罪譴)의 판결이 폐하의 통찰을 거치지 않고 이루어집니다. 폐하께서는 사자(使者)

---

611 주부(朱浮, 6?-66?): 후한 패국(沛國) 소현(蕭縣, 안휘 소현) 사람. 자는 숙원(叔元)이다. 처음에 유수(劉秀)를 따라 대사마주부(大司馬主簿), 편장군(偏將軍)을 지냈으며 한단(邯鄲)을 격파한 뒤 대장군유주목(大將軍幽州牧)이 되고 순양후(舜陽侯)에 봉해졌다. 당시 어양(漁陽)태수 팽총(彭寵)이 논공행상에 불만을 품고 반란을 일으키자 대장군 주부(朱浮)가 그에게 편지를 써서 "지금 천하가 몇 리이며 열군(列郡)이 얼마나 되는데 어찌하여 보잘것없는 어양으로 천자와 원한을 맺으려 하느냐. 이는 황하 가에 사는 사람이 한 줌의 흙을 떠서 맹진(孟津)의 물살을 막으려는 것과 같다"라고 하며 깨우쳤다는 고사가 전한다. 관직이 집금오(執金吾)를 거쳐 대사공(大司空)에 이르렀으나, 46년에 국은(國恩)을 뽐내다가 면직되었고 신식후(新息侯)로 옮겨졌다. 명제 영평(永平) 연간 중에 천자를 보좌하는 공을 자랑하고 동료들을 멸시한 일로 사약을 받고 죽었다.

들을 심복으로 삼고 사자들은 전력을 다해 폐하의 이목(耳目)이 되니, 이것이 상서의 평의가 고작 1백 석의 관리들 손에서 결정되는 이유입니다. 그러므로 신하들은 가혹하고 각박한 일처리를 각자의 능력으로 여기고 … 그러므로 죄가 있는 자는 마음으로 승복하지 않고, 허물이 없는 자는 근거도 없는 죄에 연루되어 …"[612] 주부는 이전에 사력을 다해 팽총(彭寵)[613]에 항거하여 하북을 보전한 자였는데 광무제는 그가 곧잘 직언하는 것을 미워하여 언제든지 그를 죽이려 했지만 손을 쓰기가 난처했다. 명제 때에 이르러 그는 [누군가의 고발에 의해] 영문도 모른 채 사사(賜死)되었다. 범엽은 「주부열전」에 대한 논찬에서 다음과 같이 말하였다. "… 광무제와 명제는 관리들의 사무를 직접 처리하는 것을 좋아하였고 또 이로써 삼공의 직무 수행을 평가하기도 하였다. 누가 혹 실수를 하거나 예의에 조금이라도 미흡함이 있으면 주벌을 내리거나 굴욕을 가하는 조치가 이어졌다. 직무를 맡기고 과실을 책벌함이 마침내 이 지경에 이르렀으니, (지위가 높은 신하를 욕되게 해서는 안

---

612 『後漢書』 권33 「朱浮列傳」, "帝時用明察, 不復委任三府, 而權歸刺舉之史. 浮復上疏諫曰, 竊見陛下疾往者上威不行, 下專國命. 卽位以來, 不用舊典, 信刺舉之官, 黜陟輔之任. 至於有所劾奏, 便加退免. 覆案不關三府, 罪譴不蒙澄察. 陛下以使者爲腹心, 而使者以從事爲耳目, 是爲尚書之平, 決於百石之吏. 故羣下苛刻, 各自爲能 … 故有罪者心不厭服, 無咎者坐被空文. …"

613 팽총(彭寵, ?-29): 후한 남양(南陽) 완현(宛縣, 하남) 사람으로 자는 백통(伯通)이다. 왕망 때 대사공사(大司空士)를 지냈고, 갱시제 때 어양(漁陽)태수로 임명되었다. 처음에 광무제가 반군을 토벌하기 위해 하북에 포진하고 있을 때 3천여 명의 보병을 이끌고 달려와 가세했으며 또 광무제가 옛 조(趙)나라의 도읍 한단(邯鄲)을 포위 공격했을 때에는 군량보급의 중책을 맡아 차질 없이 완수하는 등 여러 번 큰 공을 세웠다. 그러나 논공행상에 불만을 품고 건무 2년 (26) 연왕(燕王)을 자칭하며 조정에 반기를 들었으나 가노(家奴)에게 살해되어 수급이 광무제에게 보내졌다.

된다고 한) 가의(賈誼)의 말[614]을 돌이켜 보면 또한 정확하다고 하지 않
겠는가. 신하들을 지나치게 살펴 작은 허물을 들춰내거나 일을 너무
서두르다가 이루지 못하는 폐단[615]에 대해 주부가 풍자하여 간언한
것은 옳은 말이다. 그는 어디서 이런 장자(長子)의 말을 얻어들었을
까?"[616] 요컨대 광무제는 관제 방면에서는 주로 삼공을 억압하고 홀로
자신의 뜻을 내세웠으며, 상서를 6인으로 증원하여 정무의 무게중심
을 완전히 상서에게 돌리게 하였다. 전한에서 상서가 정무를 처리하는
것은 "평상서사(平尙書事)"라는 자를 통해 황제에게 귀속되었지만, 광
무제에 이르면 상서는 광무제 자신에게 직속하게 된다. 상서에 대한
광무제의 태도는 다음의 『후한서』 권29 「신도강열전(申屠剛列傳)」[617]

---

614 『漢書』권48 「賈誼傳」에 나온다. "염치와 예절로 군자를 다스리므로 사사(賜死)함은 있어도
   죽이고 욕보임은 없습니다. 이 때문에 이마에 먹물을 새기고 코를 베는 형벌이 대부에게 미치
   지 않는 것이니, 이는 주상과의 거리가 멀지 않기 때문입니다.[廉恥禮節以繩君子, 故有賜死
   而無戮辱, 是以黥劓之罪不及大夫, 以其離主上不遠也.]"

615 『논어』「子路」에 나오는 말이다. "급히 하려고 하지 말고, 조그마한 이익을 보려 하지 마라.
   급히 하려다 보면 목적을 달성하지 못하고, 조그마한 이익을 보려다 보면 큰일을 이루지 못한
   다.[無欲速, 無見小利. 欲速則不達, 見小利則大事不成.]"

616 『後漢書』 권33 「朱浮列傳」, "… 光武明帝, 躬好吏事, 亦以課覈三公. 其人或失, 而其禮稍薄,
   至有誅斥詰辱之累. 任職責過, 一至於此. 追惑賈生之論, 不亦篤乎. 朱浮議諷苛察欲速之弊,
   然矣. 焉得長者之言哉."

617 신도강(申屠剛, ?-?): 후한 부풍(扶風) 무릉(茂陵, 섬서 興平) 사람. 자는 거경(巨卿)이다. 전한
   평제 때 현량방정(賢良方正)으로 천거되었지만 대책(對策)이 왕망의 비위를 거슬러 고향으
   로 추방되었다. 왕망이 칭제했을 때 하서(河西)와 파촉(巴蜀)으로 피신했다가 광무제 건무
   (建武) 7년(31) 부름을 받고 시어사(侍御史)가 된 후, 상서령(尙書令)으로 옮겼다. 광무제가
   일찍이 출유(出遊)하려고 하자 농·촉(隴蜀) 지역이 아직 평정되지 않았음을 간하며 머리로
   수레바퀴를 막아 결국 중지시켰다. 그 뒤에도 여러 차례 간곡하게 간어하여 황제의 기분을 상
   하게 만들어 평음령(平陰令)으로 쫓겨났다. 다시 태중대부(太中大夫)로 불렸으나 병을 핑계
   로 사직하였다.

에 잘 나타나 있다. "당시 조정 내외의 군신들은 대개 황제가 직접 골라 뽑거나 천거한 사람들이었다. 법리를 엄격히 하여 관리들의 직무 이행을 세밀히 살폈기 때문에 직무를 감당하기가 너무 힘들었다. 상서를 맡은 근신들은 심지어 회초리를 맞으며 앞으로 끌려 나오기도 했으나, 군신들 중 아무도 감히 바른말을 하는 자는 없었다. 신도강이 매번 극간했지만 … 황제는 듣지 않았다."[618]

명제가 삼공과 군신들을 대하는 방식은 철저히 광무제를 계승하고 있다. 역사상 우스꽝스러운 현상은, 광무제와 명제가 이렇게 했던 이유는 자신의 주장을 용이하게 하여 대신들의 권세로 인한 화를 예방하기 위해서였는데, 그러나 장제(章帝) 이후로 화제(和帝)는 즉위 당시 10살이었고, 상제(殤帝)는 태어난 지 1백여 일이었으며, 안제(安帝)는 즉위 당시 13살, 순제(順帝)는 즉위 당시 11살, 충제(沖帝)는 2살, 질제(質帝)는 8살이었으며, 환제(桓帝)는 15살에, 영제(靈帝)는 12살에, 헌제(獻帝)는 9살에 각각 즉위했다는 사실이다. 우선 이들 황제들의 지혜롭고 어리석음 혹은 현명과 불초함을 불문하고 연령상으로만 볼 때, 외척과 환관에 의해 안배된 이들 어린 황제들이 전후로 외척과 환관에 의한 권력 독점 말고 달리 갈 수 있는 길이 있었을까? 이런 일을 광무제가 상상이나 할 수 있었겠는가? 그래서 광무제는 외척을 방비하는 데 매우 주도면밀했지만, 안제(94-125)로부터 환제 연희(延熹) 2년(159)에 이르기까지 줄곧 외척이 정권을 전단하였고, 연희 2년 이후로는 줄곧 환관

---

618 『後漢書』 권29 「申屠剛列傳」, "時內外羣臣, 多帝自選擧. 加以法理嚴察, 職事過苦. 尙書近臣, 至乃捶撲牽曳於前, 羣臣莫敢正言. 剛每輒極諫 … 帝並不聽."

이 정권을 전단하였다.【원주56】 환관이 중상시(中常侍)로서 생사여탈의 대권을 쥐는 데 이르면 아예 관제라 할 만한 것도 없고 정치라 할 만한 것도 없으며 백성과 백성 중의 지식인들이 크게 도륙당하는 일만 남게 된다. 이 시점에서 무슨 재상제도를 말할 수 있겠는가. 그러나 안제 영초(永初) 원년(114) 9월 재이(災異)를 이유로 태위 서방(徐防)[619]을 면직하는 조서를 내렸으니, 삼공이 재이로 인해 면직된 예는 서방으로부터 시작되었고【원주57】 이후 마침내 상례가 되었다. 직위에 상응하는 실권이 없음에도 외척과 환관을 대신하여 실질적인 책임을 지겠다는 것도 역사의 코미디라고 할 수 있다. 이상에서 서술한 상황에 대해 『후한서』 권46 「진충열전(陳忠列傳)」[620]에서는 다음과 같이 기술하고 있다.

당시 삼부(三府, 삼공부)의 권세는 가벼웠고 국가의 기밀은 상서가 전담하

---

619 서방(徐防, ?): 후한 패국(沛國) 질현(銍縣, 안휘 灘溪) 사람. 자는 알경(謁卿)이다. 명제 때 효렴으로 천거되어 상서랑(尚書郎)이 되고, 화제 때 사예교위(司隷校尉), 위군태수(魏郡太守), 소부(少府), 사공(司空), 사도(司徒)를 거쳐 상제(殤帝) 때 태위(太尉)로 옮겼다. 영초(永初) 원년(107)에 도적과 수재(水災) 등 재이(災異)가 여러 차례 일어나자, 태위 서방이 자신의 책임이라 상소하여 면직되었는데, 이때부터 재이가 일어나면 책서(策書)로 삼공을 면직하는 일이 시작되었다고 한다.

620 진충(陳忠, ?-125): 후한 패국(沛國) 효현(洨縣, 안휘 固鎮) 사람으로 자는 백시(伯始)다. 처음에 사도부(司徒府)를 거쳐 정위(廷尉)의 속관에 임명된 후 뛰어난 재능을 보여 명성이 높았다. 법률에 정통하여 사도(司徒) 유개(劉愷)의 천거로 상서(尚書)에 발탁되어 삼공조(三公曹)에서 단옥(斷獄)의 사무를 주관하였다. 처음에 그의 부친 진총(陳寵)이 장제(章帝) 초 정위(廷尉)로 있을 때 앞 시대의 번다하고 가혹한 법령을 제거할 것을 상서했으나 시행되지 못했는데, 그 후 진충이 부친의 뜻에 의거해 대략 23조로 정리하여 '결사비(決事比)'라는 이름으로 상주하였다. 안제 때 상서복야(尚書僕射)를 거쳐 상서령이 되고, 얼마 후 사예교위(司隷校尉)에 배수되었다. 총신, 외척, 막료들 중 그를 두려워하지 않는 자가 없었다. 이듬해 강하(江夏, 호북 武昌)태수로 임명되었다가 출발 전 다시 상서령에 유임되었으나 곧 병사하였다.

였다. 그러나 재이(災異)가 일어날 때마다 삼공에게 책임을 물어 파면시키 곤 하였다. 진충은 한나라 건립 이래 형성된 전통이 아니라고 여겨 상소를 올려 간언하였다. "… 한나라 법의 고사(故事)에 승상이 청하는 것을 군주가 들어주지 않는 바가 없었습니다. 지금의 삼공은 비록 이름은 같지만 그 실질 은 다릅니다. 관리의 선발과 추천, 주벌과 상사(賞賜)는 모두 상서가 맡고 있으며, 상서가 받는 신임은 삼공을 능가합니다. … 지금 재이가 일어나자 다시 삼공을 엄히 문책하려 하십니다. 지난날 효성황제(성제)는 요성(妖 星)[621]이 심성(心星)[622]의 자리를 점거하자 승상(적방진)에게 책임을 돌렸 는데, … 끝내 하늘의 복을 받지 못하고 헛되이 송(宋)나라 경공(景公)의 성 심(誠心)[623]을 저버렸으니, 옳고 그름의 기준을 알면 책임이 명확하게 귀속 됩니다."[624]

상서는 왜 책임이 무거운가, 황제에게 직속되어 있기 때문이다. 황 제가 유약하거나 우매하면 상서는 자연히 외척과 환관에게 직속된다.

---

621 요성(妖星): 혜성(彗星)이나 큰 유성(流星)으로 재해의 징조로 나타난다고 여겼다.

622 심성(心星): 28수(宿) 가운데 다섯째 별자리에 있는 별들.

623 경공(景公)의 성심(誠心): 경공(B.C.515-B.C.469)의 고사는 『사기』 권38 「송미자세가(宋微 子世家)」에 나온다. 춘추시대 송나라 경공 37년에 초나라 혜왕이 진(陳)을 멸망시켰는데, 당 시 화성(火星, 熒惑星)이 심수(心宿) 자리를 침범하였고, 이 심수에 해당하는 땅이 바로 송나 라였다. 경공이 걱정하고 있을 때 사성(司星)인 자위(子韋)가 화성의 심수 침범 원인을 재상 에게 돌릴 것을 권하자 경공은 이에 대해 "재상은 과인의 팔다리와 같은 존재"라고 하며 반대 하였다. 자위가 그 책임을 백성에게 돌릴 수 있다고 하자 경공은 "임금은 백성이 없으면 임금 이 될 수가 없다"라고 하였고, 그 책임을 세(歲, 농사)에 돌릴 수 있다고 하자 경공은 "흉년이 들어 백성이 곤궁하면 내가 누구의 임금이 되겠는가"라고 하였다. … 과연 그 형혹성이 자리 를 옮겼다고 한다.

624 『後漢書』 권46 「陳忠列傳」, "時三府任輕, 機事專委尙書. 而災眚變咎, 輒切免公臺. 忠(陳忠) 以爲非國舊體, 上疏諫曰, … 漢典舊事, 丞相所請, 靡有不聽. 今之三公, 雖從其名, 而無其實. 選擧誅賞, 一由尙書. 尙書見任, 重於三公. … 今者災異, 復欲切讓三公. 昔孝成皇帝, 以妖星守 心, 移咎丞相 … 卒不蒙上天之福, 徒乖宋景之誠, 故知是非之分, 較然有歸矣."

앞서 인용한 중장통(仲長統)의 『창언(昌言)』 「법계(法誡)」편에서는 재상은 한 사람에게 맡겨야 한다는 주장에 이어서 다음과 같이 말하고 있다.

광무황제는 여러 대에 걸친 황제의 실권 상실에 노여워하고, 강성한 대신들이 황제의 명을 도용한 것에 분개하였으나, 구부러진 것을 바로잡으려다 정도를 지나쳐 정사를 아래 신하들에게 맡기지 않았으니, 비록 삼공의 직책을 두기는 했지만 사무는 모두 대각(臺閣, 상서대)으로 귀속되었다. 이때부터 삼공의 관직은 단지 정원을 채울 뿐이었다. 그러나 정사가 순조롭지 않을 때는 도리어 삼공을 견책하였다. 외척 가문으로 권력이 옮겨지고 측근의 환관들을 총애하면서 … 원한의 기운이 일시에 일어나 음양이 조화를 잃고 … 이는 모두 외척과 환관 대신들이 그렇게 만든 것인데, 도리어 삼공을 문책하고 심지어 죽이거나 파면하기까지 하니, 창천(蒼天)을 향해 절규하고 큰 소리로 울부짖으며 피눈물을 흘리기에 충분하다. 또 중기 이후 삼공을 선임하는 기준은 청렴하고 근신하며 상규를 따르고 관례에 익숙한 사람을 뽑았는데, 이것은 부녀자의 법도요 향촌의 평범한 사람들일 뿐, 어찌 삼공의 지위를 차지하기에 충분하다고 하겠는가. … 지난날 문제(文帝)는 등통(鄧通)을 지극히 아꼈음에도 오히려 승상 신도가(申屠嘉)에게 뜻을 펼칠 수 있도록 해 주었다. 이렇게 신임을 받으니 황제 측근의 소신(小臣)들에게 무슨 거리낌이 있겠는가? … 광무제가 삼공의 권력을 빼앗았고 지금은 더욱 철저히 박탈하였다. 광무제는 후비(后妃) 도당이 권력을 잡지 못하도록 정책을 세웠지만 결국 몇 세대를 못 가 지켜지지 않게 되었다.【원주58】이는 아마도 황제와 삼공, 외척 간의 혈연적 친소 관계가 달랐기 때문일 것이다. … 혹자는 말하기를 "정권이 한 사람【생각건대 재상을 말한다】손에 있으면 권력이 너무 무겁다"라고 한다. 나는 말한다. "인재는 실로 얻기 어려우니 어찌 권력의 무거움을 의심하겠는가?" … 지금 국가가 황제를 가까이서 모시는 친근한 자들에게 신명(神明)을 누설하고 후비의 도당들에게 권력을 내어 준 것이, … 이들의 죄는 논하지 않고 삼공을 의심하니 무슨 궤변이란 말인가?[625]

제4장 한대 일인(一人) 전제정치하의 관제(官制) 변천

전제체제에서 이른바 영명한 결단을 하는 군주는 종종 재상제도와 양립할 수 없으며 반드시 이를 파괴해야만 마음이 후련해진다. 그러나 이러한 한 시대의 요소를 땅에 묻어 버려도 곧바로 그 자리에는 다른 무엇이 배태되어 자라난다. 청(淸)의 화담은(華湛恩)[626]도 『후한삼공연표(後漢三公年表)』의 서문에서 이러한 점을 간파하고 있다.

… 광무제는 한(漢)을 다시 일으켜 세웠으니 현명한 군주라 해야 할 것이다. 그가 삼공(三公)을 중용하지 않고 정사를 대각(臺閣, 尙書)에 귀속시킨 것은 권력이 아래로 옮겨 가지 않고 정사가 위에서 나오도록 하기 위함이었다. 광무제 이후로 두 번의 황제를 거친 후 재앙은 귀척(貴戚)에서 일어나 환관에서 극에 달하였으니 한나라는 이 때문에 떨쳐 일어나지 못했다. 내 일찍이 그 원인을 반복하여 생각해 보고는 광무제가 끼친 재앙이 적지 않음을 탄식하였다. 무릇 천하의 대권은 군주 한 사람이 혼자서 사용할 수 없음이 분명한 이상 반드시 다른 사람과 함께 사용해야 한다. 그러므로 중신(重臣)들의 권한이 높으면 군주는 위에서 편안히 앉아 있으면서도 대권이 다른 사람에

---

625 『後漢書』권49「仲長統列傳」, "光武皇帝慍數世之失權, 忿彊臣之竊命, 矯枉過直, 政不任下. 雖置三公, 事歸臺閣. 自此以來, 三公之職, 備員而已. 然政有不理, 猶如譴責, 而權移外戚之家, 寵被近習之豎 … 怨氣並作, 陰陽失和 … 此皆戚宦之臣, 所致然也. 反以責讓三公, 至於死免, 乃足爲叫呼蒼天, 號咷泣血者也. 又中世之選三公也, 務於淸愨謹愼, 循常習故者, 是婦女之檢柙, 鄕曲之常人耳, 惡足以居斯位耶 … 昔文帝之於鄧通, 可謂至愛, 而猶展申屠嘉之志. 夫見任如此, 則何患於左右小臣哉 … 光武奪三公之重, 至今而加甚. 不假后黨以權, 數世而不行, 蓋親疏之勢異也. … 或曰, 政在一人(按指宰相), 權甚重也. 曰, 人實難得, 何重之嫌 … 今夫國家漏神明於媟近, 輸權重於婦黨 … 不此之罪而彼之疑, 何其詭耶."

626 화담은(華湛恩, 1788-1853): 청 양계(梁溪, 강소 無錫) 사람으로 자는 맹초(孟超), 호는 자병(紫屛)이다. 가경 연간 공생(貢生)으로 안휘 태화현학교유(太和縣學敎諭)와 병마사(兵馬司) 부지휘관을 등을 지냈다. 장서가 풍부하고 광범위한 독서와 심도 있는 연구로 역사와 지리에 능통하였다. 저서에 『후한삼공연표(後漢三公年表)』, 『오대춘추지의(五代春秋志疑)』, 『검유집(黔遊集)』, 『석산문집(錫山文集)』 등이 있다.

게 넘어갈 것을 걱정하지 않는다. 만일 군주가 자신이 믿지 않는 신하를 임용해 놓고 혼자서 대권을 사용하려 든다면, 올곧은 사람들은 날로 멀어지고 소인들은 날로 가까워져서 반드시 이를 훔치려 들고일어나는 자가 있게 된다. … 동성(同姓)이 아니면 외척일 뿐이다. 무릇 동성과 외척은 … 따라서 나라를 훔치기는 마찬가지인 것이다. … 군주가 이들을 쳐내려 해도 의뢰할 만한 중신이 별로 없어 … 좌우의 근신들과 이를 모의할 수밖에 없다. … 그리하여 근신들이 마침내 뜻을 이루게 되는데 … 그들이 하는 일은 틀림없이 불법이 많을 것이니 외정(外廷)의 신료들과 원수가 될 것이 뻔하고 … 외정의 신료들은 화를 입고 점점 더 비참한 지경에 빠진다. 그래서 충신과 열사들이 … 자신의 안위를 돌보지 않고 좌우의 근신들에게 항거하여 일어난다. 무릇 군주가 좌우의 근신들과 한편이 되면 온 천하가 그들에 항거하여 일어나고 그렇게 되면 군주도 자기 혼자만 몸을 보전할 수 없으니 마침내 궤멸하여 산산조각이 나 구원할 방법이 없게 된다. ….[627]

관제는 권력과 의무의 분배와 조직이다. 그러나 고금의 전제자들은 천하를 자신의 사적인 산업으로 여기기 때문에, 정치란 천하의 인적 물적 자원을 망라하여 그의 편안함과 부유함, 존귀함과 영화로움[安富尊榮]을 책임지는 것이지, 그가 천하【인민】를 책임져야 한다고 생각하지는 않는다. 그래서 항상 권력의 측면에서 관제를 바라보고 의무의

---

[627] 華湛恩,『後漢三公年表』'自序', "… 光武中興, 賢主也. 其不任三公, 政歸臺閣, 欲使權不下移, 政由上出也. 迨至再傳而後, 禍起於貴戚, 極於宦官, 而漢以不振. 吾嘗反覆其故, 而嘆光武之貽禍烈也. 夫天下之大權, 人主不能以一人獨操之明矣, 必與人共操之. 故重臣之權尊, 則人主安坐於上, 而權不患其旁落. 苟人主擧不信之臣而欲獨操之, 則正人日以遠, 而小人日以近, 必有起而竊之者 … 非同姓, 卽外戚耳. 夫同姓外戚 … 因以竊國者比比也. … 人主欲起而誅之, 而無一二重臣以爲倚賴, … 勢必與左右之近臣謀之 … 于是近臣遂以得志 … 其所爲必多不法, 必與外廷之臣爲仇 … 而外廷之臣受禍愈慘. 于是忠臣烈士 … 奮不顧身, 以與左右之臣爲難. 夫人主方與左右之臣爲一, 而擧天下與之爲難, 則人主亦不能以獨全, 遂至於潰敗滅裂, 不可得救. …."

측면에서는 결코 관제를 바라보지 않는다. 권력의 측면에서만 관제를 바라보기 때문에 관제의 객관화는 곧 권력의 객관화라고 느꼈다. 권력의 객관화는 곧 권력이 자기 몸에서【전제자】떠나가는 것이라 느꼈고, 이것은 그를 위태롭게 만든다고 느꼈다. 따라서 관직의 객관화를 파괴하고, 관제의 객관적인 기능을 파괴하는 것, 이것이 고금의 전제지배자들이 부지불식간에 취하는 공통의 노선이다. 관제의 수뇌와 골간을 이루는 것은 재상이다. 재상이란 직책은 사실상 없어서는 안 될 자리이지만, 일단 제도가 되면 객관적 존재로서의 의미를 부여받는다. 이 때문에 2천 년이 넘는 전제를 통해 제도상 재상의 객관적 지위를 순환적으로 파괴하고, 황제 신변의 지위가 낮은 사람으로 재상의 실권을 집행하게 하였다. 실권을 오래 집행하다 보면 본래 재상과 현격한 지위 차이가 있었던 자도 서서히 재상으로 인정받게 되고, 그에 따라 관제상 어느 정도 객관적인 지위를 얻게 된다. 그러자 후발 전제자는 다시 그들을 허공으로 띄우고, 재차 지위가 낮은 근신들로 이들을 대체하도록 하였다. 일본의 와다 기요시(和田清, 1890-1963)는 「중국 관제 발달사에서의 특색」이라는 글【원주59】에서 이러한 상황에 대해 요점을 찌르는 진술을 하고 있다. 아래에 번역하여 소개한다.

"가장 최근의 서구화된 시기를 제외하고 종래의 중국제도 발달과정에는 몇 가지 뚜렷한 특징이 있다. 첫째로 들어야 할 점은, 중국 관제의 파문형(波紋型)적 순환 발생이라고도 말할 수 있을 것이다. 천자와 사적으로 가까운 지위가 낮은 신하들이 점차 권력을 얻어 표층(表層)에 있는 대관(大官)들을 압도한다. 그로부터 오래지 않아 이들이 대관의 자리를 대신 차지할 즈음이면 그 안에서 다시 사적(私的)인 실권자가 출현하고, 이 새로운 실권자들이 발전하여 표층의 대관이 되고, 이러한 상황이 끊임없이 반복된다는 것이다. 예를 들어 진·한 시대에는 재상이 정무 전반을 총람하였는데 이들을 승상(丞相)이라고도 하고 상국(相國)이라고도 하였다. … 그러나 그 가운데 상서(尙書), 중서(中書)와 같은 관직이 출현하여 점차 재상의 권력을 찬탈하게 된다. 상서는 … 처음에는 전중(殿中)에서 문서 수발(收發)을 주관하는 하급 관리에 불과했으나, 천자의 비서(秘書)를 담당하면서【원주60】 점차 권력이 가중되었다. … 상서의 권력이 점차 증가함에 따라 상서령, 상서복야, 상서 등의 직위체계도 갖추게 되고 상서성(尙書省)이라는 독립적인 관서를 이루게 된다. 상서령과 상서복야는 천하의 재상이었고 상서성은 과거의 승상부를 대체하였다."

"중서(中書)는 중관(中官, 환관) 신분의 상서(尙書)를 뜻한다. 이는 무제가 후정에서 연회를 열고 즐기기를 좋아하여 환관을 상서에 임명해 업무를 담당하도록 한 데서 유래한다. … 환관 출신이 세운 조위(曹魏) 정권에 이르면 중서의 장관인 중서감(中書監) 또는 중서령(中書令)이 재상의 실권을 장악하게 된다. 문하성(門下省)의 장관인 시중(侍中)은 본래는 천자의 주변에서 시봉하는 시자(侍者)였다. 그러나 상서·중서가 점차 표층의 지위를 차지함에 따라 시중은 그들 대신 기밀을 담당하는 자리에 있으면서 점차 실권을 장악하였으며, 원래 궁중의 황문(黃門) 아래의 장소에 머물렀던 데서 이름을 본떠 문하성(門下省)이란 이름을 갖기 시작하였다. 북위 때의 황문시중(黃門侍中)은 소재상(小宰相)으로 불렸다. 남북조 시대부터 상서, 중서, 문하를 함께 삼성(三省)으로 칭하였고, 수·당 시대까지 표층의 정부가 되었다."

"그중에서 중서는 조명(詔命)을 받들어 공포하고, 문하는 이를 논박하며, 상서는 확정된 조명(詔命)을 천하에 시행하였으므로 상서성은 가장 표층에 있는 관서였다. 그러나 그것은 형식일 뿐 실질적인 권한은 없었다. 실질적인 권한은 점점 내면의 중서와 문하로 옮겨 갔다. 상서성을 남성(南省)이라 하여 궁 밖에 있었던 반면, 궁 안에는 중서와 문하만 있었으며 정사당(政事堂)

을 조직하여 대사를 의론하고 결정하였다. 중서와 문하가 점차 표층으로 떠오를 즈음 그들 역시 실권을 상실하기 시작하는데, 천자는 다시 자신의 심복을 직접 선택하여 '동중서문하삼품(同中書門下三品)'[628] 또는 '동중서문하평장사(同中書門下平章事)'라는 관함을 더해 주고 정사에 참여토록 하였다. '동중서문하'라 운운함은 이름 그대로 중서·문하의 일시적인 대리에 불과하지만 천자의 신임으로 인해 실권은 점차 그들의 손으로 옮겨갔다. … 동중서문하평장사도 점차 표층이 되면서 당나라 말에는 다시 천자의 고문(顧問)인 한림학사원(翰林學士院)이 그를 대신하게 되는데 이를 내상(內相)이라 불렀다.[629] 또한 환관들로 구성된 추밀사(樞密使)도 점차 힘을 얻고 있는 것 같았다. 그러나 이후로는 병권(兵權)을 주관하는 무관으로 바뀌었다."

"송(宋) 태조(太祖)는 권신을 억누르고 천자 독재의 기강(紀綱)을 펼쳤으나, 얼마 되지 않아 중서성과 추밀원이 중시되면서 이부(二府)라 불렸으며, 동평장사(同平章事)와 함께 재상의 실권을 장악하였다. 원(元)의 행정부도 중서성이었고 그 장관을 승상이라 하였다. 명(明) 태조(太祖)는 홍무(洪武) 13년(1380)에 중서성을 폐지하고, 재상을 없앴으며, 6부 상서를 천자에 직속시켰

---

628 동중서문하삼품(同中書門下三品): 당나라 초에 황제의 명으로 조정기밀에 참여하는 자가 본관(本官)의 품계가 낮을 경우 '동중서문하삼품(同中書門下三品)' 또는 '동중서문하평장사(同中書門下平章事)'라는 직함을 더해 주고 중서문하에서 정사를 처리하도록 하였다. '동삼품(同三品)'이란 중서문하의 정3품관인 중서령·시중과 동등한 권한과 대우를 가진다는 의미이다. '동중서문하평장사'란 중서문하에서 정사를 처리[平章]하는 3품의 재상과 동등한 권한과 대우를 가진다는 뜻으로, 주로 4품 이하 직사관에게 주어졌다. 원래 재상이던 삼성(三省)의 장관 중 상서복야(尙書僕射)의 재상권은 정관(貞觀) 연간 말부터 약화되기 시작하여 현종 때 완전히 배제되었고, 중서령과 시중도 안사(安史)의 난 이후 점차 허함(虛銜)으로 변하면서 당대 후기에 가면 '동중서문하평장사'만이 실질적인 재상의 권한을 갖게 된다.

629 이를테면 육지(陸贄, 754-805)는 덕종(德宗) 때 한림학사로서 덕종의 두터운 신임을 받아 내상(內相)이라 불리기도 하였다. 『新唐書』 권157 「陸贄列傳」, "始, 贄入翰林, 年尙少, 以材幸, 天子常以輩行呼而不名. 在奉天, 朝夕進見, 然小心精潔, 未嘗有過, 由是帝親倚之, 至解衣衣之, 同類莫敢望. 雖外有宰相主大議, 而贄常居中參裁可否, 時號內相."

다. … 얼마 후 그의 자손대에 이르면 내정(內廷)에서 황제의 고문(顧問)을 담당하던 관원이 재상의 실권을 장악하게 된다. 6부의 상서는 관위가 정2품이었고 내각대학사(內閣大學士)는 정5품의 미관(微官)에 불과했지만, 그러나 천자의 고문에 응대하는 자리에 있었으므로 점차 실권을 늘려 나중에는 마침내 대학사로서 재상의 직임을 맡게 되었다. 청(淸)의 내각제도는 전적으로 여기서 나온 것이다. 그러나 그 후 내각도 표층에 이르게 되면서 내정(內廷)과의 관계가 소원해졌고, 그래서 내각 중에서 특별히 신임하는 사람을 선발하여 군기처대신(軍機處大臣)으로 삼고 융종문(隆宗門) 안에 위치한 군기처에서 대사를 결정하게 하였다. … 이것이 중앙의 현관(顯官)들이 대체로 지위가 낮은 내부의 관리들에 의해 대체된 역사이다."

요컨대, 관제에서 재상의 지위가 객관적인 성질을 띠게 되면 전제자는 그가 자신과 너무 멀리 떨어져 있어 신뢰할 수 없다고 느끼고 반드시 가까이 있는 지위가 낮은 신하로 하여금 실권을 취하게 한다. 이것은 한 무제와 광무제가 일인전제의 요구에 따라 열어 놓은 길이며 그후 오랜 세월이 지나도록 바뀌지 않았다. 그러나 전한은 외척의 손에 망했고 후한은 환관의 손에 망했으니, 이는 바로 일인전제 자신이 만들어 낸 극복 불가능한 모순이다.

11. 광무제의 지방 군제(軍制) 파괴와
그 심각한 결과

　진(秦)나라는 열국을 병탄하면서 봉건을 폐지하고 군현을 두었는데, 군현의 정치조직은 여전히 전국시대 독립 왕국의 영향을 다소 받고 있었다. 군수와 현령에게 부여된 직권은 상당히 강력하였고, 정치적인 기능도 상당히 완비되고 합리적이어서 지방정치의 효력을 발휘하기가 쉬웠다. 한(漢)의 무제는 6백 석의 자사(刺史)로 하여금 2천 석의 군태수를 감찰하게 했는데, 그 제도의 장점을 칭찬하는 사람도 있지만, 자사를 설치한 기본적인 의도는 역시 측근의 미신(微臣)을 시켜 공경들을 힐난하게 했던 의도와 동일하며 제도적으로 여전히 지방관제의 객관성을 파괴하는 측면이 있지만 여기서는 일단 깊이 토론하지 않겠다. 여기서 특별히 제안하고자 하는 것은 광무제의 사적인 시기심과 각박함이 향후 민족 발전에 미치게 될 지방 관제의 막대한 영향력을 약화시켰다는 점이다.

　『후한서』 권1하 「광무제기(光武帝紀)」 1하에서는 "이해(건무 6년, 30)에 처음으로 군(郡)·국(國)의 도위(都尉)를 없앴다"라고 하였고,[630] 또

---

630 『後漢書』 권1下 「光武帝紀」下, "是歲初罷郡國都尉."

건무 7년 "3월 정유(丁酉)일에 조서를 내리기를 '지금 나라에는 많은 군대가 있으며 그 대부분이 정예군이다. 마땅히 경거(輕車)·기사(騎士)·재관(材官)·누선사(樓船士) 및 군중에서 임시로 두었던 이(吏)·영(令)을 파하여 향리의 민(民)으로 돌려보내야 할 것이다'라고 하였다."[631] 이에 대해 응소(應劭)[632]는 "큰 도적들이 있을 때마다 군(郡)에서 임시로 도위를 설치하였다. 일이 끝나면 이를 파하였다"[633]라고 보충 설명하고 있다. 살펴보건대 『한서』 권19상 「백관공경표」에서는 "군위(郡尉)는 진(秦)의 관직으로, 군 태수를 보좌하여 무직(武職)과 갑졸을 관장하는 일을 맡았고, 질은 비(比) 2천 석이다. 그 아래 승(丞)을 두었고, 질은 모두【왕선겸(王先謙)에 의하면 '皆' 자는 연문(衍文)이다】6백 석이다. 경제 중원(中元) 2년(B.C.148)에 도위(都尉)로 이름을 바꾸었다"[634]라고 되어 있다. 도위의 설치는 한나라 병제(兵制)와 밀접한 관련이 있다. 위굉(衛宏)[635]의 『한구의(漢舊儀)』 권하에서는 다음과 같이

---

631 『後漢書』 권1下 「光武帝紀」下, "三月丁酉, 詔曰: 今國有衆軍, 並多精勇, 宜且罷輕車·騎士·材官·樓船士及軍假吏·令還復民伍." 이현 주, "漢官儀曰, '高祖命天下郡國選能引關蹶張, 材力武猛者, 以爲輕車·騎士·材官·樓船, 常以立秋後講肄課試, 各有員數. 平地用車騎, 山阻用材官, 水泉用樓船.' 軍假吏謂軍中權置吏也. 今悉罷之."

632 응소(應劭, ?-204): 후한 여남(汝南) 남돈(南頓, 하남 項城) 사람. 자는 중원(仲遠) 또는 중원(仲援)이다. 영제 때 효렴으로 천거되고 영릉령(營陵令)과 태산태수(泰山太守) 등을 지냈다. 저서에 『한서집해(漢書集解)』, 『한조박의(漢朝駁議)』, 『율략론(律略論)』, 『한관의(漢官儀)』, 『풍속통의(風俗通義)』 등이 있으나 대부분 산일되고, 『풍속통의』 일부만이 전한다.

633 『後漢書』 志28 「百官志」5, 劉昭注, "應劭曰, 每有劇賊, 郡臨時置都尉, 事迄罷之."

634 『漢書』 권19上 「百官表」上, "郡尉, 秦官, 掌佐守典武職甲卒, 秩比二千石. 有丞, 秩皆(王先謙曰, 皆字衍)六百石. 景帝中二年更名都尉." 한편 『史記』 권6 「秦始皇本紀」에는 "分天下以爲三十六郡, 郡置守·尉·監"이라 되어 있다.

635 위굉(衛宏, ?-?): 후한 동해(東海, 산동 郯城) 사람. 자는 경중(敬仲)이다. 광무제 때 의랑(議

말한다. "민(民)은 23세에 정(正, 正卒)이 되고, 1년이 지나면 위사(衛士)가 되고, 다시 1년이 지나면 재관(材官)·기사(騎士)[636]가 되는데, 활쏘기와 수레몰기, 말 타고 질주하기, 전투에서의 진법(陳法)을 익힌다. 8월이 되면 태수, 도위, 현령, 현장(縣長), 승(丞), 위(尉) 등이 모인 가운데 모두 실력을 시험하여 평가한다. 물이 많은 지역에서는 누선(樓船)을 만들고 활쏘기와 배를 조종하는 법도 익힌다."[637] 또 말하기를 "나이 56세가 되면 노쇠하여 병역을 면제하고 서민(庶民)이 되어 향리로 돌아갈 수 있다. 민(民) 중에서 현령이 주관하는 선발시험에 응한 자를 정장(亭長)으로 삼는다."[638] "정장(亭長)은 활쏘기를 시험하고, 유요(游徼)[639]는 순찰을 돌며, 현위(縣尉)와 유요와 정장은 모두 5가지 병기 사용법을 연습시키고 구비해 둔다. 5가지 병기는 궁노(弓弩), 창, 방패, 칼, 투구와 갑옷이다."[640] "고무리(鼓武吏) 또한 적책(赤幘)에 대관(大冠)을

郞)을 지냈다. 사만경(謝曼卿)에게『모시』를 전수받아「시서(詩序)」를 지었다는 설도 있다. 두림(杜林)에게『고문상서』를 배워『고문상서훈지(古文尙書訓旨)』를 저술하였고, 그 밖의 저서로『고문관서(古文官書)』,『한구의(漢舊儀)』,『보유(補遺)』등이 있으나 산일되었다.

636 재관(材官): 재관은 재력(材力)이 있는 자를 말한다.『漢書』권1「高帝紀」, "應劭曰, 材官, 有材力者.";권49「晁錯傳」, "平地通道, 則以輕車材官制之."

637 『漢舊儀』권下, "民年二十三爲正, 一歲而以爲衛士, 一歲爲材官騎士, 習射御騎馳戰陣. 八月, 太守·都尉·令長相丞尉, 會都試課殿最. 水處爲樓船, 亦習戰射行船." 그 밖에 비슷한 내용이 『漢書』권1「高帝紀」, "如淳曰, 漢儀注云民年二十三爲正, 一歲爲衛士, 一歲爲材官騎士, 習射御騎馳戰陣"에 보인다.

638 『漢舊儀』권下, "年五十六, 老衰, 乃得免爲庶民, 就田里, 民應令選爲亭長."

639 유요(遊徼): 진한 시기 향관(鄕官)의 명칭으로 순찰을 돌며 도적을 방지하는 일을 맡았다. 진 (秦)에서 처음 두었고 남북조 시대까지 답습되다가 뒤에 폐지되었다.『漢書』권19上「百官公卿表」上, "十亭一鄕, 鄕有三老, 有秩·嗇夫, 遊徼 … 遊徼徼循禁賊盜."

640 『漢舊儀』권下, "亭長課射遊徼, 徼循尉(按此語之意, 似爲遊徼順承縣尉). 遊徼亭長皆習設備五兵. 五兵, 弓弩·戟·盾·刀劍·甲鎧." 청 손성연(孫星衍) 등이 편집(編輯)한『한관육종

쓰고, 정강이에 행등(行縢)[641]을 하고, 대검을 허리에 차고 작은 칼을 차고 다니며, 방패를 지니고 갑옷을 입는다. 모극(矛戟)을 설치하고 활쏘기를 익힌다."[642]【원주61】 위 자료들로 볼 때 평민 남자는 23세에 정졸(正卒)이 되는데, 비록 돈으로 사람을 고용하여 병역을 대신하게 하거나 병역을 이행하지 않을 때 관부에 돈을 납입하는 경우도 있지만【원주62】 대체로 의무병역제도가 시행되었다고 할 수 있다. 평시에 1군(郡)의 감독, 훈련, 군대파견의 책임을 지는 자는 군도위(郡都尉)이다. 군도위 아래로는 현위(縣尉), 향관(鄕官)이 있었다. 사회 전반에 걸쳐 지방무장 조직으로서의 성격이 농후하다고 볼 수 있다. 광무제는 민간에서 군사를 일으켰기 때문에 내심 이러한 기층사회의 무장을 두려워하였고, 그래서 건무 6년 도위를 폐지하게 되는데 이로 인해 군비의 육성이 문란해졌으며, 건무 7년에 다시 경거·기사·재관·누선사를 폐지함으로써 민간의 무장조직은 가일층 와해되었다. 그의 조서에서 "지금 나라에는 많은 군대가 있으며 그 대부분이 정예군이다"라고 한 것은 더 이상 민간에서 병역을 징발하지 않겠다는 의미이며, 이는 결국 민간에서 무장조직을 유지할 필요가 없다는 의미이기도 하다. 그러나 『후한서』 권31 「두시열전(杜詩列傳)」[643]에는 다음과 같은 내용이 있다. "처음에

(漢官六種)』에 수록된 『한구의』에는 "亭長課射, 遊徼徼循, 尉·遊徼·亭長皆習設備五兵"이라 되어 있다. 본 번역은 이에 따랐다.

641 행등(行縢): 바지나 고의를 입을 때 바지를 가지런하게 하기 위해 정강이에 감아 무릎 아래에 매는 물건. 행전(行纏)이라고도 한다.

642 『漢舊儀』 권下, "鼓武吏, 赤幘大冠, 行縢帶劍佩刀持盾被甲, 設矛戟習射."

643 두시(杜詩, ?-38): 후한 하내(河內) 급현(汲縣, 하남 衛輝市) 사람으로 자는 군공(君公). 광무제 때 시어사(侍御史)가 되고, 건무 7년(31) 남양(南陽)태수로 있을 때 수배(水排, 수력 풀무)

는 법령이 비교적 간단하여 단지 새서(璽書, 옥새를 찍은 황제의 문서)만으로 군대를 출동하였고 호부(虎符)로써 신표를 삼는 제도를 두지 않았다.[644] 두시가 상소하여 말하기를 '… 이전의 제도에서는 군대를 동원할 때 모두 호부를 사용했고, 그 밖의 동원에는 단지 죽사부(竹使符)만을 사용했습니다. 부신(符信)을 맞추어 보아 서로 부합하면 사자가 가져온 칙서를 믿고 이행하였습니다. … 근자에는 군대를 동원할 때 단지 새서(璽書)를 보내기만 하거나 조서(詔書)로써 명하기도 합니다. 만약 간사한 자들이 새서나 조서를 위조한다 해도 이를 알아낼 방법이 없습니다. 신의 어리석은 생각으로는, 군대가 여전히 작전 중에 있고 도적들이 아직 다 소멸되지 않았으니 군국(郡國)에서 군대를 징발하는 일은 매우 신중을 기해야 한다고 봅니다. 호부(虎符)제도를 두어 간사한 짓을 못 하게 단서를 끊어 버리심이 옳은 줄 압니다.' … 상소를 올리자 황제는 그의 견해를 따랐다."[645] 살펴보건대 두시는 건무 7년에

를 발명하여 농구를 주조하고 피지(陂池)를 수리하여 경지를 개간함으로써 그 지역을 풍요롭게 만들었다. 남양 사람들이 그의 선정(善政)을 칭송하기를 "전에는 소신신(召信臣) 아버지가 계시더니, 뒤에는 두시 어머니가 있네[前有召父, 後有杜母]"라고 하였다. 소신신은 전한 선제 때의 남양태수이다.

644 부(符): 중앙에서 하달하는 공문서의 진위 여부를 확인하는 신표의 일종. 한 문제 초기 군(郡) 태수에게는 죽사부(竹使符)와 함께 군대를 동원할 때 사용하는 동호부(銅虎符)를 내렸는데, 부(符)를 반으로 나누어 오른쪽은 경사(京師)에 두고 왼쪽을 태수에게 주었으며 모두 부(符)가 합치되는 것으로 신표를 삼았다. 후한에서는 태수나 도위(都尉)를 처음 제수할 때 새서(璽書)를 내렸고, 군사를 동원할 때도 새서를 내리거나 조서(詔書)를 내렸는데 허위로 도장을 위조하여도 알아낼 방법이 없었다. 순제(順帝) 때 이르러 다시 동호부와 죽사부를 발급하도록 하였다.

645 『後漢書』 권31 「杜詩列傳」, "初禁網尚簡, 但以璽書發兵, 未有虎符之信. 詩(杜詩)上疏曰 … 舊制發兵皆以虎符. 其餘徵調, 竹使而已. 符策合會, 取爲大信. … 間者發兵, 但用璽書, 或以 詔. 如有奸人作爲, 無由知覺. 愚以爲軍旅尙興, 賊虜未殄, 徵兵郡國, 宜有重愼. 可立虎符以絶

남양태수(南陽太守)가 되었고 건무 14년에 병으로 죽었다. 이 상주문은 그가 건무 8년에 공덕 있는 신하에게 관직을 양보하기를 청하는 상소문을 올린 일 이후를 서술하고 있기 때문에, 시점을 따져 보면 본 상주문은 건무 8년 이후 14년 이전에 올린 것이다. 광무제가 조서를 내려 경거·재관 등을 없애도록 한 건무 7년은 아직 군현에 대한 군사 징발이 정지되지 않은 때였다. 그렇다면 건무 7년에 도위를 폐지하고 경거·재관 등을 폐지하도록 한 이유는 바로 인민들의 무장력을 경계하는 심리로부터 나왔다는 것이 분명해진다. 그 이후로는 상당수의 초모(招募)에 의한 모병과 감형된 죄수들로 군대를 편성하였다. 예를 들면 「마원열전(馬援列傳)」[646]에서 건무 24년 무릉(武陵)의 오계(五溪)에 거주하는 만이(蠻夷)가 반란을 일으키자 마원이 12군(郡)에서 초모한 군사와 감형죄수 4만여 명을 거느리고 그들을 공격했던 일이 바로 그것이다.[647] 그러나 징발 제도는 여전히 남아 있었으니, 『후한서』 권5 「효안제기(孝安帝紀)」에서 영초(永初) 5년(111) 【윤 3월】 무술(戊戌)일에

妍端 … 書奏, 從之."

646 마원(馬援, B.C.14-49): 후한 우부풍(右扶風) 무릉(茂陵, 섬서 興平縣) 사람으로 자는 문연(文淵)이다. 처음에 군독우(郡督郵)가 되었다가 녹림(綠林)과 적미(赤眉)의 반란 때 왕망에 불려 신성대윤(新城大尹)과 한중랑태수(漢中郎太守)를 지냈고, 왕망 패망 후 양주(涼州)로 도망했다가 이후 광무제에게 귀순하여 태중대부(太中大夫), 농서태수(隴西太守)를 역임했다. 건무 17년(41) 복파장군(伏波將軍)에 임명되어 교지(交阯, 북베트남)에서 봉기한 징칙(徵側)·징이(徵貳) 자매의 반란을 토벌하고 신식후(新息侯)에 봉해졌다. 남방의 무릉만(武陵蠻) 토벌을 위해 출정했으나 열병환자 속출로 고전하다가 진중에서 병사하였다.

647 『後漢書』 권24 「馬援列傳」, "二十四年, 武威將軍劉尙擊武陵五溪蠻夷, 深入, 軍没. 援因復請行, 時年六十二, 帝愍其老, 未許之. 援自請曰, … 遂遣援率中郎將馬武·耿舒·劉匡·孫永等, 將十二郡募士及弛刑四萬餘人征五溪." 이현 주에, "酈元注水經云, 武陵有五溪, 謂雄溪·樠溪·西溪·潕溪·辰溪, 悉是蠻夷所居, 故謂五溪蠻. 皆槃瓠之子孫也"라 되어 있다.

조서를 내리기를 … 도적들이 횡행하고 이적(夷狄)들이 중국을 어지럽혀 전쟁이 그치지 않으니 백성들은 궁핍하고 징발에 지쳐 있다"648라고 한 것이 그 분명한 증거이다. 그러나 평시에는 전투를 가르치는 관리가 없고, 전시에는 장수로 기용할 만한 인재가 없었다. 그리하여 같은「본기」에서는 영초 5년 "7월 기사(己巳)일에 삼공, 특진, 구경, 교위에게 조서를 내려 장군들의 자손 중에 전투와 진법에 정통하여 장수를 맡길 만한 자를 천거하게 하였다"라 하였고, 건광(建光) 원년(121) 11월 계묘(癸卯)일에 또 조서를 내리기를 "전술을 알고 용맹하여 장수를 감당할 만한 자 5인을 각각 천거하게 하였다"649라고 하였다. 권6「순제기(順帝紀)」에는 영화(永和) 3년(138) "9월 병술(丙戌)일에 대장군과 삼공에게 각각 이전에 자사와 이천석을 역임한 자와 현임 영(令)·장(長)·낭(郎)·알자(謁者)·사부(四府)의 속관 가운데 강직하고 용맹하며 지략을 구비하여 장수를 맡길 만한 자를 각각 2인씩 천거하게 하고, 특진과 경과 교위에게는 각각 1인을 천거하도록 하였다."650 한안(漢安) 원년(142) "11월 계묘(癸卯)일에 대장군과 삼공에게 조서를 내려 전술을 알고 용맹한 자로서 시험 삼아 써 보고 실력이 증명되어 장(將)·교(校)로 임명할 자를 각각 1인씩 선발하도록 하였다"651 등이 바

---

648 『後漢書』 권5「孝安帝紀」, "戊戌(閏三月)詔曰 … 寇賊縱橫, 夷狄猾夏, 戎事不息, 百姓匱乏, 疲於發徵."

649 『後漢書』 권5「孝安帝紀」, "七月己巳, 詔三公·特進·九卿·校尉, 舉列將子孫, 明曉戰陳, 任將帥者." "癸卯, 詔三公·特進·侯·卿·校尉舉武猛堪將帥者各五人."

650 『後漢書』 권6「孝順帝紀」, "九月丙戌, 令大將軍·三公各舉故刺史·二千石及見令·長·郎·謁者·四府掾屬, 剛毅武猛, 有謀謨任將帥者各二人, 特進·卿·校尉各一人."

651 『後漢書』 권6「孝順帝紀」, "十一月癸卯, 詔大將軍·三公選武猛試用有效驗, 任爲將校者各

로 그 명백한 증거들이다. 전쟁이 일어났을 때 평소 훈련받지 못한 백성들을 징발하여 전장에 보내는 것은 바로 공자의 이른바 "백성들을 가르치지 않고 전장에 내보내는 것을 백성들을 버린다고 한다"[652]라는 말과 같다. 따라서 응소는 『한관의』권상에서 다음과 같이 말하고 있다.

대개 하늘이 오재(五材)를 내니 백성들이 모두 다 사용한다. 이 중에 하나만 없어도 안 되는데 누가 병기[金]를 없앨 수 있겠는가? 병기가 두어진 지는 오래되었다.[653] … 군국(郡國)에서 재관(材官)과 기사(騎士)를 폐지한 후로 관부에는 경비(警備)가 사라졌으니 이는 실로 도적질하려는 마음을 열어 준 셈이다. (그전에는) 어느 한 곳이 어려움에 처하면 사방에서 이를 구하러 온다. 천둥이 울리듯 박차고 일어나 출동하여, 벼락이 치듯 자욱한 연기 날리며 신속하게 모든 상황을 분명하게 정리해 버린다. (후한의) 백성들은 한가하게 날을 보낼 뿐, 평소 이들에게 활쏘기와 말타기를 가르쳐 유사시에 대비하려는 생각은 하지 못한다. 하루아침에 백성들을 몰아서 강적에게 나아가게 하는 것은, 마치 비둘기와 까치가 매와 솔개를 포획하고, 돼지와 양이 승냥이와 호랑이를 사냥하는 것과도 같다. 이 때문에 전쟁을 할 때마다 항상 패배하여 천자의 군대가 위엄을 떨치지 못하는 것이다. 장각(張角)[654]이 요

一人."

652 『論語』「子路」, "子曰, 以不敎民戰, 是謂棄之."

653 이 구절은 『左傳』「襄公 27년(B.C.546)」에 나온다. "天生五材, 民竝用之, 廢一不可, 誰能去兵, 兵之設久矣." 두예 주에 "五材, 金·木·水·火·土也"라고 하였다.

654 장각(張角, ?-184): 후한 말기 거록(鉅鹿, 하북 平郷縣) 사람. 후한 말 어지러운 사회를 틈타 부적이나 부수(符水)로 병을 고친다며 민심을 모아 태평도(太平道)를 일으켰다. 10여 년 동안 규합한 신도가 수십만에 이르렀으며, 이들을 조직화하여 영제(靈帝) 중평(中平) 원년(184) 한 왕조 타도를 목표로 거병하였다. 머리에 황색 두건을 착용하여 황건(黃巾)의 난으로도 불렸다.

사스런 속임수를 쓰자 사방이 동요하고, 8주가 한꺼번에 일어나니 그 불꽃과 연기가 하늘을 붉게 물들였다. 지방관들은 목이 베여 효수되고 몸이 찢겨 죽임을 당하니 피가 흘러 냇물을 이루었다. 이에 멀리 동·서·북의 변방으로부터 이민족 병사들을 징발했지만 우리와 같은 족속이 아닌지라 잔인하고 흉악하기가 거침이 없고, 대개 선량한 사람들에게 횡포를 부리면서 이를 자신들의 공적으로 여긴다. 재화(財貨)는 분토가 되고, 저 가련한 백성들이 향리를 떠나 유랑하는 재앙이 여기서 나왔음을 알겠다. 백성에게 전투하는 법을 가르치지 않는 것은 그들을 버리는 것이다. 그 재화(災禍)와 실패의 자취를 상고해 보면 이것이 어찌 헛된 말이겠는가.[655]

광무제는 백성들이 반란을 일으키는 것을 방지하기 위해 사회적 무장을 폐기하였다. 그러나 인민들은 살아갈 수 없을 때에도 여전히 반란을 일으킨다. 마침내 이민족을 끌어들여 동포를 해치고 죽이는 것도 마다하지 않았으니, 응소의 위의 말은 통렬한 지적이라 할 수 있다. 진원수(陳元粹)[656]는 송(宋)의 전문자(錢文子)[657]가 찬술한 『보한병지(補漢

---

655 『漢官儀』권上, "蓋天生五材, 民並用之, 廢一不可, 誰能去兵. 兵之設尙矣 … 自郡國罷材官騎士之後, 官無警備, 實啓寇心. 一方有難, 三面敎之. 興發雷震, 煙蒸電激, 一切取辨. 黔首囂然, 不及講其射御, 用其戒誓. 一旦驅之以卽強敵, 猶鳩鵲捕鷹鸇, 豚羊弋豺虎. 是以每戰常負, 王旅不振. 張角懷挾妖僞, 遐爾搖蕩, 八州幷發, 煙炎絳天. 牧守梟裂, 流血成川. 爾乃遠徵三邊殊俗之兵, 非我族類, 忿鷙縱橫, 多僵良善, 以爲己功. 財貨糞土, 哀夫民氓, 遷流之咎, 見出在茲. 不敎民戰, 是爲棄之. 跡其禍敗, 豈虛也哉."

656 진원수(陳元粹, ?-?): 남송 광종(光宗) 소희(紹熙) 연간(1190-1194) 때 진사(進士), 이종(理宗) 보경(寶慶) 연간(1225-1227) 때 통판(通判)을 지냈다. 전문자(錢文子)의 『보한병지(補漢兵志)』에 주를 달고 서문을 썼다.

657 전문자(錢文子, 1148-1220): 남송 낙청(樂清, 절강) 사람. 이름은 굉(宏), 자는 문계(文季), 호는 백석산인(白石山人)이다. 효종 때인 1187년 태학에 들어가 상사생(上舍生)이 되었고, 1192년 진사가 되어 문림랑(文林郎)에 임명되고 이부원외랑(吏部員外郎), 종정소경(宗正少卿) 등을 역임하였다. 저서에 『보한병지(補漢兵志)』, 『한당사요(漢唐事要)』, 『한당제도(漢

兵志)』에 대한 서문에서 다음과 같이 말하였다. "전문자는 송대에 경사(京師)에 모여 있는 병력이 한 세대가 지나면 노약자들은 정리하기가 어렵고 허위로 병적에 오른 자들은 번복하기가 어렵다는 것을 알고 있었다. 편안히 놀며 하는 일이 없으면 교만해지고, 교만하면 전쟁에 쓰기가 어렵다. 오래 모여 있어 법이 해이해지면 사나워지고, 사나워지면 통제하기가 어렵다. … 전쟁터에 나가 결전을 치르는 방법을 알지 못하면 겁을 내어 피하게 되고, 겁을 내어 피하게 되면 갑옷을 내팽개치고 무기를 질질 끌며 멀리 달아난다. … 아, 이것이 선생께서 한대의 유제(遺制)에 간절히 마음을 두신 이유로다!"[658] 그러나 한대 병제의 파괴는 사실 광무제로부터 시작되었고, 그 동기는 오로지 일인 일가 전제의 사(私)를 위한 것이었다.

후한 최대의 변경 문제는 강(羌)족에 있었다. 중엽 이후, 귀순한 강족 사람들을 삼보(三輔)[659] 지역으로 이주시킨 것은 의미 있는 일이었다. 그러나 한편으로는 이치(吏治)의 문란으로 강족 사람들에게 폐만 끼쳤을 뿐 정작 그들을 위무하는 효과는 없었다. 다른 한편으로는 강족 사람들에게는 자기 방어 능력이 있었지만 한나라 사람들은 그렇지 못했으므로 강족이 이르는 곳마다 한나라 사람들은 도피하여 유랑하

唐制度)」,『논어전찬(論語傳贊)』,『중용집전(中庸集傳)』,『맹자전찬(孟子傳贊)』등 8종 91권이 있다.

658 陳元粹,『補漢兵志』'序', "老弱者難汰, 虛籍者難鎧. 安坐無事則驕, 驕則難用. 久聚而法弛則悍, 悍則難制 … 不閑臨陣決戰之術則怯, 怯則棄甲曳兵而走 … 嗚呼, 此先生所以拳拳有意於漢家之遺制也."

659 삼보(三輔): 무제 때 장안을 중심으로 하는 행정구획. 장안을 포함하는 동부를 경조(京兆), 북부를 좌풍익(左馮翊), 서부를 우부풍(右扶風)으로 하고 이를 통틀어 삼보라 하였다.

는 경우가 많았다. 이로부터 우리는 오호(五胡)가 중국을 어지럽힌 근본 원인 중 하나는 바로 오호는 싸울 수 있었고 중국 백성들은 싸울 수 없었기 때문이라고 상상해 볼 수 있다. 재앙의 근원을 따져 보면 모두 광무제의 전제의 사(私)로부터 비롯되었다. 이러한 방향으로 발전하면서 역대 지방의 정치적 기능은 갈수록 약화되었다. 서리(胥吏)들은 지방정치의 기능을 악용하여 나쁜 짓을 저질렀고, 장령(長令)들은 지방정치의 기능상 양한의 능리(能吏)나 순리(循吏)들이 발휘할 수 있었던 효과를 발휘하기가 어려웠다. 그래서 송, 명, 청의 지방정치는 완전히 서리정치가 되었다. 지방이 허약한데 국가가 어찌 강해질 수 있겠는가. 일의 자초지종을 규명해 보면 이는 일인전제의 필연적 결과이다.

【원주1】 재상제도는 진(秦)에서 승상(丞相)과 상국(相國)으로 불렸다. 산동(山東, 함곡관 이동)의 여러 나라 위(魏)·조(趙)·연(燕)은 모두 승상이 있었고 진(秦)은 도무왕(悼 武王) 2년에 비로소 승상을 두었다.

【원주2】 『논어』 「양화(陽貨)」편.

【원주3】 『관자(管子)』의 이 편은 내가 보기에 『여씨춘추(呂氏春秋)』보다 먼저 출현하지는 않았을 것이다.

【원주4】 『사기』 「진시황본기」, 「이사열전」 참조.

【원주5】 『갑골문자집석(甲骨文字集釋)』2·2306 참조.

【원주6】 굴만리(屈萬里) 씨의 저서 『상서석의(尙書釋義)』부록3 188쪽에서는 이것을 진고문(眞古文) 『주관(周官)』의 문장이라고 하였다.

【원주7】 피석서(皮錫瑞)의 『정지소증(鄭志疏證)』4 참조.

【원주8】 『춘추공양전』 「은공(隱公) 2년」, "기나라의 자백이란 누구인가? 들어 보지 못했다[紀子伯者何, 無聞焉耳]"에 대한 주석 참조.

【원주9】 『인성론사 선진편(人性論史先秦篇)』부록에 수록된 졸저, 「노자의 인물과 저서의 재고찰[老子其人其書的再考査]」에 상세하다.

【원주10】 『사기』 「율서(律書)」, "수는 일에서 시작하고 십에서 끝나며 삼에서 이루어진다[數始于一, 終于十, 成于三]." 그러므로 옛사람들은 '삼(三)'을 가지고 사물의 양과 경중을 재는 것을 좋아하였다.

【원주11】 복건(服虔)의 『좌전주(左傳注)』에 "3은 천지인의 수[三者天地人之數]"라고 하였고, 이 설은 전국 초기에 성행하였다.660

【원주12】 『좌전』 「환공(桓公) 6년」, "송나라는 무공(武公) 때문에 사공(司空)이란 관명

을 폐기하였다[宋以武公廢司空]." 이에 대한 두예(杜預)의 주에서는 "무공의 이름이 사공(司空)이었기 때문에 사공이란 관명을 폐기하고 사성(司城)으로 고쳤다[武公名司空, 廢爲司城]"라고 하였다. 송나라의 사성(司城)은 곧 사공(司空)이다.

【원주13】『좌전』「양공(襄公) 9년」 및 「양공(襄公) 10년」 참조.

【원주14】현행 『예기(禮記)』 「왕제(王制)」편에 관해서는 청대 금문학자들이 다른 이설(異說)을 내놓았지만 절대 성립할 수 없는 설이다. 이에 대해서는 별도의 글에서 토론하겠다.

【원주15】살펴보건대 『한서』 「백관공경표(百官公卿表)」에서는 "원수(元狩) 4년(B.C.119) 처음으로 대사마(大司馬)를 설치하고 장군(將軍)의 칭호 앞에 덧붙였다[以冠將軍之號]"라고 하였는데, 이는 위청(衛靑)의 대장군, 그리고 곽거병(霍去病)의 표기장군 앞에 각각 '대사마'라는 직함을 추가했다는 말이다. 장군은 실제적인 책임과 권한을 가진 실직(實職)이지만 대사마는 명예직이다. 그러나 『대륙잡지』 제38권 제1기에 실린 정흠인(鄭欽仁)이 번역한 가마타 시게오[鎌田重雄]의 「한대의 상서[漢代的尙書]」라는 글에서는 "대사마는 원래 태위(太衛)의 관원으로, 무제 때 설치했으며, 장군호를 그 앞에 덧붙였다[冠以將軍號]"라고 번역되어 있다. 글자 하나가 뒤바뀌어 원래의 뜻과는 다른 뜻이 되어 버렸으니, 정군(鄭君)이 오역한 것은 아닌지 모르겠다. 대사마는 원래 태위의 관원이라 한 것도 잘못이다.

【원주16】『태평어람(太平御覽)』 권228 「직관부(職官部)」26 참조. 송 서천린(徐天麟)의 『서한회요(西漢會要)』 권31 「직관(職官)」에 인용된 것도 대략 같다.

【원주17】중화문화출판사업위원회가 출판한 『중국정치사상과 제도사논집[中國政治思

---

660 복건(服虔, 생몰 미상)은 후한 하남 형양(榮陽) 사람으로 자는 자신(子愼)이다. 효렴(孝廉)으로 천거되어 구강태수(九江太守)를 지냈다. 그가 저술한 『춘추좌씨전해(春秋左氏傳解)』는 동진(東晉) 때 학관에 세워지고 남북조 시대에 성행하였으나 당(唐)의 공영달(孔穎達)이 『춘추정의(春秋正義)』를 편찬할 때 『춘추좌씨전』은 두예(杜預) 주(注)만 채용하여 복건의 주석은 사라지고 말았다. 옥함산방집일서(玉函山房輯佚書)에 『춘추좌씨전해의(春秋左氏傳解誼)』와 『춘추좌씨고맹석아(春秋左氏膏盲釋痾)』 등의 저술이 수록되어 있으며, 황청경해속편(皇淸經解續編)에도 이이덕(李貽德)이 편찬한 『춘추좌전가복주집술(春秋左傳賈服注輯述)』이 들어 있다.

想與制度史論集』중 증번강(曾繁康)의 「중국역대관제(中國歷代官制)」 글의 15쪽 「3·9
경의 관[열경부(列卿附)]」에서는 집금오(執金吾)와 전속국(典屬國), 수형도위(水衡都
尉) 등을 열경으로 하고 있다.

【원주18】『오례통고(五禮通考)』 권217의 설.

【원주19】『속한지(續漢志)』 참조.

【원주20】『용재속필(容齋續筆)』 권10 '한초제장(漢初諸將)'조.

【원주21】만사동(萬斯同)의 『한장상대신연표(漢將相大臣年表)』를 참조할 것. 개명서점
　　　　(開明書店)에서 출판한 『이십오사보편(二十五史補編)』 제2책 수록.

【원주22】『사기』 권56 「진승상세가(陳丞相世家)」.

【원주23】『사기』 권96 「장승상열전(張丞相列傳)」.

【원주24】유방이 운몽(雲夢)으로 유람을 간다는 거짓말로 한신(韓信)을 속인 계책은 본
　　　　래 진평(陳平)에게서 나온 것이다. 『사기』 권56 「진승상세가(陳丞相世家)」에서는
　　　　"여수(呂嬃)는 진평이 지난날 고제에게 번쾌를 잡아들일 계책을 올렸던 일을 가지
　　　　고 (자주 여후에게 진평을 참소하여 말하기를)"661라고 하였다. 이로 미루어 보면 그의
　　　　계책은 대개 이런 식이었다. 그러므로 태사공은 "그의 기이한 계책들 중 어떤 것은
　　　　비밀에 부쳐졌기 때문에 세상 사람들은 이를 알 수가 없었다"662라고 하였고, 진평
　　　　스스로도 "나는 은밀한 계책을 많이 세웠는데 (이는 도가에서 금하는 바이다)"663라고
　　　　하였다.

【원주25】『용재속필(容齋續筆)』 권10 '조참불천사(曹參不薦士)'조 참조.

【원주26】모두 『사기』 권57 「강후주발세가(絳侯周勃世家)」에 나온다.

【원주27】조조(晁錯)를 죽이는 것으로는 7국의 반란을 막기에 부족하다는 것을 경제
　　　　(景帝)가 어찌 몰랐겠는가? 아마도 이 기회를 빌려 마음속으로 꺼리던 자를 제거하
　　　　려고 했던 것 같다. 『사기』 「조조열전(晁錯列傳)」을 자세히 읽어 보면 자연히 알 수
　　　　있다.

661 『史記』 권56 「陳丞相世家」, "呂嬃常以前陳平爲高帝謀執樊噲."

662 『史記』 권56 「陳丞相世家」, "奇計或頗祕, 世莫能聞也."

663 『史記』 권56 「陳丞相世家」, "陳平曰, 我多陰謀, 是道家之所禁."

【원주28】『사기』「흉노열전(匈奴列傳)」논찬에서 특히 이 점을 깊이 있게 지적하였다.

【원주29】『사기색은』에서는 이 말을 "사인(士人)들로 하여금 절개를 꺾고 자기에게 굽히도록 하였다"[664]라고 해석하였는데 이는 옳지 않다. 앞 문장에서 "게다가 제후왕 중에는 나이 많은 사람이 많았는데, 주상이 처음 즉위했을 때 그들은 모두 주상보다 나이가 많았다. 전분은 외척으로서 경사(京師)의 승상이 되었으므로 (만약 제후왕들을 철저히 제압하여 예로써 그들을 굴복시키지 않으면 천하 사람들이 두려워 복종하지 않을 것이라고 생각했다)"[665]라고 하였으니, 전분이 몸을 굽혀 예를 다하도록 굴복시켜야 할 대상은 제후왕이라는 것을 알 수 있다.

【원주30】모두『사기』권107「위기무안후열전(魏其武安侯列傳)」에 나온다.

【원주31】『사기』권107「위기무안후열전(魏其武安侯列傳)」.

【원주32】『사기』권112「평진후열전(平津侯列傳)」.

【원주33】『사기』권122「혹리열전(酷吏列傳)」.

【원주34】모두『사기』권103「만석장숙열전(萬石張叔列傳)」에 나온다.

【원주35】이상은『사기』권111「위장군표기열전(衛將軍驃騎列傳)」,『한서』권66「공손하전(公孫賀傳)」을 참조하였다.

【원주36】이상 모두『한서』권66「유굴리차천추전(劉屈氂車千秋傳)」참조.

【원주37】이 단락은『한서』권64「엄주오구주부서엄종왕가전(嚴朱吾丘主父徐嚴終王賈傳)」에서 자료를 취하였다. 다만 여기서 공손홍에 대한 주매신의 힐난은『사기』권112「평진후열전(平津侯列傳)」에서 자료를 취하였다.

【원주38】나는 이 글에서 '번진(藩鎭)'이라는 단어를 광의로 사용했는데, 무력을 정치적 자본으로 삼는 자는 모두 여기에 포함된다.

【원주39】『한서』권19「백관공경표(百官公卿表)」'어사대부(御史大夫)'조 참조.

【원주40】이 글에서 인용한『한구의(漢舊儀)』와『한관의(漢官儀)』는 모두 중화서국에서 간행한 사부비요(四部備要)에 수록된『한관육종손성연교본(漢官六種孫星衍校本)』

---

664 『史記索隱』권107「魏其武安侯列傳」, "欲令士折節屈下於已."

665 『史記』권107「魏其武安侯列傳」, "上初卽位, 富於春秋, 蚡以肺腑爲京師相."

을 사용하였다.

【원주41】『속한지(續漢志)』.

【원주42】송기(宋祁)에 근거하여 '中' 자 다음에 '尙' 자를 보충하였다.

【원주43】여기서의 '中' 자는 '內' 자로 해석된다. 그러므로 '中朝'는 '內朝'라고도 하며, '中臣'은 '內臣'이라고도 한다.

【원주44】중앙연구원,『역사어언연구소집간(歷史語言硏究所集刊)』제13책 참조.

【원주45】중화문화출판사업위원회에서 간행한『중국정치사상여제도사논집(中國政治思想與制度史論集)』참조.

【원주46】『한서』권19상「백관공경표(百官公卿表)」상 '시중좌우조(侍中左右曹)'조에 대해 왕선겸의『보주(補注)』에서는 전대흔(錢大昕)을 인용하여 "한 초에 이미 시중이 있었다"라고 하였다. 시중은 곧 중신(中臣) 또는 중관(中官)이다. 그러나 전(錢) 씨는 다른 가관(加官)의 관명은 무제 이후에 출현했다고 보았다. 사실 가산(賈山)의『지언(至言)』에서 이미 상시(常侍), 제리(諸吏)를 언급하고 있는 점으로 미루어 가관이 본관으로 사용된 것은 이르면 진·한대부터 있었다고 볼 수 있다. 다만 그 지위가 낮아서 기록되지 않은 경우도 있다.

【원주47】『역사어언연구소집간(歷史語言硏究所集刊)』제13책 230-231쪽.

【원주48】이상은 만사동(萬斯同)의『서한장상연표(西漢長相年表)』,『동한장상연표(東漢長相年表)』참조.

【원주49】살펴보건대 곽광의 이 말은 매우 절묘하다. 차천추(車千秋)에 대해 말하면 그는 원래 무제의 유조(遺詔)를 받지 않았는데도 곽광이 유조를 받았다고 말한 것은 그의 체면을 세워 주는 동시에 중요한 것은 유조를 끼고 자신의 지위를 강화하려는 속셈이 있었다고 볼 수 있다.

【원주50】모두『한서』권3「영행전(佞幸傳)」에 나온다.

【원주51】『자치통감(資治通鑑)』권31「효성황제(孝成皇帝)」상지하 참조.

【원주52】『자치통감』권35「효애황제(孝哀皇帝)」하.

【원주53】살펴보건대 전한 시대 사람들의 입론은 대체로 삼대(三代)를 이상화하는 반면 후한 사람들은 늘 전한을 이상화하는 것도 하나의 예이니 혼동해서는 안 된다.

【원주54】『자치통감』권30「효성황제(孝成皇帝)」상지상.

【원주55】『자치통감』권33「효성황제(孝成皇帝)」하.

【원주56】 광무제 건무 28년 10월 계유일, 조서를 내려 사죄수(死罪囚)로 감옥에 있는
자들을 모두 모아서 잠실(蠶室)로 내려보냈는데[즉 궁형(宮刑)을 행함], 이후 상례(常
例)가 되었다. 이러한 조치로 인해 환관의 수가 계속 증가한 것도 환관이 궁정 안에
거대한 세력을 형성할 수 있었던 하나의 원인이었을 것이다.

【원주57】『후한서』권44「서방열전(徐防列傳)」,『자치통감(資治通鑑)』권49「효안황제
(孝安皇帝)」상.

【원주58】 이에 대한 장회태자(章懷太子)의 주석에서는 "광무제는 후비 도당의 권위를
빌리지 않았으나 몇 세대가 지나 마침내 준행되지 않았다"[666]라고 하였다.

【원주59】 이 글은 와다 기요시[和田清]의 『동아사논수(東亞史論藪)』(生活社, 1942)에 수
록되어 있다.

【원주60】 실제로는 공문서의 수발(收發)을 담당한 인원에 불과하다.

【원주61】 살펴보건대 이상의 내용은 『속한지보주(續漢志補注)』에서 인용한 『한관의
(漢官儀)』에도 보이는데 약간 이동(異同)이 있다.

【원주62】『한서』「소제기(昭帝紀)」, 원봉(元鳳) 4년조에 대한 안사고의 주석에서는 다
음과 같은 여순(如淳)의 말을 인용하고 있다. "여순이 말하였다. … 가난한 자가 고
용 품삯[顧錢]을 얻고자 하면 다음 경(更)의 차례가 된 자가 돈을 내어 그를 고용하
는데, 한 달에 2천 전이다. 이것을 천경(踐更)이라 한다. 천하 사람은 모두 3일씩 변
새(邊塞)에서 수자리를 서는데 … 수자리를 가지 않는 자는 300전을 관에 납입하고
관에서 이것을 수자리하는 자에게 지급하는데, 이것을 과경(過更)이라 한다."[667]

---

666 『後漢書』권79「王充傳」, "光武不假后黨威權, 數代逾不遵行."

667 『漢書』권7「昭帝紀」, "如淳曰 … 貧者欲得顧更錢者, 次直者出錢顧之, 月二千, 是謂踐更也.
天下人皆直戍邊三日 … 諸不行者, 出錢三百入官, 官以給戍者, 是謂過更也."

서복관(徐復觀, 1903-1982)

서복관은 1903년 1월 31일 중국 호북성 희수현(浠水縣) 서가요(徐家坳) 마을 가난한 농촌에서 태어났다. 아버지에게 기초교육을 받았고, 무창 제일고등사범학교(1918-1923)와 국학관(1923-1926)에서 엄격한 국학 훈련을 받았다. 1928년 일본으로 건너가 경제학을 공부하고 사회주의 사상을 대량 흡수하였으며, 경제적 지원 부족으로 1929년 일본 사관학교 중국팀 23기에 입학하였다. 1931년 9·18사건으로 귀국하여 군직을 맡았다. 1937년 낭자관(娘子關) 전투와 1938년 무한(武漢) 보위전 실전에 참여하였다.

1943년 5월에서 10월 사이 군령부 소장(少將) 연락참모로 연안(延安)에 파견되어 그곳에서 모택동(毛澤東), 주은래(周恩來)와 여러 차례 개인적인 접촉을 가졌다. 중경(重慶)으로 돌아간 후, 「중공 최신 동태」 보고서로 장개석(蔣介石)에게 알려지면서 그의 막료로 발탁되어 점차 최고 의사결정에 참여하게 되었다. 1948년 3월 소작농이 소작료를 토지 매입비로 하여 토지를 취득할 수 있도록 하는 내용의 토지개혁 방안을 제출하였고 이 방안은 1953년 대만에서 시행되었다. 1951년 이념이 맞지 않아 국민당을 탈당하고 대학에 부임하면서 학문을 시작하였다. 그는 100여 년 동안 중국에서 유일하게 군사·정치의 실무 경험을 갖춘 유교학자였다.

서복관은 공자와 맹자 및 『논어』를 종지로 삼고 '수신(修身)'과 '치국(治國)'의 도는 반드시 보편적인 실천 가능성을 가져야 한다고 믿었다. 그러므로 20세기 이래 중국의 학자들이 다투어 서양을 모방하고 사변(思辨)적 방법으로 중국 전통사상을 '철학화(哲學化)'하는 데만 전념해 온 학문적 성과는 '관념의 유희'일 뿐 공자·맹자의 도와는 아무 관련이 없다고 보았다. 서복관은 이렇게 말한다. "공자의 가르침에 의해 개척된 세계는 현실 생활 속의 '정상인(正常人)'의 세계이다. 사람과 사람이 들어가야 하고, 들어갈 수 있는 평안한 세계이다. 사람이 플라톤의 이상형 세계에 들어갈 수 있겠는가? 헤겔의 절대정신의 세계로 들어갈 수 있겠는가?" 서복관의 연구는 사상사를 중심으로 예술과 문학도 함께 다루고 있다. 그는 선진(先秦) 사상이 전제(專制) 통치를 거치면서 왜곡되었다고 보았다. 그래서 그는 이렇게 말한다. "나는 중국 문화가 원래 가지고 있는 민주 정신을 다시 활짝 터놓아 흐르게 하고 싶다. 이것은 '옛 성인을 위하여 끊어진 학문을 잇는[爲往聖繼絶學]' 일이다. 그것은 일부 정신으로 하여 금 민주 정치를 지지하도록 만든다. 이것은 '만세를 위하여 태평을 여는[爲萬世開太 平]' 일이다[역주: "爲往聖繼絶學, 爲萬世開太平"은 장재(張載)의 『근사록(近思錄)』에 나오는 말이다. 정치가 민주적이지 않으면 태평도 있을 수 없다."

저서로는 『중국사상사논집』(1959), 『중국인성론사 – 선진편』(1963), 『중국예술정 신』(1966), 『중국문학논집』(1966), 『공손룡자강소(公孫龍子講疏)』(1966), 『석도지일연 구(石濤之一研究)』(1969), 『양한사상사』 권1(1972), 『양한사상사』 권2(1976), 『황대치 양산수장권적진위문제(黃大癡兩山水長卷的眞僞問題)』(1977), 『양한사상사』 권3(1979), 『유가정치사상여민주자유인권(儒家政治思想與民主自由人權)』(문집, 1979), 『주관성립 지시대급기사상성격(周官成立之時代及其思想性格)』(1980), 『중국문학논집속편』(1981), 『중국사상사논집속편』(1982), 『중국경학사적기초』(1982) 등이 있다. 1982년 4월 1일 별세하였다.

중국의 고난시대를 겪으며 서복관은 강한 '서민적 줄거리'[곽제용(郭齊勇) 교수의 말] 를 가진 300여만 자의 시사평론을 썼으며, 1949년부터 1982년까지 대만과 홍콩에서 가장 권위 있는 평론가였다. 출처: 서복관 선생 아들 서무군(徐武軍) 제공

역자

김선민(金羨珉)

연세대학교 사학과 졸업, 동 대학원 석·박사 취득. 전 연세대학교 연구교수.
역서로 『황제사경 역주(黃帝四經譯註)』(2011), 『아시아 歷史와 文化 2: 中國史 中世』 (1999), 『古代中國』(1995), 논문으로 「魏晉교체기 관리의 喪禮와 公除」(2019), 「兩 漢 이후 皇帝短喪制의 확립과 官人三年服喪의 入律」(2007), 「魏晉시기 관리의 三年 喪 "解官" 법제화 과정」(2022) 등이 있다.

문정희(文貞喜)

연세대학교 사학과 졸업, 동 대학원 석·박사 취득. 연세대학교 중국연구원 연구교수.
역서로 『역주 중국 정사 외국전 1: 사기 외국전 역주』(2009), 『역주 중국 정사 외국 전 2: 한서 외국전 역주 상』(2009), 『역주 중국 정사 외국전 6: 남제서·양서·남사

외국전 역주』(2010), 『역주 중국 정사 외국전 7: 위서 외국전 역주』(2010), 『天空의 玉座—중국 고대제국의 조정과 의례』(2002), 『양한사상사』 1권-상(2022), 『삼례도 집주』 2권(2023), 『구당서 예의지』 2, 『신당서 예악지』 1, 『구오대사 예지 악지』(이상 공역), 『구당서 예의지』 1(2023), 논문으로 「고대 중국의 출행의식과 여행금기」 (2008), 「일서(日書)를 통해 본 고대 중국의 질병관념과 제사습속」(2017) 등이 있다.

양한사상사

Intellectual History of
the Han Dynasties